W0056759

Meinen Kindern Dennis, Nancy und Barry –
wenn sie im mittleren Alter sind,
wird man in unserer Welt hoffentlich bei 65
nur noch an Geschwindigkeitsbeschränkungen denken
und nicht mehr an eine Altersgrenze.

CONNIE GOLDMAN

Für meine Tante Lucy Yeaman,
das inspirierendste Vorbild in unserer Familie
für kreatives, positives, lebensbejahendes Älterwerden

RICHARD MAHLER

Connie Goldman/Richard Mahler

Es ist nie zu spät für einen neuen Anfang

*Über die Kunst,
aktiv, kreativ und vital zu bleiben*

Aus dem Amerikansichen
von Henning Thies

WILHELM HEYNE VERLAG
MÜNCHEN

Die Originalausgabe erschien 1995 unter dem Titel
SECRETS OF BECOMING A LATE BLOOMER. Extraordinary Ordinary People
on the Art of Staying Creative, Alive, and Aware in Midlife and Beyond
bei Hazelden, Center City, Minnesota

Umwelthinweis:
Dieses Buch wurde auf chlor- und säurefreiem Papier gedruckt.

Copyright © 1995 by Connie Goldman & Richard Mahler
Copyright © 2001 der deutschen Ausgabe
by Wilhelm Heyne Verlag GmbH & Co. KG, München
Umschlaggestaltung: Eisele Graphik Design, München
Satz: Leingärtner, Nabburg
Druck und Bindung: RMO, München
Printed in Germany

ISBN 3-453-17995-1

INHALT

VORWORT

In ihrem Buch *Es ist nie zu spät für einen neuen Anfang* bestätigen Connie Goldman und Richard Mahler auf frappante Weise, was mir schon seit einiger Zeit klar ist: *Wir brauchen ein neues Image des Älterwerdens.* Diese neue Image muss an die Stelle überholter Vorstellungen vom Alter als einer Zeit der Stagnation und des Verfalls treten. Im Vordergrund sollte vielmehr der Gedanke stehen, dass auch die späte Lebensphase noch eine interessante und wahrhaft aufregende Zeit des inneren Wachstums, der Produktivität und neu entdeckter Freuden sein kann – wenn wir die *Geheimnisse kennen, wie man noch im Alter erfolgreich etwas Neues beginnt.*

Die gute Nachricht lautet, dass immer mehr Menschen herausfinden, dass das reifere Alter ein wunderbarer Lebensabschnitt sein kann. Viele ältere Mitglieder unserer Gesellschaft krempeln, anstatt sich aufs Altenteil zurückzuziehen, ihr Leben regelrecht um und führen es zu neuer Blüte.

In ihrem Buch zeigen uns Connie Goldman und Richard Mahler, dass und wie eine neue Generation reiferer Männer und Frauen Wege gefunden hat, aus der späteren Phase ihres Lebens etwas wahrhaft Lohnendes zu machen – etwas, das sie innerlich erfüllt und ihrem Leben Sinn gibt. Die vielen anregenden Beispiele für aktives, vitales und kreatives Älterwerden, die uns in diesem Buch vorgestellt werden, inspirieren uns, über das Alter und das Älterwerden ebenfalls anders zu denken. Das Älterwerden kann eine viel positivere Erfahrung sein, als uns oft bewusst ist.

Einige der Menschen, deren Lebensweise im Alter hier vorgestellt wird, sind – wie Maggie Kuhn, die Gründerin der Grauen Panther, oder die Schauspielerin Jessica Tandy – außergewöhnliche Persönlichkeiten, die auch im Alter noch florierten. Bei anderen handelt es sich um ganz normale Menschen, Menschen wie du und ich, denen man im Supermarkt oder in einer Arztpraxis begegnen kann – Menschen, die ihre frühere Routine und ihre Lebensgewohnheiten durchbrochen haben und so im reifen Alter noch Außerordentliches erreichen konnten. Sie sind Singles, verheiratet oder verwitwet; sie wohnen in Apartments, kleinen Häusern, Eigentumswohnungen, Wohnwagen, Altenwohnungen, traditionellen Einfamilienhäusern oder weniger traditionellen Wohngemeinschaften. Und sie tun alles Mögliche: sie musizieren oder bauen Gemüse an, sie treten auf Bühnen auf, führen bei Modenschauen Kollektionen vor, schreiben oder unterrichten, sie sind Sozialaktivisten oder gründen noch im Alter ihre eigene Firma. Es sind Menschen, die sich einfach nur klar darüber geworden sind, wie sie ihr Alter verbringen wollen. Und sie haben den Mut gefunden, noch etwas ganz Neues anzufangen. Viele haben sich auch entschlossen, jetzt endlich neue Lebensstile zu erkunden, die sie schon immer ausprobieren wollten.

Wie haben es diese »neuen Alten« geschafft, aus einer Lebensphase, die traditionellerweise als »Ruhestand« gilt, noch etwas so nachhaltig Erfolgreiches zu machen? Genau das ist die Frage, der sich Connie Goldman und Richard Mahler in diesem Buch widmen. Sie als Leser werden begeistert sein von dem, was diese Geschichten über das Potenzial zu fortgesetztem innerem Wachstum und zur Weiterentwicklung auch im reiferen Alter enthüllen – ein Potenzial, das jedem von uns zu Gebote steht.

Wer auch seine spätere Lebensphase noch spannend und lohnend findet, hat erfasst, dass man, um die passende Nische im Leben zu finden, in der man sich wohl fühlt, zunächst das eigene Verhältnis zu wichtigen Aspekten des Lebens wie

Gesundheit, Humor, Kreativität, Spiritualität und Intimität klären muss. An irgendeinem Punkt der Suche nach einem wahrhaft erfüllenden Leben im Alter erkennt man meistens, dass man herausfinden muss, nicht was die Gesellschaft von einem erwartet, sondern was man selbst wirklich tun möchte.

Es ist nie zu spät für einen neuen Anfang untersucht umsichtig, wie manche Menschen ihrem Glück im Alter manchmal unabsichtlich, und ohne es zu merken, selbst im Wege stehen – und wie es mit kleinen, aber wichtigen Veränderungen und Anpassungen bei der inneren Einstellung und Verhaltensweise gelingen kann, diese Blockaden zu lösen. Dieses Buch berichtet uns anhand von Beispielen, wie wirkungsvolle, grundlegende Veränderungen an praktisch jedem Punkt unseres Lebens möglich sind.

Eine der faszinierenden Enthüllungen von vielen Menschen, die in diesem Buch ihre Geschichten erzählen, ist die Art und Weise, wie sich ihre mentale *und* körperliche Gesundheit oft schon kurz nach der Entdeckung, wie sie wirklich leben möchten, enorm verbessert. Auf eine solche Entdeckung müssen natürlich geeignete aktive Schritte folgen, damit das Ziel wirklich näher rückt und schließlich erreicht wird. Wie ich in meinem eigenen Buch *Age Wave* (Die Welle der Alten) ausgeführt habe, müssen traditionelle Ansichten von Alter und Gesundheit dringend revidiert werden: Ältere Menschen können für ihre Gesundheit wesentlich besser selbst sorgen, als wir bisher angenommen haben – vor allem dann, wenn sie tun, was sie wirklich gerne tun wollen, und wenn sie ihr Leben mit Freude und Energie führen.

Machen Sie sich auf Einiges gefasst. Nach der Lektüre von *Es ist nie zu spät für einen neuen Anfang* wird Ihr weiteres Leben nie wieder so sein wie bisher!

Ken Dychtwald, Ph. D.
Präsident und Geschäftsführer
der Age Wave, Inc.

Haben Sie Mut, etwas Neues auszuprobieren

Den Titel *Es ist nie zu spät für einen neuen Anfang* haben wir diesem Buch gegeben, weil er treffend bezeichnet, was wir Ihnen gerne nahe bringen möchten. Wir hoffen, dass Ihnen durch die Begegnung mit anderen Menschen, die noch spät zu sich gefunden haben, bewusst wird, mit welchen Mitteln und Techniken auch Sie die späten Jahre Ihres Lebens zu den reichsten und erfülltesten Ihres Daseins machen können.

Als Erstes sollten wir klären, was wir unter »Aufblühen im Alter« verstehen. Seien Sie unbesorgt, dafür müssen Sie keiner speziellen Altersgruppe angehören. Denn das wichtigste Geheimnis des Aufblühens besteht darin, dass jeder dazu in der Lage ist: Ganz gleich, welche unterschiedlichen, interessanten Bereiche Sie in früheren Jahren erkundet haben, es bleibt immer noch Raum für inneres Wachstum und Kreativität. Gemeint sind einfach alle, die sich der Einschätzung widersetzen, ihre besten Jahre lägen im Ruhestand hinter ihnen – alle, die im Älterwerden keine Krise, sondern vor allem eine Herausforderung sehen.

Sie sollten sich darüber im Klaren sein, dass es im vorliegenden Buch weniger um das Älterwerden als um persönliches Wachstum und inneren Wandel geht. Die kreativen älteren Menschen, von denen wir berichten, unterscheiden sich gar nicht so sehr von anderen Mitgliedern ihrer Altersgruppen. Allerdings ist ihre Einstellung anders. Wie bei uns allen hat, was sie glauben und was ihnen wirklich etwas bedeutet, direkten Einfluss darauf, wie sie leben.

Ganz gleich, was man Ihnen vielleicht anderes beigebracht hat, eine grundlegende Wahrheit lautet: Sie haben Ihre Zukunft selbst in der Hand. Ihre eigenen Ansichten und Prinzipien haben einen starken Einfluss darauf, wie Ihr Leben verläuft. Warum das so ist, kann anscheinend niemand wissenschaftlich erklären, aber Beobachtungen im Alltag belegen, dass Menschen mit positiver Grundeinstellung und starken Überzeugungen über anscheinend fast unerschöpfliche Energiereserven und über ein entsprechendes Veränderungspotenzial verfügen.

Natalie G. zum Beispiel sehnte sich nach einem abenteuerlichen Leben im Dienste der anderen. Mit 67 Jahren schloss sie sich dem Peace Corps an; sie lernte Spanisch und wurde Lehrerin in Peru. Weil Sidney K. fest entschlossen war, Chorleiter seiner Kirchengemeinde zu werden, schaffte er es schließlich auch; darüber hinaus heimste er Lob als Tenorsolist ein. Mit 71 machte Martha B. ihr lebenslanges Hobby, das Sammeln von Briefmarken, zum Beruf und eröffnete ein erfolgreiches Postversandgeschäft. Weil Sid und Ramona M. sich einen abwechslungsreichen, dabei geruhsamen Lebensstil ersehnten, verkauften sie nach der Pensionierung ihr Haus und kauften sich dafür ein großes Wohnmobil. Damit erkunden sie nun systematisch alle amerikanischen Nationalparks.

Uns ist durchaus bewusst, dass Ihre persönlichen Interessen, Bedürfnisse und Lebensumstände sich auf mannigfache Weise von denen anderer älterer Menschen unterscheiden, denn mit zunehmendem Alter werden die Menschen meistens individueller – sie sind mehr sie selbst und richten sich nicht unbedingt an einer Gruppe aus. Weil wir dies wissen, bieten wir Ihnen Inspiration durch Vorbilder an, unkomplizierte Übungen, praktische Hinweise und bewährte Aktivitäten, mit deren Hilfe Sie, wie viele andere vor Ihnen, herausfinden können, welcher Ansatz oder welches Projekt sich am besten eignet, damit auch Ihnen im Alter Erfolgserlebnisse vergönnt sind. Wir wollen Ihnen helfen, Ihre Bedürfnisse festzustellen, Ihre Werte zu untersuchen, sich passende Ziele zu setzen und einen praktikablen Plan aufzustellen, mit dessen Hilfe Sie Ihr inneres Wachstum nachhaltig fördern und sich selbst verwirklichen können.

In jedem Kapitel werden Geschichten von aktiven, kreativen und vitalen älteren Menschen erzählt, die wir persönlich kennen gelernt haben und die wir bewundern. Wir verwenden diese Beispiele, um spezifische Situationen zu illustrieren. Begleitet werden sie von praktischen Vorschlägen und möglichen Aktionsschritten, die Ihnen eine Hilfe sein können, wenn sich in Ihrem eigenen Leben ähnliche Dinge oder Umstände ergeben sollten. Alle Kapitel unterstreichen die Wichtigkeit lebensbejahender Einstellungen – ganz gleich ob es um konsequentes Handeln, Identitätsbildung oder die Beurteilung von Worten und Taten geht, um die Notwendigkeit, Risiken auf sich zu nehmen, um die Schaffung von Intimität oder um die Wichtigkeit von Humor; um die Wiederentdeckung vergangener Freuden oder die Befriedigung, die Ihnen Gartenarbeit verschaffen kann; um die Entwicklung von Spiritualität oder um die mit Veränderungen verbundenen Herausforderungen hinsichtlich Gesundheit, Lebensstil, Beziehungen oder Arbeit.

Als Ergebnis unserer Recherchen sind wir davon überzeugt, dass es immer einen positiven, lebensbejahenden Ort gibt, an dem man innerlich wachsen kann. Die Menschen, denen wir begegnet sind, haben uns an ihren persönlichen Geschichten von Trauer und Freude, Frustration und Befriedigung, Kampf und Überleben, Herausforderung und Wandel teilnehmen lassen. Die von ihnen gezeigten positiven Einstellungen, ihre Beherztheit und ihre Siege halten wir für beispielhaft – beispielhaft für Überzeugungen, die dieses Buch verstärken will.

Obwohl einige wenige Orts- und Personennamen oder Zitate leicht abgewandelt wurden, um Zusammenhänge klarer zu machen oder die Privatsphäre besser zu schützen, ist jeder

der von uns Zitierten entweder eine reale Person, die wir persönlich interviewt haben, oder – in wenigen Fällen – eine Kombination von mehreren Menschen, die ähnliche Gedanken, Gefühle und Erfahrungen zum Ausdruck gebracht haben. Hier konnte die Zusammenziehung zu einer Person unserer Meinung nach deutlicher zum Ausdruck bringen, worum es uns ging.

Die Verwendung von Fallgeschichten realer älterer Menschen – einschließlich unserer Mosaikporträts – ist für die Unterstreichung der zugrunde liegenden Prämisse von zentraler Bedeutung: *Wenn wir wissen und verstehen, was andere gemacht haben, kann uns das helfen, Kontrolle über unser eigenes Leben zu gewinnen.*

Wir sprechen von »Geheimnissen des Aufblühens im Alter«, weil wir glauben, dass im Allgemeinen viel zu viele positive Aspekte des Älterwerdens verborgen bleiben, während die so genannten Nachteile und Schattenseiten des Älterwerdens viel zu viel Aufmerksamkeit erhalten. Es ist höchste Zeit, dass jemand wenigstens einige der lebensbejahenden, beglückenden Aspekte des Älterwerdens beleuchtet.

Bedenken Sie bitte auch, dass die Blüte, die uns hier vorschwebt, mit Spiel genauso viel zu tun hat wie mit Arbeit, mit Selbstbereicherung wie mit Selbsterforschung, mit Zufriedenheit wie mit Anstrengung.

In unseren Augen ist *Es ist nie zu spät für einen neuen Anfang* eher eine Handlungsanweisung als ein Buch mit Patentrezepten. Unser Ansatz unterscheidet sich von anderen dadurch, dass er unsere eigenen Erfahrungen und Standpunkte widerspiegelt. Wir sind keine ausgebildeten Sozialarbeiter, Gerontologen oder Psychologen, sondern Journalisten, die es für besonders lohnend und effektiv halten, über »menschlich interessante« Geschichten zu berichten.

Mit unserem Buch geben wir nur Einsichten weiter, die Hunderte von klugen älteren Menschen freundlicherweise mit uns geteilt haben – in der Hoffnung, auf diese Weise bei

Ihnen, den Lesern, positive Veränderungen und inneres Wachstum zu ermutigen. Dieses Buch ist voller Geschichten von bemerkenswerten Individuen, die sich den Herausforderungen des Lebens gestellt und sie bestanden haben – mit Strategien, die zugleich kreativ, inspirierend und effektiv sind. Diese auch im Alter noch aufblühenden Menschen sehen in jedem neuen Tag eine Chance für neues Wachstum, für Befriedigung und Glück – basierend auf dem, was das Leben sie bereits gelehrt hat. Sie konzentrieren sich nicht auf ihre Grenzen, sondern auf Horizonte, die sich ständig erweitern.

Unsere Geschichten handeln davon, was es heißt, *realistisch* zu sein. Es geht darum, die eigenen Interessen und Fertigkeiten, Leistungen und Ambitionen, Werte und Lebensstile ehrlich und zutreffend einzuschätzen. Es geht darum, Grenzen und Vorteile Ihrer eigenen finanziellen Situation zu verstehen. Es geht um den Mut, herauszufinden und auszuprobieren, wie das Leben in den vor uns liegenden Jahren der »Spätentwicklung« aussehen könnte.

Irgendwann in der Mitte unseres Lebens oder bald danach merken viele von uns, dass sich die in jüngeren Jahren gesetzten Prioritäten allmählich verschoben haben. Der Schweizer Psychologe C. G. Jung hat darauf hingewiesen, wie unpraktisch es ist, auf den Herbst des Lebens noch genauso zu reagieren wie auf den Frühling. Oder, wie es einer unserer Interviewpartner formuliert hat: »Für mich ist es wirklich an der Zeit herauszufinden, wer ich bin – jetzt, da ich nicht mehr bin, was ich einmal war!«

Der Philosoph und Schriftsteller Henry David Thoreau hat schon vor über hundert Jahren entdeckt, dass »wir ständig mit der Einladung leben, zu sein, was wir sind«. Das vorliegende Buch möchte all jenen ein Denkmal setzen, die diese Einladung bereits angenommen haben und nun den Rest von uns inspirieren können, ihrem Beispiel zu folgen. Uns will es so scheinen, als sei es schon eine Belohnung für sich, noch spät zur Blüte zu gelangen.

1. KAPITEL

Das Geheimnis der inneren Einstellung

Einige Spätberufene sind legendär. Grandma Moses fing erst zu malen an, als sie fast 80 war. Winston Churchill war Mitte 70, als er Großbritannien durch den Zweiten Weltkrieg führte. Und mit 65 begann Groucho Marx eine Fernsehkarriere als Gastgeber einer Show.

Jeder von uns, ob er nun berühmt ist oder nicht, hat zu jeder Zeit und in jeder Lebensphase das Potenzial zum Auf- oder Weiterblühen. Eine unserer liebsten Verwandten unternahm mit 68 ihre erste Campingreise und bricht seither regelmäßig frohgemut in die Wälder auf. Wir kennen einen 82-jährigen ehemaligen Karikaturisten, der sich nach der Pensionierung die Seidenmalerei beibrachte und seither daraus mit Erfolg einen neuen Beruf machte. Eine Freundin stellte mit Anfang 60 ihre beträchtlichen Fähigkeiten als Buchhalterin ehrenamtlich als Beraterin in Einkommensteuerfragen in Altenbegegnungsstätten zur Verfügung. Auch Sie können – ganz gleich, wie alt Sie dem Kalender nach sind oder in welchen Umständen Sie leben – aufblühen, experimentieren und sich in neue Richtungen entwickeln.

Wenn wir behaupten, dass jeder das Zeug zur späten Blüte habe, sind damit jedoch keine unverbindlichen Sprüche wie »Alles ist möglich« oder »Das Leben hat keine Grenzen« gemeint. Aus der Lektüre mancher populärer Ratgeber für alle Lebenslagen oder psychologischer Selbsthilfebücher haben Sie vielleicht den falschen Eindruck gewonnen, dass es für das, was man tun kann, überhaupt keine Grenzen gebe.

Doch wir wollen realistisch bleiben. Niemand über 65 wird ernsthaft Raumschiffpilot oder Mitglied einer Profisportmannschaft werden wollen, weder im Basketball noch im Fußball. Auch haben wir keine Chance mehr, Primaballerina zu werden oder den Mount Everest zu besteigen. Wenn wir älter werden, verändert sich unser Körper, und unweigerlich beeinflusst das Alter auch unsere Wahlmöglichkeiten, ganz zu schweigen von unserem Geist und unseren Emotionen. Vielleicht sind wir traurig, dass wir nicht mehr das Durchhaltevermögen, die Agilität oder Widerstandskraft haben wie als Teenager oder junge Erwachsene. Außer solchen Verlustgefühlen empfinden wir vielleicht manchmal Irritationen oder gar Wut. Das erinnert uns an ein Gespräch, das wir mit dem damals 77-jährigen Schauspieler Hume Cronyn über genau dieses Thema führten: »Ich habe nur noch ein Auge«, beschwerte er sich, »doch selbst mit zwei Augen würde ich einfach nicht mehr gut sehen. Und gut hören kann ich auch nicht mehr. Ich bin immer sehr aktiv gewesen und habe mich viel bewegt. Da macht es mich einfach *wütend*, dass ich physisch Dinge nicht mehr kann, die ich noch vor 25 Jahren konnte.«

Während unseres Interviews mit dem »Ehepaar Nummer eins« des amerikanischen Theaters erinnerte die inzwischen verstorbene Jessica Tandy ihren Mann daran, dass er doch immer noch schwimme, tauche, Wasserski fahre und mit dem Speer fischen gehe – trotz all dieser Beschwerden. Und sie hatte Recht. Cronyn musste seine Aktivitäten zwar etwas einschränken, aber nicht aufgeben, und in Maßen kann er sich noch immer an ihren vielen schönen Aspekten erfreuen. Vielleicht steht er nicht mehr genauso in Blüte wie vor 50 Jahren, aber er floriert ohne Zweifel noch immer.

Als Langzeitbeobachter des Verhaltens vitaler älterer Menschen sehen wir einen entscheidenden Unterschied zwischen *körperlichem* und *innerem* Jungsein. Unserer Meinung nach ist es völlig in Ordnung, alt zu sein. Wir sind sogar überzeugt, dass das Älterwerden viele lobenswerte »Gaben« und echte Vorteile mit sich bringt. Oft sind wir überhaupt erst in späteren Jahren in der Lage, Werte mit besonderem Bedacht gegeneinander abzuwägen, Prioritäten neu zu setzen, unsere Lebensanschauung zu ändern und ein Gefühl der Dankbarkeit für den Reichtum des Lebens zu entwickeln.

Ein Ehepaar, das wir kennen lernten, die 71-jährige Phyllis M. und ihr Mann Bill, betreiben in einem der größten Krankenhäuser in Südflorida eine Snackbar mit 16 Plätzen. Während der 80-jährige Bill in der Küche Sandwiches zubereitet, bedient Phyllis die Gäste in einem Restaurationsbereich neben dem großen Besucher-Aufenthaltsraum. Die beträchtlichen Gewinne der Snackbar gehen an einen Stipendienfond, den das Paar vor zehn Jahren gründete, nachdem Bill mit Blaulicht zu einer Notoperation am offenen Herzen ins Krankenhaus gebracht worden war. »Ich bin auf dem Golfplatz zusammengebrochen«, erinnert sich der frühere Restaurantmanager, »und innerhalb von 20 Minuten lag ich auf dem Operationstisch.«

Phyllis hält es dem Ärzteteam des Krankenhauses zugute, dass das Leben ihres Mannes gerettet werden konnte – und ihr eigenes eine völlig neue Richtung bekam. »Das ist unsere Art, etwas von dem Dank abzustatten, den wir schuldig sind«, erläutert sie. »Wir haben genug Kapital investiert, sodass wir die Einkünfte aus der Snackbar nicht brauchen. Als Bill ins Krankenhaus kam, gab es nichts dergleichen für Besucher oder das Krankenhauspersonal. Wir wissen also, dass wir einen einzigartigen Service bieten.« Bill und Phyllis verbringen mehr als 50 Stunden pro Woche in ihrem Geschäft, und sie erledigen alles selbst – von der Buchhaltung bis zum Lebensmitteleinkauf, vom Kochen bis zum Servieren. Eine Plakette an der Wand würdigt die von ihnen erbrachten 10 000 ehrenamtlichen Arbeitsstunden.

Entscheidungen wie diese fallen natürlich nicht im luftleeren Raum und die Folgen des Älterwerdens gehören zu den vielen Faktoren, die unsere Entscheidungen beeinflussen. Der Kontext, in dem sich der Wandel im Leben von älteren Menschen wie Bill und Phyllis vollzieht, ist kompliziert. Und das ist auch gar nicht anders möglich.

In den Jahren, die wir im »Ruhestand« verbringen, machen wir in sehr kurzer Zeit dramatischere Wandlungen durch als in jeder anderen Lebensphase mit Ausnahme von Kindheit und Jugend. Oft haben wir mit erheblichen Gewichtsverlagerungen zwischen Arbeit und Freizeit zu kämpfen. Unsere späteren Jahre bringen den Verlust geliebter Menschen mit sich, oft auch eine Einschränkung jener Fähigkeiten, die uns zuvor immer selbstverständlich gewesen waren. Letzteres lässt sich vielleicht durch Bewegungs- und Essdisziplin und durch gute Gewohnheiten auf ein Minimum reduzieren, aber irgendwann machen sich die Unwägbarkeiten der Zeit dann doch bemerkbar – auch in unserem Körper. Wir werden anfälliger für Krankheiten, die Gelenke schmerzen und unsere Knochen heilen einfach langsamer, wenn sie gebrochen sind.

Nachdem das gesagt ist, wollen wir uns nun jedoch den fast endlosen Möglichkeiten zuwenden, die uns verbleiben, und den zahlreichen Chancen, die sich uns bieten. Darauf können wir unsere Energien in den späten Jahren am produktivsten verwenden. Wir wollen das Alter loben, nicht verdammen.

Viele unserer Geschichten handeln von Wachstum und Bereicherung. Wir alle wissen, dass Negatives oft auch seine guten Seiten hat und dass wir aus einer negativen, stressigen Erfahrung oft stärker und weiser hervorgehen. Ganz in diesem Sinne haben vielleicht auch Sie gemerkt, wie viel sich verändert, wenn die Kinder aus dem Haus sind oder der Lebenspartner stirbt, wenn es keine geregelte Arbeitswoche mehr gibt oder eine schwere Krankheit droht. Plötzlich eröffnen sich neue Möglichkeiten.

Die Humoristin Erma Bombeck erzählt uns die wahre Geschichte von einem 84-jährigen Mann, der schon »mit einem Bein im Grabe stand«, als er plötzlich verkündete, er wolle eine Weltreise unternehmen. Auf die Frage eines Freundes, wie er dazu komme, antwortete er: »Ich habe nicht mehr viel Zeit für diese Welt, und wenn ich ans Himmelstor komme und der Herrgott mich fragt: ›Wie hat dir denn der Planet gefallen, den ich da unten für dich geschaffen habe?‹, müsste ich antworten: ›Tut mir Leid, Herr, aber ich habe keine Zeit gehabt, mir viel davon anzusehen!‹« Dieser alte Mann befürchtete also, Gott könnte von ihm enttäuscht sein, weil er sich nicht die Zeit genommen habe, Gottes schöne Schöpfung näher zu betrachten. »Und da habe ich mir gedacht, ich müsste mir schon die Mühe machen, sie anzuschauen, solange meine Gesundheit noch mitmacht«, lautete sein Fazit.

Wir sind vielen noch spät Erblühten begegnet, die diesem Mann sehr ähneln. Ihre bemerkenswerten Leistungen kamen erst zustande, *nachdem* ihnen die Tür anscheinend schon vor der Nase zugefallen war. Doch in ihrer Leidenschaft, das Bestmögliche aus sich herauszuholen, sahen sie in solchen Begebenheiten ein Sprungbrett, keine Blockade.

Noch mit Ende 70 war Willard G. ein eifriger Kegler mit einem Schnitt von 182 Punkten. Als eine Hüftoperation und verschiedene schlimme Stürze seine Sporttauglichkeit ernsthaft bedrohten, brachte sich Willard einfach das Kegeln im Sitzen bei. Und es dauerte nur wenige Monate, bis er sich wieder über einen Schnitt von 185 Punkten freuen konnte.

Unsere Interviewpartner haben oft gezeigt, wie sie sich den Blick nicht von »Einschränkungen« und »Behinderungen« verstellen ließen, um zu bekommen oder zu erreichen, was sie sich zum Ziel gesetzt hatten. Statt sie aufzuhalten, bahnten Hindernisse ihnen geradezu den Weg zu neuen Lebensformen – und zu neuem Denken. Wenn Sie dieses Buch lesen, denken Sie doch einmal darüber nach, auf welche Weise Sie verschiedenen Beschränkungen und Hindernissen gestattet haben, Ihren Lebensstil negativ zu beeinflussen. Aber bedenken Sie dabei bitte auch, dass wir Sie nicht ermuntern wollen, irgend jemandes Verhalten nachzuahmen, den wir hier beschreiben.

Wir wollen Sie nur inspirieren, die *Ihnen* gemäßen, *Ihnen* offen stehenden Alternativen zu erkunden.

Einer unserer Favoriten unter den Spätberufenen ist ein New Yorker namens Jacob L., der sich hinsichtlich seiner Zukunftspläne weder von einer Herzerkrankung noch von seiner Frühpensionierung unterkriegen ließ.

In seiner Jugend wollte Jacob unbedingt Lehrer werden. 1934 begann er als Hilfslehrer an einer Volksschule in Brooklyn – für ein Gehalt von $ 4.23 am Tag. Ein paar Monate später heiratete er und damit er die schnell wachsende Familie besser ernähren konnte, gab er das Unterrichten auf und wechselte in die besser bezahlte Schulverwaltung. Er wurde Erziehungs- und Schulberater, dann Schulrektor und schließlich Schulrat in einem Stadtbezirk in Manhattan.

»Ich hatte unheimlich viel Geld zu verwalten«, ist Jacob noch heute verwundert, wenn er auf die Jahre in seinem ersten Beruf zurückblickt. »Unser Haushalt hatte einen Umfang von fast einer Viertelmilliarde Dollar.«

»Dann hatte ich den ersten von mehreren Herzinfarkten. Der Beruf war einfach zu anstrengend und so musste ich aufhören«, erzählte uns dieser kleine, Respekt gebietende Mann mit ruhiger, aber emphatischer Stimme. »Ich hatte das Gefühl, Macht und Kontrolle verloren zu haben. Es war so, als wäre in der Welt kein Platz mehr für mich.« Damals war Jacob erst 59 Jahre alt und unzufrieden damit, einfach zu Hause herumzusitzen. Sechs Jahre lang unterrichtete er daraufhin Erziehungswissenschaften an einer renommierten Universität, in der Abteilung für Magisterstudenten und Doktoranden. Doch selbst der reduzierte Stress dieser Tätigkeit war für Jacob noch zu viel.

»Ich hatte eine Operation am offenen Herzen, die nicht hundertprozentig erfolgreich verlief«, sagte er. »Man legte mir vier Bypässe der Hauptschlagadern und ich war lange sehr krank – ich brauchte fast ein Jahr, bis ich wieder auf die Beine kam. Die Krankheit gab mir das Gefühl, alt zu sein und den

Kontakt zur Arbeitswelt noch weiter zu verlieren.« Doch wie nicht anders zu erwarten wurde Jacob wieder unruhig. Er wollte seine langjährige Erfahrung im Schul- und Bildungswesen nutzbringend einsetzen. Und so beschloss er, auf Teilzeitbasis als Berater zu arbeiten.

Doch drei Jahre später hatte Jacob noch immer das Gefühl, dass seinem Alltag etwas Wesentliches fehle. Er konnte allerdings nicht genau sagen, was dieses »Etwas« war, und der Gedanke, dass seine gesundheitlichen Probleme ihn daran hinderten, etwas Riskanteres ins Auge zu fassen, deprimierte ihn. »Ich verbrachte viel Zeit mit Nachdenken darüber, wann und ob sich eine neue Herausforderung einstellen würde«, fuhr Jacob fort. »Und allmählich begann es mir zu dämmern, dass ich mich ernsthaft darum kümmern müsste, herauszufinden, was dieses ›Es‹ denn nun sei.«

Mehrere Wochen lang brütete John über den Optionen, die ihm offen standen und die ihm immer noch schrecklich begrenzt vorkamen. »Zu Thanksgiving saß die ganze Familie bei mir zu Hause am Esstisch«, erinnerte sich Jacob und schilderte damit den Hintergrund eines Gespräches, das seinem Leben schließlich eine entscheidende Wende geben sollte. »Wir saßen alle in großer Runde und sprachen miteinander und ich war sehr neidisch auf meine Tochter, die uns von ihren Erfahrungen im Jurastudium erzählte.«

»Ich sagte: ›Wenn ich das doch bloß auch könnte!‹ Und sie fragte: ›Und warum tust du es nicht?‹ Ich antwortete: ›Wie denn? Ich bin doch alt und krank. Welches College würde denn einen alten Mann wie mich noch zum Studium zulassen?‹« Jacob nannte die üblichen Gründe, die man aufzählt, wenn man etwas nicht wirklich will. Doch seine Tochter insistierte und so wurde der Wortwechsel hitziger.

»Ach was, wenn du es wirklich willst, dann schaffst du es auch!«

»Aber keine Universität nimmt mich doch mit 67 noch auf.«

»Das weißt du doch gar nicht, ob es wirklich so ist! Du *hoffst* doch nur, dass es so sein möge, damit du eine Entschuldigung hast, um dich als Opfer zu fühlen. Aber du weißt es nicht definitiv. Du solltest es einfach mal herausfinden!«

Jacob erkannte, dass sein erster Impuls tatsächlich defensiver Natur gewesen war. Er wollte nur dieselben Vernunftgründe ins Spiel bringen, die er schon immer vorgeschoben hatte, um zu erklären, warum er nicht auch selbst Jura studierte. »Also gut«, stieß er schließlich entnervt hervor, »ich tue, was du sagst. Ich werde das klären.«

Nachdem Jacob die Herausforderung seiner Tochter angenommen hatte, dachte er das ganze Wochenende über ihre Worte nach. Er verspürte jenes berauschende, erregende und etwas benebelte Gefühl, das viele von uns haben, wenn sie Grenzen überschreiten, die lange Zeit unverrückbar waren, und wenn ihnen klar wird, dass es vor dieser neuen Herausforderung kein Zurück mehr gibt. Unser Leben hat sich dann bereits für immer verändert. Vielleicht haben Sie ein solches Gefühl auch schon erlebt, als Sie endlich die lange ersehnte Beförderung erhielten, Soldat wurden oder von Ihrer ersten Schwangerschaft erfuhren.

Am Montag nach Thanksgiving war Jacob bereits so weit, dass er es sich selbst unbedingt schuldig war, zumindest seine neu erwachte Neugier zu befriedigen. Trotz innerer Vorbehalte war er immer noch entschlossen, die tatsächlichen Chancen, in seinem Alter noch Rechtsanwalt zu werden, zu eruieren – so unwahrscheinlich dies auch erschien. Er rief bei der Universität an, die er vor vielen Jahren besucht hatte, und fragte ganz direkt, ob er dort noch Jura studieren könne.

»Warum denn nicht?«, erwiderte der Mitarbeiter im Zulassungssekretariat. »Es gibt ein Gesetz gegen Diskriminierung. Wir können Sie nicht einfach ablehnen, weil Sie alt sind.«

»Daran hatte ich noch gar nicht gedacht«, sagte Jacob nachdenklich. »Ist es denn noch Zeit für die Aufnahmeprüfung?«

Als Jacob erfuhr, dass diese am nächsten Samstag stattfinde, machte er sich sofort auf den Weg zur Universität, um die erforderlichen Formulare auszufüllen und seine Bewerbung um einen Studienplatz abzugeben. Als Nächstes ging er in die Universitätsbuchhandlung, um sich mit der einschlägigen Literatur einzudecken. Und dann büffelte er drei Tage und drei Nächte für die Aufnahmeprüfung.

»Zu meiner großen Überraschung schnitt ich bei der Prüfung sehr gut ab«, sagte Jacob, vor Stolz immer noch errötend. »Ich bewarb mich um Aufnahme und erhielt einen Studienplatz in der Juristischen Fakultät.«

Als uns Jacob diese Geschichte erzählte, fühlten wir uns stark an eine Lektion erinnert, die auch andere Spätberufene uns im Verlauf unserer Interviews für dieses Buch nahe gebracht haben. Ein erster Schritt, und sei er noch so klein, mobilisiert oft Energiereserven, die uns auf einen Weg führen, der unser Leben potenziell völlig verändert. In einem bestimmten Stadium schmelzen alle anderen Pläne und alle Ausreden wie Schnee in der Sonne dahin und man kommt an einen Punkt, an dem nichts anderes mehr hilft als die befreiende Tat.

Sobald Jacob das Ergebnis seiner Aufnahmeprüfung erhalten hatte, gab er Vollgas. Er begann mit der Planung seines Studienalltags, suchte sich das Zimmer aus, in dem er am besten lesen könnte, und überlegte, welche Stunden des Tages für sein Studium am produktivsten wären. Von Anfang an war das Jurastudium für Jacob kein Hobby, sondern Vorbereitung für einen neuen Beruf. Als Vorbild dienten ihm Tochter und Schwiegersohn, die beide als Anwälte tätig waren.

Anfangs fand Jacob, dass seine Kommilitonen ihn nicht ganz ernst nahmen. »Das war etwa so, als würden sie sagen: ›Da ist dieser ältere Herr, zu dem wir nett sein müssen.‹ Doch nach einer Weile vergaßen sie mein Alter und argumentierten und debattierten mit mir wie mit allen anderen.«

Der stolzeste Augenblick in Jacobs Leben kam bei der Studienabschlussfeier in der Carnegie Hall. »Da war meine Familie zahlreich vertreten: meine Frau, meine Brüder und Schwestern, Kinder, Großkinder und andere Verwandte. Auch einige meiner pensionierten Freunde waren gekommen. Der Dekan hatte das Auditorium gebeten, die Zeremonie nicht durch lauten Beifall oder andere Unterbrechungen zu stören. Doch als mein Name aufgerufen wurde, standen *alle* auf und klatschten. Diese Geste machte mir so viel Freude, dass es mir längst nicht so viel bedeutet hätte, wenn ich sämtliche Preise und Auszeichnungen gewonnen hätte, die bei der Abschlussfeier vergeben wurden.«

Bald darauf machte sich Jacob wie alle seine Studienkameraden auf Arbeitsplatzsuche. In einem fort versandte er Bewerbungen, doch niemand bot ihm eine Stelle an. Eines Tages kam ein Reporter der *New York Times* zu einem Interview mit dem frisch gebackenen älteren Anwalt vorbei. Irgendjemand in der Redaktion hatte von Jacobs Geschichte gehört und gemeint, das sei doch eine interessante Story. Innerhalb weniger Tage nach Erscheinen des Artikels bot eine der größten Anwaltsfirmen der Stadt Jacob eine Stelle an. Er sollte sich um die Rechtsangelegenheiten älterer Menschen kümmern.

»In Anbetracht meiner gesundheitlichen Probleme und meines Wunsches, genügend Freizeit zu haben, wollte ich nicht mehr als 20 bis 25 Stunden pro Woche arbeiten«, erzählte uns Jacob. »Ich wünschte mir eine Viertagewoche und die Möglichkeit, auch mal länger Urlaub machen zu können. Die Firma stimmte zu – unter der Bedingung, dass ich meine Arbeit trotzdem schaffte.« Also machte sich Jacob auf den Weg zu einem schon lange versprochenen einmonatigen Europaurlaub mit seinen Enkelkindern und trat danach in einem Bürogebäude mitten in der Stadt seinen neuen Dienst als Rechtsanwalt an.

Jacobs Erfolgsgeschichte basiert auf Planung, Mut zum Risiko, Entschlossenheit und Fleiß. Und obwohl es sich nicht um ein Märchen handelt, hat seine Geschichte einen fast märchenhaften Schluss. Inzwischen hat sich Jacob zu einem Spezialisten für Sozialhilfe- und Krankenkassenangelegenheiten sowie für andere Fragen der öffentlichen Sozialsysteme entwickelt. Oft ist er als Lobbyist tätig, damit die Parlamentsabgeordneten öffentliche Finanzmittel besser und effizienter einsetzen. Auch in der Rechtsberatung für Sozialarbeiter und andere, die direkten Kontakt zu älteren Armen und Behinderten haben, ist Jacob stark engagiert. »Mir scheint, das Mindeste, was mein Land und der Staat New York für die Senioren tun können, ist, ihnen einen Lebensstandard zu garantieren, der wenigstens dem von den Behörden selbst definierten Existenzminimum entspricht«, betont Jacob. Und wenn er dies sagt, wird deutlich, wie viel Freude ihm der Kampf zum Schutz der Rechte seiner Klienten macht.

Anstatt sich selbst wie ein Opfer zu verhalten, ist Jacob nun der Advokat anderer Opfer. Anstatt sich einzureden: »Das kann ich nicht«, sagt er einfach: »Das geht schon.« Sobald Jacob aufgehört hatte, seine Herzerkrankung als Rechtfertigung für eine rigide Lebenseinstellung gegenüber sich selbst zu benutzen, war seine Gesundheit nicht länger ein zentraler Faktor, der alles in seinem Leben beeinflusste – seine Entscheidungen wie seinen ganzen Lebensstil.

»Ich glaube nicht, dass ich mich von den meisten Menschen wesentlich unterscheide«, sagte Jacob zum Schluss. »Vielleicht bin ich stärker akademisch orientiert und habe etwas mehr Willenskraft, aber ich glaube, dass jeder Mensch eine Kombination unterschiedlicher Elemente ist. Wenn man älter wird, lassen einige Elemente von Natur aus nach oder werden schwächer. Doch im Kern bleibt der Mensch unverändert. Unser grundlegender Wunsch, etwas für uns selbst, mit anderen oder für andere zu tun, besteht weiter. Ich glaube, den meisten hat man wie bei einer Gehirnwäsche die Überzeugung beigebracht, wir müssten in einem bestimmten Alter die Hände in den Schoß legen und uns aufs Sterben vorbereiten.« Dann sprach Jacob mit stiller Leidenschaft über seinen

Traum vom Leben in einem Land, in dem ältere Menschen, die dies wünschen, noch Teilzeitarbeit verrichten dürfen oder sich eine ganze Stelle mit jemand anders teilen. Er sprach über eine Gesellschaft, in der der Einzelne nicht nur nach seinem Alter bewertet wird, sondern danach, was er oder sie noch zu leisten imstande ist.

»In diesem Augenblick haben sich die meisten meiner Freunde bereits bequem in Florida oder Arizona zur Ruhe gesetzt«, lächelte Jacob, während schon wieder ein ängstlicher Klient am Telefon auf die Rechtsberatung wartete. »Und sie halten mich für ziemlich verrückt, weil ich immer noch arbeite. Sie tun sich wirklich schwer damit. Und doch sind die glücklichsten Menschen, die ich kenne, jene, die tun, was ich tue: die aktiv sind und sich nach eigenem Dafürhalten engagieren.«

Jahrelang hatte Jacob einer negativen Stimme in seinem Innern gestattet, seine Entscheidungen zu bestimmen; die Angst, etwas Neues zu riskieren, hielt ihn zurück. Er benötigte Ermutigung und liebevolle Unterstützung seitens seiner Familie, damit sich die negativen Botschaften in seinem Innern wandeln konnten. Als Jacob seinen anfänglichen Widerstand gegen die Herausforderung seiner Tochter aufgab, tat er den notwendigen ersten Schritt, um die immer gleiche, aus dem tiefsten Innern kommende Litanei des »Ich kann nicht« durch eine neue zu ersetzen: »Ich will.«

Gibt es vielleicht neuartige Aktivitäten, zu denen Ehepartner, Familie oder Freunde Sie ermutigt haben – nur um bei Ihnen sofort auf Ablehnung zu stoßen? Suchen Sie wie Jacob insgeheim eine neue Herausforderung, der Sie sich gerne stellen würden? Wenn die Antwort Ja lautet, haben Sie den ersten Schritt bereits getan. Möglicherweise befinden Sie sich schon auf dem Weg zum Spätberufenen.

Viele, die noch spät zu sich fanden, haben wie Jacob nie einen Selbstfindungskurs besucht oder ein Lebenshilfebuch gelesen. Auch den psychologischen Jargon, der einem Tag für

Tag in Hunderten von leistungsorientierten Seminaren und Workshops an den Kopf geworfen wird, haben sie noch nie gehört. So werden sie ihre eigenen Ideen in den sorgfältig ausgearbeiteten Übungen der Experten auch nicht unbedingt wieder erkennen. Trotzdem haben sie, ohne es zu wissen, viele der dort empfohlenen Methoden und Prozesse angewandt, um ihr Leben abwechslungsreicher und befriedigender zu gestalten.

Wenn Sie jemals zum Neuen Jahr eine Liste mit guten Vorsätzen aufgestellt haben, wissen Sie, wovon wir sprechen. Vielleicht haben Sie auch schon einmal gelächelt, obwohl Ihnen eigentlich gar nicht danach zumute war – nur um Ihre eigene schlechte Laune zu bekämpfen oder der gereizten Stimmung einer genervten Verkäuferin zu begegnen. Vielleicht haben Sie sich auch schon dabei ertappt, wie Sie eine negative Bemerkung, kaum dass sie Ihnen oder jemand anders entschlüpft war, einfach ignoriert haben. Solche kleinen Dinge tun wir jeden Tag, ohne darüber nachzudenken. Und doch können sie, gezielt zum Zweck der eigenen Weiterentwicklung eingesetzt, potente Hilfsmittel werden.

Eine grundlegende Überzeugung, die alle vitalen, kreativen älteren Menschen teilen, lautet: *Die innere Einstellung beeinflusst das Ergebnis.* Wenn Sie glauben, dass aus einer Sache ohnehin nichts werden kann, werden Sie mit großer Sicherheit scheitern. Und wenn Sie beschließen, dass Sie etwas schaffen können, dann wird Ihre optimistische, positive Einstellung Sie zielgerichtet unterstützen. Wirklich, Gedanken sind so mächtig. Als wir Norman Vincent Peale, den Autor des Buches *Die Kraft positiven Denkens*, dazu befragten, zitierte er sofort aus der Bibel: »Wie jemand in seinem Herzen denkt, so ist er.«

Die meisten von uns kennen jemanden, der erfolglos versucht hat, das Rauchen aufzugeben. Vielleicht hat der oder die Betreffende vergeblich Nikotinkaugummi, Selbsthilfegruppen, Hypnose oder Akupunktur ausprobiert. Und doch spüren wir alle, dass jemand, der im tiefsten Innern das Gefühl hat, er *könne* nicht mit dem Rauchen aufhören, wahrscheinlich weiter rauchen wird – ganz gleich, welche Strategien zur Verhaltensänderung er oder sie wählt. Hat man aber erst einmal den Punkt erreicht, wo man ehrlich glaubt, aufhören zu können, dann geht es auch.

Die Verantwortung, die erforderliche Entscheidung zu treffen, liegt immer bei Ihnen. Ihr tiefstes Gefühl, wie Ihre Zukunft aussehen könnte, ist ein bedeutendes Element im Vorgang der tatsächlichen Zukunftsgestaltung und Perspektivenerweiterung. Darin zeigt sich die Macht der Überzeugungen. »Was immer du tun kannst oder wovon du träumst«, schrieb Goethe, »fang damit an. Die Kühnheit trägt in sich Genie, Kraft und Magie. Beginne jetzt!«

Viele unserer Interviewpartner sagen dasselbe mit eleganten, einfachen Worten. »Man hat *immer* eine Wahl«, meinte die 91-jährige Witwe Rebecca, als wir sie dabei beobachteten, wie sie in der Küche ihres Bauernhauses in Wisconsin behende Aprikosenmarmelade einkochte. »Letztlich hängt es von dir ab, wie du dein Leben führst. Man muss nicht über eine fingierte Ziellinie laufen, um als Sieger dazustehen. Was immer es ist, das du tun willst, geh hin und tue es!«

Vergleichen Sie diese positive Einstellung nur einmal mit all den auf Sicherheit bedachten Antworten, die wir zu hören bekamen (aber auch selbst äußerten), wenn es um die entscheidende Frage ging, ob es nicht an der Zeit sei, einmal etwas Neues auszuprobieren. »Ich kann zu den Clubtreffen am Mittwoch nicht kommen, weil ich nicht weiß, wie ich da hinkommen soll«, klagte Henry, der an Arthritis leidet, aber für sein Leben gern Bridge spielt, wenn er wieder einmal eingeladen wird, sich einer Gruppe anzuschließen, die sich einmal wöchentlich im Gemeindezentrum in der Nachbarschaft trifft.

»Ich habe sehr gern gute Bücher gelesen«, sagte Muriel, einst eine eifrige Leserin, achselzuckend, »aber jetzt sind meine Augen so schlecht geworden, dass ich das Lesen ganz aufgegeben habe.«

»Seit ich meine Frau verloren habe, fühle ich mich schuldig, wenn ich weiter zum Square dance gehen will, und es ist mir peinlich«, seufzte David, ein ruhiger, häuslicher Zeitgenosse.

Viele dieser Einschränkungen erscheinen uns anderen vielleicht nur als kleine, leicht zu überwindende Unbequemlichkeiten. Bestimmt ließen sich andere Kartenspieler finden, die Henry im Auto zum Nachbarschaftsclub mitnehmen würden, und Muriel könnte sich Hörkassetten mit Aufnahmen von Klassikern oder neuen Bestsellern ausleihen oder kaufen. Vielleicht gäbe es sogar einen kostenlosen Hörkassettendienst für Sehbehinderte. Und David schließlich könnte Verwandte oder Freunde beiderlei Geschlechts bitten, ihn zu begleiten, wenn er seine Lieblingsbeschäftigung in der Freizeit wieder aufnehmen möchte.

Relative Kleinigkeiten wie der Verlust des Führerscheins oder der Zwang zu salzloser Kost mögen uns wesentlich unbedeutender erscheinen als die Genesung von einer schweren Herzoperation oder eine Strahlentherapie. Doch wenn ein Hindernis, das anderen geringfügig erscheint, im eigenen Leben auftaucht, kann dadurch scheinbar sogar die eigene Unabhängigkeit in Gefahr geraten. Jede derartige Hürde erfordert von uns lebensbejahende Entscheidungen.

Darum wollen wir jetzt ein weiteres Geheimnis verraten – eines, das in Ihrem Leben, egal wie alt Sie sind, einen entscheidenden Umschwung bewirken kann: Wie Sie auf bestimmte Ereignisse *reagieren*, ist viel wichtiger als die tatsächlichen Begebenheiten selbst. Das Geheimnis derer, die auch im Alter noch florieren und es zu etwas bringen, besteht, wie sich in all unseren Interviews stets aufs Neue bestätigt hat, darin, dass man sein Leben ganz anders gestalten kann, wenn man ihm mit einer bejahenden, offenen, flexiblen Einstellung begegnet. Selbst anscheinend »negative« Situationen oder Ereignisse enthalten Möglichkeiten zu innerem Wachstum. Bedenken

Sie zum Beispiel, dass Jacobs gesundheitliche Probleme zunächst als Katastrophe erschienen, dass seine Herzinfarkte, Operationen und sein Nachdenken über sich selbst jedoch zu neuer Freude am Leben und zu großer Befriedigung führten.

Es ist wirklich so, dass inneres Wachstum Glauben, Vertrauen, Hingabe und Engagement erfordert – Glauben und Hingabe *an sich selbst*. Wenn unsere aktiven Senioren allesamt eines gezeigt haben, dann dies: Man muss Verantwortung für das eigene Leben übernehmen und erkennen, dass man es selbst in der Hand hat, ob sich etwas verändert und ob es vorangeht.

Jacob zum Beispiel stand ernsthaft am Scheideweg, als er die Entscheidung traf, seinen Lebensstil drastisch zu verändern. Doch wir anderen müssen sicher nicht abwarten, bis der Arzt ein ernstes Wort mit uns redet, bis unsere Tochter uns heftig kritisiert oder irgendeine andere Herausforderung uns eine Entscheidung abnötigt, ehe wir bereit sind, Veränderungen zuzulassen, die uns in die Lage versetzen, das Steuer in unserem Leben wieder selbst in die Hand zu nehmen. Wir haben jeden Tag die Möglichkeiten, solche Entscheidungen zu treffen. Wenn wir solche Herausforderungen und Verantwortlichkeiten erkennen und anerkennen, kann es in unserem Leben jederzeit wunderbare, erstaunliche Veränderungen geben.

Viele von uns schrecken zum Beispiel davor zurück, einen Kurs in öffentlicher Rede mitzumachen oder sich an einen Computer zu setzen. Denn solche Aktivitäten beinhalten auch, dass wir uns einen Weg durch unvertrautes Gelände bahnen müssen, dass wir unsere Alltagsroutine verändern, Fahrgelegenheiten suchen und auf eine Technik reagieren müssen, die uns Angst macht. Auch müssen wir viel Zeit und Energie aufwenden, die zuvor für anderes zur Verfügung standen. In unserem persönlichen Leben können solche vermeintlichen »Hindernisse« sogar Proportionen annehmen, die so groß erscheinen wie jene, denen sich Jacob gegenübersah.

Und so kamen einige andere mit entsprechenden Herausforderungen zurecht:

Amanda F. war fest entschlossen, das Lampenfieber zu überwinden, das sie schon seit Grundschulzeiten verspürt hatte. Denn sie hatte die Überzeugung gewonnen, dass diese lähmende Furcht ihrer Karriere als Frauen- und Minderheitenbeauftragte ernsthaft schadete. Ausgeschlossen, dass Amanda mit dieser Angst in eine gehobene Aufsichtsposition gelangen konnte. So beschloss sie, etwas für ihr Selbstbewusstsein zu tun und in der Stadtteilbibliothek vor Kindern in kleinen Gruppen Kurzvorträge über afroamerikanische Geschichte zu halten – ein Thema, bei dem sie sich gut auskannte. Allmählich wurde sie dabei so locker, dass sie auch vor High-School-Auditorien über dieses Thema sprechen konnte. Heute ist sie in der Öffentlichkeit redegewandt und bildet als Abteilungsdirektorin bis zu hundert Stellenanwärter gleichzeitig aus.

In einer bestimmten Großstadt bringt eine gemeinnützige Gruppe mit dem Namen »The Balding Bytes« (Die kahlköpfigen Bytes) Senioren den Umgang mit Computern bei. Vor einigen Jahren war diese Organisation von Pensionären gegründet worden, die Angst vor den Computerkursen der örtlichen Volkshochschule hatten. Die Balding Bytes bezahlen aus Stiftungsgeldern ihren eigenen Privatlehrer, der den Gruppenmitgliedern auf Computern, die ein Fabrikant aus der Stadt gespendet hat, das nötige Handwerkszeug vermittelt. Die positive, angstfreie Unterrichtsatmosphäre, zu der auch die Gruppenmitglieder beitragen, hat schon viele ältere Absolventen hervorgebracht, die Textverarbeitungs- und Tabellenkalkulationsprogramme beherrschen.

Auch die folgende Geschichte bestätigt – wie in Jacobs Fall – die Maxime »Wenn du von etwas träumen kannst, dann kannst du es auch realisieren!« Das Geheimnis besteht allein darin, eine positive Grundeinstellung zu finden, die den Traum nährt, ihn zum Wachsen ermutigt und durch zielgerichtete Handlungsweise Realität werden lässt.

Sylvia K. lebt als Witwe allein in einem Häuschen in einer beliebten Feriengegend im Nordosten der USA. Bescheiden lebt sie von ihrer Rente und ihren Ersparnissen. Als extrovertierte Frau mit einem großen Freundeskreis ist Sylvia seit jeher stolz darauf, dass sie ein aktives Leben führt und ihre selbst gesetzten Ziele erreicht. Durch Ausgabendisziplin gelingt es ihr sogar, jedes Jahr eine Reise nach Europa, Kanada oder Mexiko zu machen.

Doch jedes Mal, wenn sie von solchen Reisen nach Hause kommt, ähneln sich ihre Gefühle. Sie seufzt: »Wenn ich doch bloß einen Garten hätte!« Dann lamentiert sie darüber, dass die Abhänge hinter und vor ihrem Haus anscheinend viel zu steil seien, als dass darauf etwas gedeihen könnte. Außerdem seien die Klippen auf beiden Seiten des Hauses viel zu sehr mit scharfkantigen Steinen übersät. »Am liebsten würde ich schöne Blumen pflanzen und ihnen beim Wachsen zusehen«, sagte sich Sylvia immer wieder, um sogleich fortzufahren: »Aber das geht einfach nicht. Niemand kann auf diesem Grundstück *irgendwas* zum Wachsen bringen.«

Und doch ertappte sich Sylvia oft dabei, wie sie Gartenhandbücher las und mit ihren Freunden über Gartenpflege sprach. Gern kaufte sie Blumen und hatte immer frische Sträuße in der Vase auf ihrem Esstisch stehen. Vor ihrem inneren Auge konnte sie sich sehen, wie sie in einem gut gepflegten Garten werkelte, einen Sonnenhut aus Stroh trug und leise Cole-Porter-Melodien vor sich hin summte – eine schöne, aber allem Anschein nach unmögliche Phantasie.

Eines Frühlings besuchte Sylvia eine Frau in der Nachbarschaft, die in der ganzen Gegend für ihre kräftigen, gesunden, schönen Rosenbüsche bekannt war. Diesmal konnte Sylvia ihren Neid nicht unterdrücken. »Was haben Sie's doch gut«, stammelte sie. »Ich habe bei mir keinen Platz, um Blumen zu züchten, und so werde ich wohl nie einen eigenen Garten haben.«

»Das ist doch nur pures Selbstmitleid«, erwiderte die Nachbarin mit einer festen, aber liebevollen Stimme, aus der mehr Ermutigung als Kritik herausklang. »Hören Sie sich nur einmal gut zu! Wenn Sie wirklich einen Garten wollen, dann werden Sie auch einen Weg finden, einen zu bekommen.«

Zum ersten Mal stellte sich Sylvia daraufhin die Frage, ob sie ihren Ausreden Macht verliehen hatte, jede Möglichkeit eines eigenen Gartens an ihrem Haus auszuschließen. Gab es nicht doch eine Chance, ihren Traum zu realisieren?

Eines Abends nach dem Essen, als Sylvia am Telefon mit einem ihrer erwachsenen Kinder plauderte, kritzelte sie auf einem Stück Papier herum und stellte irgendwann auf einmal fest, dass sie folgenden Satz geschrieben hatte: »Ich möchte einen eigenen schönen Garten haben.« Dann zeichnete sie dazu ein Bild, auf dem Blumen, Sonnenschein und eine Gestalt mit einer Gießkanne zu sehen waren. Über die Zeichnung schrieb sie mit großen Buchstaben: MEIN GARTEN!

Anschließend war Sylvia jedoch etwas komisch zumute. Sie war sogar ein wenig verunsichert. Denn sie wusste nicht, woher dieser seltsame Impuls gekommen war. Und doch erschien er ihr auf eigentümliche Weise angemessen. Die Möglichkeit eines Gartens schien jetzt viel realer zu sein als je zuvor. Wie sich ihr Projekt realisieren lassen würde, wusste sie allerdings immer noch nicht.

Dadurch, dass sie ihre Vision zu Papier brachte, hatte Sylvia jedoch etwas sehr Wichtiges getan: Sie hatte einen unbewussten Prozess in Gang gesetzt, der Schritt für Schritt ihre Überzeugung bestärkte, dass eine solche Vision Wirklichkeit werden könnte. Zuversicht und Hoffnung wurden in ihr immer stärker.

Die Verschiebungen in ihrem Denken führten zu weiteren Veränderungen. Silvia befestigte, was sie zu Papier gebracht hatte, an ihrem Schlafzimmerspiegel, wo sie sich den Text mehrmals täglich ansah. Die Botschaft wurde so zu einem ständigen Echo in ihrem Denken, das urplötzlich aktiv wurde – zum Beispiel, wenn sie gerade abwusch oder zum Einkaufen fuhr. Wenn niemand in ihrer Nähe war, wagte sie es sogar, die Worte »Ich möchte einen eigenen schönen Garten haben!« laut auszusprechen.

Nach ein paar Wochen sah Sylvia vor ihrem geistigen Auge ganz klar, welche Blumen in ihrem Garten wachsen sollten: Petunien, Zinnien, Tulpen, Mohn und natürlich Rosen. Sie stellte sich bildlich eine purpurne Glyzinienrebe vor, die an einem Baum emporrankte, und eine Vogeltränke, in der Rotkehlchen herumspritzten. Eines Tages hörte sie sogar, wie sie ihren Satz ein wenig anders sagte. Er lautete nun: »Ich stehe in meinem eigenen schönen Garten.« Eine Möglichkeit, die in der Zukunft lag, war unwillkürlich Gegenwart geworden. Die letzten Spuren des Zweifels begannen sich bei Sylvia in Nichts aufzulösen. Ein paar Tage später schrieb sie dann eine Liste mit möglichen Wegen, auf denen sie ihr Ziel erreichen konnte. Dazu gehörten Punkte wie »Gartenbücher kaufen« und »mit Experten in einer Baumschule sprechen«.

Obwohl sich Sylvia noch nicht traute, mit Freunden über ihre Phantasie zu sprechen, spürte sie, wie sie weniger defensiv reagierte, wenn das Gespräch auf Gartenpflege kam. Sie riss sich jetzt zusammen, ehe die alte Standardphrase »Das geht bei mir leider nicht« aus ihrem Mund heraus war, und wählte eine positivere Formulierung wie: »Was würdest du tun, um aus einem Grundstück wie dem meinigen einen schönen Garten zu machen?«

Bei einer solchen Gelegenheit schlug eine von Sylvias Nachbarinnen ganz nebenbei vor, sie solle doch mal bei der örtlichen Pfadfindergruppe anfragen, ob man nicht als Gruppenprojekt auf ihren steilen Abhängen Terrassen mit kleinen Stützmauern anlegen und Mutterboden herbeischaffen könnte, um Blumenbeete anzulegen. Der Pfadfinderführer war sofort begeistert. Innerhalb weniger Wochen war Sylvias Garten Realität geworden. Sie konnte es kaum erwarten, dass die Sonne hoch genug stand, damit sie in alten Kleidern und mit ihrem Strohhut zum Unkraut-Jäten, Gießen und Düngen eilen konnte. Und bei der vielen Bewegung, die sie nun hatte, verlor sie auch noch fünf Pfund in vier Wochen. Ihr Herz bebte, als die ersten Knospen in ihrem Garten aufbrachen.

Als wir Sylvia das letzte Mal besuchten, fand der örtliche Gartenclub ihren Garten schon so attraktiv, dass sich die Gruppe dort häufig zu ihren monatlichen Treffen versammelte. Inzwischen dreht sich Sylvias soziales Leben ganz um ihren Garten. »Ich habe so viele neue Bekanntschaften geschlossen, dass ich schon im Oktober mit dem Schreiben von Weihnachtsgrüßen anfangen muss, um alle pünktlich zur Post zu bekommen«, scherzte Sylvia bei einer Tasse Tee inmitten ihrer Gartenblumen. »Ich kann es gar nicht mehr glauben, dass ich so lange gewartet habe, bis ich diese wunderschönen Blumen gepflanzt habe.« Sylvia gibt jetzt bereitwillig zu, dass es vor allem ihr eigener innerer Widerstand war, der sie davon abhielt, ihren Gartentraum zu realisieren.

Sobald die Verwirklichung für sie in den Bereich des Möglichen gerückt war, spürte sie eine Art innere Unterstützung zur Erreichung ihres Zieles. Bei Sylvia war eine dramatische Veränderung des Lebensstils letztlich das Ergebnis einer Wandlung des Herzens.

Wir hoffen, dass sich auch Ihre kreativen Kräfte regen, wenn Sie dies lesen, und dass Sie nun bereit sind, an die Verwirklichung Ihrer eigenen Träume zu gehen. Und wir hoffen, dass auch Sie – wie Jacob, Sylvia und viele andere Spätberufene – eine belebende Energie verspüren werden, die neue Aktivitäten, neue Bekannte und neue Befriedigungen in Ihr Leben bringt.

Denken Sie bitte immer daran, dass ein wichtiger Teil erfolgreichen Älterwerdens darin besteht zu akzeptieren, dass es manche Dinge gibt, die Sie bei realistischer Betrachtungsweise nicht mehr leisten können. So sind Ihre Wahlmöglichkeiten natürlich mehr oder weniger stark eingeschränkt, wenn Sie einen Herzinfarkt oder eine Krebserkrankung hinter sich haben, ein Hörgerät oder eine Lesebrille brauchen, einen pflegebedürftigen Ehepartner versorgen oder kürzlich einen geliebten Menschen durch den Tod verloren haben. Aber das Spektrum der Möglichkeiten für befriedigende Aktivitäten bleibt immer noch riesengroß. Wenn Sie sich auf ein Ziel konzentrieren, das realistisch ist und das Ihnen etwas bedeutet, haben Sie schon den ersten großen Schritt zur Verwirklichung getan.

Die Optionen des Lebens wirklich zu nutzen hat natürlich nicht nur mit einer positiven Einstellung zu tun. Viel hängt auch vom Durchhaltevermögen und von der Planung ab. In den folgenden Kapiteln werden wir andere »Bausteine« des Erfolgs ausführlicher besprechen. An dieser Stelle soll uns die Feststellung genügen, dass jeder – und nicht nur Menschen mit bestimmten körperlichen Fähigkeiten, einer gewissen finanziellen Sicherheit und einem bestimmten Lebensstil – auch in späteren Lebensphasen noch wachsen und sich verändern kann.

Das Geheimnis der inneren Einstellung

Ein Schlüssel zum späten Erblühen ist das Geheimnis der inneren Einstellung. Viele der glücklichsten und innerlich erfülltesten älteren Menschen, denen wir begegnet sind, haben sich eine Geisteshaltung bewahrt, die, anstatt sich ängstlich an die Vergangenheit zu klammern, den Wandel bejaht und Wachstum ermutigt. Dieser optimistische Standpunkt beeinflusst – bewusst oder unbewusst – ihr Verhalten und ihre Perspektive auf positive Weise, denn er gestattet ihnen, alle möglichen lebensbejahenden Chancen durch ihr Handeln zu nutzen.

Eine Einstellung, die Wandel bejaht und Wachstum ermutigt, kann Wegweiser zu einem gesunden, optimistischen und tatkräftigen Leben sein, ganz gleich welches Datum auf Ihrer Geburtsurkunde steht. Das Gefühl, mitten im Leben zu stehen, frohgemut und präsent zu sein, ist nicht an das Jungsein im chronologischen Sinn gebunden. Die düsteren, sich abquälenden Kinder in Charles Dickens' Romanen etwa könnte man als »vorzeitig gealtert« bezeichnen, heutige Senioren hingegen, die mit 70 noch Pep haben und begeistert Aerobic treiben, als »im Herzen jung«.

Das Geheimnis, wie man wirklich jung bleibt, besteht darin, die besten Energien und Qualitäten anzapfen zu können, die wir mit dem Jungsein verbinden – und das hat mit der inneren Einstellung zu tun. Unsere Freunde unter den Spätberufenen sind einfach in der Lage, auf gewinnende Weise jugendliche Frische und eine optimistische Perspektive mit der von Tag zu Tag wachsenden Weisheit und Selbsterkenntnis zu verbinden.

Man hat uns immer wieder gesagt (besonders wenn wir älter werden), man sei »nur so alt, wie man sich *fühlt*«. Aber lassen Sie sich von dieser glatten Redensart nicht irreführen. Denn allzu oft wird sie so gedeutet, als laute sie: »Man ist nur so jung, wie man *sich gibt* und wie man *aussieht*.« Der inneren Einstellung nach jung zu sein ist jedoch nicht dasselbe wie jung auszusehen. Vielmehr geht es darum, sich kalkulierte Risiken zu gestatten, neue Projekte in Angriff zu nehmen und öfter mal etwas Neues auszuprobieren.

Manche Menschen, die noch im Alter in voller Blüte stehen, haben sich glücklicherweise schon früh an diese lebensbejahende Einstellung gewöhnt und verlassen sich seitdem auf diese Grundlage für dauerhaftes Florieren. Andere entdecken dieses Prinzip erst in späteren Jahren und bemühen sich erst dann darum, sich negative Gewohnheiten, Verhaltens- und Interaktionsweisen abzugewöhnen. Und doch teilen beide Gruppen ein Geheimnis, das ihnen die nötige Energie, Stärke und Mut verleiht, um das Leben auch dann noch weiter zu erkunden, wenn große Teile der Gesellschaft von ihnen erwarten, dass sie zurückstecken oder sich ganz zur Ruhe setzen. Es ist eben alles eine Sache der Einstellung.

Das Geheimnis der unter Spätberufenen herrschenden Einstellung umfasst hauptsächlich vier Dimensionen. Erstens muss man lernen, sein eigenes Alter unabhängig von der Jahreszahl zu schätzen und zu respektieren. Zweitens muss man die Wirklichkeit, in der man sich befindet, verstehen und respektieren. Dazu gehören auch alle Umstände, die zu verändern man nicht selbst in der Hand hat. Drittens muss man erkennen, welche Veränderungen man selbst bewirken kann, und dann wirksame Wege zur Erreichung dieses Zieles finden. Viertens schließlich muss man immer daran denken, dass man es *jederzeit* selbst in der Hand hat, die eigene Einstellung zu einer Person, einem Umstand oder einem Ereignis zu verändern und anzupassen.

Wie man diesem Geheimnis entsprechend handelt

Überlegen Sie einmal, ob Sie nicht einige der Ansätze und Einstellungen, die wir in diesem Kapitel am Beispiel aktiver älterer Menschen vorgeführt haben, in Ihr eigenes Leben übertragen können. Diese Menschen haben, manchmal ganz intuitiv, potente Hilfsmittel eingesetzt, wie sie oft in Seminaren und Workshops zum Thema persönliches, inneres Wachstum empfohlen werden. Wir möchten Sie nachdrücklich ermuntern, diese Hilfsmittel ebenfalls zu nutzen, weil sie sich bewährt haben, wann immer ein Wandel oder eine Anpassung der inneren Einstellung erforderlich war.

Unsere Interviewpartner kannten die psychologische Fachterminologie für das, was sie taten, wahrscheinlich nicht, aber ihre Handlungen erfüllen genau die Definitionskriterien für Affirmation und Visualisierung. Affirmationen sind verbale Aussagen, die ein lebhaftes Bild Ihres Traums, Ihrer Phantasie oder Ihres Planes entwerfen, so als handele es sich bereits um eine gegenwärtige Realität. Visualisierungen sind mentale Bilder desselben Traums, derselben Phantasie oder desselben

42

Plans. Diese Bilder sind sogar noch wirkungsmächtiger, wenn Ihre diesbezüglichen Gefühle darin so spezifisch wie möglich zum Ausdruck kommen und wenn ganz präzise gezeigt wird, was Sie wollen.

Hier sind ein paar Beispiele für Affirmationen, die wirkungsvoll formuliert sind: »Ich *habe* neue Freunde, die ich oft treffe und in deren Gegenwart ich mich sehr wohl fühle.« »Ich *habe* eine eigene Firma, die mir ein gutes Einkommen verschafft und die mich glücklich macht.«

Eine andere Möglichkeit, affirmativ zu formulieren, wäre: »Ich *bin gerade dabei*, reinrassige Yorkshire-Terrier zu züchten, und habe viel Freude an ihnen.« Oder: »Ich *bin gerade dabei*, Französisch zu lernen, und habe schon eine Reise nach Paris gebucht, um meine Lieblingstante zu besuchen.«

Schreiben Sie Ihr Ziel oder Ihren Traum als Satz nieder, der mit »Ich habe« oder ich »Ich bin gerade dabei« beginnt, oder sagen Sie diesen Satz laut vor sich hin. Ihre Aussagen sollten immer im Präsens stehen, damit die Möglichkeit der Realisierung lebendig wird. Verben im Passiv sind nicht so wirkungsvoll und der Gebrauch des Futurs (»Ich werde« oder »Ich will«) impliziert, dass Ihr Ziel nicht erreicht wurde. Wenn Sie jedoch sagen »Ich bin« oder »Ich habe«, ist oft eine subtile, aber mächtige Änderung die Folge, die Türen aufstößt und Neues möglich macht. Wenn Sie so zu handeln beginnen, als sei Ihr Ziel bereits Realität, dann stellen sich oft Chancen zur Verwirklichung dieser Zielsetzung ein.

Wenn Sie Ihr Ziel oder Ihren Traum auf diese Weise formuliert und affirmiert haben, sind Sie bestimmt auch in der Lage, Visualisierungen zu erproben: Das Konzept ist das Gleiche, aber nun treten an die Stelle von Worten mentale *Bilder*. Nicht jeder findet diese Technik effektiv, weil nicht alle Menschen in gleicher Weise visuell orientiert sind. Trotzdem sollten Sie es wenigstens einmal versuchen. Und so fangen Sie an:

Schließen Sie die Augen und stellen Sie sich vor, Sie seien an einem anderen Ort und täten etwas, wovon Sie schon oft geträumt haben. Machen Sie sich keine Sorgen, wenn dieser Höhenflug der Phantasie weither geholt oder unrealistisch erscheint. Stellen Sie sich einfach vor Ihrem inneren Auge sich selbst vor. Und tun Sie dies auch, wenn es Ihnen bislang unmöglich erschien, mit Ihrem Herzenswunsch in Kontakt zu treten. Es handelt sich um eine Art Spiel, und darum sollten Sie sich keine Gedanken darum machen, ob Ihre Phantasie auch »praktikabel« ist. Tun Sie einfach einen Augenblick lang so, als sei sie praktikabel. Bei Visualisierungen sehen sich manche Menschen an einem besonderen Ort oder in einer bestimmten Szene, so als träten sie in einer Fernsehshow oder in einem Phantasiefilm auf. Andere schaffen sich mentale Bilder, die denen in Träumen ähneln.

Sehen Sie sich selbst auf einer Australientour? Sehen Sie sich, wie Sie neue Freunde für gesellige Treffen am Freitagabend finden? Oder wie Sie morgens schon vor dem Frühstück einen längeren Spaziergang machen? Wie Sie in einem chinesischen Wok zu kochen lernen? Wie Sie einen Teilzeitjob im Büro bekommen? Wie Sie auf einem Motorrad fahren? Vielleicht stellen Sie sich auch vor, wie Sie Ihrer Tochter einen Brief schreiben, in dem Sie vorschlagen, die weite Reise zu Ihren Enkelkindern zu machen und sie zu besuchen. Können Sie sich sehen, wie Sie, umringt von lächelnden Gesichtern, am Zielort aus dem Flugzeug oder aus dem Zug aussteigen?

Visualisierung und Affirmation sind bewährte Mittel zur Verstärkung von Motivationen; sie können durch vielfache Wiederholung außerordentlich effektiv sein. Sie haben schon viele Menschen näher an die Realisierung ihrer tiefsten Sehnsüchte herangebracht. Dabei ist keine Zauberei im Spiel, sondern es wird nur ein empfänglicherer, fruchtbarer Geisteszustand induziert, der den Erfolg näher bringt. Wir schlagen vor, dass Sie ihre Affirmationen und Visualisierungen ziemlich regelmäßig reaktivieren. Am frühen Morgen ist eine gute Zeit oder auch am Abend, kurz vor dem Schlafengehen.

Erwarten Sie jedoch keine unmittelbaren Veränderungen.

Seien Sie flexibel und akzeptieren Sie den Prozess, der sich da langsam in Ihrem Innern abspielt. Der Samen, den Sie gesetzt haben, keimt von selbst, aber nach seinen eigenen Gesetzen, und am Ende stehen Möglichkeiten, von denen Sie zuvor keine Ahnung hatten.

Wenn Sie sich in der Übungsphase befinden, ist es ganz gut, wenn Sie kritisch registrieren, was Ihnen durch den Kopf geht, wenn jemand Ihnen vorschlägt, Dinge zu tun, die Sie früher aufgeschoben, gemieden oder abgetan haben. Achten Sie genau auf Ihren Wortlaut, wenn Sie sprechen. Dann merken Sie vielleicht, dass Sie die Verantwortung für Ihre Unentschiedenheit bisher woanders gesehen haben. Schauen Sie sich die folgenden Beispiele von »Ja, aber«-Ausreden genau an. Kommt Ihnen etwas daran bekannt vor?

»Ich möchte ja gern eine Kreuzfahrt in die Karibik machen, aber ich habe leider niemanden, der mit mir fährt.«

»Ich fühle mich ohne Arbeit so nutzlos, aber niemand will doch jemanden wie mich, der schon jenseits von Gut und Böse ist, noch einstellen.«

»Ich möchte meinen Sohn gern besuchen, aber er wohnt in Stockholm und ich habe Angst vorm Fliegen.«

Selbst wenn Sie nicht genau dieselben Worte benutzen, haben Sie wahrscheinlich auch schon einmal ähnliche Gefühle zum Ausdruck gebracht. Diese »Negativsprache« ist das genaue Gegenteil von positivem Denken. Ohne es zu merken, haben Sie anderen Menschen oder Situationen die Schuld gegeben, damit aber in Wahrheit nur Ihre eigenen pessimistischen Erwartungen maskiert. Wenn Sie diese Entschuldigungen immer wiederholen, glauben Sie sie schließlich selbst, und ehe Sie sich's versehen, haben Sie eine Voraussage geschaffen, die sich von selbst erfüllt. Darum schlagen wir vor, dass Sie, wenn Sie im Alter noch etwas Positives bewirken wollen, sich darauf konzentrieren, Ihre Worte positiver zu formulieren. Versuchen Sie, jedes der oben angeführten Beispiele positiver zu fassen. Etwa:

»Ich habe einen netten Reisegefährten gefunden und jetzt machen wir zusammen eine Kreuzfahrt in die Karibik.«

»Ich habe einen Teilzeitjob aufgetan, der mir das Gefühl gibt, produktiv und nützlich zu sein.«

»Ich fahre mit dem Zug nach Stockholm und genieße unterwegs die Landschaft und die Mitreisenden.«

Haben Sie den Unterschied zu den früheren Aussagen in der zugrunde liegenden Einstellung der Sprecher bemerkt? Auch Ihre eigene Einstellung zeigt sich immer in der Art und Weise, wie Sie auf Gelegenheiten reagieren, die Ihnen das Leben bietet. Sie sollten sich ernsthaft fragen, ob Sie sich selbst unnötige Probleme bereiten oder ob Sie Bestandteil der Lösung werden. Die Antwort auf diese Frage ist oft ganz einfach: Sie müssen sich nur die Worte, die Sie verwenden, genau anhören, egal ob Sie sie laut aussprechen oder nur im inneren Dialog mit sich selbst äußern.

Sie haben die Macht, eine Ereigniskette in Gang zu setzen, die Ihr Leben von Grund auf bereichern kann. Garantieren können wir Ihnen natürlich nicht, dass sich durch einen einfachen Wandel der Einstellung Veränderungen auch tatsächlich einstellen, aber wir versichern Ihnen, dass ein solcher Übergang das Spektrum Ihrer Optionen beträchtlich erweitern und verbessern wird und dass Sie so die für Ihr inneres Wachstum notwendigen Schritte tun.

2. KAPITEL

Das Geheimnis des »Wer bin ich jetzt?«

Der Ruhestand ist auch nicht mehr, was er mal war. Wer will schon noch im Schaukelstuhl sitzen und sich an die »gute alte Zeit« erinnern, wenn es so viele andere, verlockende Möglichkeiten gibt?

Wir glauben, dass es an der Zeit ist, das in unserer Gesellschaft immer noch vorherrschende Stereotyp zu pensionieren, Alte seien unmotivierte Menschen, die nur in der Vergangenheit leben. Tatsächlich führt die überwältigende Mehrheit im so genannten »Ruhestand« ein anregendes, lohnendes, interessantes Leben. Zum Glück leben wir in einem Zeitalter, in dem die anstößigsten Schilderungen alter Menschen – Stereotype wie »zerstreuter Tattergreis« oder »wunderliche Alte mit Lockenwicklern und Kittelschürze« – Bildern weichen, die der Realität eher entsprechen.

Im Laufe unserer Interviews mit auch im Alter noch aktiven, vitalen und kreativen Menschen sind wir mit solchen zusammengetroffen, die an der Altenakademie eingeschrieben waren, die für die Seniorenolympiade oder das Goldene Sportabzeichen trainierten, auf Computertastaturen schrieben oder an Tischtennisturnieren teilnahmen. Manche hatten Teilzeitjobs oder gar im Alter noch ein eigenes Geschäft eröffnet. Andere widmen sich der Transzendentalen Meditation, Yoga oder der Wassergymnastik. Wieder andere arbeiten ehrenamtlich auf Kinderkrebsstationen, wandern durch den Himalaja, machen im Wohnzimmer Stepptanz oder verlieben sich noch einmal bis über beide Ohren.

Wie sind diese älteren Menschen dazu gekommen, all diese Dinge auszuprobieren und zu unternehmen? Was motiviert sie zu solcher Abenteuerlust? Und was können Sie selbst tun, um solchen Menschen mehr zu gleichen? Die Antwort auf diese Fragen wollen wir mit einer Geschichte beginnen, die von einem Mann aus dem Mittleren Westen der USA handelt, der seinen von ganzem Herzen geliebten Beruf völlig in den Mittelpunkt seines Lebens gestellt hatte, dann aber erleben musste, wie sein Leben völlig aus den Fugen geriet.

Fast vier Jahrzehnte lang war Henry S. bei einem großen Lebensmittelkonzern in Minneapolis auf der Karriereleiter Stufe für Stufe nach oben geklettert. Als Teenager hatte er im Warenlager begonnen und sich dann von einer wichtigen Position zur nächsten emporgearbeitet – bis in die holzgetäfelten Büros der Chefetage. »Mit Ende 50 hatte ich's endlich ›geschafft‹«, erzählte uns Henry. »Die letzten neun Jahre war ich Assistent des Konzernchefs für besondere Aufgaben. Ich bereitete Firmenaufkäufe vor und verhandelte über Geschäfte im Wert von zig Millionen Dollar. Waren das aufregende Zeiten!«

Doch mit 65 waren diese Zeiten schlagartig vorbei, als sich Henry mit dem damals noch obligatorischen Ausscheiden im Pensionsalter abfinden musste. Zu seinen Ehren gab es eine fantastische Abschiedsparty, auch erhielt er eine großzügig bemessene Abschiedsprämie und die verbindliche mündliche Zusage, man werde seine Dienste als Berater weiter in Anspruch nehmen. »Meine Kollegen waren wirklich großartig«, sagte Henry, den Blick nostalgisch in die Ferne gerichtet. »Ich hatte das Gefühl, noch wirklich dazuzugehören, und war sicher, dass ich mit ihnen bei der gemeinsamen Arbeit an wichtigen Projekten noch viel zu tun haben würde.«

Eine Zeit lang geschah auch genau das. Nach einer erholsamen Hawaii-Reise mit seiner Frau Sandra wurde Henry als Nothelfer gerufen, um eine Verluste einfahrende Tochterfirma des Konzerns wieder auf Kurs zu bringen. Einige

Monate darauf schickte ihn sein früherer Chef nach Europa, um einen wichtigen Kunden zu beruhigen, der über einen fehlgeschlagenen Deal verstimmt war. Henry freute sich auch über verschiedene Einladungen zu Vorträgen bei Berufsverbänden, in denen er lange mitgearbeitet hatte. Alle lächelten ihm weiterhin zu und sprachen ihn mit Namen an, wenn er in der Konzernzentrale auftauchte. Die früheren Kollegen gingen mit ihm zum Mittagessen oder luden ihn zu einer Tasse Kaffee ein.

»Aber wissen Sie, was dann geschah?«, flüsterte Henry mit immer noch ungläubiger Stimme. »Nach ungefähr einem halben Jahr rief mich niemand mehr an. Ich erhielt keinen weiteren Beraterauftrag mehr. Und zwar ohne jede Erklärung; die Anrufe hörten einfach auf.« Zwar freuten sich noch immer alle, wenn Henry sich in der Firma sehen ließ, und die früheren Arbeitskollegen interessierten sich weiterhin lebhaft für seine Erlebnisse und Pläne. Doch sie ließen nicht die leiseste Andeutung fallen, dass man seine Dienste noch brauche oder gar vermisse.

Viele Monate später konnte Henry dann auch selbst sehen, dass seine früheren Kollegen es überhaupt nicht persönlich meinten. Sie waren lediglich zu dem logischen Schluss gelangt, dass Henry die Finger nicht länger am Puls des Branchengeschehens hatte und darum für heikle Aufträge nicht mehr erste Wahl war. Henry war schließlich sogar selbst so weit zu sagen, dass er an ihrer Stelle nicht anders gehandelt hätte.

Doch als die Anrufe aufhörten, fühlte sich Henry natürlich zunächst zurückgesetzt. Und je verschmähter er sich vorkam, desto süchtiger wurde er nach einem Auftrag. Er teilte sich seine alltäglichen Besorgungen so ein, dass er während der Kernarbeitszeit der Firma stets zu Hause war – für den Fall, dass jemand eine Frage, eine Bitte oder einen Auftrag hätte und ihn anriefe. Auch begann er Sandra anzugiften, die ihrerseits wegen Henrys Gleichgültigkeit ihren eigenen Gefühlen gegenüber eingeschnappt war. Im Haus fand Henry zwar genügend Aufgaben, die ihn beschäftigt hielten, aber er widmete sich ihnen nur lustlos und ohne Energie. »Ich richtete mir in der Garage ein Atelier ein«, sagte Henry. »Malen war schon immer mein Hobby. Aber als ich der Malerei nun meine ganze Freizeit widmen konnte, schien mir etwas zu fehlen. Schließlich war alles nur Spielerei, keine Arbeit.«

Er versank in einem Strudel von Depressionen, stumpfte ab, wurde mürrisch und zog sich zurück. Nichts mehr konnte ihn begeistern. Wenn ihm seine Frau oder die Kinder vorschlugen, er solle doch mal etwas Neues ausprobieren, kam prompt die Antwort: »Wozu denn?« So ging es fast zwei Jahre lang.

»Es ist mir sehr peinlich, dass ich nicht schneller damit zurande kam«, sagte Henry achselzuckend. »Doch als ich in den Ruhestand ging, kam ich mir als Person nicht länger wertvoll vor. Mein ganzes Selbstwertgefühl war mit meiner Überzeugung verknüpft, dass ich in der Firma irgendwie unentbehrlich sei. Welch ein Schock, als ich nach 38 Jahren feststellen musste, dass meine Kollegen mich zwar immer noch gern hatten und respektierten, dass sie aber auch ohne mich ganz gut zurechtkamen.«

Was Henry in diesem Augenblick der Erleuchtung aufging, war die Erkenntnis, dass es *seine* Sache war, den eigenen Wert als Person zu bestimmen. Es dämmerte ihm, dass er, wenn ihm dies gelänge, auch von dem Fehlurteil Abstand nehmen könnte, das er sich selbst zurechtgelegt hatte und demzufolge Henry als Person überhaupt keine Rolle spielte. »Ich musste mich mit der Tatsache abfinden, dass ich in meiner alten Firma keine Schlüsselrolle mehr spielte«, sagte Henry. »Das war jetzt nicht mehr meine Welt.«

Doch damit drängte sich die Frage auf. »Wer bin ich, wenn ich nicht mehr der Mann an meinem Arbeitsplatz bin?« Allmählich ging Henry auf, dass seine Rolle in der Firma sein Selbstbild fast vollständig beherrscht hatte. Die Arbeitskollegen waren zu einer Art Ersatzfamilie geworden. Sie hatten ihm das Gefühl von Zugehörigkeit, Macht und Prestige gegeben. Und er hatte sich durch seine Position in der Firma definiert.

Henry entschuldigte sich nun bei seiner Frau Sandra dafür, dass er den Übergang in den Ruhestand so schlecht bewältigt hatte und sie mit unvernünftigen Forderungen gequält hatte. Gemeinsam dachten beide über Möglichkeiten nach, die enorme Leere in Henrys Leben auszufüllen. Dieser Prozess war nicht einfach, obgleich er in mancherlei Hinsicht dem ähnelte, was Henry im Beruf oft an Problemlösungen zu bewältigen hatte. Der Unterschied war nur, dass er seine Problemlösungskompetenz diesmal auf sich selbst anwenden musste, auf seine eigenen Bedürfnisse, nicht die der Firma.

Er wusste, dass ihm schon immer bessere Gedanken gekommen waren, wenn er durch die unberührten Wälder in der Umgebung des Sommerhäuschens der Familie in Wisconsin gewandert war. Die Einsamkeit und Gelassenheit dieser Umgebung verlieh den Dingen anscheinend schärfere Konturen. Als begeisterter Vogelbeobachter stand Henry früh auf, um in der Morgendämmerung die vielen Wasservogelarten auf einem nahe gelegenen See anzuschauen. Irgendwie gaben die vertrauten Rufe und Fütterungsgewohnheiten der Enten und Gänse seiner Welt eine Ordnung, und als Henry zum Frühstück nach Hause kam, schien es ihm, als könne er sein Leben wieder in den Griff bekommen.

»Es ging mir auf, dass ich wirklich eine Tätigkeit finden musste, die mich sowohl faszinierte als mir auch ein Gefühl der eigenen Wichtigkeit vermittelte«, sagte Henry. »Denn das tägliche Engagement in der Arbeitswelt fehlte mir am allermeisten. Auch als Pensionär musste ich mir irgendwie noch etwas schaffen, das sozusagen meine ›Arbeit‹ werden konnte.«

Doch zunächst musste Henry lernen, sich in einer Umgebung ohne Berufstätigkeit selbst zu akzeptieren. Allmählich konnte er sehen, dass er immer noch etwas wert war, dass er nach wie vor über Kreativität und Talent verfügte. Nach vielen Diskussionen mit seiner Frau, seinen Kindern und Freunden kam er zu dem Ergebnis, dass der Naturschutz seinen Vorstellungen von einem sinn- und bedeutungsvollen Arbeitsgebiet entsprach. Tiere hatte er schon immer geliebt und in den Wäldern um sein Sommerhaus hatte er Dutzende von Tierarten identifiziert. Sorgen bereitete ihm die Abnahme von Feuchtbiotopen und anderen unberührten Wildreservaten in Wisconsin und Minnesota. Er hatte von den laufenden Bemühungen gelesen, die noch erhaltenen Refugien als Naturschutzgebiete auszuweisen, und er wusste, dass die Großindustrie und andere große Firmen bereit waren, bei Ankauf und Erhaltung solch wertvoller Ländereien zu helfen.

»Also wurde ich sehr aktiv in verschiedenen regionalen und nationalen Naturschutzorganisationen, die sich um die Erhaltung oder Wiederherstellung von Vogel- und Naturschutzgebieten kümmerten«, sagte Henry. »Meine Spezialität ist es, von großen Firmen Gelder zu besorgen, die für Landtrusts und die Einrichtung von Naturschutzgebieten verwendet werden können. Ich halte Vorträge vor Führungsgremien von Firmen und bei Berufsverbänden, in erster Linie um Geld zu sammeln. Und ich bin stolz, sagen zu können, dass ich schon mehr als zehn Millionen Dollar aufgetrieben habe, um Gutes für unser Land und den Naturschutz zu tun.«

Henry schuf sich zu Hause seine eigene Arbeitswelt, indem er seine Werkstatt in der Garage teilte und daraus ein Atelier und ein Büro machte. Drei Tage pro Woche geht er morgens pünktlich um neun Uhr an seinen großen Eichenschreibtisch im Büro, um Berichte zu schreiben, Korrespondenz zu beantworten, Telefonanrufe zu erledigen und Besucher zu empfangen. Sein häusliches Büro ist mit einer leistungsfähigen Computeranlage, mit Fotokopier- und Faxgerät ausgerüstet. An seinen Arbeitstagen macht Henry eine Mittagspause und geht dann für den Rest des Nachmittags zurück ins Büro. An seinen freien Tagen hingegen zieht er sich ins Atelier zurück und malt dort naturalistische Aquarelle, von denen schon mehrere in landesweit verbreiteten Naturschutzzeitschriften reproduziert wurden. Jeden Sommer verbringt er zusammen mit Sandra mindestens sechs Wochen im Sommerhaus in Wisconsin. Dann beobachtet er die Wasservögel, lauscht den Geräuschen des Waldes und *genießt* seinen Ruhestand.

Als wir ihn fragten, welchen Rat er anderen Spitzenmanagern geben könne, die aus Machtpositionen in den Ruhestand gingen, kam die Antwort wie aus der Pistole geschossen. »Der Ruhestand hat mit Veränderung und Anpassung zu tun. Wenn man diesen Prozess erfolgreich gestalten will, muss man sich erst mal eingestehen, dass man dafür selbst Verantwortung trägt und seine eigenen Entscheidungen treffen muss. Man muss das frühere Leben loslassen und darauf vertrauen, dass da draußen sogar noch Besseres auf einen wartet, selbst wenn man noch nicht genau weiß, was es ist.«

Wie Henry leidvoll herausfand, ist der scheinbar so einfache Gedanke, das Selbstwertgefühl hochzuhalten, ein erster entscheidender Schritt auf dem Weg zur Entdeckung, *was* man in Zukunft *wie* tun möchte. Wenn Sie sich – als Bestandteil der vollen Wertschätzung der eigenen Person jenseits von Arbeitswelt und Kinderaufzucht – Liebe und Selbstrespekt nicht versagen, wird es Ihnen wesentlich leichter fallen, neue Möglichkeiten zu erkunden und passende Veränderungen vorzunehmen. Denn Selbstachtung ist der Mutterboden, in dem innerlich erfüllende Erfahrungen und neue Beziehungen Wurzeln schlagen und gedeihen können.

Wir haben mit vielen Menschen gesprochen, deren Situation sich von der Henrys stark unterschied, die jedoch ähnliche Erfahrungen in dramatischen Übergangsperioden ihres Lebens gemacht hatten. Ihre unterschiedlichen Antworten bestärken uns in der Überzeugung, dass es nicht nur einen einzigen Weg zum erfüllten, erfolgreichen Leben im Alter gibt – auch nicht zur Erreichung des Ziels, ein gutes Gespür dafür zu bekommen oder aufrechtzuerhalten, wer man ist.

Obgleich alle Spätberufenen natürlich ihren eigenen Rezepten folgen, haben ihre Erfolgsgeschichten alle einige Zutaten gemeinsam. Dazu gehören eine gute Dosis Selbstvertrauen, ein positives Selbstbild und ein gesundes Maß an Selbstachtung.

Die meisten von uns verfügen normalerweise über einen recht guten Vorrat an diesen Kerntugenden – den inneren Reserven, auf die wir zurückgreifen müssen, wenn wir im Lauf des Lebens Verletzungen, Härten und Krisen zu bewältigen haben. Aber wir können nicht immer darauf vertrauen, dass unsere Gefühle bezüglich der eigenen Person konstant bleiben. Jeder von uns kennt schlechte Tage, an denen schon ein schräger Blick des Ehepartners als tödliche Beleidigung gilt oder ein leichtsinniger Fahrbahnwechsel des Autofahrers vor uns als persönlicher Affront empfunden wird. Dramatische Veränderungen wie die Pensionierung oder eine schwere Erkrankung können unsere Emotionen sogar total durcheinander bringen. Manchmal wirft uns, egal wie sorgfältig wir unser Leben geordnet haben, etwas völlig aus der Bahn. Solche Veränderungen können uns verwundbar und unsicher machen, sodass wir nicht wissen, was wir als Nächstes tun sollen. Auch wenn es zum grundlegenden Wesen des Menschen gehört, sich an Veränderungen anzupassen, kann unsere Meinung über uns selbst ins Wanken geraten, wenn wir nach der Pensionierung wichtige Entscheidungen über unser Leben zu treffen haben.

Als wir den inzwischen verstorbenen, damals 72-jährigen Musiker und Komponisten John Cage fragten, worin er das Geheimnis seines aktiven, erfolgreichen späteren Lebens sehe, erzählte er uns von seinem Vater, einem Erfinder. »Mein Vater war immer ein glücklicher Selbständiger«, erklärte Cage. »Vater hatte nie einen ›Job‹ im traditionellen Sinne. Eines Morgens stand er auf und pusselte bis zum Mittag in seiner Werkstatt herum, dann nahm er ein einfaches Mittagessen zu sich und legte sich zu einem Mittagsschläfchen hin. Auf einmal gab er ein seltsames Geräusch von sich und starb, ohne wieder aufzuwachen.«

Weil Vater Cage keine scharfe Trennung zwischen Arbeit und allem anderen, das in seinem Leben eine Rolle spielte, kannte, litt er auch niemals unter Identitätsverlust und Verlust des Selbstwertgefühls, wie sie oft mit der Pensionierung einhergehen. Sein Sohn John übernahm einen ähnlichen Lebensstil, der auch ihn bis zum Tag seines Todes aktiv und zufrieden erhielt. »Meine Empfehlung lautet, dass jeder mal ausprobieren sollte, wie das ist, als ›Selbständiger‹ zu arbeiten«, sagte uns Cage, »besonders wenn man eine Vollzeitbeschäftigung als Angestellter oder Arbeiter hat. Auf diese Weise lernt man nämlich, wie man für sich selbst arbeitet, wenn dieser Job einmal aufhört.«

Auf ganz andere Weise als Henry S. lernte John Cage, wie wichtig das Gefühl, irgendwie gebraucht zu werden, für uns alle ist. Die meisten haben es natürlich nicht so gut wie Cage und andere Künstler, die sich kreativ selbst verwirklichen können. Meistens leben wir so, dass wir das Gefühl, zu etwas nutze zu sein, aus unserer Arbeit oder der Unentbehrlichkeit für uns nahe stehende Menschen beziehen. Leider haben wir, weitgehend aufgrund sozialer Prägung, oft das Gefühl, es sei eitel, selbstsüchtig oder unbescheiden, diese Art von positivem Feedback *bei uns selbst* zu suchen. Versuchen Sie doch einmal, in diesem Gefühl des »Ich bin zu etwas nutze« – egal ob Sie dieses Selbstwertgefühl aus sich selbst, aus Ihrer Arbeit oder von anderen Menschen herleiten – eine Art »Sonnenschein der Selbstliebe« zu sehen, den Sie sich für Regentage aufheben. Dann können Sie bei Bedarf immer auf einen Vorrat an Strahlkraft und Ich-verstärkender Energie zurückgreifen.

Ihr Selbstwertgefühl aktiv zu stärken, mag Ihnen zunächst seltsam vorkommen, weil viele von uns 50, 60, 70 Jahre oder gar noch älter geworden sind, ohne sich je bewusst die eigene Wertschätzung zu zeigen. Henry S. zum Beispiel hatte sich selbst noch nie als aktiven und engagierten Naturschützer gesehen; erst zwei Jahre, nachdem er seine Identität als Manager verloren hatte, kam er überhaupt auf diesen Gedanken. Doch als er die Tatsache verinnerlicht hatte, dass er Anerkennung auch für das verdiente, was er aus sich selbst heraus und für sich selbst war, erschien ihm der Ruhestand längst nicht mehr so unangenehm.

Ein gewisser Bob S. schickte uns einen Brief, in dem er beschrieb, wie er fünf Jahre nach seiner Pensionierung als Versicherungsagent endlich eine Tätigkeit gefunden hatte, die seine Überzeugung bestärkte, auf seinem Gebiet immer noch ein ausgewiesener Experte zu sein. Im Rahmen seiner Kirchengemeinde hilft Bob jetzt älteren Mitbürgern, ihre Ansprüche bei der öffentlichen Krankenfürsorge geltend zu machen. Er hilft ihnen, die Institution Pflegeversicherung zu verstehen und sich auch in komplizierten finanziellen Angelegenheiten zurechtzufinden, die mit Krankheitskosten zu tun haben. »Das war früher mein täglich Brot«, erzählte er uns, »und ich habe mich auf dem Laufenden gehalten. Jetzt bereitet es mir Genugtuung, mein Wissen mit anderen zu teilen.«

Zufällig erhielten wir wenige Tage später einen Brief von Susan K., einer Anwältin in Virginia, in dem sie uns vom Leben ihrer 76-jährigen Mutter Muriel berichtete. »Mutter war eine sehr traditionelle Hausfrau«, begann dieser Brief, »wenigstens bis Vater starb und sie als Lehrerin an unserer kleinstädtischen High School pensioniert wurde.« Susan erläuterte, dass Muriel sich immer in erster Linie als Hausfrau und Lehrerin verstanden habe. »Meine Mutter war zur Dame erzogen worden und das war sie auch – eine Dame«, schrieb ihre Tochter. »Sie war schüchtern und konfliktscheu und tat alles, um Auseinandersetzungen und das Rampenlicht der Öffentlichkeit zu meiden.« Doch als Muriel Mitte 60 war, begann sie mit der lange unterdrückten abenteuerlustigen, extrovertierten Seite ihres eigentlich neugierigen Wesens zu experimentieren. Sie wurde in das örtliche Schulaufsichtsgremium gewählt, schließlich sogar in das oberste Schulaufsichtsgremium des Staates Virginia.

»Jetzt stellt sie sich energisch jeder Herausforderung, die ihr begegnet«, berichtete Susan, »egal ob es sich um eine fanatische Gruppe von Eltern von Eishockeyspielern handelt, um die Lehrergewerkschaft (die sie in die Schranken wies) oder gar um den Gouverneur, der in einem bestimmten Fall versuchte, ihrem Gremium die Schuld für einen Fehler der politischen Seite zuzuschieben, nach Muriels Ansicht zu Unrecht.« Diese »traditionelle« Südstaaten-Lady fand auch Gefallen am Segeln und Segelfliegen, soweit sie in ihrer knappen Freizeit überhaupt dazu kommt, und kürzlich fuhr sie mit einer Freundin zum Wandern nach England. Irgendwann waren Bob wie auch Muriel in sich gegangen und zu dem Schluss gekommen, dass sie anderen noch vieles zu geben hätten, auch im »Ruhestand«.

Eine abermals andere Perspektive erleben wir bei Elsie L., die wir Ihnen jetzt vorstellen möchten. Die gesunde, überaus freundliche Ausstrahlung dieser attraktiven 72-jährigen mit ihren hellen, strahlenden Augen kommt anscheinend von innen. Als sie sich nach einem unserer Vorträge in ihrem Heimatstaat Arizona uns vorstellte, waren wir von der offenen, direkten Art und dem ansteckenden Enthusiasmus dieser Dame beeindruckt. Bereitwillig erzählte sie uns ihre Lebensgeschichte:

»Ich bin in einer Kleinstadt in Michigan aufgewachsen und habe meinen Schulfreund geheiratet, einen Fließbandarbeiter in einer Autofabrik. Wir ließen uns nieder und zogen eine Familie von neun Kindern groß. Ich war fleißig und wir hatten ein gemütliches Zuhause.«

In ihrem ganzen Leben war Elsie, wie sie uns erklärte, ein geselliger, sozial denkender und aktiver Mensch. Ihr hat es immer Freude gemacht, etwas für andere zu tun, egal in welcher Funktion oder Eigenschaft. Als ihre Kinder größer wurden, beantragte Elsie eine Maklerlizenz und begann, auf Teilzeitbasis Häuser zu verkaufen. Auch als freiwillige Helferin war sie seit langem in ihrer Kirchengemeinde aktiv – eine Tätigkeit, die sie innerlich befriedigt und die immer noch einen großen Teil ihrer Freizeit beansprucht. »Ich fahre Leute, die kein Auto haben, zum Gottesdienst, mache Kartoffelsalat für den Bingo-Abend und dergleichen mehr.«

Als Elsies Ehemann in den Ruhestand ging, kaufte er einen Wohnwagen und dann bereiste das Ehepaar die National-parks in Kanada und den Vereinigten Staaten. Viele Monate waren sie unterwegs, ehe sie sich schließlich in einem Vorort von Phoenix in Arizona niederließen. »Doch ich glaube, George gefiel es in der Hitze und in der Wüste nicht«, fuhr Elsie fort. »Bei manchen Leuten ist das einfach so. Er kehrte nach zwei Jahren nach Michigan zurück und ich entschloss mich, hier zu bleiben. Ich fing wieder als Immobilienmaklerin an und habe auf diese Weise hier in Arizona eine Menge Leute kennen gelernt. Ich konnte es mir einfach nicht vorstellen, wieder in den Osten der USA zurück zu ziehen. Sie wissen ja selbst, wie die Winter dort sind!«

Andere Probleme in der Beziehung zwischen Elsie und George hatten sich über einen langen Zeitraum hin aufgebaut. Die beiden hatten sich einander entfremdet und trotz der Hilfe ihres Pastors und eines Eheberaters standen ihnen die vielen Unterschiede, die es zwischen ihnen gab, immer wieder im Weg. Schließlich ließ sich das Paar in gegenseitigem Ein-vernehmen scheiden. »Es war eine Riesenveränderung für mich, als George ging«, erinnerte sich Elsie und zog aus ihrer Handtasche ein abgegriffenes Foto ihrer Kinder und Enkel hervor, das bei einem Familienfest aufgenommen worden war. »Ich war es ja so sehr gewohnt, für andere zu sorgen. Wichtig und nützlich konnte ich mich nur so lange fühlen, wie ich andere Menschen um mich herum hatte. So nahm ich einen älteren Untermieter mit seinem Hund bei mir auf, um Gesell-schaft zu haben. Ich wusste, dass ich mich besser fühlen würde, wenn die beiden bei mir wären.«

Gern bekochte Elsie Don, einen Pensionär, der schon über 90 war, und zweimal täglich gingen die beiden mit seinem alten Beagle spazieren, der King hieß. Als sich der Immobilienmarkt abkühlte, verbrachte Elsie wieder mehr Zeit zu Hause. Bald gab sie das Verkaufen von Häusern ganz auf und hatte so genug Zeit, sich intensiv um Don zu kümmern, der wach und gesellig, aber gesundheitlich stark angeschlagen war. Elsie hatte nicht die Möglichkeit gehabt, ihre Eltern zu pflegen, als diese alt und gebrechlich waren, und so war Don für sie in dieser Hinsicht eine Art Vaterfigur. Doch innerhalb eines Jahres war er verstorben.

»Er starb ganz ruhig im Schlaf«, sagte Elsie. »Er war einfach altersschwach und verbraucht, haben sie mir gesagt. Anfangs habe ich ihn furchtbar vermisst. Und er fehlt mir noch immer.«

Nach Dons Tod konnte Elsie den angestauten Schmerz (die Trauer über die Trennung von George und über den Tod ihres Untermieters) nicht mehr unterdrücken; sie musste den Trennungsschmerz intensiv durchleben. Das Verlustgefühl schien sie zu überwältigen. Nun war sie in ihrem weitläufigen, im Ranch-Stil erbauten Haus ganz allein; es gab niemanden mehr, den sie versorgen, niemanden, dem sie sich dienend hingeben konnte. Da erst ging ihr auf, dass sie ihr ganzes Leben lang ihr Selbstwertgefühl von anderen hergeleitet hatte.

»Ich vermute, dass jeder mal schwere Zeiten durchmachen muss«, seufzte sie und blickte zur Seite. Sie brauchte einen Augenblick Pause, ehe sie fortfahren konnte. »Die habe ich in jenen Tagen wirklich durchlitten. Ich hatte nicht das Gefühl, überhaupt jemand zu sein. Ich hatte irgendwie so ein Gefühl, als wäre ich überhaupt nicht da.« Elsie brauchte Bestätigung und ein Schulterklopfen, doch so weit reichten die eigenen Arme nicht. Und jetzt war niemand mehr im Haus, der ihr seine Arme dafür reichen konnte. In ihrer Einsamkeit irrte Elsie umher und suchte ziellos nach etwas, das ihr das Gefühl vermitteln konnte, einen wichtigen Beitrag zur Welt – und zur eigenen Selbstfindung – zu leisten.

Wohlmeinende Freunde rieten ihr, sie solle sich doch stärker in der Kirchengemeinde engagieren, sich einen Teilzeitjob suchen oder eine große Reise unternehmen – Hauptsache irgendetwas, das ihre Zeit ausfüllte und ihre Energie forderte. Doch trotz aller gut gemeinten Plädoyers wollte Elsie lieber für sich sein. Und wenn sie doch einmal ausging, hatte sie ein Gefühl, als lebe sie unter Wasser, in einer trüben, verschwommenen Umwelt, in der alles gedämpft klang und alle Landschaften grau waren. »Es schien, als sei dies meine Zeit zum Innehalten und Alleinsein – Dinge, für die ich mir nie viel Zeit genommen hatte«, erklärte sie. »Ich hatte mich ja immer damit beschäftigt, anderen zu helfen – George, unseren neun Kindern, Don, meinen Immobilienkunden. Jetzt war es endlich an der Zeit, *mich selbst* zu finden.«

Elsie gestattete sich, ihre tiefe Depression wirklich auszuleben. Ihrem Wesen und Temperament nach war sie jedoch immer ein freundlicher, kommunikationsfreudiger Mensch gewesen und ihr Wunsch, mit anderen zu reden, war immer noch da. Laut mit sich selbst zu reden und den eigenen Worten zuzuhören, wenn sie von den Wänden des großen Hauses widerhallten, erschien ihr allerdings albern. Eines Tages erinnerte sie sich daran, dass ihre Trübsal früher immer vergangen war, wenn sie mit anderen reden konnte. »Also tat ich das Nächstbeste, was mir einfiel«, sagte Elsie. »Ich begann zu schreiben.« Zunächst saß sie am Küchentisch und brachte einfache Verse zu Papier, die den Glauben an den Wert ihres eigenen Lebens zum Ausdruck brachten. »Ich weiß nicht warum, aber ich musste einfach einige meiner Gedanken zu Papier bringen und mich auf meine Gefühle für mich selbst konzentrieren. Es war schon so lange her, dass ich jemanden hatte, mit dem ich wirklich reden konnte. Es war ein Anfang auf dem Wege, mit mir selbst Freundschaft zu schließen.«

Im Lauf der nächsten sechs Monate formte Elsie ihre Gedanken zu geschliffenen Gedichten. Zuvor hatte sie nie etwas geschrieben, höchstens einen persönlichen Brief, und sie hatte auch ganz bestimmt nicht den Ehrgeiz, als Dichterin veröffentlicht zu werden. Vielmehr reflektierten Elsies einfache, schmucklose Verse ihre schlichte Philosophie, ihren Glauben an Gott und den angeborenen Wert eines jeden Menschen, auch ihrer selbst.

Obwohl sie mit dem Schreiben begonnen hatte, um einen Ausweg aus ihrer Depression zu finden, wurde diese Aktivität schnell zum Mittel, mit ihrem Innern in Verbindung zu treten. Indem sie ihre eigenen Qualitäten und Leistungen vor sich selbst positiv hervorhob, fühlte sich Elsie von innen her unterstützt. »Ich habe meine ersten Gedichte geschrieben, weil sie mir helfen sollten, mich wieder gut zu fühlen und meinen eigenen Wert als Individuum schätzen zu lernen, als etwas ganz Besonderes. Dabei wurde mir meine Einzigartigkeit bewusst, aber auch meine Fähigkeit, noch weiter zu wachsen.«

Hier folgen einige Strophen aus einem Gedicht, das unsere Freundin über ebendieses Thema geschrieben hat. »Es trägt den Titel ›Ich bin wichtig‹, weil es mir immer nur um diese eine Botschaft geht«, erklärte uns Elsie, ehe sie ihre Verse rezitierte.

Jeder möchte wichtig sein.
Daran ist überhaupt nichts falsch.
Es ist unser gottgegebener Wert,
Der nur so zu realisieren ist.

Was kann ich tun, damit es geschieht?
Als erstes verleih' ich dem Heute Gewicht.
Ich sorge dafür, dass ich jeden Tag
Etwas tue, das mir ein Hochgefühl gibt.

All das – fällt Ihnen noch Weiteres ein? –
Kann bewirken, dass man sich wichtig fühlt
Und seinen wahren Wert erkennt
In der großen Harmonie des Alls.

Von Herzen kommende Reflexionen wie diese halfen, Elsies Selbstwertgefühl zu stärken. »Ich weiß, dass diese Gedichte mir geholfen haben, aus meiner Depression herauszufinden«, sagte sie. »Ich kann mich noch an den Zeitpunkt erinnern, als ich morgens wieder das Gefühl hatte, gerne aufzustehen. Ich meldete mich langsam in der realen Welt zurück.«

Wie uns Elsie erzählte, ermutigten sie Nachbarn und Freunde, denen sie ihre Gedichte vortrug, als sie sich dazu stark genug fühlte, aus diesen Versen doch ein Büchlein zu machen. Im Selbstverlag folgte nun Bändchen auf Bändchen, als sich Elsie Kindheitserinnerungen, lustigen Anekdoten, Naturerlebnissen und geistigen Meditationen zuwandte. Inzwischen besitzt unsere Freundin einen ganzen Stapel fotokopierter, von Hand mit Klammern gehefteter Büchlein, die sie an Freunde, Verwandte und andere Interessenten verteilt. Von ihrem Gedichtband »Ich bin wichtig« hat sie ständig einige Exemplare in der Handtasche. »Ich kann erkennen, wenn Leute Probleme mit sich selbst haben, und dann gebe ich ihnen gern ein Exemplar meines Büchleins«, sagt Elsie. »Das tut ihnen gut, und mir auch.«

Elsies Drang, ihre Gefühle schriftlich zum Ausdruck zu bringen, führte dazu, dass sie sich in das Schreiben als neuen, innerlich erfüllenden Lebensstil verliebte. Dabei tat sie von sich aus etwas, wozu viele professionelle und nichtprofessionelle Berater ihren Klienten immer wieder raten: Sie nutzte einen externen Prozess dazu, die eigenen Verdienste sich selbst gegenüber zuzugeben und das Gefühl, etwas Gutes verdient zu haben, aufzubauen. Instinktiv fand Elsie einen Weg, ihr Selbstwertgefühl zu stärken.

Als sie das Titelblatt ihrer ersten Gedichtsammlung entwarf, entschied sie sich für große, dicke Buchstaben: ICH BIN WICHTIG. Sie wollte einfach sicherstellen, dass jeder, der ein Exemplar in die Hand bekam, sofort wusste, worum es in ihren Gedichten geht. Und die Worte, die sie für ihren Titel gewählt hatte, waren genau jene, die sie selbst immer wieder hören und sehen musste.

Elsies Geschichte zeigt, wie wichtig es ist zu erkennen, wann man im Leben etwas Bestärkung braucht, besonders in Zeiten, da das eigene Selbstwertgefühl und Selbstbild ins Wanken geraten oder gar ausgesprochen negativ sind. Weil die Stärkung unseres Selbstvertrauens nicht immer etwas ist, das wir selbst erledigen können, sollten Sie unserer Meinung nach auch immer bedenken, dass es Hilfe von außen gibt. Berater, Psychologen und Therapeuten sind dafür ausgebildet, Ihnen in solchen Zeiten Beistand zu leisten. Allerdings müssen Sie auch selbst das Gefühl haben, dass professionelle Hilfe angebracht ist. Außerdem können Sie natürlich Ihren Arzt konsultieren, der Ihnen sagt, ob nicht vielleicht eine Behandlung mit Medikamenten ratsam ist.

Das Geheimnis des »Wer bin ich jetzt?«

Wenn man es auch im Alter noch zu etwas bringen will, wenn man auch im Alter noch ein befriedigendes Leben führen will, gibt es kein mächtigeres Geheimnis, als eine positive Meinung von sich selbst zu kultivieren. Wenn Sie sich selbst als unwürdig ansehen und meinen, Sie verdienten nichts Gutes, dann ist es sehr schwer, sich im Leben geborgen, unterstützt und respektiert vorzukommen. Umgekehrt fördert ein vom eigenen Wert überzeugtes Selbstbild den positiven Wandel, Selbstbestätigung und ein gesundes inneres Wachstum.

Dass Sie ein im Wesentlichen guter, anständiger Mensch sind, wissen Sie, wenn Sie sich so sehen und akzeptieren, wie Sie sind – mit all Ihren Stärken und Unvollkommenheiten, im Hier und Jetzt. Dabei liegt das Geheimnis in Ihrer Fähigkeit, über die eigenen Fehler und Unvollkommenheiten – sowie die der anderen – hinwegzusehen, um ein erfüllteres, mitfühlenderes Leben zu führen. Dabei geht es darum, weder vor

Unzulänglichkeiten die Augen zu verschließen noch sich in Leistungen und Errungenschaften zu sonnen, sondern alles im Zusammenhang dessen zu sehen, was ein Mensch seinem Wesen nach ist: ein besonderes Geschöpf, das keinem anderen genau gleicht. Dieser Prozess, sich ohne Verurteilung zu akzeptieren, sich selbst hoch zu achten und sich als würdige, interessante Person zu sehen, ist einer der grundlegenden Bausteine für persönliches Wachstum. Das muss man sich aber nicht unbedingt jeden Tag aufs Neue bewusst machen, denn im Idealfall wird diese Einstellung Bestandteil des eigenen Identitätsgefüges, des eigenen Werdens und Seins.

In ihrem Buch *You Could Feel Good* (Du könntest dich gut fühlen) definiert die Psychologin Suzanne Harrill Selbstachtung als »einen Ort, wo man sich selbst kennt, sich selbst akzeptiert, sich selbst liebt, sich an sich selbst erfreut und man selbst ist«. Kurz gesagt, Selbstachtung entsteht, wenn man sich selbst bedingungslos liebt.

Wenn Sie bezüglich Ihres Lebens und seines Potenzials zum späten Erblühen ein besseres Gefühl haben wollen, dann ist das Ziel, Ihre Selbstachtung zu stärken und zu fördern, eines, das aller Mühen wert und lohnend ist.

Wie man diesem Geheimnis entsprechend handelt

Ältere Menschen entdecken das Geheimnis, dass sie entscheiden müssen: »Wer bin ich jetzt?«, auf vielerlei Weise und ihre daraus folgenden Taten sind ebenso vielfältig. Für Henry bedeutete sein Engagement für eine Sache, von der er überzeugt war – ein Engagement, bei dem überdies seine beträchtlichen Talente und Fähigkeiten optimal zur Geltung kamen –, dass er sich auf diese Weise auch selbst etwas Gutes tun und sein positives Selbstwertgefühl stärken konnte. Für Elsie wurde das Aufschreiben und Veröffentlichen ihrer tiefsten Gedanken zur Möglichkeit, sich selbst zu bestätigen und sich selbst etwas Gutes zu tun. Andere Menschen könnten ähnliche Resultate auch auf ganz andere Weise erlangen – etwa, indem sie einem unterprivilegierten Kind Nachhilfeunterricht geben, an einem französischen Kochkurs teilnehmen, einen Ausflug der Kirchengemeinde organisieren, mit alten Freunden Tennis spielen oder mit Familienangehörigen ihre Zeit so intensiv verbringen, dass sie innere Erfüllung spüren.

Ein positives Selbstbild kann auch dadurch bestärkt werden, dass Sie sich etwas gönnen, das Sie Ihrer Meinung nach eigentlich gar nicht verdient haben – dass Sie sich in einem Schönheitssalon verwöhnen lassen, sich ein neues Auto kaufen, ins Kino gehen oder sich mit einem besonders guten Freund oder einer besonders guten Freundin ein Gourmetessen zu zweit gönnen.

Der Aufbau des Selbstwertgefühls ist ungefähr so, als würden Sie in einem Sparschwein Groschen und Markstücke sammeln: Jede Münze ist – wie jede einzelne Streicheleinheit für Ihr Selbstwertgefühl – für sich genommen nicht viel wert, aber wenn das »Sparschwein« am Ende voll ist, kommt ganz schön etwas zusammen. Wenn Sie sich gewohnheitsmäßig mit kleinen Gesten Tag für Tag daran erinnern, dass Sie ein wertvoller Mensch sind, ist das Ergebnis schließlich ein beträchtliches Selbstwertgefühl. Nehmen Sie sich Zeit zur Kontaktaufnahme mit sich selbst und gönnen Sie sich die Erfahrung – und den Ausdruck – von Zustimmung, Liebe und Wertschätzung Ihres wahren Ichs. Dieser Prozess kann in jedem Lebensstadium einen enormen Unterschied bewirken, aber im späteren Leben ist er ganz besonders wertvoll, weil die Gesellschaft den Wert älterer Menschen oft herabsetzt, was manchmal durchaus ein Tiefschlag für deren Selbstwertgefühl sein kann.

Wenn wir älter werden, sind wir gelegentlich aus Gründen, die tiefer liegen und kompliziert sind, hart zu uns selbst. Solch harte Selbstverurteilungen haben oft mit der Leere zu tun, die sich nach dem Ende des beruflichen Lebens auftut, oder auch, wenn unsere erwachsenen Kinder aus dem Haus gegangen sind oder wenn sich Veränderungen in unserer Ehe ergeben haben.

Ein wirksamer Weg, diese negativen Selbsturteile durch produktivere, positivere Gefühle zu ersetzen, ist die Verwendung der schon im ersten Kapitel beschriebenen Visualisierungstechniken: Vor dem inneren Auge wird eine neue Sicht der eigenen Person heraufbeschworen – eine Sicht, die für die gegenwärtigen Erfahrungen förderlich ist. Dabei wird »Seelenmüll« durch Heilsames ersetzt, negative Bilder durch positive.

Sie sollten damit beginnen, dass Sie sich ein wenig Zeit nehmen, um sich an einen Zeitpunkt, einen Ort oder eine Situation zu erinnern, wo Sie wirklich besonders gut und erfolgreich waren. Stellen Sie sich vor, dass Sie völlig entspannt und mit sich selbst im Reinen sind, dass Sie im Einklang mit Ihrem Körper leben und von der Freude erfüllt sind, einfach lebendig zu sein. Können Sie sich erinnern, wie es sich anfühlte, als Sie sich wirklich so leiden mochten, wie Sie waren (und noch immer sind) – wie es sich anfühlte, vollkommen zufrieden, zuversichtlich und selbstbewusst zu sein? Vielleicht passt Ihr Hochzeitstag in diese Kategorie (Urteil: »Ich bin attraktiv und liebenswert«), vielleicht auch der Augenblick, als Sie Ihre erste große Gehaltserhöhung oder Beförderung erhielten (Urteil: »Ich bin ein As, auf das andere setzen«). Vielleicht taucht in solchen Erinnerungen auch eine vergangene Liebesaffäre auf (Urteil: »Ich habe Sex-Appeal«), die Geburt eines Kindes (Urteil: »Ich schenke neues Leben«), die Vollendung eines Traumhauses (Urteil: »Ich habe meine Angelegenheiten bestens im Griff und ein schönes Haus verdient«) oder ein entspanntes Urlaubserlebnis (Urteil: »Ich habe diesen Traumurlaub verdient«).

Wenn wir solche warmen, aufbauenden Gefühle aus der Vergangenheit in die Gegenwart übertragen können, wird sich unsere gesamte Lebenseinstellung möglicherweise dramatisch verändern. Das Geheimnis besteht allein darin, wie man solche aufbauenden Selbstbilder in den Alltag integrieren und bei Bedarf immer wieder abrufen kann. Anders gesagt, wie man sie für reale, greifbare Ziele einsetzen kann.

Die Konzentration auf positive, in unserer Vergangenheit verankerte Emotionen wird vielleicht schwerer, wenn wir älter werden und möglicherweise unter der Last des im Laufe eines Lebens angehäuften Sammelsuriums von Misserfolg und Leid stöhnen. Doch wenn wir uns konzentriert an Zeiten erinnern, als wir uns in Topform fühlten, dann ist das so, als rollten wir einen roten Teppich aus für jene sich selbst erneuernde Energie, die uns zu Menschen macht, die auch im Alter noch in Blüte stehen.

3. KAPITEL

Das Geheimnis der Versöhnlichkeit

Kennen Sie auch jemanden, der nichts wegwerfen kann und alles in ohnehin bereits überfüllte Schränke und Regale stopft? Immer wenn man die Tür eines solchen Schrankes öffnet, kommt einem alles entgegen, auch viel altes Zeug, das längst nicht mehr gebraucht wird. Aber nichts wird weggeworfen, sondern alles mit letzter Kraft in den Schrank zurückgestopft. Doch dadurch wird das Problem nur immer größer. Die Szenen, die sich am Schrank abspielen, werden immer komischer, aber es ist eher zum Weinen als zum Lachen.

Auch in unserem Kopf sammelt sich Jahr für Jahr immer mehr psychischer Ballast an, den wir weder brauchen noch haben wollen. Trotzdem können wir uns einfach nicht zu einer Inventur aufraffen, zu einer Auseinandersetzung mit dem Seelenmüll, geschweige denn zu seiner Entsorgung. Allzu oft klammern wir uns an diesen Ballast, ohne zu wissen warum. Ja, wir haben vielleicht überhaupt keine klare Vorstellung mehr, was da alles zusammengekommen ist.

Oft ist unser mentaler Ballast voll negativer Urteile über uns selbst und andere – Urteile, die wir schon seit Jahren horten. Sie beziehen sich auf Dinge, die wir getan haben und gern irgendwie ein für allemal wieder gutmachen würden. Denn es nagen an uns die unguten Gefühle, die wir mit solchen Negativurteilen erzeugen.

Oft ist uns die Existenz dieser dunklen Gedanken und unterdrückten Emotionen überhaupt nicht bewusst. Manchmal sind wir einfach nicht stark genug, uns ihrer endgültig zu entledigen, weil das unweigerlich auch bedeuten würde, uns mit Erinnerungen auseinander zu setzen, die uns Kummer bereiten. Manche sind überzeugt, dass nichts, was wir tun können, die subjektiv empfangenen Verletzungen wettmachen könnte – weder die selbst erlittenen noch die anderen zugefügten. Und so setzen wir uns mit solchen Negativurteilen nicht auseinander, um sie endlich loszuwerden, sondern klammern uns weiterhin eisern daran. Schließlich entsteht daraus ein entsprechendes Selbstbild (oder Bild der anderen), das wir ständig in uns herumtragen.

»Diese Investition war ja wirklich entsetzlich dumm«, beschimpfen wir uns dann selbst (Urteil: »Ich bin zu dumm, um gute Entscheidungen zu treffen«). Oder: »Wie konnte ich meine Mutter nur so schlecht behandeln?« (Urteil: »Ich bin ein schlechter Sohn«). Oder: »Warum habe ich meiner besten Freundin etwas so Gemeines und Hinterhältiges gesagt?« (Urteil: »Ich bin engstirnig und gemein«).

Diese negativen Urteile richten sich natürlich nicht nur gegen uns selbst, sondern genauso oft auch gegen andere: »Wie konnte sich mein Mann nur von mir scheiden lassen und seine Kinder im Stich lassen?«, fragen Sie Ihre Freundin (Urteil: »Mein Ex-Mann hat meinen Zorn verdient«). Oder Sie fragen sich: »Warum ist mein Chef so ungerecht zu mir?« (Urteil: »Ich habe eine bessere Behandlung verdient, aber dieser Arbeitgeber ist einfach zu unsensibel«). Oder: »Dieser betrunkene Autofahrer hat mein Leben ruiniert, als er mit meinem Auto zusammenstieß« (Urteil: »Ich bin Opfer des Leichtsinns eines anderen geworden«).

Diese ungelösten Fragen und Probleme lasten zentnerschwer auf uns. Sie drücken aufs Gemüt, belegen wertvollen Platz in Köpfen und Herzen und hindern uns daran, die Vergangenheit loszulassen und uns der Zukunft zuzuwenden. Sie sind ein großes Hindernis für ein blühendes Alter, weil sie unser persönliches Wachstum behindern oder verzerren. Nur zwei Beispiele, die zeigen, wie übermäßige Selbstkritik den Weg zum positiven, kreativen Alter blockieren kann:

Edward B. aus New Jersey ging als Bauinstallateur vor zehn Jahren in den Ruhestand. Im Rückblick auf dieses Jahrzehnt gestand uns der 72-jährige, als wir ihn interviewten, etwas, dessen er sich sichtlich schämte. »Ich habe mit meiner Zeit als Pensionär nichts Rechtes anzufangen gewusst«, sagte er. »Die meisten meiner Freunde sind glücklich und haben Pläne und Projekte, die sie aktiv erhalten, oder Gruppen, mit denen sie sich regelmäßig treffen. Ich glaube, ich habe mir einfach nie die Mühe gemacht, darüber nachzudenken, wie ich meinen Ruhestand gestalten möchte. Wenn es darum geht, solche Verantwortung zu übernehmen, bin ich schon immer ein hoffnungsloser Fall gewesen.« Achselzuckend fuhr er fort: »Das gefällt mir an mir selbst auch nicht, aber ich glaube, ich bin einfach nur faul und träge. Ich habe das Gefühl, unter einem ungünstigen Stern zu stehen. Und jetzt ist es für mich ohnehin zu spät, an meinem Ruhestand noch etwas zu ändern.« Edwards Negativurteil über sich selbst lautet, kurz gefasst: »Ich bin nicht so gut wie andere, wenn es darum geht, etwas zu planen, und daran lässt sich auch nichts mehr ändern.«

Eine andere Bekannte, Judith L., eine Witwe Anfang 70, erzählte uns, sie habe das Reisen ganz aufgegeben. Auch zu ihren Enkelkindern fahre sie nicht mehr, weil der Rollstuhl, auf den sie seit kurzem angewiesen sei, alles zu sehr erschwere. »Meine Kinder haben ohnehin schon genug Sorgen«, seufzte sie. »Warum sollte ich ihnen ihr Leben noch komplizierter machen? Mir gefällt es zwar überhaupt nicht, immer eingesperrt zu sein, aber wenn wir ehrlich sind, ist es besser für mich, daheim zu bleiben.« Judiths Selbstverurteilung? »Ich bin anderen nur ein Ärgernis und eine Last.«

Wenn wir all den Ballast, der unser persönliches Wachstum blockiert, loswerden wollen, müssen wir zunächst erkennen, welch zentrale Rolle Urteile über uns selbst und andere in unserem Leben spielen. Sodann müssen wir lernen, uns selbst und anderen zu vergeben und uns diese Urteile zu verzeihen. Nur durch Versöhnlichkeit können wir jenen inneren Frieden erlangen, der uns die Freiheit gibt, uns rückhaltlos auf die Gegenwart einzulassen – ohne das ständige Bedürfnis, die Vergangenheit aufzurühren und uns daran festzuklammern. Obwohl beides einander ähnelt und miteinander verbunden ist, behandeln wir im Folgenden *Selbst*-Verurteilungen und *Selbst*-Vergebung getrennt von der Verurteilung anderer und der Versöhnlichkeit gegenüber anderen. Zunächst geht es darum, wie wir uns selbst verurteilen – und wie wir uns anschließend selbst vergeben können.

In Wörterbüchern wird als ein Unteraspekt von »Urteil« *Verurteilung* aufgeführt und in diesem Sinne verwenden wir hier den Begriff »Urteil«. Als Definition von »vergeben« lesen wir im Lexikon: »einen Fehler oder eine Missetat entschuldigen, weggeben oder loslassen«. In diesem Kapitel geht es also um den Verzicht auf Verurteilungen oder, anders gesagt, um das Ablassen von der Gewohnheit, über sich und andere stets Urteile fällen zu müssen. Es geht um Versöhnlichkeit.

In den beiden eben zitierten Beispielen werden Judith und Edward von mentalen Blockaden gehemmt – Blockaden, die sie daran hindern, ihre Möglichkeiten im Alter auszuschöpfen. Selbstverurteilungen, die ihnen selbst zwar logisch und pragmatisch begründet erscheinen, schränken sie letztlich unnötig ein. Mit einem Wandel ihrer Einstellung wäre es Judith sicher möglich, weiterhin die Menschen und Orte zu besuchen, die sie liebt, während es Edward sicher möglich wäre, ein weites Spektrum an Aktionsmöglichkeiten zu erkunden, die ihm Befriedigung und Erfüllung verschaffen würden.

Wenn wir weiterhin an derart negativen Einstellungen festhalten, wird es fast unmöglich, für eine positive Selbstsicht Platz zu schaffen. Solange wir nichts dagegen tun, kommt uns der alte Ballast immer wieder in die Quere. Wie der eingangs erwähnte Schrankbesitzer finden auch wir es oft einfacher, die

Tür zuzumachen und mit einem fatalistischen Achselzucken zur Tagesordnung überzugehen: »So bin ich eben.« Das Traurige daran ist nur, dass wir auf diese Weise ein negatives Selbstbild verfestigen, welches das innere Wachstum erstickt und dazu führt, dass wir unsere Chancen weder erkennen noch wahrnehmen.

Zunächst müssen wir uns klarmachen, dass ein positives Selbstbild nicht gleichbedeutend ist mit der Ansicht, wir seien fehlerlose Menschen, hätten keine Grenzen und alles, was wir je getan hätten, sei absolut wunderbar. Denn wenn wir uns stets wie Heilige verhielten, wäre die Welt recht langweilig. Aber wir sind nicht schon deshalb weniger wert, weil wir gelegentlich etwas verpatzen oder Dummheiten begehen. »Ich bin einfach zu dumm«, beschimpfen wir uns, wenn wir einem geliebten Menschen etwas Verletzendes gesagt, versehentlich einen ungedeckten Scheck ausgeschrieben haben oder das Toastbrot anbrennen ließen. Dabei sind nicht *wir* dumm, sondern höchstens, was wir *getan* haben, ist es.

Nehmen Sie unsere Freundin Audrey, die als 73-jährige Mutter von vier erwachsenen Kindern mit ihrem 75-jährigen Ehemann Tom, einem pensionierten Elektroingenieur, in Rhode Island lebt. »Fast von dem Augenblick an, als Debbie, meine jüngste Tochter, aus dem Haus ging, habe ich angefangen, mir ständig Vorwürfe zu machen, was für eine schlechte Mutter ich doch sei«, erinnerte sich Audrey, als wir in ihrem Vorstadtdomizil miteinander sprachen. »Dabei ging es nicht nur um Deb, sondern um alle meine Kinder. Ich konnte einfach nicht aufhören, ständig an dem herumzukritisieren, was ich getan – oder unterlassen – hatte.«

Uns gegenüber gab Audrey zu, dass es jedem ihrer Kinder letztlich »einigermaßen gut« gehe; alle führten passable Ehen, hatten glückliche Kinder und interessante Berufe. Und doch beunruhigten Audrey bestimmte Dinge noch immer: »Meiner Meinung nach ist Donna, meine Älteste, zu ihren Zwillingen Joshua und Jennifer viel zu streng, wie ein Feldwebel. Dann muss ich immer denken: *Bin ich zu streng zu Donna gewesen, als sie klein war? Bin ich ihr ein solches Vorbild gewesen?*« Bei ihren beiden Söhnen Randy und Roger hat Audrey andere Sorgen: »Beide wissen nicht, wie man mit Geld umgeht. Sie lassen riesige Kreditkartenrechnungen sich aufsummen und sind anscheinend nicht in der Lage, auch nur 50 Cent zu sparen. Dann sage ich mir: *Hätte ich doch bloß der Versuchung widerstanden, sie zu verwöhnen.* Doch als sie aufwuchsen, war meine Tendenz, den Jungen alles zu geben, worum sie mich baten. Sie sollten es besser haben als ich früher. Ich wollte nicht, dass sie so unter Entbehrungen leiden mussten wie ich, die ich zur Depressionszeit in ärmlichen Verhältnissen groß geworden bin.«

Im Laufe der Zeit und mit Selbstdisziplin konnte Audrey jedoch, wie sie sagte, ihre Ängste und Schuldgefühle wegen ihrer Art der Kindererziehung loslassen. Als junges Ehepaar waren Tom und sie mit allen möglichen Problemen beschäftigt gewesen, nicht zuletzt Problemen in der eigenen Beziehung. Kinder zu erziehen lernten sie sozusagen nebenbei. »Wir waren ja praktisch selbst noch Kinder«, meinte Audrey lachend. »Wir machten es, so gut wir konnten. Und wenn wir Fehler gemacht haben, dann nicht absichtlich. An der Herausbildung der Persönlichkeit eines Kindes sind so viele Faktoren beteiligt, dass ich, wie ich heute weiß, gar nicht für alles verantwortlich sein kann.«

Ein Teil des Prozesses der Selbstvergebung war für Audrey ihre neu entdeckte Rolle als Großmutter. Bei ihren drei Enkeln kann sie ihrer Meinung nach aus der Weisheit der Erfahrung schöpfen. Sie nimmt sich Zeit und ist geduldig – so wie es ihr vor 40 Jahren als überbeanspruchter junger Mutter niemals möglich war. »Ich weiß, dass ich immer noch nicht perfekt bin«, sagte Audrey lächelnd, »aber das kann ich mir verzeihen.«

Selbstvorwürfe wegen vermeintlichen Versagens als Eltern sind mit die häufigsten Beispiele dafür, wie sich ältere Menschen manchmal mit dem Ballast ungelöster Gefühlsprobleme selber lähmen. Irgendwann müssen alle Eltern erkennen, dass sie nicht mehr für das Verhalten ihrer erwachsenen Kinder verantwortlich sind. Sich tatsächliche oder vermeintliche Fehler und Unzulänglichkeiten selbst zu vergeben, kann Müttern und Vätern eine enorme Last von der Seele nehmen – eine Last, die es ihnen erschwert, sich selbst weiterzuentwickeln.

»Wenn Sie weiser und bewusster gewesen wären, hätten Sie alles ganz anders machen können; aber Sie waren's eben nicht«, schreibt Bill Ferguson in *How to Heal a Painful Relationship* (Wie man eine quälende Beziehung heilen kann). »Sie haben nur gewusst, was Sie zum damaligen Zeitpunkt wussten. … Manchmal reichen unsere Art, das Leben zu sehen, und unser Wissen einfach nicht aus, um Fehler zu vermeiden. Dafür müssen wir uns selbst verzeihen.«

Audreys Geschichte wirft wichtige Fragen zum menschlichen Verhalten auf, auf die es keine leichten Antworten gibt. Warum sind wir so schnell bereit, uns selbst zu verdammen? Warum wird eine Selbstverurteilung wegen einer bestimmten Handlung so schnell zur Pauschalverdammung unserer selbst? Warum neigen wir dazu, hinsichtlich unserer Person übermäßig zu verallgemeinern und schnell zu dem Schluss zu kommen, dass wir inkompetent und dumm sind? Und, aus einer etwas anderen Warte gesehen, warum reagieren so viele von uns negativ auf die Vorstellung der Selbstliebe, auf den Gedanken, dass wir ein *positives* Urteil über uns selbst verdient haben und kein *negatives?*

Vielleicht weil bei vielen von uns der Begriff *Selbstliebe* sogleich Bilder von Egozentrik und Eitelkeit heraufbeschwört – so wie ein lauter Angeber auf einer ansonsten harmonischen Dinnerparty mit endlosen Geschichten darüber, wie toll er doch sei, alles verderben kann. Darum muss hier verdeutlicht werden, dass wir »Selbstliebe« in einem ganz speziellen Sinn verwenden: nicht im Sinn von Narzissmus oder Eitelkeit, sondern als positives Selbstbild, das sich einstellt, wenn wir mit uns im Reinen sind und bei allem, was wir sind und tun, letztlich ein gutes Gefühl haben. Selbstliebe zu empfinden heißt, ein gesundes Selbstwertgefühl zu haben, das auch mit unseren Unvollkommenheiten leben kann. Selbstliebe, wie wir sie verstehen, heißt, sich selbst bedingungslos zu lieben.

Doch sogar mit dieser Auffassung von Selbstliebe tun sich viele Menschen noch schwer; sie können diese Sicht nicht vollständig akzeptieren und in ihrem Alltag umsetzen. Hat man uns nicht beigebracht, dass es unbescheiden sei, vor anderen über sich selbst etwas Gutes zu sagen? Ist es nicht besser, sich selbst in den Hintergrund zu rücken, Komplimente immer auf andere umzumünzen und sich zuerst um die Bedürfnisse der anderen und erst danach um die eigenen zu kümmern? Trauen wir uns wirklich zu sagen: »Vielleicht bin ich ja auch ein guter Mensch«?

Selbstliebe heißt, sich selbst ebenso gut zu behandeln wie andere, an denen einem etwas liegt. Oder, in Umkehrung der Goldenen Verhaltensregel: »Tu auch dir selbst, was du anderen Gutes tun willst« (statt: »Was du nicht willst, das man dir's tu, das füg auch keinem andern zu!«). Es mag komisch klingen, aber es stimmt, was jemand einmal so formuliert hat: »Würden wir unsere Freunde so behandeln wie uns selbst, dann hätten wir schon bald keine Freunde mehr!«

Selbstliebe heißt nicht nur, dass man sich selber schätzt. Nein, man muss sich selbst auch zu verstehen geben, dass man sich so positiv sieht – durch kleine Gesten wie Selbstlob für besondere Talente oder Leistungen. Wenn Sie ein köstliches Mahl gekocht haben, sollten Sie es sich auch zugute halten, wenn es den anderen schmeckt, anstatt ihr eigenes Gericht erst einmal schlecht zu machen. Sind Sie eine loyale, großzügige Freundin? Dann sollten Sie diese Ihre Qualitäten auf jeden Fall auch selbst anerkennen. Planen Sie Ihre Aktivitäten so, dass Ihr Wert auch anderen deutlich wird – etwa so, als seien Sie der oder die Vorsitzende Ihres eigenen Fanclubs.

Die meisten von uns verurteilen sich selbst so oft, dass sie es schon kaum noch merken – vielleicht auch weil selbstironische Sprüche den wahren Sachverhalt bemänteln. Es geht um Aussagen wie: »Ich mache es mir mal wieder selbst schwer« oder »Ich hab's nicht leicht mit mir«. Vielleicht merken Sie, dass Ihre Freunde dann oft dagegen angehen und mahnen: »Sei doch nicht so hart zu dir« oder »Nimm's leicht«, »Mach dich doch nicht immer selber schlecht«.

Negative Selbsturteile sind habituell oft so tief verankert, dass wir stetige Gegenreaktionen von anderen benötigen, um diese Gewohnheit aufzubrechen. Eine der von uns interviewten Seniorinnen, die sich, wie sie uns sagte, erst selbst zu schätzen lernte, als sie schon über 60 war, schickte uns die folgende Liste mit guten Vorsätzen. Catherine hat sich diese Liste an die Tür ihres Kühlschranks geklebt, wo sie ihr täglich ins Auge fällt. Wir zitieren sie hier als besonders schönes Beispiel für positive Selbsturteile und hilfreiche Selbstbestätigung:

Weil ich die Einzige bin, zu der ich mein ganzes Leben lang eine persönliche Beziehung unterhalte, habe ich beschlossen:
- mich so zu lieben, wie ich jetzt bin;
- immer anzuerkennen, dass ich so, wie ich bin, gut genug bin;
- mich zu lieben, zu ehren und zu schätzen;
- meine eigene beste Freundin zu sein;
- so gut zu sein, dass ich gern den Rest meines Lebens mit mir selbst verbringen möchte;
- immer so gut für mich selbst zu sorgen, dass ich mich auch um andere kümmern kann;
- stetig zu wachsen, mich weiterzuentwickeln und meine Freude am Leben mit anderen zu teilen.

Einer der Vorteile, wenn wir wirklich wissen, dass wir so, wie wir sind, in Ordnung sind, ist die gelassene Leichtigkeit, mit der wir vergangene Taten vergeben und Negativurteile aus der

Vergangenheit hinter uns lassen können. Denn es ist unmöglich, sich gleichzeitig als von Grund auf schlechten und als guten Menschen zu empfinden. Die eine Selbsteinschätzung schließt die andere aus.

»Am Anfang meiner Ehe habe ich als Hausfrau geradezu zwanghaft auf Sauberkeit geachtet«, vertraute uns unsere jetzt 77-jährige Freundin Marianne an. »Irgendwie war ich davon überzeugt, dass meine Nachbarin, wenn sie in meiner Badewanne einen Rand entdecken würde, nie wieder mit mir reden würde. Zum Glück bin ich dann doch noch dahinter gekommen, dass eine mittelmäßige Hausfrau nicht automatisch auch ein mittelmäßiger Mensch ist.«

Ein anderer Interviewpartner, der 68-jährige Stephen, ein pensionierter Buchhalter, gestand uns, dass er sich lange Jahre Selbstvorwürfe als »Rabenvater« gemacht habe, weil er seine Kinder in ihren entscheidenden Wachstumsjahren vernachlässigt habe: »Ich hasste mich, weil ich mein früheres Ich hasste. Doch im Laufe der Zeit halfen mir meine Kinder, die Tatsache zu akzeptieren, dass sich mein Verhalten geändert hatte. Den Mann, der aus mir geworden war, mochten sie wirklich gern … und dann sollte ich mich eigentlich auch leiden mögen.«

Wenn wir noch im späteren Leben innerlich wachsen und uns verändern wollen, müssen wir lernen, uns selbst zu vergeben. Das heißt nicht, dass wir bestimmte Dinge aus unserer Vergangenheit oder Züge unserer Persönlichkeit, die uns vielleicht missfallen, vergessen oder ignorieren sollten, sondern dass wir Wege finden, diese Fehler zu akzeptieren und loszulassen. Versöhnlichkeit gegenüber sich selbst bedeutet aber noch viel mehr als nur die Vergangenheit loszulassen; dazu gehört auch, verdientes Lob annehmen zu können und eine neue Sicht der Selbstliebe zu entwickeln: dass man legitimerweise auch an sich selbst denken muss. Es bedeutet auch, mit sich selbst im Reinen zu sein, wenn man sich einfach so gibt, wie man ist. Es bedeutet, sich als liebenswert anzuerkennen, jetzt und für den ganzen Rest des Lebens. Bedenken Sie, wir alle bilden uns selbst ein Urteil darüber, wer wir sind und wer nicht, was wir getan und was wir unterlassen haben. Aber wir sind nicht zeitlebens an diese Urteile gebunden; wir können vergeben, loslassen und uns weiterentwickeln. »Ich brauchte zwei Jahre des Herumtastens«, erzählte uns der pensionierte Manager Henry S., der sich eines kreativen Alters erfreut, »doch als mir aufging, dass ich jemand war, den ich auch außerhalb der Arbeitswelt wirklich gern mochte, war das einer der entscheidenden Wendepunkte in meinem ganzen Leben.«

Dass zwischen Selbstakzeptanz, Selbstachtung, Weiterentwicklung und Risikofreude enge Verbindungen bestehen, ist sehr wichtig. Warum? Weil sie sich gegenseitig bestärken und wechselseitig voneinander profitieren. In diesem Geflecht das Fundament einer gesunden Einstellung zu sich selbst und zum Leben zu sehen, ist wirklich hilfreich. Hier wurzeln die tiefsten Gefühle, die wir uns selbst entgegenbringen. Wie schon erwähnt, hat unsere Einstellung enormen Einfluss auf unsere Bereitschaft, gesunde Risiken einzugehen und lebensbejahende Veränderungen zuzulassen. Wenn wir uns selbst und anderen nicht vergeben können, verdüstern Ressentiments und Zorn unsere Gefühle wie ein Schirm und verdecken den Weg zum persönlichen Wachstum. Doch wenn wir im Vergebungsprozess Versöhnlichkeit aktiv praktizieren und wenn wir loslassen können, gewinnen wir die Freiheit, unser Leben auf ganz neue Weise zu führen.

Wenden wir uns nun der Frage zu, was es mit der Verurteilung anderer und mit der Versöhnlichkeit anderen gegenüber auf sich hat. Auch dieses Thema ist wichtig, weil sich unserem Leben wunderbare neue Möglichkeiten eröffnen, wenn wir uns selbst von zornigen oder verletzenden Gefühlen gegenüber anderen befreien. Kurz gesagt, wer anderen verzeiht, blüht selber auf.

Als der amerikanische Fernsehstar Hugh Downs im Alter von 70 Jahren von Connie Goldman und Phillip Berman für ihr Buch *The Ageless Spirit* (Der Geist kennt kein Alter) interviewt wurde, sagte er, zu den schönsten Dingen am Älterwerden gehöre das Gewahr-Werden, dass er jetzt »niemanden mehr hassen« müsse. »Als ich noch sehr jung war«, sagte Downs, »hatte ich eine Menge Hassgefühle, die letztlich aus Ängsten herrührten. Jetzt habe ich vor niemandem mehr Angst, folglich hasse ich auch niemanden mehr. Das bringt mir große Freiheit, denn der Hass ist, wie jemand mal gesagt hat, eine Waffe, die man an der Schneide packt und an der man sich dann selbst furchtbar schneidet. Doch wenn du keine Angst mehr hast, kennst du auch keinen Hass mehr. Darin liegt wirklich eine gewaltige Freiheit.«

Anderen zu vergeben, ist oft mit heftigen seelischen oder körperlichen Schmerzen verbunden. Die Ursache solcher Qualen kann eine psychische oder gefühlsmäßige Verletzung sein, die so tief liegt und so lange andauerte, dass unser ganzes Leben davon beeinträchtigt wurde. Darum kann es auch umgekehrt unsere gesamte Lebenseinstellung verändern, wenn wir solche Schmerzen verarbeiten und loslassen.

Wahrscheinlich kennen auch Sie Ehepaare, die sich noch nach 30- oder 40-jähriger Ehe getrennt haben, weil einer der beiden Partner einfach keine Ruhe finden konnte oder keine Liebe mehr empfand. Clara, eine Frau aus unserem Bekanntenkreis, empfand nur noch bitteren Hass und verzehrende Wut, als Gus, mit dem sie 38 Jahre lang verheiratet gewesen war, sie abrupt verließ und ihr sagte, sie habe ihn schon seit zehn Jahren nur noch gelangweilt. »Ich muss mir ein anderes Leben suchen«, sagte Gus zu Clara. »Ich halte es mit dir nicht mehr aus.«

Clara war nun so verletzt und so böse, dass ihre Kinder in ihrer Gegenwart den Namen des Vaters nicht mehr erwähnen durften. Sie setzte alles daran, die Kinder gegen Gus, der schließlich wieder heiratete, aufzuhetzen.

Beverly Flanigan, Soziologin an der University of Wisconsin und Autorin des Buches *Forgiving the Unforgivable* (Verzeihung des Unverzeihlichen), stellt darin fest, dass solche Wunden die eigene Persönlichkeit für das ganze Leben deformieren und verzerren können, wenn man nichts dagegen unternimmt. In einem Artikel für den Newsletter *Bottom Line Tomorrow* (Unterm Strich zählt nur das Morgen) zitiert sie als Beispiel Ann, eine Mutter von zwei kleinen Kindern, die, als sie eines Tages von der Arbeit nach Hause kam, einen Kleinlastwagen mit Umzugsgut aus ihrem Haushalt in ihrer Einfahrt geparkt vorfand. Anns Ehemann Jerry kam aus dem Haus und erklärte ihr seelenruhig, er werde sie und die Kinder verlassen und zu einer anderen Frau ziehen, mit der er schon eine ganze Zeit eine heimliche Liebesaffäre unterhalten hatte. Sprach's, stieg in den Kleinlaster und fuhr davon. Sprachlos und geschockt blieb Ann zurück.

Solche Vorfälle ereignen sich allerdings nicht nur bei Paaren. Uns fallen zum Beispiel auch zwei Frauen ein, die als Nachbarinnen enge Freundinnen geworden waren. Denise erzählte Margaret alles – auch das Familiengeheimnis, dass ihr ältester Sohn kürzlich wegen Drogenbesitzes zu einer Gefängnisstrafe verurteilt worden war. Als Margaret bei einem Allerweltskaffeeklatsch sorglos das Vertrauen brach und das Geheimnis beiläufig ausplauderte, fühlte sich Denise tief verletzt. Es wurde ihr unmöglich, irgendeiner Freundin noch weiter zu vertrauen, und sie brach nicht nur den Kontakt zu Margaret ab, sondern zu allen Nachbarinnen. »Verletzungen wie diese scheinen unverzeihlich zu sein«, räumt Beverly Flanigan ein, »aber es ist von entscheidender Bedeutung, sie trotzdem zu vergeben. Wenn man es nicht tut, können die Nachwirkungen des Ärgers einem das ganze Leben vergiften. ... Sie verändern die gesamte Weltsicht – und auch die Art, wie man anderen Menschen begegnet.«

Verantwortung für sich selbst zu akzeptieren – und mit der eigenen Vergangenheit und Zukunft richtig umzugehen – ist ein fortwährender Prozess. Das ist nichts, was man ein für allemal erledigt hat und danach vergessen kann, sondern etwas, das sich immer weiter entfaltet und Anpassungsfähigkeit verlangt. Dieser Prozess muss sich auf Krankheit ebenso einstellen wie auf Gesundheit, auf schlechte wie auf gute Zeiten, auf das Alter wie auf die Jugend. Versöhnlichkeit und Hinnahmebereitschaft erfordern Demut, denn nicht immer stimmen wir mit unserem bevorzugten Selbstbild überein. Aber das gilt auch für die anderen. »Beim Verzeihen kann man nur gewinnen und nichts verlieren«, schreibt Dorothy Larsen in *A Touch of Sage* (Ein Hauch von Salbei). »Wenn wir denen vergeben, die uns Unrecht getan haben, tun wir's nicht für sie, sondern für uns selbst.«

Auch die Bibel erinnert uns daran, dass Versöhnlichkeit ihr eigener Lohn ist. »Richtet nicht, so werdet ihr nicht gerichtet«, mahnt Christus seine Anhänger im Lukas-Evangelium (6,37-38). »Denn eben mit dem Maß, mit dem ihr messt, wird man euch wieder messen.«

Jeden Morgen und jeden Abend dankt Barry M. im Gebet für die Macht der Versöhnung, die ihm geholfen hat, seit fast einem Jahrzehnt trocken und clean zu bleiben. Mit 57 hat Barry ein Gefühl, als würde er einen »Traum wirklich erleben«. Das Leben, das sich der von Alkohol- und Drogensucht Genesene einst nur in der Phantasie vorstellen konnte, ist nun Realität geworden.

Barrys Lebensweg war nicht einfach – und er gibt bereitwillig zu, dass es nicht zuletzt seiner eigenen Hartnäckigkeit, Entschlossenheit und Zähigkeit zu verdanken ist, dass er nach 25 Jahren in verschiedenen Entziehungskuren und Sanatorien endlich Erfolg hatte und von der Sucht loskam. Obwohl er als Mitglied einer wohlhabenden, privilegierten Familie im Bundesstaat Indiana aufgewachsen war, befand sich Barry bald in einem fortwährenden Zyklus von Alkohol- und Drogenmissbrauch, den er anscheinend nicht in den Griff bekommen konnte. Wenn das Hochgefühl nachließ, kam das Gefühl, heillos unglücklich zu sein, stets zurück.

»Schließlich kam ich darauf, dass ich unter ungelösten,

quälenden Problemen mit meiner Familie, meinem Selbstbild, meinem Selbstwertgefühl und mit der negativen Verstärkung litt, mit der ich aufgewachsen war. Mein Vater zum Beispiel war Alkoholiker und schon als ich neun war, sagte er mir, ich sei zu nichts zu gebrauchen und würde es nie zu etwas bringen. Der einzige Grund, warum mich die Leute je würden leiden mögen, wäre mein Geld.«

Als Kind wurde Barry von seinem Vater, der sich oft in unvorhersehbare Wutausbrüche hineinsteigerte, wenn er wieder einmal betrunken war, regelmäßig verprügelt. »Die Angriffe kamen immer, wenn ich irgendwas tat, was meinem Papa nicht gefiel«, erinnert sich Barry und fügt hinzu, dass sein Vater ihn außerdem mit Worten, aber auch emotional misshandelt habe. »Ich wusste nie, wann er mich angreifen würde. Was am einen Tag als Vergehen galt, wurde am nächsten gelobt. Es gab einfach keine Konstanz.« Barrys leibliche Mutter ließ sich scheiden und zog fort, als ihr Sohn vier Jahre alt war. Die Stiefmutter, die bald darauf in sein Leben trat, war der Situation nicht gewachsen, was Barrys Entfremdung von seinem Vater nur noch verstärkte. Mit acht begann Barry, Zigaretten zu rauchen, mit zwölf fing er zu trinken an und mit 21 verliebte er sich in Marihuana – eine Affäre, die 27 Jahre dauerte und schließlich zum Missbrauch von Kokain, Heroin und anderen Drogen führte.

»Als ich aufwuchs, vermied ich möglichst alle unangenehmen Situationen«, erinnert sich Barry. Und er sagt auch, dass der Reichtum und die herausgehobene Stellung seiner Familie die Behörden veranlassten, ihn bei seinen Drogenproblemen mit Samthandschuhen anzufassen. »Weil ich Geld hatte, brauchte ich keinen Beruf und ich wollte auch keinen. Von Kindheit an hatte mir mein Vater die Botschaft vermittelt, dass ich ohnehin nichts recht machen konnte, und so dachte ich mir: *Warum soll ich mir dann überhaupt Mühe geben?* Das Ganze wurde eine Prognose, die sich von selbst erfüllte.«

Wenn Barry einmal nicht massiv zum Alkohol oder zu

Drogen griff, hatte er durchaus Erfolge vorzuweisen. Während seines dreijährigen Wehrdienstes in der Armee wurde er zum Waffenexperten und später erreichte er sogar noch einen Collegeabschluss. Und doch gewann die Sucht immer wieder die Oberhand. Weil er für seine Eltern nur noch eine peinliche Last war, zog er schließlich von Indiana nach Kalifornien, wo man außerdem leichter an Marihuana, LSD, Kokain und Heroin herankam. Barry nahm an 17 verschiedenen Drogenentzugsprogrammen teil – und es kamen noch zwei gescheiterte Ehen und zahlreiche fehlgeschlagene Jobs hinzu –, bevor er mit Mitte 40 wirklich am Ende war.

»1989 geriet ich an eine Nonne, eine Schwester der Barmherzigkeit, die als Suchtberaterin arbeitete. Schwester Monicas energischer Intervention habe ich es zu verdanken, dass mein Leben gerettet wurde. Sie beschloss einfach, dass es ihre Aufgabe – vielleicht sogar ihre göttliche Mission – sei, mich zu beschützen und wieder nüchtern zu machen. Sie war praktisch mein Schutzengel. Nein als Antwort gab es bei ihr einfach nicht.«

Mehr als anderthalb Jahre lang erlaubte Barry Schwester Monica, seinen Alltag zu ordnen. Sie suchte ihm eine Wohnung, überwachte seine Finanzen und drängte ihn sanft, sein selbstzerstörerisches Leben zu ändern. Barry konnte ihren niemals schwankenden Glauben an seine Fähigkeit, von Alkohol und Drogen loszukommen, nicht verstehen, denn er war sich selbst nicht sicher, ob er seine Sucht je würde überwinden können. Doch irgendwann wirkte Schwester Monicas Optimismus ansteckend. Allmählich begann sich Barrys Denken zu verändern, auch wenn sein selbstzerstörerisches Verhalten oft noch überwog.

»Eines Tages im Juni 1990 saß ich auf dem Sofa und guckte Fernsehen, meine geleerte Weinflasche vor mir auf dem Boden. Da kam Schwester Monica rein und sagte: ›Barry, glaubst du nicht, dass es an der Zeit wäre, dass du ein wenig Verantwortung für dich selbst übernimmst und aufhörst, dich vor der Welt zu verstecken?‹ Ich versuchte, sie zu ignorieren, aber es gelang mir einfach nicht. So überraschte ich mich selbst, als ich mich stattdessen auf die Motivation und Stärke konzentrierte, die sich in meinem Innern aufgebaut hatten. Ich wusste, dass ich mich nicht länger vor mir selbst verstecken wollte. Also stand ich einfach auf, ging zum Telefon und rief [eine Behandlungseinrichtung] an und sagte, dass ich Hilfe benötigte. Schwester Monica fuhr mich am nächsten Tag dorthin und von da an habe ich nicht einen Tropfen Alkohol mehr angerührt.«

Die starke Unterstützung seiner Mentorin hatte Barry inspiriert, wie nie zuvor an sich selbst zu glauben. Zum ersten Mal erschien die Möglichkeit, ein neues Leben zu führen, real und praktikabel. Obwohl er der Letzte gewesen wäre, der das hätte zugeben können, begann in Barrys Herz etwas Hoffnung zu keimen.

Außer Schwester Monicas Beharrlichkeit war für Barry letztlich entscheidend, dass er mit seiner Vergangenheit Frieden schließen wollte. »In den folgenden vier Monaten waren meine Therapeuten klug genug, mir die richtigen Fragen zu stellen, und ich war ehrlich genug, wahrheitsgemäß zu antworten.«

Ein besseres Verständnis seiner Kindheit erhielt Barry in privaten psychotherapeutischen Sitzungen und in der Behandlung im Rehabilitationszentrum während der Kur. Als die Zeit reif war, konnte er schließlich seinem Vater und anderen Menschen in seinem Leben, die zu seinem Niedergang beigetragen hatten, vergeben. Was jedoch am allerwichtigsten war, Barry konnte sich selbst vergeben, dass er nicht eher die Verantwortung für seine selbstzerstörerische Einstellung und für sein destruktives Verhalten übernommen hatte. »Ich hatte mich geschämt, dass ich so war, und wusste nicht warum«, sagte er. »Ich musste ganz zu den Anfängen zurückgehen und mich selbst und die Art, wie ich mit anderen in Beziehung stand, völlig neu bewerten. Meine Behandlung setzte hier einen neuen Anfang; die Leute im Therapiezentrum wurden meine neue Familie.«

Barry konnte jetzt zugeben, dass er an den früheren Kuren nur teilgenommen hatte, um vor bestimmten Leuten Ruhe zu haben. »Ich hatte Angst davor zu trinken und Angst davor nicht zu trinken«, sagte er im Hinblick auf die zahlreichen Chefs und Frauen, die ihm in den Ohren gelegen hatten, er solle sich doch helfen lassen. »Doch irgendwann hatte ich die Nase von dem Leben, das ich führte, restlos voll, und so dachte ich mir, der einzige Weg, wie ich die Dinge ändern könnte, wäre es, herauszufinden und zu verstehen, warum ich all das überhaupt tat. Ich musste mich all den negativen Gefühlen stellen, denen ich aus dem Weg gegangen war, und herausbekommen, woher sie kamen – was all meine Schmerzen und Ängste überhaupt verursachte. Allmählich konnte ich mich mit einigen dieser Schlüsselthemen und -erlebnisse auseinander setzen. Tag für Tag veränderte sich mein Leben zum Positiven hin.«

Nach seiner Entlassung aus dem Behandlungszentrum verbrachte Barry drei Monate in einer therapeutischen Wohngemeinschaft und stürzte sich voller Energie in das Programm der Anonymen Alkoholiker. Später zog er in eine andere Stadt, wo er einen neuen Anfang in seinem Leben machen konnte. Barry war jetzt entschlossen, seine lange vernachlässigte Bildung nachzuholen, die er unter dem Eindruck, er würde es sowieso nie zu etwas bringen, aufgegeben hatte. Er immatrikulierte sich in einem College in der Nähe seines neuen Wohnortes. Mit einem eindrucksvollen Notendurchschnitt machte er seinen Magisterabschluss und erhielt seine Zulassung als psychologischer Berater und Sozialarbeiter.

Ein weiterer Weg, seine Selbstachtung zu fördern, war für Barry ein freiwilliger sozialer Dienst von 20 Stunden wöchentlich in dem Therapiezentrum, in dem er selbst gegen seine Sucht behandelt worden war. Er erfuhr, dass er umso mehr zurückbekam, je mehr er selbst gab. »Ich habe Patienten bei ihrem eigenen inneren Heilungsprozess geholfen«, sagt Barry. »Ich bin stolz auf das, was ich tue, und wenn ich das durchhalten kann, werde ich wahrscheinlich nie wieder trinken.« Er hat jetzt eine bezahlte Stelle als klinischer Berater und Entwickler von individuellen Heilungsprogrammen für Menschen, die sich einer Suchttherapie unterziehen.

Barry ist nicht nur glücklich, drogenfrei und Inhaber einer bezahlten Stelle zu sein, sondern er hat überdies auch den Kreis des Verstehens und Vergebens auf seine beiden Söhne ausweiten können, die jetzt 29 und 30 Jahre alt sind. »Wir haben vieles aufgearbeitet«, sagt Barry und gibt zu, dass er in den entscheidenden Entwicklungsjahren seiner Söhne meistens abwesend oder im Drogenrausch gewesen sei. »Daraus hatten sich Ressentiments und Wut entwickelt, aber kürzlich haben wir es wirklich hinbekommen, dass wir uns jetzt alle gegenseitig unterstützen.«

Barry weist nachdrücklich darauf hin, dass es im Bereich persönlicher Veränderungen viele verschiedene Wege gibt, um dasselbe Ziel zu erreichen. Jede Person und jedes Problem ist einzigartig und darum ist eine direkte Intervention in einem Therapiezentrum oder durch einen Therapeuten nicht für jeden Suchtkranken auf gleiche Weise geeignet. Barry bestreitet energisch, dass Reiche bessere Chancen haben, einen Therapieplatz zu bekommen, denn gerade für Drogenabhängige stehen oft besondere finanzielle Mittel zur Verfügung. Viel wichtiger als Geld und Beziehungen, sagt Barry, sind Motivation und sorgfältiges Mitmachen. Um nachhaltige und bedeutungsvolle Veränderungen zu erreichen, müssen wir unser Schicksal in die eigenen Hände nehmen. Solche Veränderungen spielen sich nicht einfach im Kopf ab, sondern auch in Herz und Geist. Bei Barry mündeten die tief sitzenden Vermeidungsstrategien und die lebenslange Verdrängung seiner tiefsten Gefühle schließlich in heilende, transformierende Versöhnlichkeit.

»Ich habe mir selbst für diese vielen schweren Jahre vergeben und ich habe eine Zeit in meinem Leben, die andere vielleicht als Fehlschlag bezeichnen würden, neu definiert: als Vorbereitungszeit für die innere Heilung«, sagt Barry. »Wenn ich die Dinge in diesem Licht sehe, bin ich sehr dankbar und weiß tief in meinem Herzen, dass ich persönlich diese ganze Tragödie erst durchleben musste, um tun zu können, was ich heute tue, nämlich Menschen zu helfen, die vor noch gar nicht langer Zeit in derselben schlimmen Verfassung waren wie ich.«

»Irgendetwas in mir wollte meine Probleme meistern – es wollte, dass ich nicht nur überlebe, sondern mich selbst neu erfinde und dass es mir wirklich gut geht. Erklären kann ich das nicht. Vielleicht war es einfach meine Bestimmung, dass ich die Arbeit tun soll, die ich jetzt tue, und vielleicht war es das, was mich immer wieder aufs Neue hat versuchen lassen, meine Sucht zu bezwingen. Wie dem auch sei, ich empfinde das Ganze als ein Wunder.«

Doch Barry benötigte 17 Therapieansätze, ehe dieses Wunder in Sichtweite war. Es ist wichtig, sich bewusst zu machen, dass die in diesem Kapitel beschriebenen Einsichten und Veränderungen uns nicht immer treffen wie der sprichwörtliche »Blitz aus heiterem Himmel« oder ein Zentnersack. Nein, wir wollen realistisch bleiben. Es geht nicht immer um hochdramatische Szenen. Die subtilen Veränderungen, von denen hier die Rede ist, ereignen sich in kleinen Schritten, aber es sind trotzdem mächtige Veränderungen. Sie spüren dabei wahrscheinlich, dass Sie offener werden, mehr Vertrauen haben und alles, was auf Sie zukommt, akzeptieren und erleben wollen. Vielleicht fällt Ihnen auch auf, dass Sie besser Acht auf sich selbst geben und fürsorglicher mit sich umgehen: dass Sie gerader gehen, sich mehr bewegen und selbstbewusster sprechen; dass Sie sich Zeit für Ruhe und Meditation nehmen und höflich, aber bestimmt Nein sagen können, wenn jemand Sie mit unerwünschten und unproduktiven Forderungen behelligt. Vielleicht hören Sie sich jetzt auch ganz anders als früher über Ihre Leistungen und Bedürfnisse sprechen und riskieren sogar etwas Neues – etwas, das Sie immer schon tun wollten, aber stets auf die lange Bank geschoben haben. Solche Veränderungen öffnen das Tor zu einem Leben, das bequemer, aber auch dynamischer und aufregender ist als früher.

Das erinnert uns an die Anekdote vom eifrigen Studenten der Weltreligionen, der einen hohen Berg erstieg, um einen legendären, verehrungswürdigen Guru befragen zu können. Oben angekommen, eilte der unreife Jüngling sogleich auf den weisen alten Lehrer zu und bestürmte ihn: »Bitte, sagen Sie mir doch, wie mein Leben sein wird, wenn ich die Erleuchtung empfangen habe!«

Der meditierende Weise öffnete seine Augen, blinzelte den Besucher an und antwortete mit ruhiger, gleichmäßiger Stimme: »Vor der Erleuchtung hackt man Holz und schleppt Wasser. Nach der Erleuchtung hackt man weiterhin Holz und schleppt weiterhin Wasser.«

So ist das auch bei uns. Uns bleiben weiterhin Freuden, Ängste, Wutgefühle und alles, was uns im Leben vertraut war. Nur gehen wir jetzt anders damit um. Wir leben mit einer neuen Einstellung und fühlen uns allmählich etwas wohler mit uns selbst.

Alle in diesem Kapitel besprochenen Veränderungen im Denken, Fühlen und Handeln erfordern Ihrerseits die Bereitschaft, etwas auszuprobieren, sich Mühe zu geben und Ausdauer zu zeigen. Schließlich tragen wir alle die ein Leben lang angehäuften Gewohnheiten, Ressentiments, Verletzungen und Prägungen mit uns herum, und diese müssen wie unsere soziale Erwartungshaltung ganz individuell behandelt werden. Wir glauben jedoch, dass Sie angenehm überrascht sein werden, wenn Sie merken, wie weit Sie schon sind und wie viel Erfahrung im Ablassen von Selbstverurteilungen Sie bereits besitzen, aber auch im Ablassen von der gewohnheitsmäßigen Verurteilung anderer. Wenn wir unsere Ansichten über vergangene Ereignisse ändern wollen, ist das oft vor allem eine

Frage der Motivation, aber auch des Mutes und des Wunsches, die eigenen latenten Fähigkeiten wirklich einzusetzen.

Die Urteile, die wir über uns selbst fällen, gehören zu den wichtigsten in unserem ganzen Leben, weil unsere *äußere* Realität die *innere* widerspiegelt. Welchen Weg wir in der Welt gehen, das ist eine direkte Reflexion unserer Gefühle bezüglich der eigenen Identität. Wenn wir wirklich hinter dem Bewusstsein stehen, als Person in Ordnung zu sein, und wenn wir dieses Wissen feiern und Freude ausstrahlen – was sich vor allem im bedingungslos liebevollen und fürsorglichen Umgang mit uns selbst zeigt –, könnte es tatsächlich sein, dass die reifen Jahre unseres Lebens auch unsere besten sind.

Das Geheimnis der Versöhnlichkeit

Von negativen Urteilen über uns selbst und andere ablassen zu können und versöhnlich zu sein – das ist eines der befreiendsten Geheimnisse für ein glückliches, kreatives Alter. Das Verzeihen zu lernen und zu praktizieren, ist ein mächtiges Element des inneren Heilungsprozesses und überdies ein wirksames Mittel zur Erzielung persönlichen Wachstums. Versöhnung ereignet sich in unserem Innern, wenn wir lieben und mitfühlend sind. Als Gegenmittel zu Schmerz und Trennung, die von negativen Urteilen verursacht sind, erkennt eine versöhnliche Haltung an, dass wir alle nur Menschen sind und darum bisweilen unseren Idealen und Zielen nicht gerecht werden können.

Der Versöhnungsprozess gibt uns die Möglichkeit, die Quintessenz dessen, was wir im Hier und Jetzt sind, zu definieren und zu bestätigen. Zugleich zeigt er uns, wer und was wir potenziell werden können. Der parallele, oft gleichzeitige Vorgang des Fällens positiver Urteile über uns selbst und andere stillt ein tief sitzendes menschliches Bedürfnis; wir müssen unsere Selbstachtung fördern und uns immer wieder versichern, dass wir es verdient haben, nach unserem Glück zu streben. Haben wir ein hohes Selbstwertgefühl, hat das Positive in unserem Leben stärkeres Gewicht als das Negative. Umgekehrt gilt aber auch, dass das Negative das Positive in den Schatten stellt, wenn das Selbstwertgefühl schwach ausgeprägt ist.

»Befreien Sie sich vom Ballast in Ihrem Innern. Sie werden dabei keinerlei persönliche Kraft verlieren«, schreibt die klinische Psychologin Judith Sills in *Excess Baggage: Getting Out of Your Own Way* (Überflüssiger Ballast: Stehen Sie sich nicht selbst im Weg). »Sie stellen bei sich nur ein gesundes Gleichgewicht wieder her … [und] legen Ihre Stärken frei, damit diese zu Ihren Gunsten wirksam werden können.«

Warum ist Versöhnlichkeit ein so wichtiges Geheimnis? Weil ohne sie negative Selbsturteile unserer Selbstachtung enorm zusetzen. Mit einem löchrigen Selbstwertgefühl kann man nur schwer glücklich sein und Erfüllung spüren. Man ist dann mit sich einfach nicht im Reinen.

Irgendwann haben wir alle uns sicher schon einmal »Komplimente« wie die folgenden zugemurmelt: *Ich bin einfach zu fett, Ich bin kalt und berechnend* oder *Ich kann meine Zunge einfach nicht im Zaum halten.* Doch wenn wir uns Derartiges sagten, haben uns diese Gedanken emotional nur noch weiter hinabgezogen. Darum: Wenn wir uns nach langer Zeit endlich vergeben, dass wir so negativ über uns geurteilt haben, tun wir nichts anderes als alte Klamotten aus unserem mentalen Kleiderschrank auszusortieren, um auf diese Weise Platz zu schaffen für eine Kollektion neuer, positiver Werte, mit deren Hilfe unser Selbstwertgefühl wieder steigen wird.

Wenn wir uns selbst und anderen vergeben, können wir innerlich gesund werden, zu neuen Ufern aufbrechen und unsere Stimmung verbessern. Im Prozess des Verzeihens beginnt sich eine Welt mit ganz neuen Möglichkeiten zu entfalten – die Chance zu innerem Wachstum.

Wie man diesem Geheimnis entsprechend handelt

Beverly Flanigan und andere Experten betonen immer wieder, dass das Verzeihen eine bewusste Entscheidung ist, die es *Ihnen* erlaubt, Kontrolle über Ihre *eigene* Vergangenheit zu gewinnen, anstatt Ihrer Vergangenheit zu gestatten, Ihr Leben zu kontrollieren. Versöhnlichkeit, die sich darin zeigt, dass Sie sich von negativen Urteilen über sich und andere trennen, kann man meistens nur in einem langen Prozess erreichen. Dieser enthält trotz aller individuellen Unterschiede immer sechs Elemente. Die Reihenfolge, in der diese Bestandteile erscheinen, kann ebenfalls individuell unterschiedlich sein, wie auch die Leichtigkeit, mit der Sie die im Folgenden genannten Schritte bewältigen.

1. **Benennen Sie die Verletzung**. Erinnern Sie sich, was geschah und entscheiden Sie, was genau vergeben werden muss.
2. **Erkennen Sie Ihre spezielle Verletzung**. Trennen Sie, was Ihnen geschah, von dem, was anderen geschah, etwa Ihren Kindern oder Freunden. Was denen angetan wurde, können nämlich nur sie vergeben.
3. **Entscheiden Sie, wer Schuld hat**. Wägen Sie Ihre eigene Rolle in der betreffenden Situation ab und ziehen Sie auch die Entschuldigungen in Betracht, die andere vorgebracht haben. Versuchen Sie, fair und objektiv zu sein, wenn Sie die Verantwortung für das Geschehene verteilen.
4. **Sorgen Sie für ein Gleichgewicht**. Wenn Sie eine Strafe für erforderlich halten, überlegen Sie, ob Sie mit demjenigen, der Ihnen Unrecht getan hat, schriftlich oder mündlich Kontakt aufnehmen wollen und ob Sie ihm oder ihr dafür einen Gefallen versagen wollen. Sie können auch eine symbolische Strafe vollziehen, etwa sein oder ihr Foto verbrennen.
5. **Entscheiden Sie, dass Sie verzeihen wollen**. Akzeptieren Sie, dass es Ihnen besser gehen wird, wenn Sie dem »Sün-

der« verziehen und von Verletzungsschmerz und Ressentiments abgelassen haben.

6. **Lassen Sie Ihr neues Selbst sich entfalten.** Lassen Sie die Vergangenheit hinter sich. Blicken Sie voraus, im Bewusstsein, dass Sie durch die gewährte Vergebung stärker und glücklicher werden.

Es folgen noch einige bewährte Ansätze, wie man das Geheimnis der Versöhnlichkeit in seinem eigenen Leben Realität werden lassen kann. Diese Aktionsschritte sind oft eine Hilfe, wenn Sie den oben beschriebenen Prozess ein wenig beschleunigen wollen.

Aber wahrscheinlich regt sich bei Ihnen ein gewisser innerer Widerstand, wenn jemand Sie bittet, etwas aufzuschreiben oder eine mündliche Übung zu komplettieren. Es liegt vielleicht in der Natur des Menschen, sich gegen alles zu wehren, das nach Schule schmeckt oder sich mit so gewichtigen Themen wie Vergebung und Versöhnlichkeit befasst.

Nachdem dies zugestanden ist, möchten wir Sie trotzdem bitten, an den folgenden Übungen teilzunehmen. Sehen Sie einfach so etwas wie Hammer und Nagel darin – Werkzeuge, mit denen man etwas Nützliches bauen kann. Manche Übungen sind wie Spiele, andere hingegen wirken ziemlich albern und haben vielleicht auch auf den ersten Blick nicht unbedingt mit Ihrem speziellen Prozess des Älterwerdens zu tun – aber sie erfordern nicht viel Zeit und haben sich schon bei vielen Menschen bewährt.

Vielleicht hilft es, wenn Sie zunächst die Ihnen wichtigen Themen mit Menschen besprechen, die Sie gut kennen und denen Sie vertrauen, zum Beispiel Ihrem Ehepartner, einer Freundin, Ihrem Ratgeber oder Pfarrer. Solche Menschen können Ihnen oft in einem freundlichen, geschützten Kontext wichtiges und hilfreiches Feedback geben. Es spricht überhaupt nichts dagegen, wenn Sie es sich für die folgenden Übungen gemütlich machen!

Die erste Übung hat damit zu tun, wie wir sprechen – mit uns selbst und mit anderen. Eine ganz elementare Möglichkeit, von Selbstverurteilungen aus der Vergangenheit loszukommen, besteht darin, uns selbst laut zu verzeihen, dass wir sie je geäußert haben. Praktizieren Sie diese Übung, indem Sie einer anderen Person in einem ruhigen Raum von Angesicht zu Angesicht gegenübersitzen und selbstenthüllende Sätze bilden, die mit den Worten beginnen: »Ich verzeihe mir, dass ich mich verurteilt habe, weil…« Wir empfehlen, dass Sie diese Übung gemeinsam mit einem Verwandten, Freund oder Nachbarn durchführen. Sie können sich dann nach jeweils fünf Minuten abwechseln und die Rollen tauschen. (Es ist hilfreich, wenn der jeweilige Zuhörer Notizen über die Urteile macht, die zur Sprache kommen. Denn dann kann man sich später auf diese schriftlichen Aufzeichnungen beziehen.)

Wenn Sie erst einmal die richtige Wellenlänge zu Ihrer »inneren Stimme« gefunden haben, werden Sie eine Fülle von Selbstverurteilungen aus der Vergangenheit zutage fördern. Dann hören Sie sich vielleicht Dinge sagen wie: »Ich verzeihe mir, dass ich mich als Rabenmutter verurteilt habe« oder »…, dass ich mich zur Schnecke gemacht habe, nachdem ich mich vor meinem Chef lächerlich gemacht hatte« oder »…, dass ich mich als Feigling verurteilt habe, weil ich abgetrieben habe« oder »…, dass ich mich als saumselig verurteilt habe, weil ich immer noch kein Testament aufgesetzt habe« oder »…, dass ich mich als unfair verurteilt habe, weil ich meiner Tochter kein Geld geliehen habe« oder »…, dass ich mich als Nichtsnutz verurteilt habe, weil ich so viel wertvolle Zeit verschwendet habe«. Wiederholen Sie Ihre Sätze immer wieder – so lange, bis sie klingen, als meinten Sie wirklich, was Sie da sagen.

Wenn Sie niemanden haben, der diese Übung gemeinsam mit Ihnen machen kann, dann können Sie ganz ähnliche Ergebnisse auch erzielen, wenn Sie sich beim Sprechen direkt im Spiegel ansehen. Und, denken Sie daran, es hilft, wenn Sie Ihre Äußerungen nicht nur mündlich machen, sondern auch aufschreiben.

Das Folgende ist eine Variation der eben skizzierten Übung. Sie wurde von Pfarrerin Roberta S. Herzog aus Wyalusing, Pennsylvania, entwickelt und dient als Hilfestellung, um anderen zu verzeihen. Setzen Sie sich mindestens zwei Wochen lang sofort nach dem Aufwachen oder direkt vor dem Schlafengehen ganz still hin. Schließen Sie Ihre Augen und stellen Sie sich eine Person vor, der Sie vergeben möchten. Das kann der Ehepartner, ein Verwandter, Arbeitskollege oder eine Freundin sein – auch jemand, der schon lange tot ist. Stellen Sie sich diese Person in lächelndem, glücklichem Zustand vor. Und sagen Sie dann zu diesem mentalen Bild laut: »Ich vergebe dir alles, was du mir je in Gedanken, Worten und Taten gesagt oder angetan hast und was mir Schmerzen, Widerwillen oder Zorn bereitet hat. Du bist frei und ich bin frei. Und ich bitte dich, auch mir alles, was ich dir je in Gedanken, Worten und Taten gesagt oder angetan habe und was dir Schmerzen, Widerwillen oder Zorn bereitet hat, zu vergeben. Du bist frei und ich bin frei.«

Wenn Sie dabei ein echtes Gefühl der Erleichterung erleben, wissen Sie, dass es nun nicht mehr nötig ist, diese Worte täglich zu wiederholen. Dieses Gefühl kann sich als Weinen, Lachen, Erleichterung, Glücksgefühl oder auch in anderer Form zeigen. Trotzdem werden Sie intuitiv spüren, wenn sich Ihre innere Einstellung von Grund auf und unwiderruflich gewandelt hat. Dieser innere Vorgang wird Ihnen helfen, von Schmerzen, Ressentiments und Wutgefühlen abzulassen. Zugleich wird er Ihnen ein Gefühl von Frieden und Wohlbefinden vermitteln. Herz und Geist werden sich leichter und glücklicher fühlen.

Am Ende dieses Prozesses könnten Sie an prominenter Stelle eine schriftliche Affirmation platzieren, mit der Sie sich an Ihre neue innere Einstellung erinnern. Den folgenden Text haben wir einmal an einer Kühlschranktür gefunden: »Ich bin jetzt so, dass ich leicht loslasse, Vertrauen habe und mich selbst wie die anderen liebevoll akzeptiere.«

Ziel dieser Übungen ist es, sich von den destruktiven, negativen Urteilen zu befreien, die rastlos an unserem Selbstwertgefühl nagen und langsam aber sicher die guten Gefühle, welche unsere Selbstachtung fördern, zunichte machen und unsere Wahrnehmung anderer Menschen unweigerlich vernebeln. Zusammengenommen verzerren all diese Reaktionen unsere Weltsicht so, dass wir nicht mehr in der Lage sind, uns frei zu bewegen, neue Möglichkeiten zu ergreifen und innerlich zu wachsen. Wenn wir diese Urteile, zu deren Gefangenen wir geworden sind, hinter uns lassen wollen, müssen wir lernen, uns selbst und anderen zu vergeben.

»Wer vergibt«, schreibt die Psychologin Judith Sills, »setzt alle Energie frei, die gegenwärtig darauf verwendet wird, alte Verletzungen immer wieder aufzuwärmen, sich in Rachephantasien zu ergehen und die Gerechtigkeit zu beschwören. Wer vergibt, befreit jenen Teil seines Wesens, der durch Wut und Verletzung gebunden war, und bewirkt, dass viel, viel mehr daraus werden kann.«

4. KAPITEL

Das Geheimnis der Risikobereitschaft

Viele haben bisher das Älterwerden so gesehen wie die frühen Entdecker die Erde: Am Rande angekommen, werde man herunterfallen und auf Nimmerwiedersehen verschwinden. Damals, in der Alten Welt, lernte jeder, dass da draußen nichts außer pechschwarzer, gähnender Leere sei.

Wenn man ein wenig darüber nachdenkt, sind diese »dunklen Zeiten« vielleicht noch gar nicht so lange her. Als Sie noch zur Volksschule gingen, haben da die Lehrer nicht gesagt, dass der Verfall des menschlichen Körpers unweigerlich mit 35 Jahren beginne? Und im Gemeinschaftskunde-Lehrbuch stand vielleicht der schöne Satz, der Abschied aus dem Arbeitsleben sei der »wohlverdiente Ruhestand« für jene müden Seelen, die sich mit Ach und Krach bis ins 65. Lebensjahr geschleppt hätten. Und hieß damals, ein »rüstiger Senior« zu sein nicht, dass man vielleicht gerade noch ohne fremde Hilfe die Straße überqueren konnte?

Nun vergleichen Sie diese abgestandenen, irreführenden Bilder einmal mit den heutigen Großmüttern, die Aerobic treiben, oder mit den Wirtschaftsmanagern, die sich einfach nicht in den Ruhestand verabschieden wollen, oder mit den grauhaarigen Weltreisenden. Ja, die Amerikaner hatten sogar schon einen Präsidenten, der 78 Jahre alt war!

Zum Glück wird jedoch auf lange Sicht die Wahrnehmung der Gesellschaft, was ihre älteren Mitbürger betrifft, differenzierter und realistischer. Die Kinder von heute treffen hinter dem Tresen des Schnellrestaurants ebenso auf »Ruheständler«

wie auf der Straße, wenn Senioren auf Motorrollern vorbei sausen, oder im Schwimmbad, wenn die Alten eisern ihre Bahnen kraulen. Ältere Menschen treiben heute alles Mögliche, was früher nur hochgezogene Augenbrauen hervorgerufen hätte, heute aber so selbstverständlich ist, dass man überhaupt nicht mehr genau hinschaut.

Die Wahrscheinlichkeit wächst immer mehr, dass ältere Menschen dem Leben mit Optimismus begegnen. Eine Meinungsumfrage der Marriott Corporation aus dem Jahre 1990 ergab, dass die Hälfte der Befragten über 65 das Gefühl hatte, gerade die »besten Jahre« ihres Lebens zu erleben. Mehr als 68 Prozent sagten, sie fühlten sich im Schnitt um zwölf Jahre jünger als sie tatsächlich waren. Die Mehrheit der Befragten stufte sich, was ihre Erwartungen an die Zukunft betraf, als »erwartungsfroh« ein, ganz gleich ob sie 70 oder 90 Jahre alt waren. »Zum ersten Mal in meinem Leben kann ich wirklich machen, was ich will«, sagte uns bei unserer eigenen, allerdings nicht repräsentativen Befragung eine Interviewpartnerin. »Ich muss mir keine Gedanken mehr darum machen, jemandem zu gefallen, außer mir selbst.« Wie die frühen Entdecker fand sie (und fanden auch wir) es ganz schön aufregend, auf einmal festzustellen, dass unsere Erde gar keine flache Scheibe ist und dass da draußen eine vollkommen neue Welt unserer Entdeckung harrt. Das Leben lässt sich, anstatt dunkel und geheimnisvoll zu werden, so als näherten wir uns dem ominösen Rand der Erde, genauso gut als eine Welt ansehen, die sich öffnet, immer heller wird und jede Menge Abenteuer für uns bereithält.

Wir vergleichen die »neuen Alten«, denen wir begegnet sind, mit jenen tapferen, neugierigen Entdeckern aus dem Europa der frühen Neuzeit, die sich selbst antrieben und zum Risiko motivierten, auch wenn sie dabei nicht zuletzt ihr eigenes Leben aufs Spiel setzten. Weil diese Männer und Frauen risikobereit waren, veränderte sich die Weltgeschichte nachhaltig und unwiderruflich.

Am ehesten Erfolg versprechend sind jene Risiken, die man mit klaren Zielvorstellungen auf sich nimmt. Die Wikinger waren auf der Suche nach neuem Weideland für ihre Ziegen und Schafe, als sie nach Grönland und Labrador gelangten. Columbus suchte einen kürzeren Seeweg zu den Gewürzinseln, als er in der Neuen Welt vor Anker ging. Und während beide nicht unbedingt das fanden, was sie suchten, ist der entscheidende Punkt doch, dass sie *überhaupt nichts* gefunden hätten, wenn sie nicht irgendein Ziel vor Augen gehabt hätten, das sie motivierte, die Segel zu setzen und in unerforschte, von Haien bewohnte Gewässer vorzudringen.

In diesem Kapitel werden Sie großartigen Alten begegnen, deren furchtloser Initiativgeist sie zu neuen Erfahrungen führte – zu Erfahrungen, die ihrerseits die reiferen Jahre dieser Menschen besonders lebenswert und erfüllt machten. Auch sie hatten, wie die frühen Entdecker, die Risiken weder blind noch im luftleeren Raum auf sich genommen. Und die Vielfalt ihrer individuellen Entscheidungen unterstreicht die Tatsache, dass es in puncto Risikobereitschaft keinen allein richtigen oder falschen Weg gibt. Was bei diesen Menschen funktioniert hat, muss nicht unbedingt auch für Sie gelten. Wir stellen Ihnen diese Lebensgeschichten nur als Beispiele vor – Beispiele dafür, was möglich ist. Überdies wollen wir Sie teilhaben lassen an der Energie, Begeisterung und Entschlusskraft dieser Menschen.

Mit 71 verwirklichte zum Beispiel unser Freund David B. seinen lebenslangen Traum von einer Safari durch die Urwälder Ostafrikas. Helen H. ging aufs College, als sie 68 wurde, »einfach weil Lernen so spannend ist«, wie sie sagte. Herbert K. kombinierte seine Begeisterung für Baseball mit der für junge Leute und wurde mit Mitte 70 noch Schiedsrichter in der Nachwuchsliga. Karen und Alvin T., beide 80, verbringen regelmäßig die Hälfte des Jahres damit, in einem gemütlichen Wohnmobil umherzureisen, während sie sich die andere Hälfte des Jahres in ihrer Eigentumswohnung am Strand von

South Carolina entspannen. Die Krankenschwester Mary V., kürzlich in den Ruhestand getreten, hat danach aus ihrem Hobby, antike Möbel zu restaurieren, eine Teilzeitbeschäftigung gemacht.

Die Liste solcher Beispiele ließe sich endlos verlängern. Aber wenn es eine derart große Auswahl gibt, wie haben diese Menschen dann den für sie richtigen Ausgangspunkt gefunden? Welchen Prozess der Abwägung potenzieller Interessengebiete hat jeder von ihnen durchlaufen, um sodann die richtige Wahl zu treffen und sich Tag für Tag engagiert daran zu halten? Sicher taugt keine Verfahrensweise gleichermaßen für alle Menschen und manche Techniken können bei Ihnen einmal bestens, ein andermal überhaupt nicht funktionieren. Denn das Spiel heißt: Man hat die Wahl und muss sich entscheiden.

Wir berichten Ihnen nun, wie unsere Freunde Barbara und Bernard S. einige der eben erwähnten Fragen für sich beantwortet haben. Wie viele andere von uns hatten auch Barb und Bernie nur eine vage Vorstellung davon, was sie nach der altersbedingten Aufgabe ihrer Druckerei, eines Familienunternehmens in einer Stadt an der Ostküste, tun wollten. Sie besaßen dort ein großes Haus, in dem sie drei Kinder großgezogen hatten, und hatten sich außerdem ein kleineres Haus in Florida gekauft, in dem sie ihre Ferien verbrachten. Als sie Anfang 60 waren, hatten Barb und Bernie beschlossen, ihre Druckerei und ihr großes Haus zu verkaufen, wenn Bernie 65 würde, um das Geld danach so zu investieren, dass ihnen daraus ein bescheidenes, aber regelmäßiges Monatseinkommen sicher wäre. »Wir wußten eigentlich gar nicht so genau, was wir machen wollten, als wir nach Florida kamen«, erklärte Barb, eine vitale Frau mit ausdrucksstarken Händen. »Aber wir wussten beide, dass wir uns dort auf Dauer niederlassen wollten.«

Da sie das Haus in Florida schon drei Jahre besaßen, kannten sich Bernie und Barb an ihrem neuen Wohnort schon recht gut aus. Trotzdem hatten sie in der neuen Umgebung nur wenige Freunde, und dieser Kreis weitete sich zunächst auch nicht nennenswert aus – bis sie anfingen, regelmäßig am Gemeindeleben ihrer neuen Kirchengemeinde teilzunehmen und außer Gottesdiensten auch Kaffeenachmittage und Bingospielpartys zu besuchen.

Dann sahen sie sich eines Morgens über den Frühstückstisch hinweg an und fragten sich: »Ja, und was machen wir nun?« Sie nahmen sich Bleistift und Papier und begannen, Listen aufzustellen. Oben auf ein leeres Blatt Papier schrieb Bernie in Großbuchstaben das Wort ZIELE. Darunter legte er drei Spalten mit den Überschriften MEINE, DEINE und UNSERE an. Dann sprachen Barb und Bernie stundenlang über Aktivitäten und Themen, die sie interessant und zugkräftig fanden – für sich als Paar wie auch für jeden Partner einzeln. Dann trug Bernie diese Ziele oder Interessen in die jeweils passende Spalte ein. »Zum Beispiel besichtigen wir beide gern Dinge an Orten, an denen wir zuvor noch nie gewesen sind«, erinnerte er sich. »Darum schrieben wir ›Reisen‹ in die Spalte UNSERE. Ich lese gern Krimis, während sich meine Frau dafür nicht interessiert. Das kam also in die Spalte MEINE.«

»Und ich habe in meiner Spalte Dinge notiert, von denen ich wusste, dass Bernie keine Lust dazu hatte«, warf Barb ein. »Ich habe mich zum Beispiel schon immer für Steine und Mineralien interessiert und für das Studium der Geologie. Mich reizte auch das Wasserskifahren. Außerdem wollte ich einmal ausprobieren, ob es mir in einer Selbsthilfegruppe für Frauen gefallen würde.«

Einige Punkte waren sehr speziell: etwa ihr zehn Jahre altes Auto durch ein neueres zu ersetzen oder ihr Haus anzustreichen. Andere Kategorien waren sehr weit gefasst, etwa »Bewegung« oder »Geschichte«. In den folgenden sechs Wochen kamen beide immer wieder auf ihre Listen zurück, täglich eine Stunde oder länger, um neue Ziele und Projekte hinzuzufügen oder andere zu streichen, die in der Prioritätenskala sehr weit nach unten gerutscht waren. Sie spekulierten über neue Abenteuer, die sie gemeinsam bestehen wollten, neue Orte, die sie besuchen wollten, und neue Befriedigungen, die ihnen eine Erweiterung ihres Horizonts verschaffen würden. »Am Ende des Monats war unser Stück Papier randvoll mit Ideen«, sagte Bernie. »Also haben wir uns wieder zusammengesetzt und versucht herauszufinden, ob in dem, was wir aufgeschrieben hatten, eine Art Struktur zu erkennen war.«

»Wir hatten den Eindruck, dass zwei große Themen immer wieder vorkamen«, fuhr Barb fort. »Nämlich Reisen und Bildung. Mit Bildung meine ich jetzt keinen Collegebesuch, auch keine Konzentration auf ein einzelnes Thema, sondern den Wunsch, über viele verschiedene Dinge mehr herauszufinden. Wissen Sie, wir sind beide recht neugierig und möchten im Prinzip die ganze Welt kennen lernen.«

Als sich das Paar der Realisierung seiner Ziele nun einen Schritt näher fühlte, begannen Bernie und Barb Optionen zu erkunden, wie sie ihre sehr unterschiedlichen Interessen auf einen Nenner bringen könnten. Mit ihren Freunden diskutierten sie verschiedene mögliche Aktivitäten, sie liehen sich Bücher aus der Stadtbibliothek aus und lasen Artikel in Zeitschriften und Tageszeitungen. Sie erkundigten sich telefonisch, forderten Broschüren an und studierten die Anschläge am Schwarzen Brett im Gemeindezentrum in der Nähe ihres Hauses.

Dann sahen Barb und Bernie eines Tages eine Fernsehreportage über eine landesweit tätige Bildungsorganisation für Menschen über 60. Diese Organisation, Elderhostel, eine Art Altenakademie, bot, wie der Reportage zu entnehmen war, Programme und Kurse in relativ kleinen Gruppen und von begrenzter Dauer an, die nicht allzu viel kosteten und sowohl in Colleges als auch an anderen Orten im ganzen Land stattfanden. Der Fernsehreporter erläuterte, dass diese Kurse nicht zu einem akademischen Abschluss führten, sondern einfach der Freude am Lernen gewidmet seien. Barb und Bernie erfuhren, dass das Themenspektrum von »Vogelkunde in den Appalachian Mountains« über Hunderte anderer Gebiete bis zu Kursen reichte, in denen man das Zitherspiel erlernen konnte. Die bei Elderhostel Unterrichtenden seien allesamt ausgewiesene Experten auf ihren Gebieten.

Bernie und Barb ließen sich per Post einen Veranstaltungskatalog von Elderhostel kommen und als sie ihn in Händen hielten, waren sie nicht nur über die Vielfalt der angebotenen Kurse erstaunt, sondern auch über die attraktiven Orte, an denen die Kurse stattfanden. Viele sollten in Sommercamps in den Bergen stattfinden, in Nationalparks und ländlichen Konferenzzentren, aber auch auf dem Campus verschiedener Universitäten und Colleges. Die Teilnehmer nahmen, wie zu lesen war, ihre Mahlzeiten gemeinsam ein und waren in komfortablen Bungalows, Herbergen oder Wohnheimen untergebracht. »Wir wussten sofort, dass Elderhostel für uns genau das Richtige war«, sagte Barb und ihr Mann nickte zustimmend. »So konnten wir unsere Reiselust mit unserem Wunsch nach lebenslangem Lernen verbinden.«

In den letzten Jahren haben Bernie und Barb schon mehr als hundert Elderhostel-Kurse besucht. Sie können es kaum abwarten, bis mehrmals im Jahr die jeweils neuesten Programme mit mehr als tausend Kursangeboten herauskommen. »Wir richten unseren ganzen Jahresablauf nach diesem Kursprogramm aus«, sagte Bernie. »Wir sehen immer sofort das neueste Kursangebot durch und suchen uns alle Kurse und Orte heraus, die uns interessieren. Und dann schauen wir in den Kalender und überlegen, wie viele Kurse wir vernünftigerweise in den kommenden zwölf Monaten unterbringen können.«

Dann machen die beiden ihr Haus dicht, um in der Umgebung des Tagungsortes ihres jeweils nächsten Elderhostel-Kurses auch Parks, Erholungsgebiete und Städte zu erkunden. Haben sie sich zum Beispiel für einen Kurs eingeschrieben, der in der Umgebung von Denver, Colorado, stattfindet, unternehmen sie vor oder nach dem Kurs noch Exkursionen in die Rocky Mountains. »Wir haben schon in Arizona Gold geschürft«, führte Barb aus, als wir sie baten, uns einige der Aktivitäten zu beschreiben, die Bernie und sie gemeinsam im Rahmen der Elderhostel-Programme unternommen hätten. »Wir haben in Tennessee indianische Ruinen ausgegraben. Wir haben in Oregon getöpfert. Und wir haben in Pennsylvania die Schlachtfelder aus dem Bürgerkrieg besucht. Wenn Sie wollen, können Sie uns gern als Elderhostel-Groupies bezeichnen.«

Nicht alle Kurse finden jedoch im Freien statt. Barb und Bernie haben auch schon stärker akademisch orientierte Vorlesungsreihen zur Anthropologie, Geschichte, Politik und Literatur besucht. Außerdem verbringen sie weiterhin viel Zeit in ihrem Haus in Florida, wo jeder seinen eigenen Interessen nachgehen kann. Barb hat gelernt, aus den Steinen, die sie auf ihren Reisen gesammelt hat, Schmuck herzustellen, und ihr Mann kann sich immer noch stundenlang in Krimis von Agatha Christie vertiefen. »Jetzt haben wir das Gefühl, als hätten wir alle Vorteile beider Welten beisammen«, sagte Bernie und kicherte dabei zufrieden vor sich hin.

Barbara und Bernie sind sicher, dass bei ihnen die Methode, eine Liste mit Zielvorstellungen schriftlich zusammenzustellen, äußerst wirkungsvoll war. So konnten beide ihre persönlichen und gemeinsamen Ziele herauskristallisieren. Dabei wurden nicht nur die für beide interessantesten gemeinsamen Interessengebiete festgelegt, sondern zusätzlich erschienen so die Möglichkeiten, diese Interessen auch aktiv zu verfolgen, gleich viel realer. »Als ich die Wörter auf dem Papier gesehen habe«, sagte Bernie, »erschien es mir zum ersten Mal so, als könnten diese Aktivitäten auch wirklich lebendig werden.«

Ganz von selbst entdeckten Barb und Bernie die »verankernde« Kraft des geschriebenen Wortes. Selbsthilfeexperten und all jenen, die beim persönlichen inneren Wachstum anderer Menschen Hilfestellung leisten, ist diese Wirkung freilich schon seit Jahren bekannt. Viele Therapeuten sagen sogar, dass das Niederschreiben eines Zieles, einer Absicht oder eines Vorsatzes – nennen Sie's, wie Sie wollen – der äußerst wichtige erste Schritt zur Erreichung dieses Zieles sei, sozusagen der Anfang eines zielgerichteten Prozesses. Wenn wir etwas schriftlich formulieren, ist das ein wichtiges Hilfsmittel, um uns selbst über eine Sache klarer zu werden.

Betrachten Sie die Zielsetzung einfach als ersten Schritt in Richtung eines definitiven Engagements. Zum Engagement aber gehört schon definitionsgemäß ein gewisses Maß an Aktivität und Verantwortung. Wenn Sie Ihr eigenes Innenleben ernsthaft erkunden wollen, ist es wichtig, dass Sie Ihre eigenen Ziele herausfinden, Ihren Kurs festlegen und einen Unterstützungsprozess in Gang setzen, der Sie voran bringt.

Die meisten von uns gehen nicht so direkt und zielstrebig an eine Sache heran wie Barb und Bernie, die sich an ihrem Küchentisch zusammensetzten und auf einem Notizblock Listen erstellten. Viele bevorzugen einen eher indirekten, kreativeren, nicht rein rational gesteuerten Zielsetzungsprozess. Scheinbar zufällige gute Gedanken kommen uns nämlich oft unwillkürlich unter der Dusche oder in der Badewanne. Freunde oder Verwandte erzählen uns bei einer Tasse Kaffee eine anregende Geschichte und plötzlich beginnt es in uns zu arbeiten. Natürlich gibt es auch hier keine allein richtige oder falsche Methode, aber wir wissen von unseren Interviewpartnern (und aus eigener Erfahrung), dass Disziplin und Entschlusskraft sehr hilfreich sind, wenn man sich auf etwas konzentrieren will. Natürlich ist auch Geduld erforderlich, weil die Antworten nicht immer dann kommen, wenn wir sie erwarten, oder so ausfallen, wie wir es gerne hätten.

Eine besonders effiziente Art, ihre Gefühle zu erkunden und ihre Gedanken über die späteren Jahre ihres Lebens zu klären, demonstrierte unsere Freundin Esther S. aus New

York. Wie Barb und Bernie ging sie zunächst ohne Zielbewusstsein und Zielstrebigkeit an ihre »Ruhestandsjahre« heran.

Mit 27 Jahren war Esther als ungarische Immigrantin mit dem Dampfschiff in den Vereinigten Staaten angekommen. Den größten Teil ihres Ehelebens verbrachte sie in einer Kleinstadt in New Jersey, wo sie vier Kinder aufzog und einen Haushalt führte, in dem es immer eher zu viele als zu wenige Aktivitäten gab. Zunächst füllte dieses Leben sie ganz aus, aber dann wurde sie, als ihre Söhne und Töchter einer nach dem anderen aus dem Haus gingen und eigene Familien gründeten, immer unzufriedener.

Einige Jahre nach dem Tod ihres Mannes spürte Esther, dass sie unbedingt ein Gefühl der Erfüllung und des Erfolgs in ihr Leben zurückbringen musste. »Ich war, was Sie eine ›typische, glückliche Hausfrau aus der Vorstadt‹ nennen würden«, sagte sie uns, als wir auf dem Balkon ihrer Wohnung im fünften Stock eines Hauses in Manhattan saßen. »Ich widmete mich ganz meinen Kindern und arbeitete ehrenamtlich in vielen Organisationen in unserem Städtchen mit. Auf all diese Dinge war ich sehr stolz. Doch jetzt wollte ich etwas, das an deren Stelle treten konnte – ich brauchte das Gefühl, wieder wirklich gebraucht zu werden.«

Esthers Mann hatte dafür gesorgt, dass sie sich für den Rest ihres Lebens keine finanziellen Sorgen mehr zu machen brauchte, und so hätte sie ohne weiteres die ihr verbleibenden Jahre damit verbringen können, sich zu entspannen oder zu reisen. Doch Esther hatte das Gefühl, dass ein solcher Lebensstil ihren inneren Bedürfnissen nicht entsprochen hätte. Gleichwohl war sie unsicher, was sie nun tun wollte. »Zu dieser Zeit hatte ich nicht viel Selbstvertrauen. Schließlich hatte ich in den ganzen 30 Jahren meiner Ehe keinen einzigen bezahlten Job gehabt, und was andere Frauen meines Alters an Leistungen vorzuweisen hatten, schüchterte mich eher ein.«

Eines Tages stieß Esther in einer Zeitschrift auf einen Artikel über eine gemeinnützige Organisation, die Teenagern kostenlose Beratung anbot. Als Illustration diente ein Foto, das eine freundliche ehrenamtliche Therapeutin mittleren Alters in angeregtem Gespräch mit einem 16-jährigen Mädchen zeigte. Esther konnte sich vom Anblick dieses Fotos gar nicht lösen. Denn diese Therapeutin hatte eine so weise, mütterliche Ausstrahlung und der Teenager schien so dankbar dafür zu sein, mit jemandem reden zu können. Da erinnerte sich Esther daran, dass ihre langjährige Freundin Tanya, Immigrantin wie sie selbst, sich angewöhnt hatte, Fotos mit Darstellungen ihrer Wünsche und Sehnsüchte aus Zeitschriften auszuschneiden. Esther war dieses Verfahren bisher eher kindisch erschienen, aber Tanya hatte immer wieder behauptet, wenn sie etwas bildlich anschauen könne, das sie sich sehnlichst wünsche, dann helfe ihr das dabei, Mittel und Wege zur Realisierung dieses Wunsches zu finden. Obgleich Esther sich ein wenig albern dabei vorkam, schnitt auch sie nun den Artikel aus und befestigte ihn an ihrem Pinbrett im Flur. In den folgenden Wochen ertappte sie sich dabei, wie sie täglich mehrfach verstohlene Blicke auf das besagte Foto warf.

»Immer wieder schaute ich diese Szene gerne an und stellte mir dabei vor, dass ich diejenige sei, die da am Schreibtisch der Therapeutin saß«, sagte Esther. »Ohne dass ich wirklich wusste warum, begannen sich, glaube ich, meine Gefühle hinsichtlich dessen, was mir in Zukunft möglich wäre, zu verändern. Ich spürte, wie sich in meinem Innern ein neues Gefühl für das Ziel und die Richtung meines weiteren Lebens aufbaute.«

Schon bald schnitt Esther weitere Fotos und Artikel aus Zeitschriften und Zeitungen aus: Fotos, Anzeigen, Wörter und Phrasen, welche die Phantasieprojektion ihres zukünftigen Lebens beschrieben und umschrieben. »Ich verbrachte Stunden über Stunden damit, ganze Zeitschriftenstapel durchzusehen, um die richtigen Wörter oder Bilder zu finden«, sagte sie. »Ich glaube, was ich wirklich zum Ausdruck zu bringen versuchte, war der Gedanke ›Die ganze Welt steht mir offen‹.«

An einem Sonntag Morgen breitete Esther ihre gesamte Sammlung von Zeitungsausschnitten im Wohnzimmer auf dem Fußboden aus und machte daraus in verschiedenen Anläufen eine freundliche, farbenfrohe Collage. Dann fixierte sie diese persönliche »Schatzkarte«, wie sie es nannte, auf einem großen Karton im Posterformat. Das ergab eine lebendige, bunte Mischung aus Wörtern und Bildern in allen Farben und Größenordnungen. Esther fand, dass diese »Landkarte« ihr das Gefühl gab, sich immer konzentrierter einem Ziel, das sich immer deutlicher herauskristallisierte, zu nähern: einem Collegestudium. Als dieser Prozess erst einmal in Gang gekommen war, machte ihr der Umgang mit ihrem »ganz persönlichen Storyboard« – wie es einer ihrer Freunde aus der Werbebranche nannte – immer mehr Freude. (»Storyboards« heißen in Werbeagenturen die bunten Poster, mit deren Hilfe neue Fernsehwerbespots entwickelt werden.)

»Ich weiß, es klingt ein wenig seltsam, daheim zu sitzen und Papierfetzen auszuschneiden«, sagte Esther achselzuckend, »aber ich habe meine Schatzkarte wirklich ernst genommen. Ich habe viel Zeit damit verbracht, weil mir das wirklich geholfen hat, mich in die gewünschte Richtung zu bewegen.«

In den folgenden Wochen hielt Esther die Augen offen. Alles, was sie in ihrem Vorhaben »unterstützen« konnte, war willkommen. »Ich nahm ein großes Foto von mir selbst, das mir besonders gefiel, und platzierte es mitten auf dem Karton. Rund um mein Gesicht angeordnet waren Bilder und Wörter und andere Dinge, bei denen ich ein gutes Gefühl hatte.« All diese Dinge umgaben ihr Ebenbild wie ein Heiligenschein. Dazu gehörten auch ein Foto von einem Hörsaal und ein Teil einer Werbeanzeige mit der Überschrift »Zurück auf die Schulbank«. Sie schnitt Abbildungen von Büchern aus, den Umriss einer Diplomurkunde und die Überschrift einer Broschüre mit dem Titel »Was wollen Sie werden?«. Dann fügte sie noch ein Foto ihrer Enkelkinder hinzu sowie die Kopie einer Dankurkunde, die sie vor einiger Zeit von ihrer Synagoge erhalten hatte. Über ihrer Schatzkarte befestigte sie ein Schriftband mit der Aufschrift ESTHERS GLÜCKLICHES LEBEN.

Schon bald tauchten auf Esthers Storyboard auch Urlaubsbilder und Abbildungen von antiken Möbeln auf sowie Phrasen wie »Du bist ein Erfolg«, »Karrieresprung« oder »Neue Hochschulabsolventin«. Auf der Schatzkarte waren auch einige originelle Bildschöpfungen Esthers zu sehen. So hatte sie das Originalfoto aus der Zeitschrift, jenes mit der älteren Therapeutin und dem Teenager, zerschnitten und ihr eigenes Foto auf den Stuhl der Therapeutin gesetzt. Fotos von Esther, die aus dem Familienalbum stammten, waren in die Abbildung eines vollen Hörsaals hinein montiert worden. Das Wort »Sieg« war in zwei ausgestreckte Hände gelegt und aus einzelnen ausgeschnittenen Wörtern hatte Esther die Phrase »Frei von Angst« zusammengeklebt. »Wenn ich mich selbst in der Mitte dieser Collage sehe«, betonte Esther uns gegenüber ausdrücklich, »dann fühle ich mich, als sei ich die Heldin in meinem eigenen Märchen. Das ist doch wirklich schön!«

Obwohl sie ihre Ziele nicht so direkt auflistete wie Barbara und Bernie, hatte Esthers »Schatzkarte« eine ganz ähnliche Wirkung. Hätte jemand sie gefragt, was sie denn in den folgenden vier Jahren tun wolle und was sie sich für sich selbst wünsche, dann hätte er das meiste schon aus Esthers Collage entnehmen können. Indem sie sich bei der Arbeit daran auf ihre eigenen Bedürfnisse, Wünsche und Pläne konzentrierte, fühlte sich Esther allmählich zu einer Berufslaufbahn im sozialpädagogischen Bereich hingezogen. Ohne bewusst darüber nachzudenken, näherte sie sich allmählich dem Gedanken, dass eine große Veränderung in ihrem Leben überfällig sei. Sie hatte das Gefühl, als habe sich eine Tür geöffnet und sie, Esther, stehe nun an der Schwelle, um hindurch zu gehen.

Während der sechs Jahre, in denen sie an ihrem persönlichen Storyboard arbeitete, vieles hinzufügte und auch manches wieder entfernte, hatte sich Esthers Leben wirklich verändert. Einige Monate nachdem ihr der erste Zeitschriftenartikel über die ehrenamtliche Arbeit als Beraterin oder Therapeutin ins Auge gefallen war, entdeckte die 60-jährige Witwe eine Anzeige in der Sonntagsausgabe der *New York Times*. Eine bedeutende Universität warb darin für das Programm »College mit 60«, durch das ältere Mitbürger animiert werden sollten, ihre Ausbildung wieder aufzunehmen und fortzusetzen. (Natürlich schnitt Esther den Slogan aus dieser Anzeige aus und klebte ihn auf ihr Storyboard.) »Schon am folgenden Tag schrieb ich mich als Studienanfängerin ein«, erzählte uns Esther. »Nachdem ich die Anzeige gelesen hatte, kam ich zu dem Schluss, dass ich auf jeden Fall Sozialarbeiterin werden wollte, damit ich als Beraterin und Therapeutin anderen helfen konnte.«

Weil sie noch nie auf einem College gewesen war, musste Esther erst einmal ein geistes- und sozialwissenschaftliches Grundstudium absolvieren. Unter den jungen Leuten fühlte sie sich sehr wohl und diese nahmen sie ihrerseits mit offenen Armen auf. Nach vier Jahren machte sie als ersten Abschluss ihren Bachelor of Arts und setzte das Studium dann mit den Kursen fort, die erforderlich waren, um sich nach dem Magisterexamen bei der Stadt als Sozialarbeiterin bewerben zu können. »Man bot mir sofort eine Teilzeitstelle als Beraterin an, die ich umgehend annahm. Ich sollte sowohl mit älteren Mitbürgern arbeiten als auch mit Jugendlichen«, sagte Esther stolz.

Inzwischen hat sie sich darauf spezialisiert, älteren Frauen, denen der Übergang in eine neue Lebensphase Schwierigkeiten bereitet, zu helfen – und auf diesem Gebiet kennt sich Esther aufgrund ihrer persönlichen Erfahrungen ja bestens aus. Sie hofft nun, dass ihr eigenes Leben einigen dieser Frauen, die sich oft allein und ziellos in einem leeren Haus oder einer leeren Wohnung wieder finden, als Vorbild dienen kann. »Ich fühle mich bei der Arbeit mit Frauen wohl und erwarte, schon bald in meiner Wohnung eine eigene private Beratungsstelle einrichten zu können«, sagte Esther. »Ich bilde mich an der Universität weiter fort und habe zwischendurch sogar mal geplant, meinen Doktor zu machen. Aber ich war zu ungeduldig und wollte sofort mit der Arbeit beginnen. Für mich kommen die wichtigsten Erfahrungen von meinen Klienten.«

Esther sagte, die Entscheidung für ein Collegestudium in ihrem Alter, um noch Sozialarbeiterin zu werden, sei etwas gewesen, das sie in den Jahren, als sie noch verheiratet war und Familie hatte, niemals in Betracht gezogen hätte. »Ich fühle mich, was mich selbst betrifft, besser als je zuvor«, schloss sie. Und ein wichtiger Ansporn für Esthers Entscheidung, sich eine Tätigkeit im Sozialbereich zum Ziel zu setzen, war ihre »Schatzkarte« gewesen, eine Collage, die sie aus anregenden Zeitschriftenartikeln, Familienfotos, Zeitungsüberschriften und Originalzeichnungen zusammenstellte. Diese Erinnerungsstücke halfen ihr, eine Vision ihrer Prioritäten zu formulieren, eine Vision, wie ihr zukünftiges Leben aussehen sollte. »Ich habe andere Leute kennen gelernt, die sich ähnliche Schatzkarten erstellt haben«, sagte Esther. »Und es scheint wirklich eine Art Zauber darin enthalten zu sein. Sie setzen eine Energie in Bewegung, die einen immer näher an das Ziel heran führt, das man erreichen will. Sie bewirken, dass man sich geistig konzentriert und dass das Gehirn so arbeitet, dass man in die gewünschte Richtung geleitet wird.«

Seit wir Esther kennen lernten, sind wir noch weiteren älteren Menschen begegnet, die sich ähnliche Collagen schufen. Jedes dieser Werke reflektiert die individuelle Persönlichkeit und die Interessen seines Schöpfers. Sally B.s Schatzkarte zum Beispiel ist ein Ringbuch, das sie fast überall mit sich herum trägt. (Eines ihrer zukünftigen Ziele, von denen sie spricht, ist eine Ausbildung als Immobilienmaklerin.) Jede Ringbuchseite beschäftigt sich wie ein kleines Storyboard mit einem speziellen Thema. Eine Seite über Reisepläne ist mit Bildern exotischer Reiseziele bedeckt, die aus Reiseliteraur oder aus Landkarten ausgeschnitten wurden. Eine weitere zeigt unter der Überschrift »Mein romantischer Begleiter« glückliche grauhaarige Paare, die bei Kerzenlicht dinieren oder händchenhaltend am Strand spazieren gehen.

Tom G. hat sich eine Anzeige für ein ganz neues Automodell auf eine 1,80 Meter hohe Schatzkarte geklebt, die an der Wand seines Schlafzimmers hängt. Tom hat schon lange für ein größeres Auto gespart und sich auch schon sein Traummodell in der richtigen Farbe ausgesucht – genau jenes, das in der Anzeige zu sehen ist.

Eleanor W. hat ihrem persönlichen »Wunschbrett« einige einzigartige Züge verliehen: den Fuß eines Spielzeughasen, eine Restaurantspeisekarte und eine echte Hundertdollarnote. Sie ist eine pensionierte Restaurantmanagerin, die schon immer ein reines Frühstücksrestaurant eröffnen wollte und kürzlich eine Anzahlung für den Kauf eines solchen Betriebs leistete, der in Laufentfernung von ihrer Wohnung liegt. Wenn man sie fragt, warum die Hundertdollarnote an ihrem Wunschbrett befestigt sei, sagt Eleanor, dieser Geldschein solle den »Grundstock« für ihren Erfolg und den ihrer Mitarbeiter bilden. Sie behauptet sogar, diese Banknote habe bereits großzügige Trinkgelder von Gästen für ihre fleißigen Serviererinnen erwirkt.

Das Geheimnis der Risikobereitschaft

Wer auch im Alter noch glücklich, erfolgreich und vital sein will, muss risikobereit sein. Solche Menschen wissen, dass übergroße Vorsicht und Passivität ihnen nicht das bringen, was sie sich wünschen. Vielmehr erfreuen sie sich an den Belohnungen direkter, zupackender Aktionen. Erfahrung hat sie gelehrt, dass manche Chancen es wert sind, ergriffen zu werden, selbst wenn Risiken gelegentlich auch Enttäuschungen und Schmerzen mit sich bringen. Mindestens so oft führen sie aber auch zu Befriedigung und Freude.

»Alles, was man im Leben wirklich will, beinhaltet auch Risiken, die man eingehen muss«, schreibt der Psychiater und Autor David Viscott, der ferner anmerkt, dass überall im Leben Unsicherheits- und Risikofaktoren im Spiel sind – ob man nun eine Ehe schließt, um eine Gehaltserhöhung bittet, Geld investiert oder nach der Pensionierung seinem Leben eine neue Richtung geben will.

Das Geheimnis erfolgreicher Risikobereitschaft besteht, wie die Beispiele in diesem Kapitel gezeigt haben, darin, durchdachte, angemessene Entscheidungen zu treffen, die positive (Selbst-)bestätigung vermitteln. Wenn wir uns die Zeit genommen haben, sorgfältig und umsichtig die potenziellen Vorteile eines wichtigen Schrittes für uns zu durchdenken, stehen die Chancen gut, dass wir tatsächlich das bekommen, wonach wir uns sehnen, selbst wenn wir am Anfang noch nicht genau wissen, was es ist.

Einige von uns sind besorgt, dass es vielleicht zu eitel und selbstsüchtig sei, der eigenen Person so viel Aufmerksamkeit zu schenken. Vielleicht versuchen Sie es, um die Bedeutung der eigenen Persönlichkeitsentwicklung im Alter zu erfassen, einmal mit einer etwas anderen Sichtweise: In unserem ganzen früheren Erwachsenenleben waren fast alle Aktivitäten des Tages – ganz zu schweigen von unserem Einkommen, unserer Energie und Konzentration – anderen gewidmet. In jenen Jahren haben wir oft all unsere Kräfte darauf verwendet, Familie und Haushalt zu unterhalten, Kinder großzuziehen, Prüfungen zu bestehen, das berufliche Fortkommen zu sichern, uns um vielfältige Pflichten zu kümmern – kurz, uns mit den so genannten Notwendigkeiten des Lebens herumzuschlagen. Wenn wir nun selbst den vollen Reifezustand erreicht haben, sind unsere Kinder oft schon selbstständig, ist das Haus abbezahlt, die Hausarbeit leichter geworden und die berufliche Tätigkeit geht dem Ende zu. In unseren späteren Lebensphasen gibt es kaum noch den Zwang zu Überstunden, müssen wir uns kaum noch große häusliche Verantwortungen aufbürden und viele von uns genießen zumindest ein gewisses Maß an finanzieller Sicherheit.

Unsere reifen Jahre sind somit häufig die ideale Zeit, um sich darauf zu konzentrieren, das eigene Leben qualitativ zu verbessern. Diese Jahre sind vielleicht die erste Chance, die wir je zur Verfolgung eines solchen Ziels hatten. Warum? Weil wir endlich die Zerstreuungen des Alltags los sind und uns hinsetzen können, um ernstlich über die Vielfalt der Möglichkeiten nachzudenken, die uns noch offen stehen. Jetzt haben wir endlich die Gelegenheit, für uns selbst zu entscheiden, welche Beiträge zum eigenen Wohlergehen und zu dem der Welt wir letztlich noch leisten wollen.

Unsere Fallbeispiele, die zeigen, wie einige »neue« Alte ihre Zielvorstellungen, Pläne und Interessen geklärt haben, decken natürlich nur einen Bruchteil der Möglichkeiten ab, wie Sie an Ihr eigenes Leben herangehen können. Wenn Sie nun selbst über all diese Möglichkeiten nachsinnen, bedenken Sie, dass Sie diesen Prozess nicht allein durchstehen müssen. Alle Hilfe, die Sie brauchen, steht Ihnen, wenn Sie wollen, auch zur Verfügung: die Hilfe von Ehepartnern, Familienmitgliedern, Freunden, Mentoren, Lehrern, Beratern, Therapeuten und anderen. Wichtig ist nur, dass Sie den kritischen ersten Schritt engagiert selber tun. Sie können den Anfang machen, indem Sie Vagheiten und Verwirrung hinsichtlich Ihres weiteren Weges in Ihrem Kopf beseitigen. Dann können Sie sich konzentrieren und Ihren Weg zielstrebig verfolgen.

Wie man diesem Geheimnis entsprechend handelt

In der nächsten Übung, um die wir Sie bitten möchten, geht es um den Versuch, Ihre eigene Liste mit Zielen aufzustellen. Sie können sich dabei an den Listen orientieren, die unsere selbst ernannten »Elderhostel-Fans« Barb und Bernie zusammengestellt haben. Schreiben Sie alles auf, was Ihnen in den Sinn kommt und bei dem Sie das Gefühl haben, dies sei etwas, das Sie wirklich tun wollen. Sollten Sie bei genauerem Nachdenken zu dem Schluss kommen, dass diese Aktivität doch nicht das Richtige ist, streichen Sie den Eintrag einfach durch. Wenn Ihnen etwas Wichtiges zu fehlen scheint, versuchen Sie, es in Worte zu fassen, damit es konkret und zählbar wird. Machen Sie sich keine Gedanken darum, wie lang Ihre Liste schließlich wird. Denn es gibt verschiedene Kürzungsmöglichkeiten – nicht zuletzt Handlungsschritte, die Sie in Angriff nehmen, oder die Planung von Techniken, durch die Sie Ihren Zielen näher kommen wollen.

Lassen Sie sich nicht entmutigen, wenn diese persönliche Niederschrift Sie zunächst frustriert, wenn sie Ihnen komisch vorkommt oder regelrecht schwer fällt. Halten Sie durch! Viele unserer Gesprächspartner haben uns versichert, dass genau diese Strategie für sie ein zentraler Schritt war, um ihre Gedanken zu klären und auf den Punkt zu bringen.

Auch sollten Sie nicht denken, dass dieser Vorgang Ihnen besondere Schwierigkeiten bereiten müsste, nur weil Sie schon etwas älter sind. Die Zusammenstellung solcher Listen fällt allen schwer, egal ob sie nun 16 oder 86 sind. Warum? Weil diese Art Innenschau uns zwingen kann, gegenüber uns selbst vollkommen ehrlich zu sein und schließlich auch vertraute Ausreden fallen zu lassen. Das aber kann immer Ängste wecken, egal wie alt Sie sind.

Wenn Sie wie Esther eine »Schatzkarte« anlegen, ist auch das fast so, als würden Sie eine Liste Ihrer Ziele verfassen. Wir hoffen, dass auch Sie darin eine Technik zur Klärung und Konzentration Ihrer Gedanken sehen. Nutzen Sie die Schatzkarte, um Ihrer Phantasie Höhenflüge zu gestatten, und lassen Sie zu, dass fast alles zu einer denk- und gangbaren Möglichkeit wird. Weil es sich um einen fortlaufenden Prozess handelt, sollten Sie sich die Freiheit nehmen, im Laufe der Zeit Ihrer Schöpfung immer wieder Neues hinzuzufügen, dafür andere Elemente zu entfernen und das Ganze so zu modifizieren, wie es dem persönlichen Wandel Ihrer jeweiligen Einstellungen, Gefühle und Ziele entspricht.

Und denken Sie daran, hier gelten keine festen Regeln. Die Elemente, die Sie in Ihre Schatzkarte integrieren, können so individuell und vielfältig sein wie Ihre Persönlichkeit. Bei manchen Alten haben wir in »Storyboards« Trockenblumen, Kunstdrucke, Lieblingsgedichte, abgerissene Eintrittskarten, Gitarrenschlagblättchen und Streichholzheftchen gesehen. Auch Aufkleber, Karikaturen oder chinesische Horoskopzettelchen sind durchaus nicht ungewöhnlich.

Ob Sie Ihre Ambitionen in Listenform zu Papier bringen, ob Sie aus Frauen- oder Sportzeitschriften Symbole ausschneiden, welche Ihre eigenen Ziele repräsentieren, oder ob Sie gar eine ganz eigene, originelle Methode erfinden – die Grundidee bleibt immer dieselbe. Je konkreter Sie Ihre Zielvorstellungen werden lassen, desto weiter und schneller werden Sie sich auf die Erreichung Ihrer Ziele zubewegen.

Schließlich möchten wir hier noch eine Möglichkeit anführen, die sich bei einigen unserer Interviewpartner bewährt hat – eine Abwandlung der schon in früheren Kapiteln vorgestellten Affirmationstechnik. Nehmen wir an, einer Ihrer Träume wäre, dass Sie noch studieren wollen. Vielleicht wollen Sie nach mehr als vier Jahrzehnten an die Universität zurückkehren, vielleicht wollen Sie sich sogar wie Esther erstmals immatrikulieren. Auf jeden Fall werden Sie sich wahrscheinlich bange Fragen stellen, wie es Ihnen wohl ergehen mag unter so vielen wesentlich jüngeren Studenten. Sie werden sich fragen, ob Ihre Kommilitonen schnellere Fortschritte machen oder effizientere Lerngewohnheiten haben werden als Sie. Und Sie stellen sich vielleicht auch innerlich vor, wie diese jungen Studenten Sie im Hörsaal ignorieren und auf den Korridoren an Ihnen vorbeirennen werden – sicher keine Vorstellung, die Sie noch weiter verfestigen möchten. Dann könnte Ihnen die folgende Affirmation passend erscheinen, die sich mit solchen negativen Erwartungen auseinander setzt und ihnen entgegenwirkt: »Ich füge mich gut und entspannt in die Gemeinschaft meiner neuen Studienkameraden ein und ich erledige meine Aufgaben schnell und gut.«

Ein positiv formulierter Satz wie dieser kann erheblichen Einfluss auf unser Bewusstsein haben, ohne dass wir es merken, besonders wenn er sich durch Wiederholung unserem Gehirn einprägt. Dies kann dadurch geschehen, dass wir die Affirmation laut aussprechen, dass wir sie aufschreiben oder an deutlich sichtbaren Stellen platzieren. Manche Leute befestigen entsprechende Klebezettel an der Kühlschranktür oder an anderen Küchengeräten, am Armaturenbrett im Auto, als Lesezeichen in dem Buch, das sie gerade lesen, oder legen sie unter ihr Kopfkissen.

Psychologen haben bestätigt, dass auf einer elementaren Bewusstseinsebene eine mentale Verstärkung eintritt, wenn wir uns selbst Dinge einreden wie »Ich habe Angst davor, dass ich das Studium nicht bewältigen kann«. Werden hingegen Wörter benutzt, die positive Assoziationen wecken, geschieht genau das Gegenteil: eine positive Verstärkung. So kann uns unser Sprachgebrauch also voranbringen oder hemmen.

Genau das wird auch in einem Kinderbuchklassiker illustriert, *The Little Engine That Could* (Die kleine Lokomotive, die auf einmal konnte). Es geht um eine kleine Lokomotive, die versucht, eine schwere Last über einen steilen Bergpass zu ziehen. »Ich kann es nicht«, seufzt die Lokomotive entmutigt und rollt den Berg wieder hinab. Doch als sie sich selbst mit dem Ruf anfeuert: »ICH GLAUB, ich kann's, ICH GLAUB, ich kann's«, schafft sie es mit letzter Kraft, über den Pass zu kommen.

Es ist wie bei dieser mutigen kleinen Lokomotive: Wenn wir unsere inneren Litaneien verändern, wenn aus »Das schaff' ich nie« ein »Das schaff' ich schon« wird, wechselt unser innerer Schwerpunkt von Angst zu Optimismus. Und wenn wir unser Beispiel vom Universitätsbesuch im Alter nochmals aufgreifen, ergibt sich vielleicht Folgendes: Nehmen wir an, Ihre Cousine ruft an, um Sie zu Ihrem Entschluss zu beglückwünschen, mit 65 in den Hörsaal zurückzukehren. »Das freut mich ja so für dich«, ruft sie aus. »Das ist ganz toll!«

»Danke, danke«, antworten Sie dann. »Ich finde es selbst ganz toll und freue mich darauf!« Bestimmen jedoch überwiegend negative Gedanken Ihr Denken, dann erwidern Sie in einer solchen Situation vielleicht: »Ist ja schon gut. Ich danke dir für die Ermutigung, aber ich habe ja solche Angst. Ich habe schon so lange nicht mehr studiert und frage mich wirklich, ob ich damit noch zurechtkomme.« Inzwischen sind Sie sicher in der Lage zu erkennen, welche Antwort eher geeignet ist, zukünftige Erfolge zu sichern und eine solide Grundlage für den Erfolg zu schaffen.

Das soll natürlich nicht heißen, dass das Einzige, was Sie tun müssten, um zu erreichen, was Sie wollen, darin bestünde, positive Phrasen von sich zu geben und alles positiv zu formulieren. Das hieße nur, in einer Phantasiewelt zu leben. Was indes gemeint ist: Eine positive Sprache kann psychische Energien freisetzen, die uns näher und schneller an unsere Ziele heranführen. Wir bitten Sie, darauf zu vertrauen, dass diese »Bewusstseinsmagie« auch bei Ihnen etwas bewirken kann.

Dieselbe Art der Verstärkung ist durch die Macht der Wiederholung möglich. Können Sie sich noch daran erinnern, wie Ihr Lehrer oder Ihre Lehrerin früher Fehlverhalten durch Strafarbeiten geahndet hat? Dann mussten Sie oder Ihre Klassenkameraden vielleicht denselben Satz hundertmal abschreiben – Sätze wie »Ich werde Susi nie wieder an den Zöpfen ziehen« oder »Ich werde immer meine Hausaufgaben machen«. Natürlich machen wir uns um Susi keine Sorgen mehr; sie ist längst erwachsen und kann sich selbst zur Wehr setzen. Und doch können Sie sich nach diesem Prinzip immer noch etwas dadurch beibringen, dass Sie bestimmte Sätze und Aussagen immer wieder aufschreiben – Sätze, die Sie voranbringen, zum

Beispiel: »Ich füge mich gut und entspannt in die Gemeinschaft meiner neuen Studienkameraden ein und ich erledige meine Aufgaben schnell und gut.«

Wir haben es schon mehrfach gesagt und wollen es trotzdem noch einmal wiederholen: Negative Wörter und Gedanken haben Macht. Sehen Sie zu, dass Sie sie loswerden! Positive Wörter, Bilder und Gedanken haben *noch mehr* Macht. Verwenden Sie sie!

Keines Ihrer Ziele muss in Stein gemeißelt werden. Selbst wenn Sie ein bestimmtes Ziel dadurch affirmiert haben, dass Sie es aufgeschrieben, in Ihre Schatzkarte aufgenommen oder Freunden und Verwandten davon erzählt haben, kann dieses Ziel weiterhin leicht geändert, auf den neuesten Stand gebracht oder ganz aufgegeben werden, wenn Sie das Gefühl haben, dass es nicht mehr passt oder Ihren wahren Wünschen nicht mehr entspricht. Sie sind niemals Gefangener Ihrer Pläne und die Möglichkeiten sind immer unbegrenzt. Schließlich geht es um *Ihr* Leben.

»Mit dem Geist ist es wie mit einem Fallschirm«, hat ein weiser Mensch einmal gesagt. »Er funktioniert am besten, wenn er offen ist.«

5. KAPITEL

Das Geheimnis der kleinen aktiven Schritte

Aufblühen ist kein passiver Vorgang. Man kann nicht einfach die Hände in den Schoß legen und darauf warten, dass sich alles ändert. Nein, Sie müssen schon selbst etwas für die Veränderungen tun. Auch die »neuen Alten«, die wir Ihnen in diesem Buch vorstellen, wurden nicht durch irgendeine geheime oder göttliche Intervention zum zielgerichteten Handeln gebracht. Sie übernahmen selbst die Initiative, um in ihrem Leben positive Veränderungen herbeizuführen.

Zunächst kamen sie aus den unterschiedlichsten Gründen zu der Erkenntnis, dass sie noch mehr vom Leben haben wollten. Dann fingen sie an, aktiv und immer genauer einzugrenzen, worin dieses Mehr denn bestehen könne. Ihr dritter Schritt – um den es auch in diesem Kapitel gehen wird – bestand schließlich darin, Wege zu finden, wie sie jeden Tag ein wenig von diesem Mehr an Lebensqualität in ihr Leben einbringen konnten.

Bei der Lektüre dieses Buches sind Ihnen vielleicht schon einige gute Ideen gekommen, welche Aktivitäten oder Lebensstile Sie in der Spätblüte Ihres Lebens noch ausprobieren möchten. Möglicherweise haben Sie beschlossen, in irgendeiner Form ins Arbeitsleben zurückzukehren. Vielleicht wollen Sie aber auch herausfinden, wie es auf Kreuzfahrten zugeht. Oder Sie sind eifrig auf der Suche nach neuen Freunden, mit denen Sie Karten spielen, ins Kino oder ins Theater gehen können. Vielleicht möchten Sie auch herausfinden, wie es in einer Nachbarschaft oder Wohngemeinschaft zugeht, die nur von Pensionären bewohnt wird.

Welche Richtung auch immer Sie gewählt haben, die Aussicht, sich vorwärts zu bewegen, kann anregend und Energie spendend sein. Andererseits kann sie auch eine große Herausforderung darstellen. Vielleicht haben Sie sich davor gedrückt, in die Gänge zu kommen und etwas Neues anzufangen. Vielleicht wird Ihnen klar, dass Sie immer nur über ein Projekt geredet haben und sich nie aufraffen konnten, sich einfach hineinzustürzen. Haben Sie sich sagen gehört: »Ich kann nicht...«, »Doch nicht gerade jetzt...« oder »Ich bin noch nicht bereit dafür...«? Solche Argumente zählen nicht mehr! Vielmehr ist die Zeit gekommen, Ihre liebsten Träume und Wünsche aus dem verstaubten, überfüllten Wandschrank Ihrer Phantasie hervorzuholen und anzuprobieren. Passen sie noch? Und denken Sie daran: Es gibt nichts Zupackenderes als die Tat.

Eine wichtige, doch manchmal unvorhersehbare Rolle dabei, dass auch Sie im Alter noch glücklich und zufrieden werden, spielt die Wahl des richtigen Zeitpunktes zum Handeln. Ein Ziel können Sie sich in jedem Alter oder Lebensstadium setzen, ebenso einen Aktionsplan entwickeln, aber wenn Sie sich schon vor der Pensionierung ernsthaft mit dem beschäftigen, was Sie nach der Pensionierung tun wollen, kann dies sehr positive Auswirkungen haben. Wenn Sie noch nicht dazu gekommen sind, dann denken Sie daran: Es ist nie zu spät dafür. Zwar ermutigen wir Sie nachdrücklich, sich mit allen Aspekten des Lebens im Ruhestand schon frühzeitig zu beschäftigen, aber einige unserer erfolgreichsten aktiven Alten haben alles auf sich zukommen lassen und sich erst nach der Pensionierung Gedanken darüber gemacht, was sie im Ruhestand anfangen wollten.

Nehmen Sie zum Beispiel unseren Freund Charlie V. Als Charlie nach vier Jahrzehnten als Küchenchef und Restaurantmanager aufhörte, hatte der 64-jährige Junggeselle praktisch keine Pläne für die Zeit nach dem Berufsleben. »Ich habe am Freitag zu arbeiten aufgehört und am Montag wachte ich auf und hatte keine Ahnung, wie ich meine Zeit verbringen sollte«, sagte Charlie, als wir ihn in dem kleinen kalifornischen Küstenort besuchten, in dem er den größten Teil seines Lebens verbracht hatte. »Meine Zukunft war wie ein unbeschriebenes Blatt Papier. Ich starrte die Decke an und dachte mir: *Was zum Teufel mache ich jetzt als Nächstes?*«

Während seines arbeitsreichen Lebens hatte Charlie außerhalb des Berufes keinerlei Interessen oder Hobbys entwickelt. Er war ein schüchterner Mann, der alleine lebte und nur wenige enge Freunde hatte. Am ersten Morgen in seinem Ruhestand dämmerte es ihm, dass er sich niemals wirklich Mühe gegeben hatte, eine Vision zu entwickeln, wie sein Leben nach dem Ausscheiden aus dem Arbeitsleben aussehen sollte. Charlie merkte, dass fast all seine mitmenschlichen Kontakte über den Beruf gelaufen waren. Ohne diese täglichen Begegnungen wurde ihm seine Einsamkeit schmerzlich bewusst. Verwirrt und isoliert zog sich Charlie in den folgenden Monaten immer mehr zurück. Er schlief lange, verbrachte viel Zeit vor dem Fernseher oder guckte einfach aus dem Fenster, um den Eichhörnchen in den Eichen hinter seinem Haus beim Spielen zuzusehen.

Dann schaute eines Nachmittags ein Nachbar auf seinem Weg ins örtliche Gemeindezentrum vorbei, wo er an einem Kurs für Senioren teilnahm. Ralph hatte sich Sorgen darüber gemacht, dass sich Charlie so sehr in seinem Schneckenhaus verkroch, und meinte nun, er habe einen Weg gefunden, um ihn daraus wieder hervorzulocken. »Ich gehe zu einem Kurs für Anfänger im Stepptanz«, verkündete Charlies Freund. »Willst du nicht mitkommen?«

»Stepptanz?«, erwiderte Charlie verblüfft. »Du spinnst wohl. Ich, in meinem Alter?«

»Dann sieh doch mich an«, entgegnete Ralph. »Ich bin auch schon fast so alt wie du und will's wenigstens mal ausprobieren. Ich habe gehört, dass man sich dabei ganz schön austobt und dass es großen Spaß macht.«

»Ach was«, sagte Charlie, »das glaube ich nicht. Ich bin 64 und habe in meinem ganzen Leben noch niemals Stepptanz gemacht. Außerdem könnte ich es einfach nicht ertragen, mich vor all den anderen zum Narren zu machen.«

»Los, komm mit«, drängte Ralph. »Hältst du mich denn für Fred Astaire? Da kriegen wir beide was Neues zu tun.« Obwohl Charlie lautstark protestierte, gab sein Nachbar nicht nach und betonte (zutreffend), dass Charlie an diesem Nachmittag doch ohnehin nichts Besseres vorhabe. Schließlich beschlossen sie, gemeinsam zum Stepptanzkurs zu gehen – unter der Bedingung, dass Charlie, der sein Leben lang ein Mauerblümchen gewesen war, jederzeit aufhören und wieder gehen dürfe, wenn er sich unwohl in seiner Haut fühle.

Obwohl Charlie das damals nicht laut sagte, hatte er noch einen weiteren Grund gehabt, warum er zögerte, an diesem Tanzkurs teilzunehmen. Er war nicht nur schüchtern und fühlte sich in Gegenwart des anderen Geschlechts unbeholfen, sondern er hielt sich obendrein auch noch für unattraktiv. Über seinem Gürtel quoll ein Bauch von der Größe einer Wassermelone hervor. Seine Arme und Beine waren dünn und schlaff. Etwas für seinen Körper zu tun, hatte Charlie nämlich zeitlebens nach Kräften vermieden.

»Als wir in den Kursraum kamen«, erinnerte sich Charlie, »war das Erste, was mir auffiel, dass sie uns Männer wirklich brauchten. Ralph und ich waren die einzigen Kerle, die gekommen waren. Wir hatten eine sehr nette junge Lehrerin und alle anderen Teilnehmer waren Frauen!«

Obwohl Charlie Ralph mit der Absicht begleitet hatte, nur am Rand zu stehen und zuzuschauen, pickte sich die Lehrerin Charlie schnell aus der Menge heraus und forderte ihn auf, ihr die einführenden Stepptanzbewegungen nachzumachen. »Als wir anfingen, kam ich mir sehr komisch vor und wurde knallrot im Gesicht. Doch Terry, unsere Lehrerin, half mir sehr und recht bald hatte ich den Bogen raus. Und weil wir alle blutige Anfänger waren, merkten es die anderen auch nicht, wenn ich einen falschen Schritt machte.«

Als Charlies Selbstvertrauen zunahm, kamen allmählich die weiblichen Kursteilnehmer auf ihn zu und baten, er möge ihnen doch ebenfalls zeigen, was er gelernt habe. Und dann halfen sie sich gegenseitig. »Am Ende der ersten Kursstunde war ich schon im Paradies. Stepptanz war viel interessanter, als ich gedacht hatte, und es war wirklich ein schönes Gefühl, Mitglied in einer Gruppe zu sein. Ich schloss sogar einige neue Freundschaften.«

Als er mit Ralph nach dem Kurs nach Hause ging, sagte Charlie bereits, er wolle wenigstens den zehnwöchigen Einführungskurs im Stepptanz durchhalten. Er sei sich zwar noch nicht sicher, ob er wirklich ein guter Tänzer werden könne, aber er wolle es wenigstens versuchen. Und obwohl er seinem Begleiter nichts davon erzählte, gestand sich Charlie erstmals selber ein, dass sein Leben zuletzt schrecklich leer und einsam gewesen war.

Charlie erinnert sich noch, dass Ralph ein wenig skeptisch guckte, als ihm das Versprechen entschlüpfte, er wolle beim Stepptanz durchhalten. »Er schlug vor, ich solle diesen Vorsatz doch auf ein Stück Papier schreiben – nur zur Erinnerung, falls ich doch mal drauf und dran sei auszusteigen. Ich glaube, er hatte Angst, ich würde ihm mit irgendeiner Ausrede kommen, warum ich nicht mehr mitmachen wollte. Ralph sagte, er führe selbst eine Liste mit all den Dingen, die er ausprobieren wolle. Dann hätte er auch in Zukunft immer etwas zu planen.« Am nächsten Morgen brachte Charlie sein Versprechen zu Papier, immer zum Stepptanzkurs zu gehen und jeden Nachmittag ein wenig dafür zu üben. Überrascht, wie gut er sich schon am ersten Tag auf dem Tanzboden gefühlt hatte, schrieb er auch noch die Wörter »mehr Bewegung« hin – mit einem Fragezeichen versehen.

In den folgenden Wochen ergab sich bei Charlie ein erstaunlicher Wandel. Jede Stepptanz-Kursstunde schien ihn mit jugendlicher Energie zu füllen. Als sie Charlies Begeisterung spürte, behielt ihn die Lehrerin am Ende der Übungsstunden immer noch ein wenig länger da, um zusammen mit ihm noch einige Routinefiguren besser einzuüben. »Wir brauchten ungefähr einen Monat, aber dann waren Terry und ich ein recht gut eingespieltes Paar. Danach wollte ich schon Solofiguren tanzen«, lachte Charlie. »Und am Ende des Kurses hat man mich eingeladen, genau das zu tun – in einer großen Varietéshow im Seniorenzentrum. Eigentlich trat unser ganzer Kurs dort auf, aber mich haben sie zum Star gemacht. Den Klang von diesem Applaus werde ich nie vergessen!«

Als der Kurs vorbei war, schaute sich Charlie die Liste mit seinen Zielen noch einmal an. Er strich die ursprünglichen Einträge und fing noch einmal ganz von vorne an: »Noch mehr Stepptanz-Auftritte«, »Abnehmen«, »Fahrrad fahren«, »Ausprobieren, ob Joggen nichts für mich wäre«. Charlie entdeckte nicht nur recht bald, wie viel Spaß es machte, am Strand entlangzulaufen, sondern seine Freunde aus dem Stepptanzkurs entschlossen sich auch, gemeinsam weiterzumachen und vor Schulkindern und in Altenheimen weiter gemeinsam aufzutreten.

Charlie wusste, dass der Stepptanz für ihn ein Wendepunkt war. Das Tanzen gab ihm Gelegenheit, den besonderen Wert eines jeden Menschen zu würdigen – vor allem den seiner neuen Freunde, mit denen er tanzte, und der dankbaren Zuschauer, für die er auftrat. Für eine solche Wertschätzung hatte er sich während seiner langen, hektischen Arbeitstage im Restaurant niemals richtig Zeit genommen. »Vielleicht ist das ja, weil ich mich noch erinnere, wie einsam ich war, ehe ich zuließ, dass Ralph mich aus dem Haus geholt hat«, sinnierte Charlie, »aber jetzt weiß ich die Besonderheit eines jeden Menschen wirklich zu schätzen – und wenn jeder Mensch etwas Besonderes ist, dann fängt das schon bei mir selbst an!«

Durch seine Tanzauftritte hat sich Charlie überdies mit einigen Altenheimbewohnern angefreundet, die zu seinen

Auftritten gekommen waren. Jetzt besucht er einige von ihnen regelmäßig, geht mit ihnen spazieren und nimmt mit ihnen auch gemeinsame Mahlzeiten ein.

Mit Charlies wachsendem Selbstbewusstsein wurde sein Bauch immer kleiner. In sechs Monaten intensiven Joggens, Radfahrens und Tanzens nahm er neun Kilo ab. Und als er danach von seinem Arzt untersucht wurde, erklärte dieser: »Ich kann nicht das Geringste finden, was nicht in Ordnung wäre!«

Charlies aktiver neuer Lebensstil hatte bemerkenswerte Auswirkungen nicht nur auf seine körperliche Gesundheit, sondern auch auf sein inneres Wohlbefinden. Positives Feedback strömte ihm geradezu entgegen, als Fremde sich über seine Energie und Agilität wunderten oder seinen Tanzauftritten Beifall zollten. Er erlebte ein Gefühl des Erfolgs und der Kameradschaft, als habe er zum ersten Mal in seinem Leben begonnen sich zu akzeptieren und zu bewundern.

Als Charlie mehr auf sein Innenleben zu achten begann, veränderten sich allmählich auch die Ziele auf seiner Prioritätenliste. Dass er jeden Morgen lief, war bald mehr als ein rein körperlicher Akt; das Joggen gewann eine tiefere, fast spirituelle Bedeutung. Die rhythmische Bewegung und das gesunde Glühen, die mit dem Laufen einhergingen, versetzten Charlie oft in einen Zustand meditativer Gelassenheit. Als er sich einige Zeit später erneut hinsetzte, um seine Lebensziele neu zu bewerten, merkte er, dass sein gestiegenes Selbstbewusstsein jetzt eine noch größere Risikobereitschaft zuließ.

»Insgeheim hatte ich schon immer davon geträumt, als Model Kleidung vorzuführen oder sogar eine kleinere Filmrolle zu übernehmen«, sagte er uns. »Und da dachte ich mir: Wenn du schon mal dabei bist, warum versuchst du nicht auch gleich, dir diese Träume zu erfüllen?« Also fragte Charlie zwischen seinen Tanzauftritten, die ihm inzwischen sogar auf der California State Fair (Landesausstellung) einen Preis und eine Siegesschärpe eingebracht hatten, in den Bekleidungsgeschäften der Umgebung. Schließlich bekam er einen Teilzeitjob als Model für Senioren-Herrenbekleidung. Bei einer Modenschau wurde sogar ein Besetzungsagent für Filmrollen auf ihn aufmerksam und so bekam unser Freund auch noch eine kleine stumme Rolle in einem Spielfilm.

Natürlich bleibt Charlie auch weiterhin dem Stepptanz treu. Auch kann man ihn jeden Morgen auf seinem Fahrrad auf dem Fahrradweg am Strand entlangfahren sehen. Er empfindet es als ein Glück, aktiv und voller Energie sein zu können, ist sich aber auch bewusst, dass dieser Zustand einmal zu Ende gehen kann. Er weiß, dass sein Selbstbewusstsein, das er aus körperlicher Aktivität schöpft, sich auch auf andere Aktivitäten übertragen ließe, sollte dies aus gesundheitlichen oder sonstigen Gründen erforderlich werden.

»Ich habe kürzlich die Liste mit meinen Zielen auf den neuesten Stand gebracht«, sagte er, als er sich entschuldigte, weil er sich für eine Steptanz-Freiluftaufführung beim Bezirkspfadfindertreffen fertig machen musste. »Jetzt möchte ich mich gern als Sänger im Country Western versuchen oder auch Liedtexter wie Johnny Cash oder Willie Nelson werden.«

Charlie ist für einige seiner Freunde bereits zum Vorbild geworden. Ein Ehepaar aus der unmittelbaren Nachbarschaft ist seinem Beispiel gefolgt und hat ebenfalls mit dem Stepptanz begonnen. Diese Nachbarn sagen, dass sie besonders davon beeindruckt seien, wie sehr sich Charlie in relativ kurzer Zeit zu seinem Vorteil verändert habe – und das ist für jemanden, der selbst zugibt, als »unbeschriebenes Blatt« in den Ruhestand gegangen zu sein, schon eine erstaunlich Leistung.

Die Verwandlung dieses »Spätberufenen« ist in der Tat aufregend zu nennen. Charlie hatte zuvor einfach angenommen, die produktivsten Jahre lägen bereits hinter ihm, doch mit seiner in den letzten Jahren erworbenen Perspektive und Weisheit hat sich seine gesamte innere Einstellung gewandelt. Indem er sich neuen Entdeckungen gegenüber flexibel und offen verhält, hat Charlie ein Gefühl des Wohlbefindens bekommen – und dazu noch beträchtliches Selbstbewusstsein.

Doch nicht jeder kann das Glück haben, im Ruhestand noch so gut zu fahren wie Charlie, wenn er völlig unvorbereitet in diese neue Lebensphase hineingeht. Viele der »neuen« Alten, die wir kennen gelernt haben, haben Glück und Befriedigung im reifen Alter auch dadurch gefunden, dass sie – noch im Arbeitsleben – jahrelang für ihren Ruhestand sorgfältig und in kleinen Schritten geplant haben.

Helen S. etwa, eine geschiedene Frau Mitte 60, legte die Grundlagen für ihr Leben im Ruhestand schon ein Jahrzehnt, bevor sie ihre psychotherapeutische Privatpraxis in einer Großstadt im Osten der USA aufgab. Wie Helen uns sagte, hatte sie keinen ihrer Pläne für die Zeit nach dem Arbeitsleben zu Papier gebracht. Aber sie hatte sich fest vorgenommen, sich schließlich in einem noch zu findenden kleinen Dorf in den Neuengland-Staaten niederzulassen. »Ich hatte meinen Urlaub immer in den Wintermonaten verbracht«, erklärte Helen mit einem melancholischen Augenausdruck. »Besonders gefallen haben mir die Green Mountains oben in Vermont [nahe der kanadischen Grenze], wenn dort der Ahornsirup aus den Bäumen gezapft und verarbeitet wurde und wenn die Wälder unter einer dichten Schneedecke lagen. Ich habe mein langfristiges Ziel in verschiedene kleine Teilziele aufgebrochen«, fuhr sie fort. »Jedes Jahr habe ich etwas getan, das mich näher an das Ziel herangeführt hat, wo ich schließlich landen wollte. Auf diese Weise konnte ich bei allen kleinen Veränderungen immer sehen, dass es voran ging.«

Die erste Aufgabe, die sich Helen stellte, war, genug Geld zu sparen, um sich ein kleines Häuschen auf dem Land kaufen zu können. Obwohl die Einkünfte aus ihrer psychotherapeutischen Praxis für ein sorgenfreies Leben reichten, fiel es ihr dennoch schwer, das nötige Eigenkapital für den Hauskauf zusammenzubekommen. Doch schließlich fand sie einen Weg.

Schon seit Jahrzehnten hatte sich Helen neben ihrer Arbeit in der Praxis als professionelle Sängerin für religiöse Lieder und Spirituals einen Namen gemacht und eine kleine, aber loyale Anhängerschaft aufgebaut. Sie sang mindestens so sehr aus Liebe zur Musik wie für das Honorar, aber die Zusatzeinkünfte hatte sie trotzdem immer gut gebrauchen können. Nach hartnäckigen Verhandlungen mit ihren Agenten konnte sie nun jedoch ihre Auftrittshonorare erheblich verbessern. Und diese neuen Einkünfte legte sie für ihr Häuschen beiseite.

»Bei einer meiner winterlichen Reisen nach Vermont fand ich mein Traumhäuschen«, sagte Helen. »Man musste zwar einiges an Arbeit hineinstecken, aber Größe und Lage waren genau das, was ich gesucht hatte.« Sie kaufte das Haus sofort und vermietete es ganzjährig. Jedes Jahr im Dezember hatte sie das Haus jedoch drei Wochen ganz für sich allein. Das war im Mietvertrag festgehalten.

Schritt für Schritt, immer wenn wieder Geld da war, nahm sie am Haus Verbesserungen vor. »Im ersten Sommer ließ ich neue Allwetterfenster einbauen und das Dach herrichten. Im nächsten Jahr kaufte ich einen neuen Holzofen und erweiterte die Einfahrt. Danach baute ich noch ein Zimmer mit getrenntem Eingang an, in dem ich mich mit meinen Klienten treffen konnte, nachdem ich endgültig in das Häuschen eingezogen war.« Denn sie plante, ihre Praxis nach dem Umzug in ihren Alterssitz auch auf dem Lande in kleinerem Rahmen fortzuführen. Darum hatte sie sich bewusst ein Dorf ausgesucht, das nahe genug an größeren Städten lag, damit für eine Teilzeitpraxis wie die ihre genügend Klientel vorhanden war. Außerdem konnte sie von dort bequem zu einem Flughafen kommen, wann immer sie zu Konzerttouren aufbrach. »Genau wie geplant verkaufte ich mein Haus in der Stadt und zog vor ein paar Jahren auf Dauer nach Vermont. In der Zwischenzeit hatte ich all meine Nachbarn schon kennen gelernt und fühlte mich wirklich zu Hause«, sagte Helen am Schluss unseres Interviews. »Ich bin vollkommen glücklich und zufrieden damit, wie sich die Dinge für mich entwickelt haben – es war ein leichter Übergang.«

Helens Geschichte ist ein gutes Beispiel für effiziente Planung des Ruhestands, solange es noch nicht soweit ist. In ihren Planungen war Helen sogar so gründlich, dass sie Vorsorge traf, dass ihr Konsultationsraum im Erdgeschoss sich leicht in ein Schlafzimmer verwandeln ließ – falls sich die Treppe zum Schlafraum unter dem Dach eines Tages als zu hinderlich für sie erweisen sollte.

Indem Helen ihr Projekt in kleine Schritte aufteilte, konnte sie den Übergang ohne große Probleme bewältigen. Außerdem konnte sie sich auf diese Weise über ein ganzes Jahrzehnt hin eine Art Vorfreude und gespannte Erwartung auf den Ruhestand bewahren. Jede Ergänzung und Verbesserung hielt sie im Bild fest. Sie freute sich über jeden Fortschritt und ließ ihre Freunde an ihrem Enthusiasmus teilhaben. Durch ihr Vergnügen an den Vorbereitungen für den Umzug nach Vermont blieb das ganze Projekt für sie stets gegenwärtig. So erhielt der gesamte Vorgang, wie aus ihrem Traumhaus Realität wurde, den Charakter eines Abenteuers und nicht den einer verzögerten Befriedigung, die noch in weiter Ferne lag.

Wie Helen für ihren bevorstehenden Ruhestand vorsorgte und plante, war recht ungewöhnlich. Nicht jeder von uns ist in der Lage, sich ein fast märchenhaftes Ende so im Detail und so weit vorausschauend bildlich konkret vorzustellen, während er oder sie noch voll von Beruf und/oder Familie in Anspruch genommen wird. Helen plante weit vorausschauend und nahm, als sie sich ihrem Ziel näherte, kaum Abstriche oder Veränderungen an ihren Plänen vor. Sie gewann schon bei den Vorbereitungen große Befriedigung, egal ob sie sich vorstellte, wie ihre Möbel wohl in der neuen Umgebung aussehen würden, oder ob sie mit dem Kaufmann in der Nähe ihres neuen Domizils Kontakt aufnahm.

Helens Geschichte illustriert, welche besondere Aufmerksamkeit die Jahre vor dem Ruhestand verdient haben – auch in

Ihrem Leben. Doch viele von uns zögern, den Vorbereitungen für ihre späteren Jahre so etwas wie Vergnügen abzugewinnen – vielleicht weil sie das Potenzial dieser Jahre gar nicht recht einschätzen können. Unsere Fallgeschichten zeigen allerdings auch, wie sich viele kleine Handlungsschritte zu wenigen großen zusammenfügen. Ziele zu verfolgen ist ein wenig so, als würde man Sprosse für Sprosse auf einer Leiter nach oben klettern. Nimmt man die Stufen nacheinander, dann sind Entfernung und Anstrengung, die einen von der Spitze trennen, kein unüberwindliches Hindernis. Darum ist es oft hilfreich, sich die Zeit zu nehmen, einen Generalplan in kleine Schritte aufzuteilen – Schritte, die man Tag für Tag nacheinander erledigen kann.

Einige unserer aktiven Alten versuchen, ihre Träume zu realisieren, indem sie weit vorausschauen, während andere sich ganz auf die Gegenwart konzentrieren. Einige schreiben ihre Ziele auf, andere behalten sie im Kopf. Es geht nicht so sehr darum, *wie* Sie die Dinge in Angriff nehmen; Hauptsache, Sie tun es *überhaupt*. Dieser Grundsatz lässt sich am Beispiel von Jack G. illustrieren, der sein ganzes Leben in demselben Bostoner Arbeiterviertel verbrachte, in dem er vor 73 Jahren geboren wurde. Als Witwer mit erwachsenen Kindern, die inzwischen alle in anderen Bundesstaaten lebten, begann Jack, der lange dem Staat als Regierungsbeamter gedient hatte, schon bald nach seiner Pensionierung unter einer starken gesundheitlichen Beeinträchtigung zu leiden.

»Ich verlor allmählich mein Augenlicht«, berichtete er uns, als wir ihn eines Morgens in seiner Hochhauswohnung im Bostoner Stadtteil Beacon Hill besuchten. »Und weil meine Krankheit unheilbar ist, wusste ich, dass ich nur noch wenige Monate bis zu meiner völligen Erblindung hatte. Danach würde nur noch eine ganz schwache Sehkraft in Umrissen verbleiben.«

Jack erfuhr von seinen Ärzten, dass seine Gesundheit, abgesehen von seinen Augenproblemen, noch gut sei und dass er weiterhin allein in seiner Wohnung leben könne, wenn er dies wünsche. »Doch davon wollten meine Kinder nichts wissen«, sagte Jack und dabei klang in seiner ansonsten sanften, ruhigen Stimme ein seltener ärgerlicher Unterton durch. »Sie bestanden darauf, dass ich zu einem von ihnen ziehen sollte. Sie hatten Angst, ich würde nicht alleine zurechtkommen.« Doch er wies dieses Ansinnen so höflich wie bestimmt zurück. »Ich habe ihnen gesagt: ›Dies ist mein Zuhause. Hier habe ich mein ganzes Leben verbracht. Ich ziehe nirgendwo anders hin.‹«

Und doch wusste Jack, dass er noch viel zu lernen hatte, ehe er als Blinder allein zurechtkommen konnte. Als stolzer, unabhängiger Mann gelobte Jack, er wolle nicht zulassen, dass er in seiner Lage jemandem zur Last fiele, ganz besonders nicht seinen Kindern. »Aber ich nahm das Angebot meiner ältesten Tochter an, herzukommen und mich ein paar Wochen lang zu besuchen«, fuhr Jack fort. »Sie wollte mir einige grundlegende Dinge beibringen, von denen wir beide annahmen, dass ich sie wissen oder können sollte, ehe mein Augenlicht ganz dahin wäre.«

In dem dichter werdenden Grauschleier, der ihn nun umgab, lernte Jack, sich einfache Mahlzeiten zuzubereiten, seine Kleidung auszuwählen und sich in der Wohnung sicher, vertraut und bequem zu bewegen. Einfache Haushaltsarbeiten wie die Zubereitung einer Tasse Tee erhielten komplexe neue Dimensionen – aber sie brachten ihm, wenn er sie meisterte, auch frische Erfolgsgefühle. »Es gab vieles, was ich auf einmal nicht mehr für selbstverständlich nehmen konnte«, erklärte Jack. »Zum Beispiel konnte ich die Flüssigkeit in meinem Teekessel nicht mehr mit meinem Finger testen, um zu sehen, wie heiß sie war. Stattdessen lernte ich, sorgfältig auf das Geräusch von kochendem Wasser zu achten.«

Als seine Tochter nach New York zurückkehrte, war sich Jack sicher, dass er allein mit dem Bus würde fahren können, dass er ein Taxi herbeirufen und die notwendigen Besorgungen würde erledigen können. Gemeinsam organisierten sie Hilfe von außen für all die Tätigkeiten, die Jack, wie er selber einsah, schon bald über den Kopf wachsen würden, zum Beispiel Wäsche waschen, einkaufen und putzen.

Doch Jack wollte nicht nur physisch aktiv und einigermaßen unabhängig bleiben, sondern er war außerdem fest entschlossen, sich geistig aktiv zu halten und sich bei Projekten zu engagieren, die ihn regelmäßig veranlassten, seine vier Wände zu verlassen und unter Menschen zu sein. »Von Anfang an fielen mir zwei Dinge ein, die ich tun wollte«, erzählte uns Jack. »Ich war schon immer ein eifriger Leser gewesen und so lag mir besonders viel daran, einen Weg zu finden, wie ich damit weitermachen konnte. Außerdem wollte ich gerne Kindern helfen.« Nach vielen telefonischen Erkundigungen und Gesprächen mit Freunden eröffneten sich Jack mehrere Möglichkeiten, die ihm seither große Freude bereiten. Er schloss mit einem freien Dienst, einem von mehreren, die Sehbehinderten Angebote machen, einen Vertrag ab, dem zufolge ihm auf Tonbandkassette gelesene Bücher und Zeitschriften zugeschickt wurden. »Jetzt bekomme ich alle möglichen gesprochenen Materialien auf Band«, sagte Jack. »Ich kann mir Romane anhören, Kurzgeschichten, Zeitschriften und sogar Zeitungsartikel.« Freunde und Nachbarn helfen Jack dabei, ganze Kartons voll Material zu bestellen (und anschließend zurückzubringen), die nun jeden Morgen Jacks Briefkasten überquellen lassen.

Als Nächstes bemühte sich Jack aktiv darum, auch seinen schon lange gehegten Wunsch zu realisieren, mit Kindern zusammenzuarbeiten. Sehr erfreut hörte er, dass es dafür in Boston eines der umfangreichsten und am besten eingeführten Programme im gesamten öffentlichen Schulwesen des Landes gab. Der Koordinator dieses Programms besuchte Jack sofort zu Hause, um mit ihm über seine Kenntnisse und Interessen zu sprechen. »Ich habe ihnen angeboten, überall dort auszuhelfen, wo Not am Mann war. Und sie sagten, sie wären begeistert, mich einsetzen zu können. Das gab mir einfach ein großartiges Gefühl, denn so konnte ich der Gemeinschaft etwas von dem zurückgeben, was ich selbst empfangen hatte.«

Der Koordinator arrangierte ein Treffen zwischen Jack und der Rektorin einer Grundschule ganz in seiner Nähe. Diese Rektorin, die sich gern von Jack helfen lassen wollte, sagte, was sie am dringendsten benötige, sei ein Tutor, der Kindern mit Leseschwächen helfen könne. »Doch weil Sie sehbehindert sind«, lautete die Schlussfolgerung, »kommt das wahrscheinlich für Sie überhaupt nicht in Frage.«

»Da irren Sie sich aber gewaltig«, erwiderte Jack. »Ich bin mein ganzes Leben lang ein begeisterter Leser gewesen, da kann ich schon recht gut hören, ob und wo jemand Leseprobleme hat.« So richtete die Schule in der Bücherei einen kleinen ruhigen Raum ein, in dem Jack nun immer zwei Kindern gleichzeitig Nachhilfeunterricht im Lesen gibt. Er korrigiert sie, wenn sie laut lesen, und er hilft ihnen, ihren Wortschatz zu erweitern. Wenn sie auf ein Wort stoßen, das sie nicht identifizieren können, bittet Jack sie einfach, dieses Wort laut für ihn zu buchstabieren. »Die Tutorenarbeit ist eine Herausforderung, die mir wirklich großen Spaß macht«, sagte Jack. »Ich spüre sehr viel mehr Selbstvertrauen und Unabhängigkeit, weil ich weiß, dass ich mich immer auf diese Arbeit freuen kann.«

Unter den Schülern hat Jack schon viele Freunde gewonnen und mit der Schulverwaltung und den Lehrern setzt er sich auch gern einmal gesellig zusammen. Wenn schönes Wetter ist, wetteifern ganze Gruppen von Kindern und Erwachsenen darum, Jack auf seinem kurzen Nachhauseweg begleiten zu dürfen. Alle haben für diesen vitalen Alten nur höchstes Lob übrig, der sich nicht einfach damit zufrieden gab, infolge seiner Blindheit zu vereinsamen.

»Wenn die Lehrer in ihren Klassen fragen, wie viele Schüler mit Jack in der Bücherei üben wollen, denn meldet sich, wie man mir sagte, meistens die Hälfte der Klasse«, erzählte uns Jack mit offenem Stolz. »Sie wissen meine Gegenwart wirklich zu schätzen.«

Obwohl Jack nicht – wie andere erfolgreiche Senioren – einer klar strukturierten Abfolge von »Handlungsschritten« folgte, lief sein Vorgehen letztlich auf dasselbe hinaus. Er sagte sich selbst: *Hier stehe ich im Augenblick und hier liegen meine Grenzen. Dies sind meine Ziele und das sind die Dinge, die ich tun muss, um an mein Ziel zu kommen.*

Jacks Vorgehensweise mag formlos gewesen sein, zufällig war sie jedoch nicht. Auch Zufallsprozesse können zwar gelegentlich lohnend sein und begrenzte Befriedigung verschaffen, aber ein solcher Ansatz ist nur selten effizient genug, weil keine Gelegenheit besteht, alle verfügbaren Möglichkeiten gründlich zu sondieren. Das tiefe, bedeutungsschwere Gefühl, wirklich etwas erreicht zu haben, stellt sich nämlich nur ein, wenn man einen Plan entwickelt, wie die selbst gesetzten Ziele zu erreichen sind.

Noch die sorgfältigste Strategie birgt allerdings die Gefahr des Scheiterns in sich; es kann einfach immer etwas schief gehen und häufig genug geht etwas schief. Dann könnten Sie zu der Schlussfolgerung neigen, jetzt seien Sie gescheitert. Doch es gibt immer mehr als eine Sichtweise, um »Irrtümer bei der Beurteilung einer Situation« zu bewerten. Ob etwas eine richtige oder falsche Entscheidung war, hängt weitgehend davon ab, welche Gefühle Sie damit jetzt, in der Gegenwart, verbinden. Vielleicht wäre etwas vor drei Wochen die richtige Wahl gewesen, aber wenn es Ihnen jetzt nicht richtig erscheint, war es auch kaum ein ernsthafter Fehler. Lösen Sie sich einfach vom Geschehenen, blicken Sie nach vorn und machen Sie weiter. Oft enthalten solche Begebenheiten ja auch wertvolle Lektionen – und sei es nur, dass Sie diesen fraglichen Weg nicht wieder einschlagen sollten. Wenn Sie also merken, dass sich in Ihrem Kopf negative Urteile wie »gescheitert« oder »Versager« festsetzen wollen, dann untersuchen Sie diese

Urteile sorgfältig auf ihre Berechtigung und legen Sie sie dann beiseite.

Überdies ändern sich unsere Ansichten darüber, was zu uns passt, notwendigerweise im Lauf der Zeit. Im späteren Leben treffen wir Entscheidungen oft danach, ob sie uns innerlich gut tun, und weniger danach, ob sie in den Augen der Gesellschaft oder der Kollegen für einen Erfolg oder einen Fehlschlag stehen. Dies kann zu grundlegenden Motivationsverschiebungen führen – oft mit faszinierenden Ergebnissen. Ted und Pat D., ein energiegeladenes Ehepaar, hatte zum Beispiel schon jahrelang ausprobiert, was gut zu ihm passen würde, als wir den beiden zum ersten Mal begegneten – an einem strahlenden Sommernachmittag in einem überfüllten Bus mitten in Manhattan. Unweigerlich fiel unser Blick auf das Buch, das die beiden lasen. Sein Titel lautete *Beginning Japanese* (Japanisch für Anfänger). Sie lachten darüber, dass wir offenbar überrascht waren, und taten so, als sei es die normalste Sache der Welt, dass jemand Japanisch lernte.

»Hajimemashite«, begann Ted. Er begrüßte uns höflich, als befänden wir uns in Tokio. »Was ist daran so seltsam, wenn man Japanisch lernt?«, fragte er, als ob das Meistern einer neuen Fremdsprache mit 68 ein Bingospiel wäre.

»Machen das denn nicht alle?«, scherzte Pat und zog ihr eigenes Exemplar einer Grammatik aus ihrer Tasche. Gut gelaunt willigten die beiden ein, uns später am Abend, nach dem Japanischkurs, noch ein Interview zu geben. Dann wollten sie uns erzählen, wie sie dazu gekommen waren, ausgerechnet diese asiatische Sprache zu lernen. Als wir uns im Wohnzimmer ihrer gemütlichen Wohnung wieder trafen, gaben sie zu, dass keiner von beiden schon sein ganzes Leben lang den Wunsch gehegt hatte, Japanisch zu lernen. Vielmehr handelte es sich um eine Aktivität, auf die sie beim Herumsuchen und Ausprobieren gestoßen waren. Beide sagten auch, dass die Entschlossenheit, aktiv zu bleiben und immer etwas Neues zu unternehmen, ihnen schon in der Kindheit eingeprägt worden sei – von Eltern, die sich weigerten, sich aus Altersgründen selbst Beschränkungen aufzuerlegen.

»In meiner Familie geht man nicht in den Ruhestand«, erklärte Pat, deren Mutter noch mit 82 als Börsenmaklerin an der Wall Street arbeitete. »Ich erinnere mich noch, wie mein Vater, ein Reißverschluss-Fabrikant, mit einem seiner Geschäftspartner noch einen Tag vor seinem Tod im Alter von 83 Jahren ein langes Gespräch führte.«

Auch Teds Vater war ein solches Vorbild. »Er war Setzer und Drucker und arbeitete, bis er 71 war. So war es mir als Kind ein ganz vertrauter Anblick, dass auch Ältere noch jeden Morgen zur Arbeit gingen«, sagte er. »Sie sehen also, Pat und ich haben, auch wenn wir uns entschlossen haben, keiner bezahlten Arbeit mehr nachzugehen, damit noch nicht beschlossen, auch das Lernen aufzugeben.«

Ted war als Geschichtslehrer an einer High School einige Jahre zuvor pensioniert worden und ungefähr zur selben Zeit gab auch Pat ihre Stelle als medizinische Forscherin an einem New Yorker Krankenhaus auf. Für dieses vitale Paar muss sich die Arbeit eben nicht in einen Büroalltag von neun bis fünf Uhr einfügen. Für sie heißt Arbeit ein tiefes Engagement, das zugleich anregend und spannend wirkt. Als ihr berufliches Arbeitsleben zu Ende ging, merkten beide schnell, dass sie irgendetwas brauchten, um die Lücke auszufüllen.

Beide waren überzeugt, dass sie letztlich etwas Befriedigendes und Lohnendes finden würden, das ihr Interesse aufrechterhalten würde. Doch anfangs wusste keiner von beiden genau, was es denn sein sollte. Weil Ted und Pat stets ein zielorientiertes Leben geführt hatten, fühlten sie sich anfangs zu Aktivitäten hingezogen, die irgendwelche konkreten Ergebnisse versprachen. »Ich habe alles Mögliche ausprobiert«, seufzte Pat, als sie einen Katalog ihrer kurzlebigen Aktivitäten durchging. »Ich habe mich im Malen versucht. Und im Backen. Und in der Gartenarbeit. Ich habe sogar Klavierstunden genommen.« Pat fühlte sich auch verpflichtet, an einem

Aerobic-Kurs teilzunehmen, weil sie schon so viel über die große Bedeutung herzstärkender körperlicher Aktivitäten im fortgeschrittenen Alter gehört hatte. Auch ihre Kinder und Freunde dachten, das wäre gut für sie. »Ich habe mich im ›man sollte‹ verstrickt«, lachte sie. »Jeder hat gesagt, ich ›sollte‹ etwas Bestimmtes tun, und das war dann der Grund, warum ich es tat.« Sie warf ihrem Ehemann, der am anderen Ende des Zimmers saß, einen viel sagenden Blick zu. »Aerobic hat mich so fürchterlich gelangweilt, dass ich einfach nicht mehr weitermachen konnte«, gab Pat mit einem gereizten Seufzer zu. »Verstehen Sie mich bitte nicht falsch – ich freue mich für jeden, der das gerne macht, weil ich überzeugt bin, dass Aerobic gut für den Körper ist. Aber es war einfach nicht das, womit ich meine Zeit verbringen wollte.«

Ted war es ein wenig leichter gefallen, den Übergang von der täglichen Arbeitsroutine zu finden, obwohl auch er sich eine Zeit lang ziellos abmühte. »Ich übernahm etwas ehrenamtliche Arbeit in Clubs für pensionierte Lehrer«, erinnerte er sich. »Ich habe Puertoricanern Englisch als Zweitsprache beigebracht. Und wir sind eine Zeit lang ziemlich viel gereist.« Im Rückblick, sagte Ted, bereue er keine dieser Entscheidungen. Jede Erfahrung sei auf ihre eigene Weise etwas wert gewesen. Er erläuterte, dass er seine Lehrbefähigung überhaupt erst mit 45 erhalten habe. Die zwei Jahrzehnte davor habe er als Sozialarbeiter im Sozialamt der Stadt New York gearbeitet. »Ich glaube nicht, dass ich im Ruhestand irgendwelche ›falschen‹ Entscheidungen getroffen habe. Ich habe von jeder neuen Sache, die ich ausprobiert habe, alles gelernt, was ich lernen konnte, und dann habe ich mir wieder etwas Neues gesucht. Doch bisher hat mich noch nichts dermaßen gefesselt wie Japanisch.«

Das Ehepaar besucht in einem städtischen College dreimal die Woche seinen Japanischkurs und zu Hause üben sie gemeinsam täglich mehrere Stunden. Ted und Pat haben sich auch mit einer japanischen Familie angefreundet, die ihnen bei der richtigen Aussprache und beim richtigen Sprachgebrauch hilft. Ferner planten sie, als wir sie besuchten, gerade die erste von, wie sie meinten, wahrscheinlich mehreren Japanreisen. Beide bemühen sich sehr darum, ihre Fähigkeiten unter Menschen zu testen, deren Muttersprache Japanisch ist, und sie haben durch die Lektüre von Texten über die traditionelle Verehrung des Alters und der Alten in Japan auch neue Einsichten über das Älterwerden gewonnen.

»Wir lernen nicht nur die komplizierten Regeln der Grammatik, sondern auch die Ideogramme, die japanischen Schriftzeichen«, sagte Pat. »Obwohl es nicht leicht fällt, ist es richtig spannend, immer wieder etwas Neues zu lernen.«

»Ich habe gelernt, dass es nicht mit einem Scheitern gleichzusetzen ist, wenn man etwas Schwieriges oder Langweiliges wieder aufgibt«, meinte Pat. »Dann versucht man eben etwas anderes. Außerdem habe ich schließlich ›mein Ding‹ gefunden, wie die Jugend heute sagen würde.«

Wer seine persönliche Definition von Erfolg und Misserfolg ändert, spürt viel mehr Freiraum für Experimente. Wenn man eine eher »spielerische« Einstellung wählt, ändert sich auch die Erwartungshaltung. Zugleich werden die Angstschwellen und Unsicherheiten kleiner, die bislang mit der eigenen Risikobereitschaft fest verbunden waren. Man lebt dann einfach nicht mehr nach der Annahme, die einer unserer Gesprächspartner wie folgt formulierte: »Ich bin immer nur so gut wie das, was ich tue und *wie gut* ich es tue.«

Wir müssen da immer an den Erfinder Thomas Edison denken, der tausend verschiedene Entwürfe ausprobierte und wieder verwarf, ehe er schließlich bei einer Glühbirne angekommen war, die funktionierte. Auf die Frage, warum er sich nicht habe entmutigen lassen und warum er nach so vielen »Fehlschlägen« nicht aufgegeben habe, antwortete Edison: »Ich habe ja nicht tausend Fehler gemacht. Bis zur Erfindung der Glühbirne habe ich lediglich tausend Schritte gebraucht.«

Es ist alles eine Frage der Einstellung, der Sichtweise, mit der man an eine bestimmte Situation herangeht. Begriffe wie »Fehler« oder »Versagen« wecken Gefühle der Unzulänglichkeit und ein kümmerliches Selbstbild, während Worte wie »Lernerfahrung« oder »Wachstumsschritte« positive, förderliche Assoziationen evozieren. Wie Edison müssen wir einfach nur immer wieder überprüfen, wo wir stehen, oder unseren Kurs korrigieren, wenn wir weiter vorankommen. Das ist keine große Sache. Es ist ein ganz natürlicher Bestandteil unseres Lernprozesses.

Bei vielen von uns hat sich der Einsatz, mit dem im Leben gespielt wird, in späteren Jahren verändert. Wir können es nun genießen, die Dinge etwas leichter zu nehmen. In vielfacher, aber nicht in jeder Hinsicht müssen wir unsere Entscheidungsprozesse nicht mehr so ernst nehmen wie in jüngeren Jahren. Das ist ein weiterer, deutlicher Vorteil des reiferen Lebensalters.

Außerdem ist es wichtig, dass wir uns daran erinnern, dass es – wie immer im Leben – auch im Alter noch Fehlstarts geben kann. Manchmal schlagen wir eben Wege ein, die uns in Richtungen führen, die für uns unpassend waren, wie wir im Rückblick feststellen müssen. Aber das sind nur Umwege auf der Reise zu unserem endgültigen Ziel: einem persönlich lohnenden, befriedigenden Lebensstil, der im Hier und Jetzt zu unserer Zufriedenheit funktioniert. Und sollte sich dieser Ansatz als nicht länger tauglich erweisen, dann können wir offen für etwas anderes sein, das uns bereichert und fesselt. Wenn man eine Reihe neuer Dinge ausprobiert, ist das ein Selbsterfahrungs- und Selbstfindungsprozess, aber kein Fehlschlag.

Das Geheimnis der kleinen aktiven Schritte

Das Geheimnis, um das es in diesem Kapitel ging, ist die große Bedeutung kleiner aktiver Schritte. Unter einem solchen Handlungsschritt verstehen wir jedes Verhalten, das jemanden näher an sein oder ihr Ziel heranführt. Sie sollten darunter einfach jene systematischen Vorgehensweisen verstehen, derer Sie sich bedienen, um von hier nach dort zu gelangen. Solche Schritte können sogar relativ passiv sein, wie etwa die Lektüre eines Buches zu einem bestimmten Thema, oder aber entschieden aktiv, wie mit Energie betriebene körperliche Aktivitäten. Der Akzent liegt auf der Tat. Entscheidend ist, dass man diese Schritte *tut*.

Ein Aktionsschritt repräsentiert unser inneres Engagement für das eigene Wachstum, für Wandel und Selbstverwirklichung. Wenn wir einen solchen Schritt unternehmen, treten wir dem Gedanken näher, dass es niemals zu spät ist, um sich eines reichhaltigen, erfüllten Lebens zu erfreuen. Aktive Schritte bringen uns diesem Ziel näher.

Das Geheimnis, das die vitalen und erfolgreichen Senioren vereint, von denen in diesem Kapitel die Rede war, ist ihre Entschlossenheit, durchzuhalten und zu experimentieren. Charlie, Helen, Jack, Ted und Pat haben jeder auf seine oder ihre Weise gelernt, ihre Ziele zu definieren und zu erreichen. Gemeinsam war ihnen aber der Glaube, dass diese Ziele letztlich definiert und erreicht werden *konnten* – und gerade hier liegt der entscheidende Unterschied zu anderen.

Erfolgreiche ältere Menschen lassen sich durch die Enttäuschungen, die bei ihren Erkundungen neuer Aktivitäten und Interessen unvermeidlich sind, selten unterkriegen, wenigstens nicht für längere Zeit. Sie orientieren sich nicht am Denkmodell des »Entweder-Oder«, in dem es nur Erfolg oder Misserfolg gibt. Wenn etwas nicht so funktioniert wie erwartet, denken sie über diese Erfahrung nach, lernen daraus, was zu lernen ist, und machen dann weiter. Es verschafft ihnen schon ein gutes Gefühl, wenn sie wissen, dass sie sich nach Kräften bemüht und etwas Neues probiert haben. Ihr Maßstab für den Erfolg beruht auf ihrer eigenen inneren Befriedigung, nicht auf den Meinungen anderer. Sie wissen vielleicht nicht ganz genau, wonach sie suchen, aber sie lassen nicht locker, bis sie es gefunden haben.

Solche Leute erkennen, dass wir mit 60 – oder 70 oder 80, das genaue Alter spielt keine Rolle – nicht mehr dieselben Menschen sind wie mit 20 oder mit 30. Wir verändern uns und entwickeln uns ein Leben lang in verschiedene Richtungen weiter. Dabei verblassen manchmal frühere Interessen und manches, worauf wir früher neugierig waren, interessiert uns heute nicht mehr. Umgekehrt können auch manche Aktivitäten und Ziele, die wir einst als uninteressant abgetan haben, neuen Reiz entfalten.

Hören Sie sich selbstkritisch zu, wenn Sie Pauschalsätze sagen wie »Ich verreise nicht«, »Ich bin unsportlich« oder »Ich bin sprachlich unbegabt«. Könnte es sein, dass solche Beteuerungen inzwischen auch für Sie ein wenig hohl klingen? Könnte es sein, dass sich Ihre Interessen und Neigungen im Laufe der Jahre verändert haben? Wenn unsere eigenen Begegnungen mit vitalen älteren Menschen irgendein Gradmesser sein können, dann muss die Antwort auf beide Fragen ein emphatisches Ja sein! Wir legen Ihnen darum dringend nahe, ehrlich und auf dem heutigen Stand zu untersuchen, was Sie von bestimmten Aktivitäten halten, die Sie in den letzten Jahrzehnten, manchmal allzu pauschal, leichthin abgetan haben. Gleichzeitig ist es für Sie vielleicht sinnvoll, Ihr Engagement bei bestimmten Freizeitaktivitäten neu zu überdenken, die Ihnen nicht mehr jenes Maß an Befriedigung und Bereicherung verschaffen, das Sie sich eigentlich erhoffen.

Wie man diesem Geheimnis entsprechend handelt

Wenn wir uns endlich dazu durchringen, einen Wunsch zu realisieren oder ein Ziel erreichen zu wollen, sind wir oft von frischem Schwung, von Selbstbewusstsein und Entschlusskraft erfüllt. Irgendwie haben wir das Gefühl, dass wir nun in uns Talente, Interessen und Fähigkeiten entdecken werden, von denen wir bisher selbst nichts ahnten. Wir fühlen uns vielleicht wie neu belebt und gestärkt mit prallem Selbstvertrauen. Versuchen Sie, diese neuen Energien und Fähigkeiten so gut wie möglich zu nutzen, indem Sie kleine aktive Schritte unternehmen. Und denken Sie daran: Solche Schritte müssen wirklich nicht kompliziert sein. Manchmal reicht schon etwas so Einfaches wie das Zusammenstellen einer Liste auf einem Stück Papier.

Listen sind im Grunde etwas ganz Alltägliches. Wir machen uns eine, ehe wir zum Einkaufen gehen, in den Urlaub fahren oder einen vollgepackten Arbeitstag beginnen. Und wir verwenden die gleiche Organisationstechnik auch, wenn wir zum Beispiel für Freunde oder unsere Familie ein schönes Essen kochen. Wir sehen im Vorratsschrank und im Kühlschrank nach, was noch da ist und was fehlt an Lebensmitteln, die wir für diese Mahlzeit brauchen. Und wenn wir alle erforderlichen Zutaten beisammen haben, stellen wir sicher, dass wir sie in den richtigen Mengen und in der richtigen Reihenfolge verwenden. Auch der Herd muss die richtige Temperatur haben, damit das Ergebnis stimmt.

Unsere Essensvorbereitungen ergeben eine Abfolge elementarer Handlungsschritte. Sie beginnen mit der Entscheidung, »mehr vom Leben haben« zu wollen (einen schönen Abend mit Menschen, die wir gern haben). Dieser Wunsch wird anschließend eingeengt auf ein spezifisches »Ziel« (eine Dinnerparty). Zur Erreichung dieses Ziels sind dann mehrere Einzelschritte nötig (Festlegung eines Termins, Einladung der Gäste, Planung des Menüs, Erstellen einer Einkaufsliste, Einkaufen und so weiter).

Wenn wir wie in unserem Beispiel schrittweise vorgehen, egal ob es sich um das Ausfüllen einer Steuererklärung, das Organisieren eines Kinobesuchs oder die Planung einer Autoinspektion handelt, dann ist uns diese Verfahrensweise im Alter schon in Fleisch und Blut übergegangen. Und doch macht sich ironischerweise kaum jemand die Mühe, sich wirklich hinzusetzen und einen vergleichbaren Aktionsplan zu durchdenken, wenn es um die potenziell aufregendste, bereicherndste und wichtigste Erkundungsreise im Leben geht, nämlich jene in die unerforschten Weiten des reiferen Alters.

Bei unseren Ratschlägen für diese Organisationsaufgabe wollen wir von der Annahme ausgehen, dass Sie schon mindestens ein besonderes Interessengebiet festgelegt haben, das Sie erkunden wollen. Nehmen wir einmal an, Sie wären neugierig aufs Golfspielen und wollten mehr darüber erfahren. Dann wäre es für den Anfang ganz hilfreich, einfach alles aufzuschreiben, was Ihnen an Punkten und Aktionsschritten einfällt, die Sie möglicherweise näher an Ihr Ziel heranführen – in diesem Fall einen Golfplatz. Einige Punkte in Ihrer Zusammenstellung werden ziemlich allgemein sein, andere dagegen recht speziell.

Unter den allgemeinen Handlungsanweisungen, die Sie sich selbst geben, könnten sich die folgenden finden: »Herausfinden, wo die nächsten Golfplätze sind«, »Freunde fragen, ob sie Golf spielen«, »Preise für die Ausrüstung überprüfen« und »Herausfinden, wo man Unterricht nehmen kann«.

Speziellere Punkte könnten etwa so aussehen: »Beim Land- und Golfclub anrufen und Unterlagen anfordern«, »Schwager Thomas anrufen und fragen, ob er mich mal zu einer Golfrunde mitnimmt«, »Bei den Kleinanzeigen in der Zeitung nachsehen, ob jemand gebrauchte Golfschläger verkauft« und »Den Arzt fragen, welche gesundheitlichen Risiken und Vorteile das Spiel für mich mit sich bringen würde«.

Wie bei ähnlichen Übungen, über die wir schon gesprochen haben, geht es nicht unbedingt darum, sofort mit einer endgültigen, perfekt ausgearbeiteten Liste dazustehen, sondern eher darum, die Gedanken in die gewünschte Richtung zu lenken. Man kann die Liste immer wieder ändern, manche Punkte streichen, dafür andere hinzufügen und wieder andere, bei denen man sich nicht sicher ist, mit einem Fragezeichen versehen. Machen Sie sich keine Gedanken darum, wie Ihre Liste aussieht, wenn Sie sie erstmals zu Papier bringen. Irgendwann wollen sie zwar alles so präzise und spezifisch wie möglich haben, aber das hat wirklich Zeit bis später.

Wenn Sie alle denkbaren Schritte, die Sie in die gewählte Richtung führen könnten, zusammengestellt haben, dann legen Sie diese Liste erst einmal für ein bis zwei Tage beiseite. Leben Sie ganz normal weiter wie bisher. Wenn Ihnen noch etwas Neues einfällt oder wenn andere Leute nützliche Vorschläge machen, notieren Sie diese einfach auf einem Stückchen Papier, damit Sie sie nicht vergessen. Wenn Sie Ihrem Unterbewusstsein genügend Zeit gegeben haben, über Ihre Ideen nachzusinnen, dann setzen Sie sich irgendwann hin, bringen Ihre Liste auf den neuesten Stand und beginnen damit, Prioritäten zu setzen.

Es ist nützlicher und effizienter, zunächst nur einige Dinge weiterzuverfolgen und nicht alles gleichzeitig. Darum sollten Sie versuchen, sich den elementarsten und folgenreichsten Fragen zuerst zu widmen. Mit einigen Telefonanrufen finden Sie vielleicht ganz schnell heraus, dass der einzige Golfplatz in einer Umgebung von 30 Kilometern ausschließlich Mitglieder aufnimmt, die einem exklusiven Country Club angehören, dessen Mitgliedsbeiträge Ihre finanziellen Möglichkeiten bei weitem übersteigen. (Daraus ergibt sich sofort eine ganze Reihe neuer Fragen und Entscheidungsmöglichkeiten.) Vielleicht sind Ihr Schwager Thomas und seine Golffreunde bereit, Ihnen die Grundlagen des Spiels schon beizubringen, ehe Sie in teure Privatstunden und Ausrüstungsgegenstände investieren. Oder Sie finden, wenn Sie ein paar Mal auf einem Golfplatz zugesehen haben, heraus, dass das Ganze Sie doch fürchterlich langweilt und dass Golfspielen letztlich für Sie nicht das Richtige ist.

Wenn Sie zu dem Schluss kommen, dass Golf für Sie zu teuer, zu unbequem oder zu langweilig ist, dann sollten Sie darauf natürlich schnell reagieren, damit Sie keine weitere Zeit und Energie verschwenden, und sich in eine passendere, produktivere Richtung bewegen.

Wir alle neigen zu besserer Motivation, wenn wir das Gefühl haben, auf dem Weg zu unseren Zielen gut voranzukommen. Darum ist eine Liste mit Aufgaben zum Abhaken ganz hilfreich, selbst wenn der einzige Punkt, den wir im Lauf eines Tages abhaken können, lautet: »Eine Golfzeitschrift kaufen und mich mit dem Spiel und der Fachsprache etwas vertrauter machen.« Wenn wir etwas Erledigtes auf der Liste durchstreichen können, ist das so etwas wie ein lobendes Schulterklopfen für uns selbst. Und wie wir alle wissen, ist das Lob, das wir uns selbst spenden, die höchste Form des Lobs – und zugleich die wirksamste!

Das Geheimnis besteht darin, immer voranzuschreiten – und das ist etwas, das unsere Interviewpartner unter den erfolgreichen Senioren alle tun mussten, um an ihre gewünschten Ziele zu gelangen. Zur Strategie der kleinen aktiven Schritte gehörten bei ihnen auch Durchhaltevermögen, Konsequenz, Flexibilität und Offenheit. Sie »blieben am Ball«, ganz gleich in welche Richtung er rollen sollte.

6. KAPITEL

Das Geheimnis der glücklichen Rückkehr

Manche von uns haben das Glück, schon früh im Leben etwas zu finden, das sie wirklich mit Freude tun – und es dann viel später irgendwann ebenso freudig wieder zu entdecken.

Walter E. zum Beispiel erhielt mit 80 Jahren im Experimental Learning Program der Ohio State University sein Bachelor-of-Arts-Diplom. Zum ersten Mal hatte er das College fast 60 Jahre zuvor besucht und er hatte natürlich seine Studien zwischendurch lange aufgegeben, um berufstätig zu sein und den Lebensunterhalt für seine Familie zu verdienen.

Als sie noch ein kleines Mädchen war, bat Louise S. ihre Eltern inständig um Tanzunterricht. Doch die Familie lebte in finanziell engen Verhältnissen und darum war für solche Extravaganzen kein Geld da. Als Louise Ende 70 war, brach der Wunsch zu tanzen wieder auf. Heute ist sie Mitglied einer Seniorentanzgruppe, die sich einen guten Namen gemacht hat und sogar in Schweden auf Tour gewesen ist.

Schließlich ist da noch Art N. aus San Francisco, der als Junge in einem örtlichen Country Club als Golf-Caddie arbeitete und immer die Hoffnung hatte, Golfprofi zu werden. Nachdem Art nun als Supermarktmanager in Pension gegangen ist, spielt er jeden Tag Golf und gibt außerdem Privatunterricht, um aus anderen Golfjüngern bessere Spieler zu machen.

Wir haben dieses Kapitel »Das Geheimnis der glücklichen Rückkehr« überschrieben, weil die folgenden Geschichten von Menschen berichten, die in späteren Jahren zu einer Aktivität zurückgefunden haben, die einer ersten Liebe oder einem ersten großen Ziel gleichgekommen war. Ihre Erfahrungen unterstreichen, dass viele von uns in ihrer Jugend schamlose Träumer und unverbesserliche Idealisten sind. Wir sehen uns selbst als zukünftige Filmstars, Lokomotivführer, Feuerwehrmänner, Krankenschwestern oder Ärzte. Doch dann folgen Schule, Ausbildung und Beruf, wir heiraten und bekommen Kinder – mit allen Anforderungen und Verantwortlichkeiten, die damit unausweichlich verbunden sind. Oft ergibt es sich, dass wir unseren Lebensunterhalt mit einer Tätigkeit verdienen, an die wir überhaupt nicht gedacht hatten, als wir noch Kinder waren. Und bei all diesen Entwicklungen sind unsere Ideale und Phantasien auf der Strecke geblieben. Doch wenn wir uns jetzt dem »Ruhestand« nähern oder ihn gar schon genießen, haben wir endlich Zeit, uns dem Projekt, der Karriere oder dem Hobby zu widmen, mit dem sich unsere liebsten Erinnerungen verbinden.

Alle Senioren, die in diesem Kapitel zu Wort kommen, sind auf ganz individuelle Weise zu ihrer gegenwärtigen Traumbeschäftigung gekommen. Der Ansporn, der sie motivierte, kam vielleicht aus schriftlichen Aufzeichnungen oder aus Gesprächen mit Ehepartnern und Freunden. Und die Motivation, die sie vorantrieb, war ebenso vielfältig: der Wunsch, einen Meisterbrief, eine Lehrbefähigung oder ein Hochschuldiplom zu erlangen, der Wunsch, wieder berufstätig zu sein, wenn auch in einem neuen Beruf, oder auch einfach der Wunsch, seine Zeit so schön und befriedigend wie möglich zu verbringen. Allen gemeinsam aber war die Bereitschaft, aufmerksam zu reagieren, als in ihrem Innern etwas anklang, das sie erneut in Einklang brachte mit der Erregung und Begeisterung ihrer Jugendtage.

Manchmal kommt eine neue Richtungsentscheidung unbewusst, wie aus dem Nichts an die Oberfläche. So war es auch beim 67-jährigen Bob P., der uns seine Geschichte in der Mittagspause beim Butterbrot erzählte – in der Cafeteria einer großen Universität im Großraum Boston, inmitten von Studentinnen und Studenten, die so jung waren, dass sie seine Enkelkinder hätten sein können. »Ich bin in Erie, Pennsylvania, aufgewachsen«, begann Bob, dessen Tag mit Hochschulkursen für Fortgeschrittene voll belegt ist. »Nach der High School hatte ich zwei Möglichkeiten vor mir. Ich konnte entweder zum College gehen oder nach meiner erfolgreichen Aufnahmeprüfung am Pasadena Playhouse dort weitermachen und Schauspieler werden.« Damals herrschte die Weltwirtschaftskrise und darum erschien die Entscheidung für den Journalismus praktischer. Also schrieb er sich in New York an der Columbia School of Journalism ein. Er ging dann völlig in seinem neuen Beruf auf und verschwendete keinen Gedanken mehr an die Schauspielerei. Obwohl er gelegentlich gern ins Theater ging, war Bob ein stets engagierter, unnachgiebiger Journalist, der für Hobbys keine Zeit mehr hatte. Er verbrachte 40 sehr befriedigende Jahre in seinem Beruf und arbeitete sich vom kleinen Reporter zum Herausgeber einer stattlichen Großstadtzeitung empor. Bob genoss in seinem Beruf große Wertschätzung. Eine wichtige Sitzung folgte auf die nächste und ständig hatte er unter dem erbarmungslosen Termindiktat des Redaktionsschlusses schwierige Entscheidungen zu treffen.

Doch dann brach ganz plötzlich und unerwartet eines seiner Großprojekte zusammen und man bot ihm eine sehr attraktive Vorruhestandsregelung an. Er hatte nicht die geringste Idee, was er nun mit sich anfangen sollte, aber nach einigem Zögern nahm er das Angebot an. »Meine Frau sagte: ›Du musst dir etwas suchen, womit du ausgefüllt bist; du kannst nicht einfach den ganzen Tag zu Hause sitzen.‹« Bob ließ sich nicht auf die nahe liegende Möglichkeit ein, Bücher zu schreiben oder zu redigieren, und wartete in aller Ruhe darauf, dass sich die richtige Lösung von selbst präsentierte. Er wurde ungewöhnlich distanziert und kontemplativ und versuchte, seinen Kopf von allem zu befreien, was ihn ablenken könnte. Er verbrachte täglich viel Zeit in einem meditationsähnlichen Zustand der Ruhe. Irgendwie wusste Bob, wenn auch nicht genau woher, dass die gesuchte Antwort schon von selbst kommen würde, wenn er ganz in Ruhe darauf wartete.

»Die Entscheidung, wieder auf meine schauspielerischen Interessen zurückzukommen, erfolgte dann fast impulsiv«, sagte Bob, als er uns gegenüber das Vertrauen in seine eigene Intuition abermals bestätigte. »Ich erinnerte mich – und ich weiß nicht warum – wie ich auf der Veranda des Hauses saß, in dem ich aufgewachsen bin, und mich fragte, ob ich mich nun für den Journalismus oder fürs Theater entscheiden sollte. Und plötzlich dachte ich mir: *Warum probierst du jetzt eigentlich nicht die andere Alternative aus?*« Obwohl Bob seit seinen High-School-Tagen nie wieder auf einer Bühne gestanden hatte, erschien ihm diese Entscheidung so natürlich wie das Atmen. »Schließlich leben wir nur einmal«, dachte er sich. »Warum sollte man dann nicht auch eine Reihe von Möglichkeiten ausprobieren, anstatt sich auf eine zu versteifen?«

Durch den Prozess des Nachdenkens über sich selbst war Bob zu dem Schluss gekommen, dass in seinem Journalistenalltag bei der ständigen Bemühung, objektiv zu sein und immer die Ruhe zu bewahren, etwas ganz Wesentliches zu kurz gekommen sei. »Bei meiner Arbeit für die Zeitung bin ich immer ganz cool geblieben«, stellte Bob fest. Bluejeans, Turnschuhe und das Hemd mit offenem Kragen, die er jetzt trug, standen in scharfem Kontrast zu den konservativ geschnittenen Anzügen und zu Schlips und Kragen, wie sie im Büro getragen hatte. »Ich bin niemals aus der Haut gefahren. Ich hielt meine Gefühle immer zurück. Doch um jetzt Schauspieler werden zu können, musste ich die Verhaltensweisen aufbrechen, die ich mir in über vier Jahrzehnten angewöhnt hatte. Dabei habe ich gemerkt, dass ich kaum wusste, was ein Impuls war. Ich hatte meine Freiheit unterdrückt, um bestimmte Dinge zu tun, zu sagen und allenfalls die Augenbrauen hochzuziehen. Doch jetzt bin ich dabei, diese Freiheit zurückzugewinnen, um meine Emotionen zum Ausdruck zu bringen.«

Als er seine Entscheidung getroffen hatte, setzte sich Bob mit vollem Engagement dafür ein, professioneller Schauspieler zu werden. Und das hieß für ihn auch, wieder auf die Uni zu gehen, einen Abschluß in Schauspiel und Literatur zu machen und sich nach Abschluß der Schauspielausbildung mit Hunderten von Konkurrenten um eine Hand voll Jobs zu bewerben, die es in seiner Gegend für Schauspieler in Film und Fernsehen und auf der Bühne gab. »Ich will so gut werden, dass die Leute bereit sind, mich für meine Schauspielerei zu bezahlen«, betonte er. »Das ist immer noch mein Maßstab.«

Bobs Tage sind lang und anstrengend. Frühmorgens geht es mit körperlichem Fitnesstraining los (er hat inzwischen schon sieben Kilo abgenommen) und dann geht es weiter mit Kursen, Stimmausbildung und abendlichen Proben, selbst am Wochenende. Zum Glück erfreut sich Bob bester Gesundheit und finanzieller Sicherheit und auch seine Frau Betty unterstützt ihn liebevoll. »Es ist nicht leicht für sie, wenn ich so viel weg bin«, räumte Bob ein, »aber Betty ist einfach toll. Wir alle brauchen Ermutigung und davon hat sie mir mehr als genug gegeben.« Betty ist durch Bobs Erfahrungen ebenfalls weiter gewachsen. Durch einen seiner Kurse ließ auch sie sich inspirieren und nimmt seither Gesangsstunden.

Der Übergang vom Reporter mit besten Manieren zum emotionalen Schauspieler hat in Bobs Leben zu enormen Veränderungen geführt – und das in einem Alter, in dem sich viele seiner Altersgenossen und Kollegen die bange Frage stellen, ob sie überhaupt noch die Zeit, Kraft und innere Bereitschaft aufbringen könnten, etwas Neues zu beginnen. »Ich glaube, ich habe den Mut des Alters«, sagte Bob. Und er definierte auch gleich, was er damit meinte: die Freiheit und Weisheit, seinem Herzen zu folgen, ohne sich zuvor der Zustimmung eines Arbeitgebers, der Familie, der Kollegen oder der Gesellschaft zu versichern. Aus Bobs Sicht hat ihn der drastische Wandel seines Lebensstils im Alter von 65 Jahren herausgefordert, auf eine Weise innerlich zu wachsen, von der er intuitiv wusste, dass sie positiv war und positive Folgen haben würde. »Durch die Schauspielerei kann ich mir selbst auf ganz andere Weise begegnen, und das ist für mich das Aufregendste an der ganzen Sache. Es ist beinahe wie bei einer Selbstanalyse und das hat bei mir zu einer Menge Fragen über mein früheres Leben geführt.«

Bob schien die Rückkehr zu einer ersten Liebe ein natürliches Mittel zu sein, sich weiterhin jene Selbstachtung zu bewahren und sich jenen persönlichen Herausforderungen zu stellen, die ihm in seinem früheren Beruf so viel Freude gemacht hatten. Aber er hat auch gelernt, der Welt seines Unbewussten zu trauen. Statt eine Entscheidung über seine Ziele im Ruhestand zu forcieren, schuf sich Bob lieber eine ruhige, entspannte Grundhaltung, die es seiner inneren Stimme erlaubte, sich Gehör zu verschaffen. Diese ruhige Vorgehensweise könnte auch Ihnen helfen. Aber natürlich könnte Ihr eigener Weg auch ganz anders aussehen. Denn es gibt keinen einzig richtigen oder falschen Weg zur Selbstentdeckung.

Vielleicht finden Sie frühe Hobbys wie das Briefmarkensammeln, wie Stricken und Häkeln, Schwimmen oder Gitarrenspiel so spannend wie eh und je. Aber es ist auch vollkommen in Ordnung, wenn sich die Leidenschaften Ihrer Jugend weiterentwickelt haben und zu etwas Anderem, Neuem geworden sind. Einer unserer Bekannten, ein Mann aus Illinois, entwickelte sich zum Beispiel im späteren Leben ganz natürlich vom Radiobastler, der er als Junge war, zum Computerfreak.

Für Harriet Doerr kam die Entdeckung eines neuen, kreativen Lebensstils unerwartet mit 75, als ihr erster Roman von einem großen New Yorker Verlag zur Veröffentlichung angenommen wurde. Über Nacht brachte *Stones for Ibarra* (Steine für Ibarra) der Autorin Ruhm ein und legte den Grundstein für eine erfolgreiche Karriere als Schriftstellerin. »Ich habe schon gern geschrieben, als ich in der Grundschule und in der High School war«, sagte Harriet, als wir uns in der winzigen, fensterlosen Ecke unterhielten, in der sie jeden Morgen mit dem Schreiben beginnt. »Aber ich habe nicht ernsthaft daran gedacht, Schriftstellerin zu werden. Stattdessen heiratete ich gleich nach dem College. Und dann wurde ich wohl, was man schrecklicher- und niederträchtigerweise ›Hausfrau‹ nennt.« Auch in den folgenden 42 Ehejahren bewahrte sich Harriet »im Hinterkopf« die Neugier, wie es wohl als Schriftstellerin sei, doch sie widmete sich ganz ihren Aufgaben als gute Ehefrau und Mutter.

Den Versuch, das Hausfrauendasein mit der Schriftstellerei zu vereinbaren – etwas, worum sich viele andere Autorinnen leidlich bemühten – zog Harriet niemals ernsthaft in Erwägung. Für sie war das Schreiben immer eine sehr persönliche Aktivität, die völlige Ruhe und absolute Konzentration verlangte und die sich nicht durch die Alltagsroutine im Haushalt verwässern ließ. »Ich konnte mir überhaupt nicht vorstellen, wie ich schreiben könnte, wenn noch jemand anders im Haus wäre. Wenn jemand auch nur die Treppe hinaufkäme, würde ich wahrscheinlich sofort mit Allem aufhören.«

Wie viele Frauen ihrer Generation hatte Harriet Doerr das tief sitzende Gefühl, dass sie in erster Linie für ihre Familie da sein müsse und dass ihre eigenen außerhäuslichen Interessen dafür zurückzustehen hätten. 16 Jahre lebten die Doerrs in einer kleinen mexikanischen Stadt, wo Harriet als aufmerksame Beobachterin der Menschen viele Bilder in ihrem Gedächtnis speicherte, über die sie eines Tages würde schreiben können, wie sie immer noch hoffte. Ihr Mann nahm dann eine neue Stelle an und zog mit der Familie zurück nach Kalifornien, wo er 1972 starb. Erst als ihre Kinder erwachsen waren und sie sich allein in Pasadena häuslich niedergelassen hatte, fand Harriet die Zeit und Abgeschiedenheit, um über ihr Leben in Mexiko nachzudenken. Nachdem sie auf der Suche nach den passenden schriftstellerischen Ausdrucksformen ein paar Monate mit sich gerungen hatte, spürte sie die Notwendigkeit, das künstlerische Schreiben an der Universität genauer zu studieren und zu erlernen. »Hätte mein Mann damals noch gelebt«, spekulierte Harriet, als sie in ihrem weitläufigen zweistöckigen Haus, in dem sie viele Jahre allein verbracht hatte, an einer Tasse Tee nippte, »dann wäre es mir wahrscheinlich überhaupt nicht in den Sinn gekommen, nochmals auf die Universität zu gehen. Denn der Gedanke, dass ich eine Autorin sein könnte, war mir immer noch kaum vorstellbar.«

Durch die Ermutigung ihrer Lehrer und Kommilitonen entwickelte Harriet mit 67 Jahren allmählich genügend Selbstvertrauen, um einen ausgewachsenen Roman über ihre lebhaften Erinnerungen an Mexiko zu schreiben. Nachdem sie an jedem Wort und sogar an der Zeichensetzung mühsam herumgefeilt hatte, fasste sie sich ein Herz und schickte ihr Manuskript per Post direkt an einen New Yorker Verleger, obwohl neue, unbekannte Autoren im amerikanischen Verlagswesen kaum eine Chance auf Beachtung haben, wenn sie nicht von einem Literaturagenten vertreten werden. Ohne Kenntnis ihres Alters oder Hintergrunds akzeptierte der Verlag Viking Press das Buch sofort; es war einfach zu gut. *Stones for Ibarra* wurde ein Bestseller und im Jahre 1988 adaptierte der Fernsehsender CBS den Roman als Fernsehfilm mit Glenn Close in der Hauptrolle. 1993 erschien der zweite Roman der Autorin über Mexiko, *Consider This, Señora* (Bedenken Sie doch, Señora).

Obwohl ihre Leistungen in jeder Hinsicht eindrucksvoll sind, steht für Harriet der eigentliche Prozess des Schreibens noch über den Publikationserfolgen. »Ich hatte keine Ahnung, dass ich kommerziell erfolgreich sein würde«, betonte sie. »Ich hatte nur das Gefühl, dass ich meine Zeit mit etwas verbringen wollte, das mir große Freude machte. Das war mein einziges, wahres Ziel.«

Dass Harriet bereit ist, Risiken in Kauf zu nehmen, zeigte sie nicht nur dadurch, dass sie noch spät aufs College zurückkehrte und täglich auf überfüllten Autobahnen zwischen Wohnort und Universität hin und her pendelte, sondern auch durch den rigorosen Prozess der Selbstprüfung, der mit ihrem Schreiben einhergeht. »Ich hätte *Stones for Ibarra* niemals abgeschickt, wenn mein Lehrer nicht darauf bestanden hätte«, sagte sie und musste dabei über ihren Perfektionismus lachen, der sie veranlasst hatte, das Manuskript vier Jahre lang fast ununterbrochen zu überarbeiten. »Und ich habe auch jetzt schon wieder die Ränder eines Buchexemplars mit Bemerkungen wie ›Hier erweitern‹ vollgeschrieben.«

Die Autorin erwähnte die andauernden Korrekturen an einem Werk, das bereits mit prestigeträchtigen Literaturpreisen ausgezeichnet wurde, nur, um die Bedeutung zu unterstreichen, die für sie das Schreiben als Medium der Selbstentdeckung und Selbsterneuerung hat. »Ich glaube wirklich, dass man sich selber einem Risiko aussetzen muss, oder man lebt nicht wirklich«, sagte sie voller Überzeugung. »Es kommt einer Leere, einer Reduzierung der eigenen Person gleich, wenn man nicht so viel wie möglich sieht und fühlt. Ich glaube, erst dadurch, dass man sich mit Trauer oder einer Tragödie auseinander setzt – dass man darüber nachdenkt, darüber schreibt – wird man zu einem kompletten Menschen.«

Für Harriet Doerr kam der späte Erfolg als Schriftstellerin vollkommen überraschend. Sie hatte sich vorsichtig an das Schreiben herangetastet, ungefähr so wie ein Turmspringer zunächst Wassertemperatur und Beckentiefe überprüft, ehe er hineinspringt. Damit sie so schreiben konnte, dass es ihr auch wirklich etwas bedeutete, musste sie zunächst viele Ängste überwinden. Die aktive Entscheidung, nicht Gefangene dieser Ängste bleiben zu wollen, versetzte Harriet in die Lage, ihren ganz eigenen Weg in eine neue Welt zu gehen – in die Welt schöpferischer Befriedigung. Anstatt Stolpersteine unüberwindlich werden zu lassen, ging sie an deren Beseitigung heran, indem sie darin Herausforderungen sah, mit denen sie fertig werden konnte – Herausforderungen, die sie näher an ein Lebensziel und ein entsprechendes Bewusstsein ihrer selbst heranführen sollten.

Wenn wir älter werden, lastet normalerweise weniger Druck auf uns, uns den Forderungen der Familie, des Arbeitgebers und der Gesellschaft anzupassen. Wir können dann auch zu dem Schluss kommen, dass uns ein Vorgang an sich oder ein Schaffensprozess wichtiger ist als das, was am Ende dabei herauskommt: ein fertiges Produkt oder eine spezifische Leistung. Wie bei einer Abenteuerreise zu einem weit entfernten Ziel ist der Weg dorthin oft lohnender und interessanter als die eigentliche Ankunft am Ziel.

Aktivitäten, mit denen wir nicht vertraut sind, auszuprobieren oder eingerostete Fertigkeiten wieder zu beleben ist alles andere als einfach. Können Sie sich noch erinnern, wie oft Sie vom Fahrrad gefallen sind, ehe Ihnen das Radfahren wirklich Spaß gemacht hat? Oder an den Auslandsurlaub, als Sie mit Ihrem Schulfranzösisch in Paris zurechtkommen wollten? Oder an die Dinnerparty, bei der Ihr erstes Soufflé in sich zusammenfiel? Damals ist Ihnen vielleicht jeder unbefriedigend verlaufene Vorstoß auf unbekanntes Terrain wie ein Fehlschlag vorgekommen. Doch wie schon gesagt, Begebenheiten, die wir als Misserfolge oder Fehler einstufen, erwiesen sich nachträglich oft als notwendige, hilfreiche Schritte auf dem Weg zur Weisheit. Vielleicht haben wir ja aus solchen Erfahrungen die Lehre gezogen, zunächst Stützräder ans Fahrrad zu montieren, einen Französischkurs in der Volkshochschule zu besuchen, ehe wir das nächste Mal nach Paris fuhren, oder genau auf die Herdtemperatur zu achten, wenn wir ein neues Rezept ausprobierten. Egal, was unsere »falsche Entscheidung« beinhaltete, wir haben daraus etwas Wichtiges gelernt und beim nächsten Mal eine klügere Entscheidung getroffen.

Es ist produktiver und lebensbejahender, auch unser eigenes Älterwerden aus derselben optimistischen Perspektive zu betrachten. Anstatt im Spiegel nur die Runzeln oder das dünner werdende Haar zu sehen, können wir uns ebenso gut auf jene Aspekte unserer äußeren Erscheinung konzentrieren, die wir wirklich schätzen. Versuchen Sie einmal sich selbst zu sagen: *Mein Lächeln ist aufrichtig und gewinnend,* oder etwas anderes Zutreffendes. Wenn Sie sich so positiv sehen, werden Sie sich hinterher attraktiver, selbstbewusster und fähiger fühlen. Wenn wir uns dazu entschließen, unser Älterwerden aus einer frischen, optimistischen Perspektive zu sehen, werden die unvermeidlichen Veränderungen unseres Körpers lediglich Vorboten all jener Vorteile sein, die unsere späteren Jahre für uns bereit halten. Wir haben jetzt die Zeit, den Wunsch und die Energie, uns intensiv mit dem zu beschäftigen, was wir wirklich tun wollen. Das Älterwerden kann ein Vorteil sein, nicht nur ein Verfall. Denn jetzt ist die Zeit gekommen, sich ganz auf sich selbst zu konzentrieren.

Nehmen Sie den kreativen Ansatz für seinen Ruhestand, den Ken R. wählte, ein 66-jähriger pensionierter Handelsvertreter aus Brooklyn Park, Minnesota. »Ich denke, wenn ich zu Hause für mich spiele, kann ich genauso gut auch für andere spielen«, lachte dieser Hüne von einem Mann und zuckte mit seinen breiten Schultern, als wir in seinem Wohnzimmer beieinander saßen. »Vermutlich nennen mich die Leute darum den ›Akkordeon-Mann‹.«

Die meiste Zeit seines Lebens hatte Ken allerdings überhaupt kein Instrument gespielt. Als junger Mann hatte er sich an der »Quetschkommode« versucht, doch nach der Hochzeit hatte er das Akkordeon beiseite gestellt und prompt alles verlernt. Als stattlicher, gut aussehender Mann mit freundlichem Lächeln und kontaktfreudigem Verhalten wurde Ken zum Grundschullehrer ausgebildet. Zu Beginn der Ehe hatte er auch eine Stelle als Aushilfslehrer, doch dann reichte das schmale Gehalt nicht mehr für die vier Kinder, die in schneller

Folge kamen. Also wechselte Ken den Beruf und entschied sich – für den Rest seines beruflichen Lebens – für den finanziell lukrativeren Job eines Handelsvertreters. An das Leben nach der Pensionierung verschwendete er keinen einzigen Gedanken. Als Ken mit 65 in den Ruhestand ging, wusste er immer noch nicht, was er als Nächstes tun wollte. Am ersten Montag nach dem letzten Arbeitstag kam Edith, seine Frau, mit gerunzelter Stirn auf ihn zu. »Ich mache mir Sorgen, dass du überhaupt keine Hobbys hast«, sagte sie und blickte Ken direkt in die Augen. »Sag mal, was ist eigentlich aus dem Akkordeon geworden, das du damals gespielt hast, als wir noch nicht verheiratet waren? Warum versuchst du nicht einfach mal, ob du noch spielen kannst?«

Ediths Vorschlag fiel bei Ken auf fruchtbaren Boden. Das ursprüngliche Instrument hatte er zwar schon vor vielen Jahren verkauft, aber er lieh sich in einem Musikgeschäft ein Akkordeon aus, und zu seiner freudigen Überraschung stellte sich heraus, dass er immer noch ein paar schmissige Polkas zusammenbekam, sogar seine alten Lieblingsstücke »Three O'Clock in the Morning« (Morgens um drei) und »Carolina Moon« (Der Mond von Carolina). Als dann ein Freund auf einem Flohmarkt ein gebrauchtes Akkordeon gesehen hatte, war Ken sofort dort, um es zu kaufen. »Das ist ein tolles Instrument«, erläuterte er uns, während er Passagen aus »Golden Slippers« (Goldene Schuhe) und »After the Ball« (Nach dem Ball) spielte, »und überhaupt nicht schwer zu spielen.«

Das Beste am ganzen Akkordeon aber war, dass es den geselligen Ken weiter mit der Außenwelt verband. Ganz allein für sich zu spielen, war noch nie seine Sache gewesen, und so begann er, für seine drei kleinen Enkelkinder zu spielen. Diesem Trio gefielen seine Auftritte im Garten so sehr, dass sie alle Kinder aus der ganzen Nachbarschaft einluden, doch ebenfalls zu kommen und zuzuhören. Kurz darauf klopfte dann ein Abgesandter des örtlichen Seniorenclubs an seine Tür. »Er bat mich, doch ehrenamtlich im Großraum Minneapolis-St. Paul in Kinderkrippen aufzutreten und dort für die Kleinen zu singen und zu spielen. Also gehe ich jetzt fünf- bis sechsmal im Monat auf Tour und spiele dort.«

Ken ist kein professioneller Musiker und er hat auch nicht das Verlangen, einer zu werden. Seit er auf der High School war, hat er keinen Unterricht mehr gehabt und auch sein Repertoire ist recht begrenzt. Aber sein Publikum ist von seinen Auftritten, so wie sie sind, begeistert. »Das ist so, als würde ich den Kindern etwas beibringen. Sie klatschen im Takt in die Hände und singen mit. Manchmal denke ich auch, vielleicht regt sie das an, selbst ein Instrument zu spielen, wenn sie etwas größer sind und selbst Musik machen wollen. Außerdem bringt mich mein Spiel in meine Kindheit zurück. Aber es ist auch eine neue Erfahrung, denn damals hatte ich selten Zuhörer. So ist mein Leben um eine neue Dimension bereichert worden, die mir wirklich große Freude macht.«

Am Tag unseres Interviews war Ken in einem privaten Kindergarten aufgetreten, umringt von lauter Vorschulkindern. Aber er spielt auch für ältere Kinder bei Geburtstagsfeiern und in Schulklassen sowie für Senioren in Pflege- und Genesungsheimen. »Wenn die Älteren diese Lieder hören, fangen die Tränen an zu kullern«, erzählte uns Ken und seine blauen Augen leuchteten hinter seinen dicken Brillengläsern. »Das erinnert sie an die Zeiten, als sie jung waren, ausgingen und genau zu diesen alten Melodien getanzt haben. Wenn ich ihnen dazu verhelfen kann, sich an alte Zeiten zu erinnern, gibt mir das ein richtig gutes Gefühl.«

Kens unentgeltliche Auftritte haben in seinem Leben eine wichtige Funktion: Die tiefe soziale und psychologische Befriedigung, die ihm zuvor sein täglicher Umgang mit Menschen bei der Arbeit verschafft hatte, geben ihm nun seine aufmerksamen Zuhörer. So hat sich Ken außerhalb der Arbeitswelt Situationen geschaffen, die sein positives Selbstbild als liebenswerter, hilfsbereiter, in der Öffentlichkeit stehender Mitbürger unterstützen.

Nicht jeder von uns hat den Wunsch oder die Fähigkeit, einen Bestsellerroman zu schreiben, eine Schauspielschule zu besuchen oder ein Musikinstrument zu spielen, doch jeder hat irgendein Talent oder irgendeine Fertigkeit, die er oder sie gern zur Geltung bringt, um sich selbst und anderen Freude zu bereiten. Wie Kens Beispiel zeigt, ist das als Amateur genauso gut möglich wie als Profi. Bei Kens Lebensgeschichte müssen wir an Worte wie »glücklicher Zufall« oder »glückliches Händchen« denken, denn hier wie in vergleichbaren Fällen geht es um eine anscheinend zufällige Entdeckung – zu einem Zeitpunkt, da wir sie am dringendsten brauchen, aber am wenigsten erwarten.

Bei manchen unserer erfolgreichen, glücklichen Alten waren es gerade solche glücklichen Zufälle, die den Ausschlag für den weiteren Verlauf ihres Lebens gaben. Diese Menschen hatten, als sie auf den Ruhestand zugingen, vielleicht nur eine vage Idee, wie sie ihre freie Zeit verbringen wollten. Und auf einmal präsentierte sich die Antwort, sozusagen als Geschenk verpackt, wie von selbst. Wir können nicht alle damit rechnen, dass es auch uns so geht, aber es ist trotzdem gut, wenn wir die Augen offen und den Horizont im Auge behalten. Warum das so wichtig ist, illustriert die Geschichte von Carl Rakosi, dessen Leben ebenfalls durch einen scheinbaren Zufall eine ganz neue Richtung erhielt.

Drei Wochen vor seiner Pensionierung als Sozialarbeiter in San Francisco erhielt Carl völlig unerwartet einen freundlichen Brief von einem englischen Dichter, dem er noch nie persönlich begegnet war. Dieser junge Mann war auf einen Stapel verstaubter Zeitschriften aus den zwanziger Jahren gestoßen – Zeitschriften, in denen Gedichte von Carl neben solchen des berühmten Ezra Pound abgedruckt worden waren. »Der Mann, der mir da schrieb, wohnte in London und wollte wissen, wo er noch mehr Gedichte von mir finden könne«, fasste Carl den Inhalt der schicksalsträchtigen Korrespondenz kurz zusammen.

»Ich habe vergeblich alle Bibliotheken durchgekämmt«, schrieb der britische Lyriker verwundert an Carl. »Warum kann ich denn nichts finden, was Sie nach 1930 veröffentlicht haben? Mir liegt sehr viel daran, auch Ihre späteren Werke zu lesen.« Rakosi antwortete wahrheitsgemäß, dass es keine späteren Werke gebe – aus dem einfachen Grund, dass er nach 1931 überhaupt keine Gedichte mehr geschrieben habe.

Seit er 16 war, hatte Carl, ein naiver junger Mann aus dem Mittleren Westen, leidenschaftlich gern Gedichte geschrieben – bis er Ende 20 war. Er war produktiv und seine Gedichte standen bei Kritikern und anderen Dichtern in hohem Ansehen. Die Literaturzeitschriften warteten gespannt auf jede neue Arbeit von Rakosi und bei den öffentlichen Lesungen des jungen Dichters applaudierte ein begeistertes Publikum. Während der gesamten vier Jahre auf dem College hegte Carl nicht den geringsten Zweifel, dass er Schriftsteller werden wollte, sei es als Lyriker oder in einer anderen Gattung. Doch nach dem Studium stolperte Carl – wie er uns berichtete, als wir in seiner kleinen Wohnung mit ihm und seiner kranken Frau Lee zusammensaßen – irgendwie in die Sozialarbeit hinein. »Das war meine erste Stelle und ich hatte mich vor allem dafür entschieden, weil ich gemerkt hatte, dass ich meine Ehe, mein Schreiben und das Schreiben als Beruf nicht auf einen Nenner bringen konnte.« Sofort entschied sich Carl, sein Pseudonym Carl Rakosi nicht weiter zu benutzen und hinfort nur noch seinen bürgerlichen Namen Calman Rawley zu führen. Dieser Akt schuf eine Distanz zwischen dem literarischen Ruhm, den er sich erworben hatte, und seiner neuen Identität als Sozialarbeiter.

»In meinem neuen Beruf fand ich große, ganz konkrete Befriedigung«, erläuterte Carl im Rückblick auf jene vier Jahrzehnte seines Lebens, in denen ihm nichts ferner gelegen hatte, als Gedichte zu schreiben. »Ich verbrachte den größten Teil meiner Zeit damit, zu beraten, zu verhandeln und Berichte zu schreiben – aber natürlich in jenem soziologischen

Fachjargon, der um Welten von der dichterischen Sprache getrennt ist.« Nun unterscheiden sich zwar die Sprachen der beiden Disziplinen gewaltig voneinander, aber sie reflektieren trotzdem beide die Grundbedingungen des Menschen. Auch umfassen beide eine Art Weisheit sowie Einsichten des realen Lebens. Rückblickend meint Carl jedenfalls, dass diese Ähnlichkeiten seine spätere Entscheidung beeinflusst haben könnten, auf seine verlorene Identität als Dichter wieder zurückzukommen.

»Ich fühle mich jetzt in beiden Welten sehr zu Hause«, gab er zu. »Aber wenn dieser Brief aus England nicht gewesen wäre, hätte ich wohl kaum die Idee gehabt, wieder zur Dichtung zurückzukehren. Doch das Wissen, dass jemand sich so viel Mühe gemacht hatte, um mich aufzuspüren, und dass er ein solches Interesse an meinen Werken zeigte, gab mir den nötigen Anstoß.«

In den nächsten 18 Jahren feierte Carl dann in der literarischen Welt ein Comeback als so genannter »Dichter für Dichter«. Mit nie erlahmender Leidenschaft stürzte er sich in die Dichtkunst und ging im Schreiben, Lesen, Unterrichten und im öffentlichen Vortrag seiner Gedichte völlig auf. Carls zahlreiche Veröffentlichungen haben äußerst positive Kritiken erhalten und so bittet man ihn immer noch oft, auf Schriftstellerkonferenzen zu sprechen. Mit 83 Jahren liegt seine Identität als der Sozialarbeiter Calman Rawley jetzt weit zurück. Stattdessen ist der Dichter Carl Rakosi wieder in den Vordergrund getreten. Rückschauend hat Carl erkannt, dass er den lobenden Brief aus London leicht unbeantwortet hätte beiseite legen können. Schließlich hatte er von dem jungen englischen Dichter noch nie gehört und seine eigene Zeit als Dichter lag schon ewig lange zurück. Doch weil Carl für Neues offen war, nahm er sich den unerwarteten Brief zu Herzen.

Wir alle haben ebenfalls schon in irgendeiner Form glückliche Zufälle erlebt, aber nur wenige von uns waren dabei so glücklich wie Carl. Indes, wie er können auch wir sorgfältig zuhören, wenn uns jemand Komplimente macht oder uns sagt, er oder sie sei durch etwas, was wir getan haben, bewegt worden. Tanzen oder musizieren Sie? Schreiben Sie Gedichte oder Erzählungen? Drängt es Sie, zu singen oder als Schauspieler auf der Bühne zu stehen? Auch wenn diese Talente Ihnen vielleicht nicht so viel öffentliche Anerkennung einbringen wie einigen unserer Gesprächspartner aus diesem Kapitel, so können diese Talente und Anstöße Sie trotzdem in eine Richtung lenken, die Ihnen tiefe Befriedigung verschafft – auch ohne öffentlichen Beifall.

Eine der häufigsten Frustrationen im Alter tritt auf, wenn wir merken, dass einige Dinge, von denen wir angenommen hatten, sie würden uns jetzt leichter fallen, immer noch so schwer sind wie eh und je. Nehmen Sie nur die scheinbar leichte Angelegenheit des Lernens: jene schrittweisen Prozesse, durch die wir nach und nach in die Lage versetzt werden, Auto zu fahren, eine Fremdsprache zu sprechen, einen Videorecorder zu programmieren, eine Waschmaschine anzustellen, einen Apfelbaum zu beschneiden oder einen tropfenden Wasserhahn zu reparieren.

Die Annahme erscheint zwar nicht unlogisch, dass der Prozess des Lernens leichter werden sollte, wenn wir unser ganzes Leben lang unsere Techniken verfeinert und Informationen aufgenommen haben. Doch leider ist dies nicht unbedingt der Fall. Ein Lernprozess lässt sich zwar etwas verkürzen, aber er ist mit 65 nicht grundlegend anders als mit 18. Wir alle kennen diese überwältigenden Gefühle der Verwirrung und Verzweiflung, wenn uns ein unvertrauter Gegenstand zunächst unüberwindliche Schwierigkeiten entgegensetzt. Hinzu kommt, dass wir dies als ältere Menschen manchmal mit einer Verminderung der eigenen Lernfähigkeit verwechseln – wahrscheinlich, weil man uns fälschlich beigebracht hat zu glauben, dass man »einem alten Hund nichts Neues mehr beibringen« könne.

Die Wahrheit lautet jedoch, dass es immer eine gewisse Zeit dauert, bis man etwas Neues erfasst hat. Wenn wir zum Beispiel die Bedienung eines Computers erlernen sollen, versetzt uns das in eine für uns vollkommen fremde Umgebung. Dann haben wir so viel Angst, einen Fehler zu machen, dass wir uns oft wie gelähmt vorkommen und überhaupt keine Fortschritte machen können. Besonders in der Anfangsphase, wenn wir etwas Neues erlernen, sind die Fortschritte so quälend langsam und die Belohnungen so minimal, dass wir ständig versucht sind, aufzugeben und wegzugehen. Doch so stark diese Versuchung auch sein mag, es ist von zentraler Bedeutung, diese entmutigende Anfangsphase zu überwinden, wenn wir in den Genuss der vielfältigen Belohnungen kommen wollen, die uns das Lernen verspricht.

Können Sie sich noch erinnern, wie aufgeregt Sie waren, als Sie etwas Neues endlich zum ersten Mal gemeistert hatten – sei es ein Reifenwechsel, die Einstellung eines Automotors, die Bedienung des Mikrowellenherds, eine gute Bridge-Partie, ein guter Rückhand-Return beim Tennis, die Beruhigung eines schreienden Babys oder das richtige Lesen einer verwirrenden Autokarte? Vielleicht haben Sie auch eine gute Geschichte so gut erzählt, dass Sie alle zum Lachen brachten, oder nach einem komplizierten Kochrezept erstmals so kochen können, dass es wie bei Mutter schmeckte. Wie wir von unseren Interviewpartnern bestätigt bekamen, ist es die Art, wie man ans Lernen herangeht, die das Lernen zur Freude macht, ja sogar enorme Begeisterung für das Lernen weckt: Man muss einfach freundlich mit sich selbst umgehen und sich schon für den kleinsten Fortschritt selber loben.

Es gibt formelle und informelle Lernsituationen. Wenn Sie gerne strukturiert und schulmäßig lernen, wäre vielleicht eine Rückkehr an die Universität das Richtige oder ein nachgeholtes Abitur. Sie können aber auch Volkshochschulkurse besuchen, sich einen Privatlehrer nehmen oder Spezialkurse besuchen. Bobs Schauspielausbildung oder Harriets Literatur- und

Schreibkurse fanden zum Beispiel in stark strukturierten Hochschulkontexten statt. Aber wir können auch aus unseren täglichen Erfahrungen lernen. Kens Akkordeonspiel und Carls Dichten etwa finden außerhalb traditioneller Bildungskontexte statt.

Die 85-jährige Mildred H. hat beschlossen, sich der wieder entdeckten Lust am reinen Lernen um des Lernens willen zu widmen. Wie bei Ken liegt ihre Motivation in der gewünschten persönlichen Bereicherung, nicht im eher äußerlichen Ziel, eine neue Karriere zu beginnen. Mildred ist geradezu das Musterbeispiel eines Menschen, der von seinem inneren Kompass geleitet wird, und dieser hat sie, nicht ohne Sinn und Zweck und sehr zu ihrem Glück in viele verschiedene Richtungen geführt. »Ich bin mein ganzes Leben lang ein weiblicher ›Hans-Dampf-in-allen-Gassen‹ gewesen«, sagte Mildred. Wir saßen im sparsam möblierten Wohnzimmer eines bescheidenen Hauses in Arizona, das sie zusammen mit ihrem Sohn, einem Mann im mittleren Alter, bewohnt. Sie dachte über ihre vielen Jobs als Kassiererin, Stenografin, Mitarbeiterin eines Schönheitssalons, Verwaltungsangestellte, Briefsortiererin, Sprachtherapeutin und Sekretärin nach. »Ich bin einfach neugierig auf die Dinge, alle möglichen Dinge. Ich denke mal, das erklärt schon weitgehend, warum ich tue, was ich tue.«

Obwohl Mildred immer eine Art innerer Befriedigung empfand, wenn sie neue Tätigkeiten ausprobierte, verspürte sie oft auch Frustration, wenn sie mit neuen Arbeitsanforderungen konfrontiert war. Ihre Familie war in einer finanziellen Lage, die es ihr nicht gestattete, mit der Arbeit aufzuhören und stattdessen ihre Collegebildung abzuschließen. Kaum hatte sie jedoch die für eine bestimmte Arbeit benötigten Fertigkeiten erworben, da wurde ihr Mann an einen anderen Ort versetzt oder machte ihr Arbeitgeber pleite – und schon war sie gezwungen, erneut irgendwo anders etwas Neues zu beginnen.

Als sie um die Mitte 60 war und ihre Kinder endlich alle auf eigenen Füßen standen, begann sich Mildred auf ein bequemes und aktives Leben in Muße mit ihrem Mann und in einer gepflegten, betreuten Wohnsiedlung für Senioren in der Nähe von Cleveland zu freuen. Das Ehepaar hatte sich auf diesen ihrer Meinung nach letzten Umzug ihres Lebens gefreut, denn an diesem Ort war sogar die langfristige Pflege bis zum Tode garantiert.

Die ersten Jahre in der neuen Heimat waren schön: Teilzeitjobs, Überseereisen und Besuche bei den Enkeln in Arizona. Dann starb Mildreds Mann nach einem quälend langen dreijährigen Krankenhausaufenthalt. Nach langer Überlegung kam die verwitwete Mildred zu dem Schluss, dass sie am liebsten wieder aufs College gehen würde. So zog sie ungefähr ein Jahr nach dem Tod ihres Mannes zusammen mit ihrem kurz zuvor geschiedenen Sohn in ein Haus in einem Vorort von Phoenix, in die Nähe der Staatsuniversität von Arizona. »Ich bin einfach ein Bücherwurm«, sagte sie und zeigte auf die vielen vom Boden bis zur Decke reichenden Bücherregale, in denen sogar noch das erste Buch stand, das sie je gelesen hatte. »Schon von Kindheit an wollte ich gern zum College und geisteswissenschaftliche Kurse belegen, denn das Lernen machte mir einfach Spaß. Ich wollte kein Examen und keinen Job. Das Studium sollte einfach nur mir selbst Freude bereiten.«

Im Rahmen einer Sonderregelung, die es inzwischen schon an vielen Colleges und Universitäten gibt, wurde Mildred als Gasthörerin zugelassen. Sie durfte praktisch alle Kurse besuchen, an denen sie Interesse hatte, ohne dass die Anforderungen und Prüfungen für jene Studenten, die ein Examen ablegen wollten, für sie Gültigkeit gehabt hätten. Die zu zahlenden Studiengebühren sind gering. In den meisten Kursen ist Mildred wirklich nur Gasthörerin, ohne die Verpflichtung, Prüfungsarbeiten zu schreiben und Tests zu bestehen. So wurde sie zu dem, was manche eine »ewige Studentin« nennen. Doch weil das Lernen ihr solchen Spaß macht, sieht sie einfach keinen Grund, warum sie damit aufhören sollte.

»Ich wohne in einem Häuschen mit zwei Schlafzimmern und kann zu Fuß zur Uni gehen«, sagte Mildred. »Weil meine Gelenke schrecklich angeschwollen sind, ist es für mich sehr wichtig, ganz in der Nähe des Campus zu leben.« Ihre Arthritis ist so schmerzhaft, dass es ihr manchmal schon schwer fällt, morgens überhaupt aus dem Bett zu kommen. Doch der Wunsch, zu ihren Kursen zu gehen, ist eine starke Motivation, die Wunder wirkt. Als wir Mildred besuchten, baute ihr Sohn gerade einen weiteren Eingang zu ihrem Schlafzimmer, mit einer Rampe, damit sie auch mit dem Rollstuhl von außen hinein gelangen könnte. Mildred kann zwar immer noch gehen, aber sie sieht den Zeitpunkt schon kommen, da sie an den Rollstuhl gefesselt sein wird. Dieser Umstand soll sie jedoch auf keinen Fall davon abhalten, weiterhin die Freuden der Bildung zu genießen. »Mein Ziel besteht darin, geistig lebendig zu bleiben«, betonte Mildred. »Ich erlebe, dass viele ältere Leute aufs College zurückkehren, sich dann aber nur in Fächern einschreiben, die sie ohnehin schon gut beherrschen. Das mag ihnen vielleicht ein gutes Gefühl geben, aber für mich besteht die Herausforderung gerade darin, etwas Neues in Angriff zu nehmen, von dem ich wenig oder gar nichts weiß.«

In der Vergangenheit waren Mildred ständig Steine in den Weg gelegt worden, wenn sie versuchte, ihr Bildungsziel – lebenslanges Lernen – zu verwirklichen. Heute bereitet ihr die Gesundheit große Probleme. Und doch sieht Mildred in all diesen erschwerenden Situationen lieber keine Hindernisse, sondern Herausforderungen. Sie beurteilt die Lage realistisch und besteht die Herausforderungen dann aus dem festen Glauben heraus, dass sie sich dadurch nie werde abhalten lassen, das zu tun, was ihr am meisten bedeutet. Es ist ganz erstaunlich, wie schnell sich Lösungen finden, wenn man weiß, was man will, und entschlossen ist, sein Ziel zu erreichen.

Das Geheimnis der glücklichen Rückkehr

»Menschen brauchen die Freiheit, sich im Laufe ihres Lebens mehrfach selbst zu erfinden und neu zu erfinden«, sagt Dr. Robert Butler, ein früher Befürworter des aktiven Älterwerdens. Diese Freiheit, sich selbst neu zu erfinden, gestattet es uns allen, die wunderbaren Fähigkeiten unseres Geistes, unseres Körpers und unserer Spiritualität zu entdecken und immer wieder neu zu entdecken – und zwar in jedem Alter. Wie die Lebensgeschichten in diesem Kapitel zeigen, liegen die schönsten Entdeckungen oft noch vor uns, selbst wenn ihre Wurzeln in der Vergangenheit liegen. Hier liegt das Geheimnis der glücklichen Rückkehr.

Wenn wir uns den Lieben und Leidenschaften unserer Jugend wieder öffnen – egal, ob es sich um Hobbys handelt, um Reisen, künstlerische Betätigung, Sport, Familie, Natur, Arbeit oder etwas anderes –, dann erhalten diese Samenkörner vielleicht den Impuls, zu keimen, Wurzeln zu schlagen und Früchte zu tragen. Die Verwirklichung eines lebenslangen Traumes kann zu einer Quelle enormer Befriedigung und Erfüllung werden. Wir möchten Sie ermutigen, alle derartigen Möglichkeiten in Betracht zu ziehen.

Damit Ihnen das besser gelingt, sollten Sie daran denken, dass ständig hilfreiche »Lebensbotschaften« auf dem Weg zu uns sind, obwohl wir sie allzu selten erkennen oder beachten. Wenn wir auf die unzähligen Möglichkeiten des Lebens stereotyp mit Formeln wie »Das kann ich nicht« oder »Dazu habe ich nicht das geringste Talent« reagieren, schlagen wir viele Türen zu, ehe sie sich überhaupt richtig geöffnet haben. Wir können uns selbst auf neue, unerprobte Aktivitäten schon dadurch vorbereiten, dass wir einfach zugänglich und empfänglich sind. In der Tat, wenn wir lernen, darauf zu vertrauen, dass die Antworten auf unsere Fragen in und um uns herum bereit liegen, geschieht es oft, dass das Universum uns diese Antworten auch zukommen lässt. Wie ein Weiser es schon vor tausend Jahren formulierte: »Wenn der Schüler bereit ist, lässt der Lehrer nicht auf sich warten.«

Jeder der Spätberufenen in diesem Kapitel unterscheidet sich dramatisch von den anderen, was den gewählten Ansatz zur eigenen Erfüllung im späteren Leben anbetrifft. Bei Harriet ist der größte Gewinn, den ihr das Schreiben bringt, innerlicher Natur, während Ken das Musizieren wenig bedeutet, wenn niemand lächelt und dankbar applaudiert. Bob entdeckte lang verschüttete Seiten seiner eigenen Persönlichkeit beim Schauspielen, während Carl jetzt mit einer heiß geliebten Tätigkeit glücklich ist, die lange Jahre ruhte. Mildred dagegen genießt das reine Vergnügen des Lernens und den Luxus, als Dilettantin (im guten Sinne) etwas für ihre Bildung zu tun.

Wofür Sie selbst sich entscheiden, hängt natürlich ganz von Ihnen ab. Wir kennen eine »pensionierte« Hand- und Fußpflegerin, die »vor Ort« drei Tage pro Woche in verschiedenen Altenheimen arbeitet, einfach weil ihr der Beruf, in dem sie ein Leben lang tätig war, so sehr gefällt, dass sie nicht ganz aufhören möchte. Ein anderer Freund arbeitet regelmäßig ehrenamtlich für eine gemeinnützige religiöse Organisation, weil ihm viel daran liegt, etwas für die weniger vom Leben Begünstigten in seiner Gemeinde zu tun.

Doch alle hier geschilderten Senioren haben eines gemeinsam: Sie haben sich erlaubt, sich auch in späteren Jahren noch weiterzuentwickeln und zu wachsen, indem sie vertrauensvoll ihrem Herzen und ihrem neugierigen Geist folgten. Sie haben eine offene, flexible Einstellung gewählt, die positive Veränderungen nicht nur zulässt, sondern sogar begrüßt und genießt. Viele von ihnen benutzten auch wirkungsvolle, praktische Techniken für Reflexion und Selbsterkundung – zu denen auch das Aufstellen und Überdenken von Listen mit Aktivitäten gehört, die einem besonders ans Herz gewachsen sind. Diese aktiven Alten horchten intensiv in sich hinein und konnten bei und nach diesem Vorgang ziemlich genau sagen, welche Richtung sie einschlagen wollten.

Sie brauchen keinerlei endgültige Entscheidungen zu treffen, wenn Sie das Geheimnis der glücklichen Rückkehr erforschen. Gehen Sie spielerisch und neugierig an die Sache heran. Und denken Sie immer daran, dass Wachstum und Wandel weitergehen, bis wir sterben. Wir sind niemals zu alt, um etwas Neues auszuprobieren. Nein, im Lauf der Jahre und mit wachsender Erfahrung können wir sogar oft klügere und angemessenere Entscheidungen treffen als mit 30. Das ist ein Grund zur Freude!

Wie man diesem Geheimnis entsprechend handelt

Wie Bob P. am Anfang dieses Kapitels gezeigt hat, fällt es einem viel leichter, sein Ziel zu erreichen, wenn man sorgfältig auf seine »innere Stimme« hört, selbst wenn man zuvor große Teile seines Lebens damit verbracht hat, diese Stimme zu ignorieren. Gemeint ist dabei jene innere Zwiesprache, die andere vielleicht als »Selbstgespräch« bezeichnen würden. Dies ist die Stimme, die Ihre tiefsten, intensivsten Gefühle und Gedanken zum Ausdruck bringt. Sie dient als eine Art moralischer Kompass auf Ihrem Weg zur Selbstentdeckung.

Bob schuf auf der Ebene des bewussten Denkens Platz, damit die unter dieser Ebene liegenden Wahrheiten an die Oberfläche vordringen und Anerkennung gewinnen konnten. Instinktiv wusste er, dass es einem manchmal eher schadet, wenn man zu viel aktiv »denkt«. Auch wenn wir in einer Kultur leben und aufwachsen, die kopfgesteuerte Aktivitäten und angewandte Logik ermutigt, können wir nicht immer die passende Antwort finden, wenn wir ein Problem lediglich durchdenken, und sei es noch so gründlich. Stattdessen muss unser Geist manchmal einfach nur ruhig werden wie ein ruhiges Gewässer, damit die sanften Wellenbewegungen origineller Gedanken, intuitiver Gefühle und bedeutsamer Erinnerungen an die Oberfläche vordringen können. Wenn wir aufmerksam auch auf das achten, was unter den flachen Widerspiegelungen der Oberfläche verborgen ist, werden wir dabei oft tiefere Wahrheiten entdecken.

Eine andere Vorgehensweise, die gut funktioniert, ist ein offenes Gespräch mit einem vertrauten Bekannten, Verwandten, Freund oder Pastor, der Sie gut genug kennt, um Ihnen begründete Vorschläge machen zu können, welche Aktivitäten aus ihrer Sicht gut zu Ihnen passen würden, wenn Sie in den Ruhestand treten. Manchmal brauchen wir nur einen sanften Schubs von einem oder einer langjährigen Vertrauten, der oder die unsere Aufmerksamkeit auf ein Talent oder Interesse lenkt, das bei uns lange geschlummert hat. Erinnern Sie sich noch, dass Kens Frau ihn an sein Akkordeonspiel erinnerte? Oder dass es Carls junger Bewunderer war, der dessen Leidenschaft für die Dichtung neu weckte?

Sie sollten auf diese nachdenklich machenden, kontemplativen Gefühle und Gedanken hören und dann jene Punkte auf einem Stück Papier festhalten, die Ihnen am bedeutsamsten erscheinen. Sie könnten zum Beispiel wieder entdecken, dass Sie früher einige ihrer schönsten Augenblicke in der Küche erlebt haben, bei der Zubereitung von kleineren oder größeren Mahlzeiten, die anderen und Ihnen selbst Freude und Genuss bereiteten – und bereiten. Oder Sie finden heraus, dass der Austausch mit anderen Menschen in der Arbeitswelt etwas ist, das Ihnen so sehr fehlt, dass Sie diesen Bereich unbedingt wiedergewinnen wollen – durch einen Teilzeitjob oder indem Sie sich unternehmerisch betätigen. Ehrliche Erkundungen, was Ihnen in der Vergangenheit besonders viel Vergnügen und Befriedigung bereitet hat, sind ein besonders guter Weg, sich auf das zu konzentrieren, was Sie zur Zeit und in Zukunft wirklich wollen.

Wie wir bei unseren Interviewpartnern gesehen haben, ist das schriftliche Festhalten von Gedanken und Beobachtungen ein wichtiger Schritt, wenn wir unsere zukünftige Richtung finden und bestimmen wollen. Wenn Sie einige Ihrer Hoffnungen und Träume zu Papier gebracht haben – ganz gleich, ob es um den Erwerb eines Bauernhofes geht oder darum, Rechtsanwalt zu werden oder einen Gedichtband zu veröffentlichen – sind Sie der Verwirklichung schon einen Schritt näher gekommen. Werden solche vagen Pläne nicht irgendwo und irgendwie festgehalten, dann verflüchtigen sie sich meist schneller als eine Pfütze an einem heißen Sommertag. Wir haben herausgefunden, dass schon der Vorgang des Aufschreibens, selbst wenn Sie auf diesen Zettel später nie wieder zurückkommen, Sie beschleunigt in die gewünschte Richtung führt.

Eine Methode zur Klärung der Gedanken, die sich als besonders wirksam erwiesen hat, ist das Führen eines persönlichen Tagebuchs. Notieren Sie eine Woche lang jede Tätigkeit, die Ihnen dazu einfällt, was Ihnen im Laufe Ihres Lebens große Freude bereitet hat. Beschreiben Sie mit eigenen Worten, was genau Ihnen besonders gefallen hat, wenn Sie etwas Bestimmtes getan haben. Hat es Ihnen zum Beispiel besondere Freude gemacht, am Samstag Abend tanzen zu gehen? Hat Ihnen der Besuch von Kunstmuseen etwas gegeben? Hat man Sie als besonders tüchtigen Automechaniker gelobt? Hat es Ihnen Spaß gemacht, in politischen Wählerinitiativen mitzumachen? Wenn Sie Ihr Leben mehrere Tage lang auf diese Weise erforscht haben, werden Sie eine beachtliche Liste mit bevorzugten Tätigkeiten beisammen haben. Auch werden Sie ein Gespür dafür entwickelt haben, was Ihnen an diesen Aktivitäten besonders gefallen hat. Denken Sie daran: Was Sie da aufschreiben, braucht niemand außer Ihnen selbst zu sehen, denn der doppelte Zweck dieser Übung ist strikt persönlicher Art. Sie wollen all diese schönen Gefühle nochmals erproben und Sie wollen daraus einige viel versprechende Ideen für Ihre Zukunft gewinnen.

Verwenden Sie dann die folgende Woche darauf, eine zweite Liste mit Aktivitäten zusammenzustellen. Jetzt geht es um Dinge, die Sie schon immer tun oder ausprobieren wollten, ohne je dazu gekommen zu sein – unerfüllte Sehnsüchte, die zu erfüllen Ihnen vielleicht immer noch Freude bereiten könnte. Dabei kann es sich um Ideen handeln, die Sie schon seit Jahrzehnten mit sich herumtragen, oder solche, die Ihnen gerade erst heute Morgen gekommen sind. Wollen Sie mit einem Ballon fliegen? Nach Alaska fahren? Ein Selbstporträt zeichnen? In einem Kinderkrankenhaus helfen? Noch einmal studieren? Wieder berufstätig sein?

Dabei sollten Sie sich vor trivialen Phrasen wie »Das kann ich nicht!« oder »Das hätte ich vielleicht vor 40 Jahren gekonnt, aber jetzt bin ich einfach zu alt dazu« hüten. Viele von uns nehmen Zuflucht zu solchen Ausreden, weil sie Veränderungen und Brüche fürchten und glauben, es sei besser, an vertrauten Routinen und Gewohnheiten festzuhalten, als etwas ganz Neues auszuprobieren – was natürlich auch das Risiko einschließt, zurückgewiesen, enttäuscht und für gescheitert erklärt zu werden.

Neben dieser ganz natürlichen Angst vor dem Scheitern spielt auch das Gefühl eine Rolle, es sei für ältere Menschen einfach »unpassend«, zu einer jugendlichen Leidenschaft zurückzukehren oder noch etwas völlig Neues zu beginnen. In der Gesellschaft herrscht so etwas wie die Ansicht vor, die *Jugend* sei die einzig angemessene Zeit, auch einmal anscheinend Verrücktes auszuprobieren. Zum konventionellen Weisheitsschatz gehört die Auffassung, nur die *prägenden* Jahre sollten der Ausbildung, dem Ausprobieren und dem Lernen vorbehalten sein.

Doch der Jugend stehen selten die Weisheit und Voraussicht zu Gebote, die man sich erst in lebenslanger Erfahrung erwirbt. Wenn wir älter werden, neigen wir dazu, die Meinungen anderer gering zu schätzen und uns mehr auf unsere inneren Bedürfnisse und Wünsche zu konzentrieren. Es ist nicht leicht, tief sitzende Ängste zu überwinden und aus der Litanei des »Ich kann nicht« das Mantra des »Ich kann« zu machen. Doch denken Sie daran, welch mächtige Auswirkungen schon die einfache Umformulierung negativer Gedanken zu positiven haben kann – als ein Mittel, um das, was Sie wirklich im Leben haben und erreichen wollen, auch zu bekommen.

Halten Sie ein und vergegenwärtigen Sie sich den heutigen Tag. Versuchen Sie, sich jedes herausragende Erlebnis bildlich vorzustellen. Und dann sollten Sie, wenn Sie zur Alltagsroutine zurückkehren, all Ihre Aktivitäten und Gefühle sorgfältig beobachten. Sind Sie stolz darauf, wie Sie das neue Bild gerahmt haben? Hat der Zeitungsartikel, den Sie über den Komödianten gelesen haben, Sie zum Lachen gebracht? Waren Sie überrascht, wie leicht es Ihnen fiel, einen Streit zwischen zwei Ihrer Nachbarn zu schlichten, bei dem es um nicht viel ging?

Jeder dieser anscheinend trivialen Höhepunkte des Tages könnte uns eine neue Richtung weisen. Ansatzpunkte für ein Aufblühen im Alter finden sich praktisch überall, wenn wir nur darauf achten. Wir müssen unsere gegenwärtigen Aktivitäten, aber auch unsere Zukunftsträume und alles, was uns in der Vergangenheit Freude machte, untersuchen, beobachten und uns selbst zuhören.

7. KAPITEL

Das Geheimnis der neuen Wurzeln

Elwood Chapman, der Autor von *Comfort Zones* (Zonen des Wohlbefindens) und mehreren anderen Büchern über Lebensplanung im Alter, nennt den Ruhestand scherzhaft »das Schreckenswort, das mit R beginnt«, weil dieser Begriff so viele negative Assoziationen weckt. Schließlich hat man uns ja gesagt, wir würden mit Erreichen eines bestimmten Alters aus vielen Dingen »ausscheiden« oder wären gar »jenseits von Gut und Böse«. Doch Chapman beharrt darauf, dass mit dem Ruhestand das Ende persönlichen Wachstums und Wandels noch lange nicht erreicht ist. Vielmehr zeigt er, dass sich unsere Vorlieben im Alter zwischen 55 und 70 oft deutlich von denen unterscheiden, die wir *nach* Überschreiten der biblischen Marke von 70 Jahren haben.

Es ist zum Beispiel ein Irrtum zu glauben, dass ein Lebensstil, der für eine(n) aktive(n), verheiratete(n) 68-Jährige(n) passend ist, automatisch auch für eine(n) verwitwete(n) 79-Jährige(n) geeignet sei, für jemanden, der nur noch seine Ruhe haben will. Im Zeichen steigender durchschnittlicher Lebenserwartung können wir ziemlich sicher sein, bis zu einem Drittel unseres ganzen Lebens in jener nicht genau definierten Lebensspanne zu verbringen, die wir »Ruhestand« nennen. Dabei ist jedoch der ehrwürdige 95-Jährige vom soeben mit 65 in den Ruhestand Gegangenen *chronologisch* genauso weit entfernt wie das fünfjährige Vorschulkind vom auf Karriere bedachten Mittdreißiger. Das müsste zum Thema Verallgemeinerungen über Senioren eigentlich genügen.

Obwohl solche Differenzierungen von erheblicher Bedeutung sind, waren noch vor einer Generation die Optionen älterer Menschen für ihren Wohnungs- und Lebensstil schmerzlich begrenzt. Wer damals frisch in Pension oder Rente gegangen war, hatte normalerweise nur die Wahl, im bisherigen Haus oder in der bisherigen Wohnung der Familie zu bleiben, zu einem Sohn oder einer Tochter zu ziehen, in ein kleineres Haus oder eine kleinere Wohnung zu wechseln oder aber in ein Alters- und/oder Pflegeheim zu ziehen. Andere Möglichkeiten gab es kaum und selbst Freunde rieten von innovativeren Alternativen eher ab.

Zum größten Teil reflektierte dieses enge Spektrum an Wahlmöglichkeiten ziemlich genau die beschränkte Perspektive der ganzen Gesellschaft, wenn es darum ging, wie ihre älteren Mitglieder leben sollten. Die vorherrschende Erwartung war, dass ältere Menschen sich einfach ein ruhiges Plätzchen suchten, wo sie niemandem im Wege waren, und dort geduldig auf die Ankunft von Krankheit und Tod warteten. Doch in den letzten zehn Jahren hat sich glücklicherweise vieles zum Positiven gewendet. Das zeigen die folgenden, aus dem realen Leben gegriffenen Beispiele.

Mit Anfang 50 beschloss Peter D., seinen Posten in der Flugzeugindustrie aufzugeben und in den Vorruhestand zu gehen. Mit seiner Frau Julia verkaufte er das gemeinsame Haus in Boston und erbaute sich in einer südkalifornischen Kleinstadt ein nagelneues, weitläufiges »Traumhaus«. In der neuen Umgebung verbrachte das Ehepaar zehn glückliche Jahre. Doch als Peter mit 62 gestorben war, beschloss Julia, das Haus zu verkaufen und lieber in eine Einzimmer-Eigentumswohnung in einem in der Nähe gelegenen Wohnkomplex für betreutes Wohnen im Alter zu ziehen. Früher hatte Julia solche Einrichtungen zwar als »menschliches Gegenstück zum Friedhof für alte Elefanten« abgetan, doch jetzt war sie überrascht, welch herzliche, freundliche Atmosphäre dort herrschte. Wie andere gleich gesinnte Senioren führt sie nun in deren Kreis ein aktives, selbstbestimmtes Leben.

Mit 55 hatte die geschiedene Betty L. ihr letztes Kind aufs College verabschiedet. Jetzt noch länger in ihrem großen, recht leeren Haus in White Plains, New York, herumzuhängen, machte Betty einfach keinen Spaß mehr. Sie sehnte sich danach, in einer ruhigen Umgebung zu schreiben und zu malen. Nachdem sie mehrere Möglichkeiten, ihren Lebensstil zu verändern, in aller Ruhe überdacht hatte, verkaufte sie den größten Teil ihrer Habseligkeiten und zog in eine kleine Wohnung in der kosmopolitischen mexikanischen Stadt San Miguel de Allende. Im Laufe der nächsten beiden Jahrzehnte lernte sie, fließend Spanisch zu sprechen. Sie schrieb und malte nach Herzenslust und heiratete ihren amerikanischen Landsmann Murray, der ebenfalls freiwillig ins Ausland gezogen war. Doch jetzt planen die beiden, in die Vereinigten Staaten zurückzuziehen, um der modernen Medizin mit all ihren Möglichkeiten näher zu sein und um mehr Zeit mit Freunden und Familienangehörigen verbringen zu können. Weil den beiden kulturelle Aktivitäten wie Konzert- und Theaterbesuche sehr wichtig sind, sehen sich Betty und Murray jetzt unter den kleineren Universitätsstädten des amerikanischen Nordwestens um. Sie sind bereit für den Tausch: Sie wollen ihren sehr individuellen Lebensstil im Ausland aufgeben zugunsten des leichteren Zugangs zu medizinischen Behandlungsmöglichkeiten auf dem neuesten Stand der Technik sowie zugunsten der Freuden des Familienlebens. Sie wollen den geliebten Menschen einfach wieder näher sein.

Als Effie B.s Ehemann Louis vor einigen Jahren an der Alzheimerschen Krankheit gestorben war, glaubte sie, alle wichtigen Entscheidungen ihres Lebens lägen nun hinter ihr. Doch von ihrem weitläufigen Haus mit vier Schlafräumen, in einem Vorort von Houston, Texas, gelegen, fühlt sie sich inzwischen etwas überfordert. Allerdings hat Effie über ein halbes Jahrhundert lang im eigenen Haus gewohnt und kann sich deshalb überhaupt nicht vorstellen, irgendwo zur Miete zu wohnen. Überdies hängt sie mit Leib und Seele an dem Gewächshaus in ihrem gepflegten großen Garten. »Ich denke nicht im Entferntesten daran, in eine Altenwohnung oder in ein Altersheim zu ziehen«, sagte sie uns. Mit ihren 82 Jahren ist Effie noch in guter körperlicher Verfassung. »Die attraktiven, sanatoriumsähnlichen Wohnkomplexe aber richten sich an Leute mit einem Lebensstil, der mir absolut nicht liegt. So bleibt also vorerst alles beim Alten. Schließlich ist für mich mein Haus mit glücklichen Erinnerungen angefüllt.«

Edgar T. verbrachte den größten Teil seines Berufslebens als Collegeprofessor für Wirtschaftswissenschaften an der pazifischen Nordwestküste der USA. Zielstrebig plante er eine »Übergangskarriere« als Wirtschafts- und Unternehmensberater. So sollte ihm der schrittweise Übergang in den Ruhestand leichter fallen und er sollte seinen großen Erfahrungsschatz im Bereich Geschäftsstrategien und Finanzplanung nutzbringend einsetzen können. Nach der Veröffentlichung mehrerer Bücher und Zeitschriftenartikel hat sich Edgar nebenher auch noch eine Vortragstätigkeit aufgebaut, die ihm viel Spaß macht. Außerdem bietet er allgemein verständliche Seminare aus seinem Themenbereich an. Nach einem Herzinfarkt muss Edgar allerdings nun kürzer treten. Er stellte einige seiner Aktivitäten ganz ein und betreibt stattdessen mit seiner Frau Fran ein Apartmenthaus mit vier Wohneinheiten in Florida, in Strandnähe. Die Mieteinnahmen reichen aus, um Edgar die Fortführung seines Lebensstils als Dozent und Berater zu ermöglichen, doch nunmehr ohne Stress und in deutlich reduziertem Umfang.

Was die hier beschriebenen »neuen Alten« verbindet, ist ihre flexible Einstellung zur Frage, ob sie noch in späteren Jahren woanders neue Wurzeln schlagen könnten. Ihre Kurzbiografien zeigen, dass es zwar unmöglich ist, jede Phase des Ruhestandslebens genau vorherzusagen, dass es jedoch für die Umsetzung und Realisierung der Pläne für die Zeit nach der

Pensionierung sehr hilfreich sein kann, wenn man erstens genau weiß, *was* man will, und zweitens gut plant, *wie* man es erreichen will.

»Noch vor zwei Jahrzehnten war es nichts Ungewöhnliches, wenn die Oma in einem Haushalt aus drei Generationen lebte«, sagt der Gerontologe Charles Longino jr. von der University of Miami, ein ausgewiesener Experte zu Fragen des Alters. »Doch heute lebt sie für sich allein, fährt ihr eigenes Auto, telefoniert mit ihren Freunden und Freundinnen, kümmert sich um ihre eigenen Angelegenheiten und will so weitermachen wie bisher, solange es irgend geht.«

Der am Kapitelanfang erwähnte Elwood Chapman, zum Zeitpunkt unseres Interviews selbst schon über 70, geht in seiner Analyse noch einen Schritt weiter. Er sieht in den Ruhestandsjahren »das zweite Leben« und teilt die Jahre dieses Lebensabschnitts in fünf deutlich voneinander unterschiedene innere Phasen ein: die geschäftige Übergangszeit (in der wir uns oft mit mehr Veränderungen auf einmal auseinander setzen müssen als in jeder anderen Lebensphase seit der Jugend); die spontanen, unerwarteten »Glücksfälle« der Entdeckung neuer Aktivitäten, die uns Freude bereiten; die »süßen, goldenen« Jahre nostalgischer Freuden; die Träumereien der Innenschau und Spiritualität; und schließlich die »Zeit des Sonnenuntergangs«, in der den Einzelnen besonders viel daran liegt, ihre Angelegenheiten geordnet zu hinterlassen und sich in der Befriedigung zu sonnen, ihr Leben gut gelebt zu haben.

Chapman glaubt, dass wir in den Ruhestandsjahren – wie in früheren Lebens- und Entwicklungsphasen – klar voneinander abgegrenzte Stadien des persönlichen, inneren Wachstums durchlaufen. In dieser Zeit der fortgesetzten Reife hängen unser Lebensstil und unsere Wohnbedürfnisse von vielen veränderlichen Faktoren ab, die sich ihrerseits auch von einem Jahr zum nächsten dramatisch verändern können. Was mit 65 noch richtig ist, kann mit 75 (oder auch schon früher) ärgerlich oder lähmend sein. Unsere Werte und Einstellungen verändern sich mit uns, wenn wir älter werden. Ein Lebensstil, mit dem wir glücklich und zufrieden sind, solange wir im Arbeitsleben stehen und Kinder großziehen, ist wahrscheinlich nicht mehr erfüllend, befriedigend oder auch nur angemessen, wenn das Haus leer und die Arbeit getan ist, oder wenn geliebte Menschen von uns gegangen sind. Wenn wir Pläne für unser »zweites« Leben machen – für das riesige, uns noch unbekannte Territorium jenes »Schreckenswortes, das mit R beginnt« –, dann können wir jedenfalls davon ausgehen, dass sich unsere Bedürfnisse, Wünsche und Lebensstile auch weiterhin noch ändern werden.

Fragen des Lebensstils – zum Beispiel die Frage, worin unsere körperlichen und seelischen Bedürfnisse zu einem bestimmten Zeitpunkt bestehen, welche Annehmlichkeiten wir brauchen und welche nicht oder warum wir eine bestimmte Umgebung bevorzugen – sind ein ebenso wichtiger Bestandteil unserer Rezepte für den Ruhestand wie Fragen des Geldes, der Geografie und der Gesundheit. Ruheständler unterscheiden sich untereinander genauso sehr wie andere Segmente der Gesamtbevölkerung; sie haben unterschiedliche Interessen, Träume, Bedürfnisse und Erwartungen. Die gerontologische Forschung hat sogar festgestellt, dass wir, je älter wir werden, desto individueller werden. Wir werden sicherer und fühlen uns wohler dabei, einfach so zu sein, wie wir sind. Und so, wie wir zunächst, wenn wir jung und ungebunden sind, wenig Geld haben und zum ersten Mal von zu Hause fortziehen, nach einer Dachwohnung Ausschau halten – oder nach einem Häuschen in der Vorstadt, wenn wir verheiratet sind, kleine Kinder haben und ein familienfreundliches Auto gekauft haben –, bleiben unsere Bedürfnisse auch in späteren Lebensphasen nicht statisch. Da ist es nur klug, sich eine flexible Einstellung zu bewahren – im Bewusstsein, dass es immer wieder Veränderungen, Wachstum und Glücksfälle geben wird.

In vielen Büchern und Veröffentlichungen werden die verschiedenen Wohnmöglichkeiten nach der Pensionierung beschrieben, die es heute gibt: praktisch alles, vom Leben in einem israelischen Kibbuz bis zum Mehrparteienhaus mit unterschiedlichen Generationen (einer modernen Variante der einstmals üblichen Form der Großfamilie mit drei Generationen). Wir empfehlen Ihnen, sich dieser zusätzlichen Informationsquellen zu bedienen, außerdem jedoch über die Erfahrungen anderer Generationsgenossen unter den »neuen Alten«, wie zum Beispiel Min H., nachzudenken, die in Minneapolis in einem mehrstöckigen Wohnkomplex für ältere Menschen lebt.

Wie Min sagt, ist an den Wänden ihrer kleinen Wohnung gar nicht genug Platz für all die Urkunden, Plaketten und Preise, die sie für ihre ehrenamtliche Arbeit in der Doppelstadt Minneapolis-St. Paul erhielt. Dadurch wird der Einsatz einer Frau gewürdigt, die sich stets für soziale Reformen eingesetzt hat, seit sie mit 14 Jahren eine elende, schlecht bezahlte Fabrikarbeit annahm, um die längst überfällige Verabschiedung einer Gesetzesvorlage gegen Kinderarbeit voranzutreiben. Min ist eine Aktivistin, die auch schon mal 16 Müllmänner zu sich zum Tee einlud, um ihren Rat einzuholen, wie man die Stadt verschönern könne. Ferner organisierte sie einen Club für Hausmädchen (Maid's Club), weil sie das Gefühl hatte, dass die Hausfrauen in Minnesota, auch sie selbst, ihre Dienstboten im Haushalt ausbeuteten. Dann kam die Zeit, in der sie 48 Frauen bei sich zu Hause willkommen hieß, die 18 000 Weihnachtsgeschenke für geistig Behinderte einpacken sollten. Oder der Sommer, in dem sie eine Gruppe von wachsamen, doch hungrigen Ärzten unermüdlich mit Hunderten von selbst gebackenen Hefeplinsen versorgte – als Teil einer erfolgreichen Kampagne zur Einrichtung der ersten Augen- und Diabetesklinik in ihrer Gegend, die man kostenlos ambulant besuchen konnte.

»Ich liebe das Leben«, sagte uns Min, als wir in ihrem Esszimmer einige ihrer berühmten frischen Plinsen aßen (eines

jüdischen Gebäcks, das einem dicken Pfannkuchen ähnelt).
»Leben heißt für mich, zu helfen und sich nützlich zu machen.« Min ist nur 1,55 Meter groß und hat strahlende braune Augen. Ihr extrovertiertes Lächeln scheint einen direkt umarmen zu wollen. Wer sie zum ersten Mal besucht, bekommt meistens zu Anfang gar nicht mit, dass sie an den Rollstuhl gefesselt ist. Infolge dieses Umstands verlässt sie nur noch selten das Gelände jenes staatlich bezuschussten Wohnkomplexes, den sie jetzt ihr Zuhause nennt und in dem sie je nach Erfordernissen auch betreut werden kann.

»Ich bin hierher gezogen, weil es nach dem Tod meines Mannes sehr schwer für mich wurde, noch allein über die Runden zu kommen«, sagte Min, die an einer schweren Form von Arthritis leidet. »Ich habe nie viel Geld gehabt und meine Miete hier kostet nur einen kleinen Prozentsatz meiner Rente, von der ich lebe.«

Ihren unermüdlichen Einsatz als Freiwillige schreibt Min ihrer verstorbenen Mutter zu, die ihrem einzigen Kind die selbstlose Maxime einprägte, dass »wir nicht auf dieser Welt sind, um nur für uns selbst zu leben. Jeder profitiert davon, wenn wir etwas für andere tun.«

Zwischen ihren karitativen Einsätzen zog Min in einem großen Haus, das von ihrer jetzigen Wohnung nicht weit entfernt liegt, auch noch zwei Töchter und zwei Söhne groß. Ihre überlebenden drei Kinder (ein Sohn starb vor ein paar Jahren) und die neun Enkelkinder kommen regelmäßig zu Besuch. Oft kaufen sie für Min ein oder begleiten sie zu ärztlichen Untersuchungen.

Trotz ihrer eingeschränkten Mobilität hat Min auch in den letzten Jahren in ihren Aktivitäten nicht nachgelassen. In ihrem betreuten Wohnheim, in dem ungefähr 150 Senioren über 65 leben, arbeitet sie in den Ausschüssen für Verpflegung und Gastfreundschaft mit. Sie spricht fließend Jiddisch und kann deshalb auch mehreren jüdischen Nachbarn, die nicht genug Englisch können, beim Übersetzen behilflich sein. Ihre therapeutischen Fähigkeiten bei Trauerfällen bietet sie ehrenamtlich all jenen an, die mit dem Tod geliebter Menschen fertig werden müssen. Landesweite Anerkennung hat sie für ihre fortlaufenden Leserbriefkampagnen zugunsten von Organisationen für geistige Gesundheit und des Diabetikerverbandes erhalten. Und als sei das alles noch nicht genug, hat sie im Auditorium im Erdgeschoss des Wohnkomplexes auch noch eine monatliche Vortragsreihe organisiert.

»Weil ich im Rollstuhl sitze, bitte ich die Leute meistens, zu Sitzungen in mein Apartment zu kommen«, sagte uns Min. »Jeden Montag Morgen kommt hier beispielsweise in meinem Wohnzimmer eine Gruppe zusammen, die kleine Fähnchen und Spruchbänder zur Förderung der Verkehrssicherheit von Schulkindern bastelt. Jeden Monat verschenken wir über tausend davon an Schulklassen im ganzen Land.«

Min spielt die Bedeutung ihrer freiwilligen Einsätze herunter, indem sie uns darauf hinweist, dass sie nicht gern Karten spiele, keinen Sport treibe und niemals im ganzen Leben einer bezahlten Arbeit nachgegangen sei. Sie erinnert daran, dass damals, als sie heiratete, den Ehefrauen normalerweise keine eigene Berufstätigkeit gestattet war. »Also steckte ich meine ganze überschüssige Energie in die Suche nach Möglichkeiten, anderen zu helfen«, erläuterte Min – so, als sei es die selbstverständlichste Sache der Welt. »Und wenn man einmal daran gewöhnt ist, bestimmte Dinge zu tun, sehe ich überhaupt keinen Grund, damit aufzuhören, nur weil man ein bestimmtes Alter erreicht hat oder in eine neue Lebenssituation gekommen ist.«

Min trennte sich vom größten Teil ihres Besitzes, als sie vor zwei Jahren das Haus der Familie verkaufte. Und obwohl ihr einige ihrer alten Nachbarn fehlen, hat sie es doch problemlos geschafft, sich in ihrer neuen Umgebung gut einzuleben. »Ja, diese Wohnung ist zwar kleiner und ich fühle mich irgendwie auch mehr eingeschränkt als früher. Aber ich mache immer noch ungefähr das Gleiche wie früher, eben die Dinge, die mir am meisten Freude machen«, sagte sie. »Und ich habe sogar entdeckt, dass das Leben in einer Art Altenheim wie hier durchaus seine Vorteile hat. Man muss sich zum Beispiel nicht mehr um den Garten kümmern und ich lebe unter Menschen, mit denen ich viel gemeinsam habe.«

Zu Mins bezuschusstem Mietarrangement gehört, dass sie pro Monat 25 kostenlose Mahlzeiten im Speisesaal ihrer Wohnanlage einnimmt. »Ich bin immer der Ansicht gewesen, dass wahre Gastfreundschaft darin besteht, mit jemandem gemeinsam zu essen«, sagte sie uns, »und ich kann jeden Tag Freunde finden, um mich mit ihnen bei einer Mahlzeit zu unterhalten. Es gibt mir sehr viel, wenn ich das kann.«

Selbst wenn sie sich nicht mehr weit fortbewegen kann, hat Min das Gefühl, dass der ständige Strom von Menschen, die in ihrem Apartmenthaus ein und aus gehen – Mitbewohner, Sozialarbeiter, Ärzte, Familienmitglieder und andere –, ihr mehr als genug Anregung gibt. »Die Leute werden keinen Anlass haben zu sagen, dass Min an Langeweile gestorben sei«, lachte sie. »Ich habe niemals das Gefühl, hier gefangen oder isoliert zu sein. So zu leben, ist ein Vergnügen.«

Mins Geschichte illustriert, wie sich mit einer produktiven, konstruktiven und lebensbejahenden Einstellung auch eine Situation positiv gestalten lässt, die den meisten von uns wohl als so schlimm erscheinen würde, dass man den Kampf am besten gleich aufgäbe. Überlegen Sie nur einmal, was *Sie* tun würden, wenn Sie sich nach einem aktiven, umtriebigen Leben plötzlich allein und durch ein sehr schmerzhaftes chronisches Leiden an den Rollstuhl gefesselt in einer kleinen Wohnung wieder finden würden und obendrein noch mit einem sehr begrenzten fixierten Einkommen auskommen müssten. Was würden *Sie* tun? Sich an eine solche Lage anpassen zu müssen würde bei vielen Leuten sämtliche Energie und jeglichen Enthusiasmus aufzehren. Nicht jedoch bei Min. Sie ist der lebende Beweis dafür, welch gewaltigen Unterschied eine positive Grundeinstellung zum Leben machen kann.

Mit ähnlichen Themen und Entscheidungen sind alle konfrontiert, die 60 Jahre und älter sind. Viele von ihnen sind nicht mehr voll berufstätig und bei den meisten haben die Kinder inzwischen einen eigenen Haushalt gegründet. Während die Mehrzahl jener, die auf den Ruhestand zugehen, sich nicht mit denselben Problemen auseinander setzen muss, mit denen Min konfrontiert ist, werden trotzdem die meisten von uns an irgendeinem Punkt entscheiden müssen, wie und wo sie leben wollen. Diese Entscheidung wird natürlich von Faktoren wie Geld, persönlichen Beziehungen und Gesundheit beeinflusst sein. Am Ende kommen wir vielleicht zu dem Schluss, dass wir überhaupt nicht umziehen wollen, vielleicht aber auch, dass wir nicht nur *einen* neuen Lebensstil ausprobieren wollen, sondern gleich *mehrere*.

Möglicherweise würde es uns am besten gefallen, das Haus unseren sinkenden Bedürfnissen anzupassen oder eine Art umgekehrter Hypothek auf das Haus aufzunehmen (manchmal nennt man diese Art der Finanzierung auch einen Kreditrahmen, der sich am Wert des Hauses ausrichtet). Dann wäre uns ein monatliches Einkommen sicher, während wir weiter im eigenen Haus leben können (das dann am Ende aber teilweise oder ganz der Bank gehört). Vielleicht planen Sie auch, das Obergeschoss Ihres Hauses als abgetrennte Mietwohnung einzurichten und zu vermieten, oder Sie wollen sich einen oder mehrere Wohngenossen suchen; dann haben Sie geringere Wohnkosten und mehr Gesellschaft. Wieder andere reduzieren ihre Wohnbedürfnisse und »verkleinern« sich im Einklang mit den gewandelten Bedürfnissen.

Vor einigen Jahren haben sich Jim D. und seine Frau Nancy eine moderne Eigentumswohnung in einer sanatoriumsähnlichen Wohnanlage in Florida gekauft, die aktive Senioren im von ihnen gewünschten Umfang betreut. Die Entscheidung des Paares, ihr geräumiges Haus mit großem Garten in Connecticut zu verkaufen, war nicht zuletzt dadurch motiviert, dass Nancy einfach keine Lust mehr zum Kochen hatte und Jim keine Lust mehr zum Rasenmähen. Aus diesen und anderen Gründen waren Nancy und Jim daran interessiert, in einem Wohnkomplex zu leben, der ihnen die Möglichkeit eröffnete, ihre Mahlzeiten in einem Speisesaal einzunehmen, und der sie von jeglichen Verpflichtungen zur Gartenarbeit befreite, ihnen aber trotzdem eine Gartenanlage bot. Weil Jim Diabetiker ist, legte er außerdem Wert auf die Möglichkeit, nach Diät leben zu können. Außerdem sollte ein medizinisches Zentrum in der Nähe sein, falls er medizinische Behandlung brauchte. »Bei keiner der anderen Adressen, die wir besichtigt haben und die unseren Vorstellungen entsprachen, waren Haustiere erlaubt«, sagte uns Jim zur Erläuterung der Gründe, die schließlich den Ausschlag gegeben hatten. »So war es also in Wirklichkeit unser Hund, der sich für diesen Ort entschieden hat.«

Leider konnte Jims Frau die neue Umgebung nur wenige Monate genießen, ehe sie an einem Herzinfarkt starb. Mehr als drei Jahrzehnte war Nancy Jims liebevolle Gefährtin gewesen und er vermisst sie immer noch sehr. Trotzdem hat er keine neuen Umzugspläne. Vielmehr hat er jenen Lebensstil als aktiver Senior entwickelt, wie er in seiner neuen Umgebung gepflegt wird. »Ich habe hier viele wunderbare Leute kennen gelernt«, sagte der 68-jährige Jim, ein geselliger Mann mit einem gewinnenden Wesen, der früher Versicherungsdirektor gewesen war. »An diesem Ort fühle ich mich zu Hause. Ich habe ein Auto, sodass ich jederzeit von hier fort kann, um in Neuengland alte Freunde oder meine Familie zu besuchen. In diesem Wohnkomplex gibt es ein sehr gutes Sicherheitssystem, sodass ich mir niemals Sorgen machen muss, wenn meine Wohnung mal längere Zeit unbewohnt ist.«

Für Jim und Nancy, die sehr darauf aus waren, ihr Haus mit dem größten Teil des Mobiliars zu verkaufen, machte der Umzug in eine kleinere Wohnung in einer sorgfältig ausgesuchten neuen Umgebung durchaus Sinn. Sie hatten dort immer noch genug Privatsphäre, um ihre intime Zweisamkeit ausleben zu können, ohne sich angebunden zu fühlen. Und jetzt, als Witwer, hat Jim das Gefühl, dass ihm die sozialen Interaktionen im Speisesaal, im Clubhaus, am Schwimmbecken und bei den Kursen, die auf dem Gelände zu Themen wie Weltpolitik stattfinden, einen Halt geben. Er hat sich einer Gruppe angeschlossen, die sich jeden Freitag Abend trifft, und er verpasst nach Möglichkeit auch keinen der Tanzabende am Samstag. Außerdem hilft Jim ehrenamtlich an drei Nachmittagen pro Woche im örtlichen Krankenhaus. »Ich besuche auf der Intensivstation Patienten ohne Familienangehörige«, erläuterte er. »Ich versuche die Kinder aufzumuntern, denen es nicht gut geht, und Geburtstagspartys für Langzeitpatienten zu organisieren – immer das, was gerade am dringendsten ist.«

Jim hat eine Lebenseinstellung angenommen, die es ihm erlaubt, neue Freizeitaktivitäten zu verfolgen, darunter Golf und Tennis, und sich an der Gesellschaft gleich gesinnter Pensionäre aus dem ganzen Land zu erfreuen. Jim hat es gut. Aber er hat auch die Fähigkeit bewiesen, sich in einer Situation wohl zu fühlen, die er weder vorhergesehen noch geplant hatte. Er hat sich einen neuen Lebensstil geschaffen, ohne die Begleitung oder Unterstützung seiner verstorbenen Frau und an einem Ort, den er vorher nicht kannte. Mutig hat er potenzielle Rückschläge in positive Herausforderungen verwandelt. Jim ist mit inneren Ressourcen gesegnet, die seinen neugierigen Geist und seine Abenteuerlust beflügeln. Er weiß, wie er leben möchte, und er bestärkt seine positive, lebensbejahende Einstellung weiterhin aktiv.

Wir können gar nicht oft genug betonen, wie wichtig es ist, sich zunächst zu entscheiden, wie man die anstehenden Ruhestandsjahre verbringen möchte. Sodann sind die verschiedenen Möglichkeiten und Aktionen genauer zu untersuchen, die den gewünschten Lebensstil am besten fördern – natürlich in Einklang mit den individuellen Umständen. Trotzdem kann, selbst wenn man alles Erforderliche getan hat, etwas Unerwartetes dazwischen kommen (was häufig genug geschieht). Erinnern Sie sich noch, dass Mildred, die 85-jährige »ewige Studentin«, die bei ihrem geschiedenen Sohn in Arizona lebt, beschloss, nach dem Tod ihres Mannes die bequeme Pensionärssiedlung in Ohio wieder zu verlassen? Oder dass Henry, der Topmanager, der damit gerechnet hatte, für seinen alten Konzern weiterhin hochkarätige Beratungsaufgaben wahrzunehmen, plötzlich nach kurzer Zeit ignoriert wurde?

Eine Lebens- und Wohnsituation, die für Nachbarn, Cousins oder Leute aus Büchern gut ist, muss für Sie selbst noch lange nicht richtig sein. Was indes immer funktioniert, ist eine Einstellung, mit der Sie offen bleiben für die verschiedenen verfügbaren Möglichkeiten. Deren Spektrum reicht vom Dableiben, wo Sie sind (eventuell mit Hilfe einer umgekehrten Hypothek oder eines Dauerwohnrechts nach dem Verkauf), über die Möglichkeit, Mitbewohner aus verschiedenen Generationen ins Haus zu nehmen, über Wohngruppenexperimente und den Umzug zu Familienmitgliedern bis hin zur Wahl zwischen verschiedenen Varianten betreuten Wohnens in Altenresidenzen oder Pensionärssiedlungen. Erkundigungen, Phantasie und Erfindungsreichtum könnten Ihnen die Lösung bringen und Sie genau das finden lassen, was Sie gesucht haben. Hier ist Ihre Kreativität wirklich gefragt!

Nehmen Sie das Beispiel von Florence W., einer 70-jährigen Witwe aus South Dakota, die jetzt in einer kleinen Wohnung in der Nähe ihres Sohnes und ihrer Tochter lebt. »Ich hatte mein eigenes Haus mit fünf Zimmern, aber es wurde mir einfach allein zu viel«, sagte sie uns. Zunächst dachte Florence daran, zu einem ihrer Kinder zu ziehen, ehe sie zu dem Schluss kam, dass ihre Unabhängigkeit und Privatsphäre ihr doch viel bedeuteten. Es waren lediglich das Schneeschaufeln, Rasenmähen und Saubermachen, die ihr zur Last geworden waren. »Eines Tages sagte ich meinen Kindern: ›So wird's gemacht! Ich suche mir eine Wohnung, mit der ich nicht so viel Arbeit habe, um alles in Schuss zu halten.‹ Und sie haben mir gesagt: ›Mama, wenn du dir ganz sicher bist, dann helfen wir dir auch bei der Suche.‹«

Dann fuhr Rudy, ihr Sohn im mittleren Alter, Florence so lange in der Nachbarschaft umher, bis sie ein ruhiges Apartmenthaus gefunden hatten, das alle Annehmlichkeiten bot, auf die Florence aus war. Es liegt in der Nähe mehrerer Bushaltestellen – was wichtig ist, weil Florence nicht mehr Auto fährt – und die Sicherheitsvorkehrungen sind auch sehr gut. In diesem Komplex wohnen viele freundliche Senioren, die Florence' Interessen teilen: Stricken, Lesen, die Kinder besuchen. »Ich mache immer noch liebend gern Gartenarbeit«, stellte Florence fest, »und ich habe jetzt einen großen Balkon, wo ich all meine Lieblingspflanzen unterbringen und versorgen kann.«

Der Schritt, neben dem Haus auch den größten Teil ihrer Habseligkeiten aufzugeben (nur einige ihrer Lieblingsmöbel konnte sie behalten) und ein bequemes Familiendomizil ohne Reue zu verlassen, fiel Florence überraschend leicht. »Materielle Dinge bedeuten mir jetzt viel weniger als früher«, erläuterte sie. »Ich habe fast alles im Haus zurückgelassen und die Entscheidung, was damit geschehen sollte, meinen Kindern überlassen.«

Florence hängt nicht übermäßig an der Vergangenheit und hat sich einen neuen Lebensstil geschaffen, den sie inzwischen sogar für schöner und lohnender hält als den, den sie zurücklassen musste. »Ich sehe in den Mitbewohnern meines neuen Hauses eine Art Großfamilie. Viele von ihnen sind ungefähr so alt wie ich, aber es wohnen auch jüngere Leute dort. Sie haben mir eine neue Lebensperspektive gegeben.«

Florence hat wieder entdeckt, wie sehr die Energie und Begeisterung von Teenagern und jungen Erwachsenen sie ansprechen und erfreuen. Weil ihre Wohnung in der Nähe einer Universität liegt, wohnen auch mehrere Studenten in dem Gebäudekomplex. Mit mehreren von ihnen hat sich Florence bereits angefreundet und so kommen sie gelegentlich auf einen Schwatz vorbei, oder um Florence um Rat zu fragen. In dem Haus wohnen auch zwei alleinerziehende Eltern, eine 20-jährige Frau und ein 29-jähriger Mann, für die Florence häufig Babysitter spielt. In ihrer alten Nachbarschaft hatten hauptsächlich Leute ihrer eigenen Altersgruppe gewohnt, so-dass sich Florence in ihrer neuen Umgebung eine völlig neue Welt auftat. »Ich fühle mich hier sehr vital«, sagte sie abschlie-ßend, »und habe das Gefühl, dass man mich hier zu schätzen weiß.«

Durch Zufall stieß Florence auf eines der wichtigsten Geheimnisse für Vitalität im Alter: den Zugang zum jugendli-chen, positiven Elan der Menschen unterschiedlicher Alters-gruppen und Lebensumstände. Wie wichtig das ist, bestätig-ten uns auch viele andere ältere Menschen. Maggie Kuhn, die Gründerin der Grauen Panther, hat uns einmal erzählt, wie reich ihr Leben wurde, als sie Zimmer in ihrem Haus, die sie nicht selbst benötigte, an junge Frauen zu vermieten begann. »Betrachten Sie es doch mal aus dieser Perspektive«, sagte sie. »Ich habe ein riesiges Haus, auf dem keine Schulden lasten, und mit mehr Geschirr, Wäsche und Möbeln, als ich je selbst nutzen könnte. Und sie haben CDs, Gitarren und Idealismus – aber fast kein Geld. Da profitieren von einem solchen Deal doch beide Seiten!«

Die Idee, leer stehende Zimmer an Studenten oder junge Berufstätige zu vermieten, gefällt immer mehr älteren Men-schen. In einer wachsenden Zahl von Gemeinden sorgen Häuser und Wohnungskomplexe, in denen prinzipiell meh-rere Generationen zusammenleben, dafür, dass sich die kom-plementären Bedürfnisse und Interessen von Jung und Alt ausgleichen. Wir kennen eine ehemalige Krankenschwester, die heute ein geräumiges Zimmer in einem dreistöckigen vik-torianischen Haus in Uninähe bewohnt und in einer Gruppe von Frauen aus unterschiedlichen Generationen willkommen geheißen wurde, die an der gemeinsamen Bewusstseinsverän-derung arbeiten. Ein anderer Bekannter, ein pensionierter

Sportartikelhändler Mitte 60, führt zwei seiner jungen Mitbewohner in die Geheimnisse des Campens in freier Natur ein. Einen dritten konnte er dafür begeistern, regelmäßig frühmorgens mit ihm zum Angeln zu gehen. Viele Senioren haben längst gemerkt, dass solche Arrangements auch praktische Vorteile haben. Als Bestandteil der Mietvereinbarungen können die Jüngeren zum Beispiel den Rasen mähen, Lebensmittel einkaufen und Botengänge übernehmen. Und was außerdem bei solchen Arrangements finanziell herauskommt, kann dazu dienen, ein begrenztes Einkommen aufzustocken, eine Hypothek abzutragen oder Reparaturkosten zu bezahlen.

Inzwischen sind schon viele aktive Alte auf den Gedanken gekommen, ihre Bedürfnisse in vielfältigen Formen von Wohngemeinschaften besser zu befriedigen. Die schöpferischen Möglichkeiten dafür sind praktisch unbegrenzt. Weil die Institutionen dem gesellschaftlichen Wandel allerdings meistens hinterherhinken, muss man sich schon ein wenig Mühe geben, um einige dieser innovativen Möglichkeiten aufzuspüren.

Laut David Wolfe, Autor und Marketingberater für die Zielgruppe älterer Konsumenten, verliert Besitz mit zunehmendem Lebensalter oft an Bedeutung – das erleichtert es manchen Senioren, ein großes Haus zu verkaufen und in ein kleineres zu ziehen. »Nach dem mittleren Lebensalter«, führt Wolfe aus, »lässt das Interesse der Menschen an materiellen Dingen nach und sie interessieren sich mehr für zwischenmenschliche Beziehungen, philosophische Innenschau und für das bewusste Streben, ›einfach nur zu *sein*‹, sowie für die beschaulichen Freuden dieses Zustands.« Wie Wolfe diesen Zustand definiert, umfasst die Erfahrung, »einfach nur zu *sein*«, so unterschiedliche Dinge wie eine freundliche gesellschaftliche Begegnung, den Genuss eines schönen Sonnenuntergangs, das Hören von Musikstücken, die schöne Erinnerungen wecken, oder das Segeln auf einem ruhigen See. »Sein« kann aber auch heißen, »alles zu sein, was man ist«, fügt Wolfe hinzu – und das bedeutet auch, sein unerschlossenes Potenzial zu realisieren und zuvor unerprobte Aktivitäten genauer zu sondieren. Hier liegt der Grund, warum so viele ältere Menschen noch eine neue Karriere oder ein neues Hobby anfangen, warum sie sich ein dynamisches gesellschaftliches Leben schaffen, warum sie weniger vom Schicksal Begünstigten helfen oder die Bereicherungen des Reisens so schätzen, warum sie häufiger Kontakt mit Familienmitgliedern suchen oder sich noch einmal Hals über Kopf ins Lernen stürzen. Manchmal ist das, was ältere Menschen ganz besonders erfüllt, auch eine Verbindung mehrerer der eben genannten Aktivitäten.

Ein gutes Beispiel für gemeinsame Interessen über Generationsgrenzen hinweg und für die Kompatibilität der Generationen ist die Begegnung mit einer jungen Bewunderin, die Walter S. dazu brachte, seine alte Liebe zur Kamera wieder aufleben zu lassen. Walter galt einst als bester Porträtfotograf in ganz Milwaukee, doch nach der Übersiedlung in ein Alten- und Pflegeheim glaubte er nicht mehr daran, dass er seine Scheinwerfer und sein Kamerastativ je wieder aufstellen würde. »Das Fotografieren erfordert zwar keine große körperliche Anstrengung«, bestätigte Walter, »aber eben doch mehr Kraft, als mir noch zu Gebote stand.«

Eine schwere, sehr schmerzhafte Form von Wirbelsäulenarthritis hatte Walter praktisch gelähmt, als er Ende 50 war, und ihn gezwungen, sein Fotostudio zu schließen und fast alle Gegenstände darin zu verkaufen, um seine Behandlungs- und Pflegekosten bezahlen zu können. Nach einem mehrwöchigen Krankenhausaufenthalt sagten Walters Ärzte, sie könnten ihm leider nichts anderes mehr verordnen als strikte Bettruhe. Weil die immer weiter steigenden Behandlungskosten seine Ersparnisse aufgezehrt hatten, konnte sich Walter eine Privatpflege in seiner Wohnung nicht mehr leisten, und so zog er mit 59 widerstrebend in ein Alten- und Pflegeheim. »Drei Monate konnte ich überhaupt nicht gehen«, erinnerte er sich, »und wollte es eigentlich auch gar nicht. Ich war verdrießlich und wollte niemanden sehen. Es war, als wäre meinem Leben die Decke auf den Kopf gefallen.«

Walters Depression zog sich über viele Wochen hin. Er brachte kaum die Kraft oder die Motivation auf, in seinen Rollstuhl oder wieder hinaus zu kommen, und es bedurfte langen, geduldigen Zuredens seitens des Pflegepersonals, bis er endlich bereit war, mit einem Stützwagen erste Gehversuche zu wagen. »Was dann für mich wirklich alles verändert hat, war die Begegnung mit Susan«, erzählte uns Walter.

Susan ist Malerin und lebt in derselben Stadt. Sie ist Ende 20 und hatte Walter zwei Jahre zuvor durch eine Kette von zufälligen Ereignissen kennen gelernt. Als ehrenamtliche Mitarbeiterin einer Organisation der jüdischen Gemeinde leitete sie ein Projekt, das darauf abzielte, bei Patienten in Pflegeheimen das Engagement für die Kunst zu fördern. Als sie in Walters Heim Interviews führte, die mit einer Videokamera aufgezeichnet wurden, erfuhr Susan von Walters großem Erfahrungsschatz im Bereich der Fotografie.

»Ein Mitglied der Heimleitung erzählte mir, dass dieser schüchterne Mann einst das beste Porträtstudio der ganzen Stadt geführt habe«, berichtete uns Susan, als wir sie aufsuchten. »Also begann ich, mit anderen Fotografen und Geschäftsleuten zu sprechen, die mit Walter zusammengearbeitet hatten, und sie zeigten mir einige seiner Arbeiten. Die große Sensibilität und Menschlichkeit, die aus seinen Fotos sprach, hat mich wirklich sehr überrascht.«

Also kehrte Susan mit der festen Absicht in Walters Pflegeheim zurück, diesen Künstler und Kollegen zu motivieren, wieder Fotos zu machen und zu entwickeln. »Sie schlug mir vor, wir sollten uns zusammentun und eine Ausstellung mit Porträtfotos von Mitbewohnern aus meinem Heim vorbereiten«, sagte Walter. »Zuerst dachte ich, sie wollte mich auf den Arm nehmen. Und dann musste sie mich überzeugen, dass ich das, was sie wollte, auch wirklich schaffen konnte. Schließlich hatte ich drei Jahre keine Kamera mehr angerührt. Doch am Ende gelang es uns, die Sache in Gang zu bringen.«

Walters Begeisterung für die geplante Ausstellung wurde allmählich größer, als die Resultate seiner ersten Fotositzungen ihm viel Lob und Ermutigung einbrachten. Einige der Bilder erschienen in der Lokalzeitung und die Mitbewohner des Heims überschütteten ihn mit Glückwünschen. Walter und Susan begannen, ähnliche Heime im Großraum Milwaukee zu besuchen, und schon bald hatten sie ein substanzielles Kontingent geeigneter Fotos beisammen. »Die Ausstellung *Faces of Aging* (Gesichter des Alterns) war ein enormer Erfolg«, erzählte uns Walter und seine blauen Augen strahlten vor Stolz. »Diese Resonanz hat mich völlig überrascht.«

Mit Walters Selbstachtung verbesserte sich auch sein Gesundheitszustand. Obwohl er inzwischen wieder stark und mobil genug wäre, um in einer eigenen Wohnung zu leben, will er seine Energie nicht mehr für diese Art unabhängiger Lebensgestaltung verwenden. Inzwischen gefällt ihm, was das Altersheim zu bieten hat, und im Lauf der Vorbereitungen für seine Fotoausstellung lernte er seine Mitbewohner auf völlig neue Weise kennen. Wie Walter sagt, empfindet er großen Respekt für sie. Inzwischen würden sie ihm schon sehr fehlen, wenn er umziehen würde.

Natürlich kann nicht jeder wie Walter eine befriedigende, schöpferische Karriere im Altersheim fortführen, aber Walter gibt anderen Pensionären trotzdem den dringenden Rat, »weiter am Ball zu bleiben« – ganz gleich, in welchen Lebensumständen sie sich befinden.

»Früher habe ich gedacht, wenn ich dieses Alter erreichte, dann wäre ich bestimmt sehr würdig, gesetzt und steif«, sagte Walter. »Doch jetzt, wo ich hier und in dieser Situation bin, verhalte ich mich gar nicht so viel anders als früher. Ich fühle in meinem Innern dasselbe wie zu der Zeit, als ich jung war, und meine Emotionen haben sich kaum verändert. Ich *sehe* jetzt vielleicht *älter aus*, aber ganz gewiss *fühle* ich mich nicht älter.«

Während der Zeit, die er in seinem Alters- und Pflegeheim verbrachte, hat sich Walter sicher nicht immer glücklich und jung im Herzen gefühlt. Viele einsame Monate lang fühlte er sich völlig abgestumpft und lustlos. Was sich dann änderte, war Walters innere Einstellung – und die von Susan inspirierte Überzeugung, dass man sich Herausforderungen offensiv stellen könne und müsse. Manchmal ist es schwer, diese Inspiration zu spüren, wenn wir ganz allein sind. Das ist einer der Gründe, warum viele Senioren gut beraten sind, sich für Lebenssituationen zu entscheiden, in denen sie mit interessanten Individuen und anregenden Gruppen in Verbindung kommen. Solche regelmäßigen Kontakte können die Seele beruhigen, den Geist beflügeln und spirituelle Nahrung geben.

Doch nicht jeder möchte sein Leben im Ruhestand im Kreis von gleich gesinnten und gleich alten Menschen verbringen. Manche möchten Leuten, die ähnliche Berufe oder Lebensstile hatten, lieber aus dem Weg gehen. Der Gehirnchirurg aus Manhattan etwa, der sich in North Carolina zur Ruhe gesetzt hat, erwähnt seinen alten Beruf nie, weil er möchte, dass ihn seine Freunde wie einen »guten alten Kumpel« behandeln und nicht als jemanden, der zwölf Jahre Universitätsausbildung hinter sich, einen internationalen Ruf und einen Eintrag im *Who's Who* hat.

Andere Senioren werden rastlos, wenn die Pensionierung bevorsteht. Sie wollen sich einen Alterssitz auf dieselbe Weise kaufen, wie manche Leute lange nach perfekt sitzenden Schuhen suchen. Und wenn sie nicht genau finden, was sie suchen, nutzen manche auch die Tatsache aus, dass sie ja nicht gezwungen sind, immer am gleichen Ort zu wohnen, und teilen ihre Zeit zwischen zwei Orten auf: Die Winter verbringen sie im warmen Süden, die Sommer in angenehmen nördlichen Breiten. Auf diese Weise können sie sich auch zwei Freundeskreise schaffen, zwei unterschiedliche Domizile bewohnen und zwei unterschiedliche Lebensstile pflegen.

Wieder andere sind so rastlos, dass sie es nirgends lange aushalten und als ewige Reisende umhervagabundieren. Ihre mobile Behausung variiert vom stromlinienförmigen Wohnmobil bis zum perfekt eingerichteten riesigen Wohnwagen-Anhänger, ihre Fortbewegungsart vom Flug um die Welt bis zur Eisenbahnrundreise. Viele reisen per Bus, mieten sich ein Auto, schließen sich einer Reisegruppe an oder probieren andere kreative Kombinationen aus, die den Wünschen ihrer Phantasie noch näher kommen. Viele ältere Menschen lernen die Welt auch aus so ungewöhnlichen Perspektiven kennen wie denen des Peace Corps (Lillian, die Mutter des früheren amerikanischen Präsidenten Jimmy Carter, begann mit 66 eine zweijährige Tätigkeit im ländlichen Indien) oder von Bord eines Frachtschiffs aus. Die Möglichkeiten, die Ihnen zu Gebote stehen, werden von Tag zu Tag größer und vielfältiger.

Das Geheimnis der neuen Wurzeln

Das Geheimnis der »neuen Wurzeln« besteht darin herauszufinden, wo und wie wir in unserer späteren Lebensphase wohnen wollen. Es kann sein, dass wir alles beim Alten lassen wollen und ziemlich genau so weiterleben wie bisher. Es kann aber auch heißen, dass wir woanders hinziehen und unseren Lebensstil verändern wollen. Auf jeden Fall aber heißt es, dass wir uns Zeit nehmen sollten, um andere Möglichkeiten zu durchdenken.

Nur wenige Entscheidungen im Leben haben so weit reichende Bedeutung wie die, wo und wie wir wohnen wollen. Denn diese eine Entscheidung bestimmt auch weitgehend mit, wer unsere Freunde und Nachbarn sein werden, wie viel Zeit wir mit unseren Familien verbringen, welche Möglichkeiten zur Freizeitgestaltung wir haben und welche Arbeitsmöglichkeiten uns bleiben. So besteht also eine der größten Herausforderungen der Ruhestandsplanung darin, sich hinzusetzen und herauszufinden, welche Art von Leben wir in unseren späteren Jahren führen wollen. Dabei lautet die zentrale, grundlegende Frage: »Was wird zu einem Leben beitragen, das uns wirklich Freude macht?«

Alle in diesem Kapitel vorgestellten Senioren zeigten eine Einstellung, die geeignet ist, sich erfolgreich an Veränderungen anzupassen und neue Wurzeln zu schlagen. Auf den ersten Blick könnten einige der geschilderten Lebenssituationen abschreckend oder gar deprimierend wirken. Doch es gelingt all diesen Menschen, sich innerhalb der Begrenzungen ihrer Lebensumstände und ihres Umfelds zu behaupten. Manche behaupten gar, sie seien jetzt glücklicher als je zuvor.

Die Geschichten dieser »neuen Alten« erinnern uns daran, dass uns auch in reiferen Jahren fast unbegrenzt viele Lebensstile und Wohnmöglichkeiten offen stehen. Und auf diese Wahlmöglichkeiten gibt es fast genauso viele individuelle Reaktionen. Jede derartige Entscheidung beeinflusst die Art und Weise, wie wir uns an Veränderungen im späteren Leben anpassen. Unsere Senioren haben gelernt, mit Kopf, Herz und Mut, aber auch mit Atlas, Möbelwagen und Scheckbuch zu planen. Ihre Perspektive hat sich erweitert und schließt jetzt auch ihre eigene Einstellung und ihre eigenen Werte mit ein – wahrlich ein Grund zur Freude! Ihnen ist bewusst geworden, dass Gesundheit, Familie und Finanzen zwar entscheidende Faktoren bei der Ruhestandsplanung sind, aber längst nicht die einzigen. Es ist wirklich alles eine Frage der Einstellung und der begründeten Wahl.

Behalten Sie bei Ihren Planungen aber bitte im Auge, dass selbst aktive Alte nicht alles voraussehen und vorausplanen können. Auch wenn Sie für Ihre aktiven Jahre im Alter die angemessenen Entscheidungen treffen, können und werden sich mit fortlaufendem Alter Ihre Bedürfnisse, Ihre Familiensituation, Ihre finanziellen Möglichkeiten und Ihre Gesundheit verändern. Mit 75 oder 85 ist der Ort, an dem Sie mit 65 neue Wurzeln schlagen, vielleicht nicht mehr der richtige. Er könnte sogar nur der erste in einer Reihe anderer Orte sein. Weil wir länger leben, ist es wichtig, dass wir in unserer ganzen späten Lebensphase flexibel bleiben.

Wie man diesem Geheimnis entsprechend handelt

Versuchen Sie, in Ihrer Wohnung, Ihrer physischen Umgebung, eine Art Kulisse zu sehen, in der Ihr individueller Lebensstil zur Aufführung kommen soll. Im wirklichen Leben ist es, wie im Theater, wesentlich einfacher, ein persönliches Szenario zum Erfolg zu führen, wenn die Grundlagen stimmen: wenn zu Hause alles stimmt, wenn uns die Menschen, mit denen wir zu tun haben, und die Umgebung zusagen und wenn das Umfeld unseren sich wandelnden Lebensstil unterstützt.

»Außerdem müssen Sie, wenn Sie Ihren Ruhestand optimal gestalten wollen, zunächst Ihre Hausaufgaben machen«, wie Leah Dobkin, Wohnungsexpertin der American Association of Retired Persons (Amerikanischer Verband der Pensionäre und Rentner), in einem Interview mit der *Los Angeles Times* sagte. »Wer überhaupt keine Vorsorge trifft, wird in einer Situation enden, in der ihm vieles Leid tun wird.«

So müssen wir etwa schon am Anfang unserer Überlegungen festlegen, welche Möglichkeiten sich uns bei realistischer Betrachtungsweise bieten: Sie werden vor allem von den Faktoren Geld und Gesundheit abhängig sein. Zugleich müssen wir uns fragen, welche Lebensstile, Werte und Annehmlichkeiten uns in dieser Phase unseres Lebens am meisten bedeuten. Ferner müssen wir bedenken, welche Vor- und Nachteile mit einer jeden Entscheidung einhergehen. Denn wie auch immer wir uns entscheiden, wo und wie wir leben wollen, irgendeine Form der Abwägung von Einschränkungen und Vorteilen ist damit so gut wie immer verbunden.

Eine Liste mit einzelnen Handlungsschritten und Prioritäten aufzustellen ist ein gutes, bewährtes Mittel, um sich dem Ziel seiner Wünsche zu nähern. Erinnern Sie sich noch an unsere Freunde aus dem vierten Kapitel, die Elderhostel-Fans Barbara und Bernie, die aus dem schneereichen Staat New York nach Florida gezogen waren und sich dort zusammen an den Tisch setzten, gemeinsam nachdachten und ihre Lieblingsaktivitäten zu Papier brachten? Diese beiden hatten sich zwar schon entschieden, wo sie endgültig leben wollten, doch dieselbe Vorgehensweise ist auch effizient, wenn es darum geht, die Wohnbedürfnisse und die gewünschten Anpassungen des Lebensstils in der späteren Lebensphase sorgfältig abzuwägen. Jeder, der eine Liste aufstellt, ist gezwungen, sorgfältig darüber nachzudenken, was ihm wichtig oder nicht so wichtig ist. Und selbst wenn nichts anderes dabei herauskommt als eine Klärung der Frage, ob Sie am alten Ort weiterleben oder woanders hinziehen wollen, ist schon etwas gewonnen.

Obenan in Ihrer Liste sollten die Dinge stehen, die Ihnen bei ihrer gegenwärtigen Wohnsituation besonders wichtig sind: geringe Fixkosten, Nähe zur Familie, mildes Klima, gute medizinische Versorgung und andere ähnliche Faktoren. Wenn Sie dann mögliche Alternativen aufschreiben, sollten Sie zwei Spalten vorsehen für Gründe, die dafür, und solche, die dagegen sprechen. Einige Möglichkeiten werden Sie wahrscheinlich schon ziemlich bald wieder ausschließen, weil Sie Nachteile entdecken, die Ihnen nicht akzeptabel erscheinen.

Wenn Sie eine Liste mit »bevorzugten Optionen« aufstellen, ist es für Sie (oder Ihren Ehepartner) vielleicht besonders wichtig, eine enge Verbindung zu lebenslangen Freunden oder religiösen Institutionen aufrechtzuerhalten. Je nach Ihren Bedürfnissen und Wünschen kann die Vorwegnahme solcher Gefühle dann auch Ihren Entscheidungsprozess beeinflussen. Doch vor allem ist es wichtig, dass Sie Ihre persönliche Situation genau im Blick behalten und sich nicht vorrangig an dem orientieren, was jemand anders getan hat oder was Ihrer Meinung nach »altersgemäße« Entscheidungen sind. Für viele Menschen sind die Schlüsselentscheidungen über das Leben im Ruhestand personenbezogen. Studien belegen sogar, dass der Wunsch, seinen Verwandten nahe zu sein, der wichtigste Einzelfaktor ist, wenn es bei amerikanischen Ruheständlern um die Entscheidung geht, in eine andere Gegend zu ziehen.

»Viele Menschen gehen überhaupt nur in den Ruhestand, weil sie mehr Zeit mit ihrer Familie und mit ihren Freunden verbringen wollen«, wie Leah Dobkin hervorhebt. »Das ist aber schlecht möglich, wenn sie alle Tausende von Kilometern entfernt sind.« Weil es nun aber so ist, dass viele unserer Kinder – und Freunde – von uns fortziehen, heißt das unweigerlich auch, dass viele Pensionäre irgendwann vor schweren Entscheidungen stehen: ob sie ihre Wurzeln herausreißen und anderswo neue schlagen wollen.

In welchen Umständen und Zusammenhängen auch immer, für viele von uns hat eine solche Entscheidung nicht nur praktische, sondern auch emotionale Aspekte. Vielleicht fühlen wir uns sicherer, wenn wir wissen, dass unsere Kinder oder Enkel in der Nähe sind, um nach uns zu sehen oder im Notfall für uns sorgen zu können. Ein Gefühl der Sicherheit ist oft schon gegeben, wenn wir die Familie in unserer Nähe wissen oder davon ausgehen können, dass uns Familienmitglieder behilflich sein werden, wenn wir keinen eigenen Haushalt mehr führen können und eine neue Bleibe brauchen.

Doch fragen Sie sich, ob es wirklich die beste Lösung ist, in der Nähe Ihrer Kinder und Enkel zu wohnen. Viele von uns finden solche Nähe zwar attraktiv, aber sie kann manchmal auch zur Belastung für gute Beziehungen werden. Auch kann die Nähe zur Familie oft automatisch andere Optionen ausschließen. Vielleicht gibt es dort, wo Ihre Kinder leben, nur wenige kulturelle oder Service-Möglichkeiten für ältere Menschen. Oder die öffentlichen Verkehrsmittel und medizinischen Versorgungsmöglichkeiten sind nicht so, wie sie sein sollten.

Bei manchen Ruheständlern genießt es höhere Priorität, Teil einer Gemeinschaft von aktiven Alten zu werden, die in einiger Entfernung von Familien und Freunden besteht. Andere entscheiden sich für ein Wander- und Reiseleben oder teilen ihre Zeit auf verschiedene Wohnorte auf. Manche wollen vielleicht auch dort leben, wo die Ausübung ihrer bevorzugten Freizeitaktivitäten – wie Golf, Wandern oder Angeln – ganz in der Nähe möglich ist. Wieder andere entscheiden sich dafür, genau dort zu bleiben, wo sie sind – und sei es nur getreu der Maxime »Bloß nicht dran rühren!«

Wenn Ihnen ein Umzug attraktiv erscheint, sollten Sie Ihre Gefühle bezüglich des neuen Ortes testen, indem sie ihn mehrfach besuchen und mit Leuten Ihrer Altersgruppe sprechen, die schon lange dort wohnen. Wenn möglich, erkunden Sie selbst, wie es sich dort in unterschiedlichen Jahreszeiten lebt. Die meisten Gemeinden sehen im Sommer und Frühherbst am schönsten aus, doch Winter und Vorfrühling sind oft eine ganz andere Geschichte. Ein ganz anderes Klima könnte sich auch als zu schwierig für einen Wechsel erweisen. Sie wären sicher überrascht, wenn Sie wüssten, wie viele Menschen aus anderen Teilen der USA das trockene Wüstenklima im Südwesten oder das subtropische Klima in Florida nicht vertragen, ganz gleich wie attraktiv es in der Werbung vielleicht dargestellt wird. Wenn Sie die ins Auge gefasste neue Umgebung selbst besucht haben und immer noch daran interessiert sind, dorthin zu ziehen, ist es vielleicht nicht verkehrt, sich zunächst erst einmal für mehrere Wochen oder Monate eine vorübergehende Unterkunft zu mieten. Auf diese Weise lernen Sie Nachbarn kennen und bekommen ein recht abgerundetes Bild davon, wie es sich in der neuen Umgebung tatsächlich lebt.

Wenn planmäßig angelegte Altenwohnkomplexe Sie reizen, erkunden Sie diese vorher sorgfältig. Dann merken Sie zum

Beispiel, dass manche sich ziemlich ausschließlich an den Bedürfnissen aktiver älterer Menschen ausrichten und kaum etwas in Richtung »Betreutes Wohnen« oder Pflege anbieten und dass eine medizinische Versorgung auf dem Gelände so gut wie unmöglich ist. Wenn Sie eine umfassende medizinische Betreuung benötigen oder ein chronisches, sich verschlimmerndes Leiden haben, könnte das in solchen Siedlungen zum Problem werden. Und während es manche beruhigt, wenn sich ein Bauherr oder Manager um die Details kümmert, sind andere verärgert, wenn man ihnen zu viele Vorschriften macht. Aber das ist beim Leben in solchen Wohnkomplexen unvermeidlich. Das Spektrum solcher Einschränkungen reicht von zulässigen Farben für den Wandanstrich bis zur Höchstdauer von Besuchen der Enkelkinder. Manchmal entdecken die Leute auch, dass sie für viele Extras mitbezahlen, die sie zunächst auch mit benutzen wollten, dann aber später merken, dass sie es doch nicht tun. Um solche Enttäuschungen zu vermeiden, ist es von zentraler Bedeutung, dass Sie genau abwägen, welche Gemeinschaftseinrichtungen und Annehmlichkeiten Ihnen wirklich persönlich etwas geben und welche eher den Interessen der gesamten Gemeinschaft dienen. Schließlich sollten Sie auch berücksichtigen, dass viele Altenwohnkomplexe bewußt abseits der großstädtischen Ballungsräume liegen – was praktisch gesehen heißt, dass Sie, wenn Sie kulturelle und sonstige Angebote in der Stadt nutzen wollen, auf ein eigenes Auto, einen Car Pool oder öffentliche Verkehrsmittel angewiesen sind.

Wenn Sie sich genau umsehen, werden Sie zu dem Ergebnis kommen, dass es heutzutage schon für fast jeden Lebensstil oder Geldbeutel passende Wohnkomplexe für ältere Menschen gibt. Manche sind auf die unvermeidlichen Veränderungen eingerichtet, die sich beim Älterwerden ergeben, und gestatten damit jene Art von Flexibilität, die vielen aktiven Alten so gut bekommt. Wenn Sie Informationsmaterial über Pensionärssiedlungen, Altenwohnungen oder Pflegeheime in einer bestimmten Gegend brauchen, wenden Sie sich am besten an lokale Organisationen, die in der Altenbetreuung aktiv sind, oder auch an die zuständigen Gemeinde- und Landratsämter. Nehmen Sie sich Zeit und erkundigen Sie sich gründlich. Und bedenken Sie auf jeden Fall auch, dass sich, wie im ganzen Leben, auch jetzt die äußeren Umstände und inneren Bedürfnisse noch verändern können. Dann sehen Sie die Dinge vielleicht neu und anders. Darum sollten Sie darauf achten, dass flexible Veränderungen auch am neuen Ort möglich sind.

Bedenken Sie, dass die Entscheidung, wo Sie neue Wurzeln schlagen wollen – oder ob Sie überhaupt die alten ausreißen wollen –, gut überlegt sein will. Wenn Sie eine solche Entscheidung getroffen haben, werden sich manche Türen zu neuen Möglichkeiten öffnen, manch andere dafür aber auch schließen. Ihre Entscheidung wird gewiss nicht unwiderruflich sein, aber meistens ist es leichter, in der Übergangsphase zum Ruhestand einen neuen Lebensstil zu planen, als den eingeschlagenen Weg später wieder rückgängig zu machen. Wir wünschen Ihnen viel Glück!

8. KAPITEL

Das Geheimnis der Intimität

»Singvögel können in der Isolation nicht singen«, schreibt Elise Maclay in *Green Winter*, einem Gedichtband über das Älterwerden. »Kein Vogel kann das. Und auch kein Mensch.«

Durch intimen emotionalen Austausch wird das menschliche Leben außerordentlich bereichert – ob dieser Mensch nun drei Jahre ist oder 93. Jeder von uns braucht jemanden, mit dem er seine Freuden und Sorgen teilen kann, seine Herausforderungen und Überraschungen, seine Triumphe und Enttäuschungen. Ein täglicher Austausch mit Bekannten, Freunden, Ehepartnern und anderen geliebten Menschen gehört zum Leben einfach dazu. Zu einem großen Teil sind Fürsorge, Anteilnahme und gefühlsmäßige Nähe, die sich aus solchen Kontakten ergeben, das, worum es im Leben eigentlich geht.

Doch diese Intimität wird uns im Alter nicht auf einem silbernen Tablett serviert. Wir können sie nicht mit Rentnerermäßigung einfordern. Nein, sie erfordert beträchtliche Anstrengungen – oft viel größere als in jungen Jahren. Man muss sich viel mehr bemühen, um alte Verbindungen aufrechtzuerhalten und ganz besonders um neue zu knüpfen und am Leben zu erhalten.

Zu dieser Realität im späteren Leben trägt ganz wesentlich das Syndrom des »leeren Nestes« bei. Wenn unsere Kinder erwachsen sind und das Haus verlassen haben, lernen wir keine anderen Eltern mehr kennen, denn der Sohn ist ja nicht mehr bei den Pfadfindern aktiv und die Tochter geht nicht mehr zum Babysitten. Auch werden wir nicht mehr gemeinsam mit anderen Eltern zu Elternsprechtagen, Schul- und Sportfesten eingeladen.

Wenn wir aus dem Arbeitsleben ausgeschieden sind, gibt es keine Scherze mehr am Kopiergerät oder im Waschraum, kein Schwätzchen mehr in der Kaffeepause. Mit Messen, Tagungen von Berufsverbänden und mit Betriebsversammlungen haben wir nichts mehr zu tun und es entfallen auch die gemeinsamen Fahrten zur Arbeitsstätte, sei es mit Nachbarn im Auto oder im Bus mit Kollegen.

Ebenso ist es möglich, dass nach der Pensionierung unsere liebsten Nachbarn oder Kollegen fortgezogen sind und dass unsere Kinder weit entfernt eine neue Heimat gefunden haben. Nun können wir zwar mit diesen Freunden und den Kindern telefonieren, wir können uns an Feiertagen oder im Urlaub mit ihnen treffen, aber das ist nicht mehr dasselbe wie der gemeinsame Alltag mit all seinen Routineaspekten und seinen Höhen und Tiefen. Im Laufe der Zeit verlieren wir noch weitere geliebte Menschen durch schwere Krankheit, Unfall oder Tod. Das Leben hat eben mit Menschen zu tun und wenn wir älter werden, kommen uns immer mehr von ihnen abhanden.

»Daran kann man sich am schwersten gewöhnen«, gab ein 67-jähriger pensionierter Heeresoffizier zu, den wir in einer Pensionärssiedlung in Missouri interviewten. »Es gibt so viele Todesfälle. Doch zugleich hängen meine Gefühle ganz wesentlich davon ab, dass ich von Menschen umgeben bin, denen ich nicht gleichgültig bin.«

In diesem Kapitel geht es indes weder darum, die Unvermeidlichkeit solcher Verluste über Gebühr zu betonen, noch um besondere Rezepte, um die auf diese Weise entstehenden schmerzlichen Lücken zu füllen. Unsere Botschaft lautet vielmehr, dass Sie, *wenn* Sie im Austausch mit anderen wirklich eine Priorität sehen, auch immer Wege finden *werden*, dieser Zielsetzung in Ihrem Leben Geltung zu verschaffen. Erreichen können Sie dies auf vielerlei Weise. Manche Senioren, die auf Teilzeitbasis arbeiten, versichern uns, dass sie dies nicht so sehr des Geldes wegen tun, als wegen der regelmäßigen sozialen Kontakte, die sie auf diese Weise aufrechterhalten können. Wir haben ältere Freunde, die als »Prozessbeobachter« nur deshalb in die Gerichtssäle gehen, weil sie auf diese Weise Kontakt zu den Realitäten des Lebens halten können. Und wir kennen andere Leute, die ständig mit ihrem Wohnmobil unterwegs sind, weil sie die Urlaubsbekanntschaften, die sie auf Campingplätzen schließen, nicht missen möchten.

Einen neuen Gang einzulegen, wenn man älter wird, ist ein Vorgang, der weder einfach noch genau vorhersehbar ist, besonders wenn man sich plötzlich allein in einer Welt vorfindet, in der – wie in der Arche Noah – alles paarweise organisiert zu sein scheint. Wenn man allein stehend ist, benötigt man viel Energie und Phantasie, um die Muster des sozialen Umgangs mit Freunden, Kollegen und geliebten Menschen der eigenen Lage anzupassen. Wenn man sich seit 30 oder 40 Jahren nicht mehr zu einem Rendezvous verabredet hat, bekommt man wahrscheinlich Angst vor der eigenen Courage, auch wenn man auf anderen Gebieten bestens mit neuen Herausforderungen fertig wird. Wenn ein kürzlich verstorbener Ehepartner zugleich der beste Freund und Vertraute oder die beste Freundin war, wird es einem sicher sehr seltsam vorkommen, sich plötzlich neue Gefährten suchen zu müssen, mit denen man seine intimsten Gedanken austauschen kann. Doch wenn man solche Risiken auf sich nimmt, bringt das oft viel Gewinn und Bereicherung sowie unerwartete Befriedigungen.

Wir sind mit einer ganzen Anzahl von Menschen über 55 zusammengetroffen, die ihre Wohnung mit einem neuen Wohngenossen, einem neuen Ehepartner, Liebhaber oder Freund teilen. Andere haben – als Mentoren oder Ersatzgroßeltern – Freundschaften mit Teenagern und kleinen Kindern geschlossen, Freundschaften, die ihnen viel bedeuten.

Manchmal können uns solche im späteren Leben geschlossenen Beziehungen wichtige Lektionen in Sachen Verträglichkeit lehren – wie im Fall unseres Freundes Samuel T., der als Erster bereitwillig zugeben würde, dass zwischen ihm und seinem Wohngenossen Larry J. »Welten liegen«. Sam ist kontaktfreudig und sozial, er verbringt viele Abende damit, Karten oder Backgammon zu spielen oder mit seinen Freunden zu telefonieren. Obwohl ein leichter Herzinfarkt den 84-jährigen gezwungen hat, kürzer zu treten, ist er immer noch ein ziemlich ungeduldiger und aufbrausender Mensch. Auch ist Sam sehr ordentlich und methodisch, sogar bei der Küchenarbeit. »Mikrowellenmenüs – nein, danke, nicht für mich«, sagt Sam stolz. »Ich koche noch fast jeden Abend ein Viergängemenü.«

Larry andererseits beschreibt sich zutreffend als »introvertiert und schüchtern«. Er liest für sein Leben gern und hasst das Kochen. Die ungeordneten Stapel und das Durcheinander in Larrys Zimmer führen immer wieder dazu, dass Sam mit den Augen rollt und mit der Zunge schnalzt. Larry zieht Gespräche unter vier Augen vor oder, besser noch, die stille Gesellschaft seiner eigenen Gedanken.

»Das mag komisch klingen, aber ich empfinde es als großes Glück, Larry als Wohngenossen zu haben«, sagte Sam, als wir die beiden in ihrer gemeinsamen Eigentumswohnung auf Long Island besuchten. »Er ist wirklich ein netter Mann.« Kurz und gut, fuhr Sam fort, Larry sei ein wunderbarer, sanfter Kamerad. »Und nachdem ich meine Frau verloren hatte, mit der ich 53 Jahre verheiratet war, waren Gesellschaft und Kameradschaft das, was mir am meisten fehlte.«

Larry empfindet ziemlich genau dasselbe, denn er war fünf Jahre zuvor mit 67 Witwer geworden. »Nach dem Tod meiner Frau waren die Nächte hart«, sagte Larry. »Ich fühlte mich deprimiert und einsam. Ich habe immer herumgesucht, aber da war niemand.«

Trotz Larrys natürlicher Zurückhaltung und Sams rauer Schale haben die ähnlichen Erfahrungen, die sie durchlitten haben, die beiden zusammengeführt. In vielen vertrauten

Gesprächen über ihre Gefühle haben sie sich gegenseitig ihr Herz geöffnet. »Es ist mir noch nie leicht gefallen, über meine Gefühle zu sprechen«, gab Sam zu, »und ich weiß, dass Larry dasselbe sagen würde. Doch dass wir uns gegenseitig unser Herz geöffnet haben, hat uns viel enger zusammengeschweißt.«

Zusammengebracht wurden die beiden Männer durch eine gemeinnützige Agentur am Ort, deren Aufgabe darin besteht, älteren Menschen bei der Erfüllung ihrer Wohnbedürfnisse zu helfen – eine von vielen derartigen Organisationen im ganzen Land. Weil Sam wegen seiner Herzprobleme seinen Führerschein abgegeben hat, erledigt Larry die meisten Einkäufe und Besorgungen für den gemeinsamen Haushalt. Er sorgt auch dafür, dass sein Wohngenosse pünktlich zu seinen Arztterminen kommt, und wartet dann geduldig, bis er Sam wieder nach Hause fahren kann. »Wir machen, was wir wollen«, sagte Larry zum Schluss. »Und doch wissen wir einander sehr zu schätzen und verlassen uns aufeinander.«

Sam und Larry haben, wie viele Männer ihrer Generation, Schwierigkeiten damit, innige Beziehungen herzustellen. Als sie aufwuchsen, brachte man Männern bei, stark und distanziert zu sein und ihre Gefühle unter Kontrolle zu halten. Gefühle zu zeigen, galt als Zeichen der Schwäche, und auf andere zuzugehen, als Eingeständnis einer Niederlage. Darüber zu sprechen, dass man einsam war, und gar noch mit einem Mann darüber zu sprechen, das gab es einfach nicht.

Zum Glück haben sich die Zeiten geändert und Männer dürfen jetzt ein weiteres Spektrum von Gefühlen zum Ausdruck bringen, auch ihre Einsamkeit. Wir wissen, dass uns nichts – weder Geschlecht noch Geld, Macht, Erziehung, Talent oder Schönheit – von der Notwendigkeit ausnimmt, mit anderen Menschen vertrauten Umgang zu pflegen. Einsamkeit empfinden alle, Kleinkinder genauso wie ältere Kinder, junge Menschen genauso wie Erwachsene in der Blüte des Lebens, und schließlich auch ältere Menschen. Das Älterwerden verstärkt den Schmerz oft noch, weil wir weniger Energie besitzen, um damit zurechtzukommen – und weil die demografischen Fakten eher gegen uns gerichtet sind. Frauen leben einfach länger und so sind sie, je älter sie werden, immer stärker in der Überzahl.

Wenn Hans oder Grete gestorben ist, tritt vielleicht niemand anders mehr in seine oder ihre Fußstapfen. Und doch muss ein solcher Verlust nicht heißen, dass man im Leben hinfort ohne emotionale Intimität auskommen muss. Es gibt viele kleine Schritte, die man unternehmen kann, um sicherzustellen, dass Intimität weiterhin Bestandteil des eigenen Lebens bleibt. Wer irgendeine Form emotionaler Nähe in seinem Leben wünscht, muss die Verantwortung dafür übernehmen, neue Beziehungen anzuknüpfen und zu vertiefen, ganz gleich ob es sich um eine Romanze oder um platonische Freundschaften mit Menschen beiderlei Geschlechts handelt. Es liegt ganz an Ihnen, passende Kontakte anzubahnen, die dazu dienen können, Ersatz für das Verlorene zu schaffen. Und das erfordert sowohl Engagement als auch Aktivität.

»Wir passen uns unter enormen Schwierigkeiten den geänderten Umständen unseres Lebens an«, schreibt Judith Viorst in ihrem Buch *Necessary Losses* (Mut zur Trennung. Menschliche Verluste, die das Leben sinnvoll machen). Als Überlebensstrategie modifizieren wir laut Viorst nach einem Todesfall, einer Scheidung oder einem anderen Trauma »unser Verhalten, unsere Erwartungen, unsere Selbstdefinitionen«. Sogar der Trauervorgang selbst kann »zu einem schöpferischen Wandel führen«.

Dieses Prinzip illustrieren unsere Freunde Bill M. und Cecile K. in den Entscheidungen, die sie in den letzten Jahren getroffen haben. Beide haben große Trauer, Wut und Verluste durchlitten und es doch geschafft, von ihrem Schmerz abzulassen, um für die Freuden der Gegenwart und einer gemeinsamen Zukunft offen zu sein. Bill rannen die Tränen über das Gesicht, als er uns erzählte, wie innig er seine erste Frau geliebt habe, die nach 62-jähriger Ehe gestorben war. Und dann erhielt seine Stimme einen scharfen Unterton, als er uns berichtete, wie wütend sie ihn durch ihren Tod gemacht habe. »Ich war wirklich sehr böse auf sie, dass sie mich im Stich gelassen hatte«, erläuterte Bill, der einige Wochen vor unserem Interview 83 geworden war. »Ich war auf alle Frauen böse und wollte für eine ganze Zeit nichts mehr mit ihnen zu tun haben.« Dieses Gefühlsspektrum teilen viele ältere Menschen mit ihm. Der – zunächst unlogisch erscheinende – zornige Unterton ist in der Tat unter Witwern ziemlich verbreitet.

Ein paar Monate nach der Beerdigung verkaufte Bill in aller Stille sein Haus und zog in eine Pensionärssiedlung in Anaheim, Kalifornien. Dort lebte er zunächst ziemlich zurückgezogen. Später im selben Jahr traf er Cecile, eine 80-jährige Witwe mit strahlenden Augen, die ebenfalls vor kurzem dorthin gezogen war. Auch sie war recht nervös bei dem Gedanken, neue Menschen kennen lernen zu müssen, doch Bill konnte das Eis schnell brechen. »Er war ein rechter Scherzbold«, erinnerte sich Cecile, die sich irgendwann im gemeinschaftlichen Speisesaal an Bills Tisch wieder fand. »Also beschloss ich, seine Worte nicht immer so genau zu nehmen. Aber so, wie ich ihn kennen gelernt habe, steckte unter der scherzhaften Oberfläche doch ein wahrer Gentleman.« Und weil ihre Wohnungen beide im dritten Stock desselben Wohnkomplexes lagen, war es für die beiden nicht besonders schwer, sich näher zu kommen.

»Zunächst hatte ich Schuldgefühle, wenn ich sie besuchte«, gestand Bill, ein über 1,80 Meter großer, immer noch gut aussehender Mann. »Ich hatte noch immer das Bild meiner ersten Frau im Kopf.« Und doch hatte Cecile etwas Besonderes an sich, das Bills Aufmerksamkeit auf sich zog. So saßen die beiden oft gemeinsam am Esstisch und Bill lud Cecile auch zu gelegentlichen Gruppenaktivitäten ein.

»Bill schien gutmütig zu sein und immer gut gelaunt«, sagte

Cecile, »aber ich konnte spüren, dass da noch eine Seite seines Wesens war, die er mir nicht öffnete. Weil ich meinerseits nicht unbedingt auf eine Romanze aus war, ließ ich ihn gewähren und ihn das Tempo der Fortschritte bestimmen.«

Ein paar Wochen später fand sich Bill in einem vollen Bus auf dem Platz neben Cecile wieder, die in ihrem neuen Frühlingskleid blendend aussah. »Da habe ich mich an sie gewandt und gefragt: ›Cecile, darf ich Ihre Hand halten?‹ Und sie hat sich zu mir gewandt und gesagt: ›Aber natürlich, das wäre wunderbar.‹« Als sie aufstanden, hatten beide das Gefühl, als schwebten sie auf Wolke sieben. Und da sage noch einer, man könne sich nur in jungen Jahren verlieben. Im Spätsommer des Jahres heirateten die beiden in einer privaten Zeremonie. Als Trauzeugen fungierten Ceciles Sohn und Tochter und Bills Zwillingstöchter. Und am selben Wochenende waren alle Mitbewohner der Anlage zu einem Empfang im Auditorium des Wohnkomplexes eingeladen.

Wie Bill kam auch Cecile nach einer langen, glücklichen Ehe in diese Partnerschaft. Auch sie kannte Trauer und Verlust aus erster Hand. Ihre Beweglichkeit in der Liebe ist ein Zeichen der Altersweisheit. »Wir hatten beide schöne, erfüllte Ehen hinter uns und jetzt wissen wir, glaube ich, worum es im Leben geht«, sagte Cecile. »Ich glaube, der Grund, warum Bill und ich so gut zueinander sind, liegt darin, dass wir beide vorher glücklich verheiratet waren.« Wie ihr neuer Ehemann hätte sich auch Cecile niemals träumen lassen, dass jemand die Lücke füllen könnte, die der Tod ihres ersten Mannes hinterlassen hatte. »Bill und ich haben den wahren Wert des Lebens erkannt«, schloss sie ihre Bemerkungen. »Wir brauchen beide jemanden, mit dem wir das Glück genauso teilen können wie die traurigen Stunden.«

Cecile und Bill sind der lebende Beweis, dass man für eine Liebesromanze nie zu alt ist und dass der Verlust eines geliebten Menschen nicht unbedingt heißt, dass man nie wieder zur Intimität zurückfindet. Die Erfahrung dieses Paares läuft jeglichem Stereotyp zuwider, dass alte Menschen leidenschaftslose, asexuelle Wesen seien.

Dass die meisten gesunden älteren Menschen auch im ganzen späteren Leben noch mit Genuss zur körperlichen Liebe fähig sind, wird nicht zuletzt durch die Forschungen des Teams um Masters und Johnson bestätigt. Vivian M. zum Beispiel, eine 65-jährige Bekannte von uns, besteht darauf, es sei »sexuelle Attraktion« gewesen, die ihr Interesse an dem 73-jährigen Carey M. geweckt habe. Vivian, eine Psychologin aus New York, teilt inzwischen Tisch und Bett mit ihrem früheren Studenten, den sie als Dozentin in einem Seminar über Selbstentspannungstechniken kennen gelernt hatte. »Lange bevor ich Vivian traf«, warf Carey ein, »hatte man mir beigebracht, das [die Sexualität] werde alles mit 50 oder 60 aufhören. Doch ich kann Ihnen aufgrund meiner Erfahrung aus erster Hand sagen, dass das Beste da vielleicht erst noch kommt.«

Die beiden fügten allerdings umgehend hinzu, dass sie auch eine tiefe, fürsorgliche, emotionale Bindung spürten, die weit über das Körperliche hinausgehe. »Wir sind jetzt nicht nur zu Hause, sondern auch im Beruf Partner«, erläuterte Vivian. Ein Jahr nachdem sie zusammengezogen waren, eröffneten die beiden in Washington, D. C., eine gemeinsame Praxis für »Heiltherapie«. Sie bedienen sich eines innovativen Ansatzes, der Elemente fernöstlicher Traditionen wie Meditation und Yoga mit therapeutischen Techniken und Ernährungsvorschriften kombiniert, die im Westen entwickelt wurden.

»Viele Leute würden sich das, glaube ich, sehr genau überlegen, ob sie mit 80 noch eine solche Praxis aufmachen«, sagte Carey, der trotz seines schütteren weißen Haares und seiner runzligen Stirn den Eindruck strahlender Gesundheit vermittelte. »Wir glauben beide ganz stark an die das Leben bestärkenden Kräfte des persönlichen Wachstums und der Selbstermächtigung. Wir sagen unseren Klienten, dass wir gemeinsam über mehr als 145 Jahre Erfahrung verfügen!«

Carey, der früher in der Schulverwaltung tätig war, ist auf dem Gebiet der Selbsthilfe noch ein relativer Neuling, während Vivian schon seit vielen, vielen Jahren als Dozentin und Autorin in der Psychologie tätig ist. Trotz dieser Unterschiede im beruflichen Hintergrund und trotz des Altersunterschiedes von acht Jahren sagen Vivian und Carey, dass sie vieles gemeinsam haben, nicht zuletzt ein langjähriges Engagement in der Friedensbewegung, ein lebhaftes Interesse am Unterrichten und das gemeinsame Hobby, alte amerikanische Möbel aus dem 18. und 19. Jahrhundert zu restaurieren. »Careys geistiges Format macht mir große Freude«, fügte Vivian mit liebevollem, flirtendem Augenzwinkern hinzu. »Er war der beste Student, den ich je hatte.«

Obwohl ihre gegenseitige Anziehung sehr stark ist, haben beide das Gefühl, dass es wichtig sei, auch Zeit für sich selbst und den jeweils eigenen Freundeskreis zu haben, der nicht mit dem gemeinsamen identisch ist. Jeder hat seinen eigenen, getrennten Arbeitsplatz und sie respektieren auch das Bedürfnis des jeweils anderen, manchmal lange, einsame Spaziergänge zu machen. »Nach vier Jahren«, sagte Carey abschließend, »haben wir anscheinend die richtige Balance zwischen Gemeinsamkeit und Eigenständigkeit gefunden. Das ist etwas, was wir meiner Meinung nach niemals hätten schaffen können, als wir noch jünger waren.«

Diese beiden aktiven Alten haben ihr Glück in einer liebevollen Partnerschaft gefunden, die überhaupt erst im Rentenalter begann. Aus verschiedenen Gründen, nicht zuletzt finanzieller und krankenversicherungstechnischer Art, entschieden sie sich, nicht zu heiraten, sondern als Lebensgefährten auf Dauer zusammenzuleben. Uns ist durchaus klar, dass ein solches Zusammenleben außerhalb der Ehe vielen Leuten unschicklich erscheint, besonders jenen, die nach einem traditionellen Sittenkodex erzogen worden sind. Und doch ist es für eine zunehmende Zahl von betagten Lebensgefährten eine gut funktionierende alternative Lebensform. Sie gewinnen auf diese Weise eine liebevolle Umgebung wechselseitiger Fürsorge, Kameradschaft und Intimität. Aber auch im Rahmen einer offiziellen, langen Ehe wäre Raum für jene Art von lebensbejahendem innerem Wachstum und gesunder Eigenständigkeit, wie sie Vivian und Carey hier beschrieben haben.

Die Fähigkeit, eine Partnerschaft auch nach Jahrzehnten des Zusammenlebens flexibel zu erhalten, ist etwas, das manche Paare mit großer Begeisterung, Feinfühligkeit und Sorgfalt demonstrieren. Die Schauspieler Hume Cronyn und Jessica Tandy waren fast das gesamte Erwachsenenleben miteinander verheiratet und konnten dabei recht gut mit der Unterschiedlichkeit ihrer Charaktere umgehen. »Wir sind schon seit über 50 Jahren wunderbare Partner«, begann Hume, als wir das Paar in seinem geräumigen New Yorker Apartment besuchten, in dem es seit den 30er Jahren einen Teil seiner Zeit verbrachte – bis zu Jessicas Tod im Jahre 1994. »Unsere Kinder scheinen fast ein wenig eingeschüchtert zu sein, wenn sie bedenken, dass sie wahrscheinlich in ihren eigenen Beziehungen niemals in der Lage sein werden, es uns in Bezug auf die Dauer des Zusammenlebens gleich zu tun!«

Wie Vivian und Carey teilten Hume und Jessica nicht nur das häusliche Leben, sondern auch den Beruf. Sie traten gemeinsam in zahlreichen Bühnenstücken und Filmen auf. Aber sie hatten beide auch individuell Erfolg. In Hollywood ist Hume Cronyn am besten für seine großartigen Rollen in Filmen von Alfred Hitchcock bekannt, aber auch in den *Cocoon*-Filmen, die Ende der 80er Jahre in die Kinos kamen. Jessica Tandy gewann 1989 den Oscar für die beste weibliche Hauptrolle, für ihre Leistung in *Miss Daisy und ihr Chauffeur*. In unserem Interview gaben die beiden freiwillig das Geheimnis ihres lang andauernden ehelichen Engagements preis, das in einer Branche, in der Scheidungen zum guten Ton gehören, großen Seltenheitswert hat.

»Es sind nicht die Augenblicke gemeinsamer Ekstase, die uns zusammenhalten«, behauptete Hume, »sondern die wechselseitigen Krisen, die wir gemeinsam durchlebt haben. ... Was einem im Gedächtnis bleibt, sind die harten Zeiten, die man irgendwie überstanden hat. Und wenn man dann seine Hand ausgestreckt hat, war da eine andere, die sie ergriffen hat.«

Während ihr Mann das sagte, nickte Jessica zustimmend. »Schwierigkeiten können eine Beziehung stärken«, sagte sie. »Es ist äußerst wichtig in einer Ehe, dass man gemeinsam lachen kann, selbst über schmerzliche Dinge. Das ist absolut zentral!«

Dies sind keine Jet-Set-Wahrheiten irgendwelcher Pseudoberühmtheiten. Nein, im Zusammenleben dieses Paares, im Umgang der beiden miteinander, äußerten und spiegelten sich der gegenseitige Respekt und die Anerkennung von Unterschieden – Verhaltensweisen, die alle Langzeitpartnerschaften nähren und am Leben halten. »Wenn du jemand hast, mit dem du Probleme und Freuden teilen kannst«, sagte uns Hume, »dann halbieren sich die Probleme und die Freuden verdoppeln sich. Immer ist jemand da, der dich stützt, wenn du in der Klemme bist.«

Noch eine weitere Technik wirkte zum Vorteil dieses lange verheirateten Paares (beide Partner waren zum Zeitpunkt unseres Interviews weit über 70): Hume und Jessica gewährten sich eigenen physischen Freiraum, in den sie sich zurückziehen konnten, wenn es einem oder beiden wichtig erschien, mit sich allein zu sein. »Wenn ich mit etwas ringe«, erläuterte Hume, »dann möchte ich vielleicht gern an einen geheimen Ort in meinem Innern gehen und das Problem mit niemand anders besprechen. Und Jess lässt mich dann buchstäblich gehen. Das ist einer der Gründe, warum sie es überhaupt so lange mit mir aushalten konnte.« Manchmal schliefen sie sogar getrennt, doch am nächsten Morgen waren sie mit neuer Liebe und frischem Engagement wieder vereint.

»Ich glaube, es ist auch gar nicht verkehrt, wenn man sich gelegentlich mal richtig ausheult«, betonte Jessica. »Man muss das dann auch dürfen, ganz für sich allein. Andere Menschen versuchen dann immer, für dich alles besser zu machen, aber das ist etwas, wo man selber durch muss. Wenn du einen Verlust erlitten hast, dann musst du auch trauern. Nur dann kannst du dich auch wieder komplett fühlen.«

Jessica und Hume schufen sich eine Partnerschaft, die flexibel und lebendig blieb. Ihre Liebesaffäre entwickelte sich und florierte über ein halbes Jahrhundert unter wechselnden Bedürfnissen und Wünschen, im Zeichen glänzender Erfolge ebenso wie im Zeichen dramatischer Misserfolge. Wechselseitiger Respekt und gegenseitige Unterstützung waren die Grundlagen einer langen Ehe, die hielt, gedieh und beiden Glück brachte.

Für viele von uns gehört zu dem erfüllten Leben, nach dem wir streben, auch eine Ehe, ganz gleich wie temperamentvoll und beschwerlich sich ein solches Arrangement bisweilen auch gestaltet. »Durch die Ehe«, schreibt William Attwood in *Making It through Middle Age* (Wie man gut über die Lebensmitte kommt), »lernt man, den Wert von Kameradschaft, Umsicht, Rücksicht und Kontinuität zu schätzen.« Doch entwickeln sich – durch Umstände bedingt, über die man selbst keine Kontrolle hat – oft auf wechselseitiger Unterstützung basierende Beziehungen auch außerhalb von Ehe und Liebesromantik.

»Ich habe eine ›beste Freundin‹, mit der ich gern viel zusammen unternehme«, erzählte uns die 72-jährige Malvina. »Mit ihr kann ich über alles reden. Besorgungen erledigen wir gemeinsam und wir gehen zusammen im Park spazieren. Wir sind richtig gute Kameradinnen.« Als sie nach dem Tod ihres Mannes in eine Seniorenresidenz gezogen war, war es, wie sich Malvina erinnert, »ziemlich leicht, freundliche Menschen kennen zu lernen, aber viel schwieriger, echte Freunde zu finden«. Sie hatte dadurch Erfolg, dass sie vor ihrem wöchentlichen Einkauf bei ihren Nachbarn fragte, ob sie ihnen etwas mitbringen solle. »Da sagte mir eine Frau, dass ihr in den zwei

Jahren, die sie jetzt dort wohne, noch nie jemand eine solche Frage gestellt hätte. Und diese Frau, sie heißt Joyce«, sagte Malvina, »ist jetzt meine beste Freundin.«

Viele Menschen sind stolz auf ihre Fähigkeit, auch in späteren Jahren noch unabhängig zu bleiben und allein zurechtzukommen. Dabei verkennen sie allerdings oft, dass alle Menschen von Natur aus aufeinander angewiesen sind. Sie finden es vielleicht demütigend oder peinlich, um Hilfe bitten zu müssen oder Bedürfnisse zu zeigen, die als Schwäche interpretiert werden könnten, besonders wenn dies nicht im kleinen Kreis von Ehe und Familie geschieht. Manchmal ist es schwierig, die richtige Balance zwischen Kontaktfreudigkeit und Zurückhaltung zu finden. Und doch tun viele aktive Alte genau das in ihren Wohnarrangements.

Zum Beispiel die aus Russland gebürtige Natasha S., die in ihren 69 Lebensjahren schon zweimal Witwe wurde. Sie hat drei Kinder aufgezogen, die jetzt über das ganze Land verstreut leben und eigene Familien gegründet haben. Heute erfreut sich Natasha an einer Wohn- und Lebenssituation, die man als Mittelding zwischen betreuter Wohnresidenz und Altersheim bezeichnen könnte. »Das Ganze nennt sich Wohngemeinschaft (housing cooperative)«, erläuterte uns die pensionierte Verkäuferin aus Toronto. »Ich bin eine von 14 Mieterinnen in einem Apartmentkomplex, der mich [für einen maßvollen Monatsbeitrag] mit Heizung, Wasser und Strom versorgt, für die Instandhaltung sorgt und täglich ein warmes Abendessen serviert.« In diesem Wohnkomplex gibt es gemeinsame Aufenthaltsräume und einen Küchenbereich, wo sich die Bewohner häufig treffen, um zusammen zu essen und gemütlich beisammenzusitzen. Wenn draußen die Sonne scheint, verbringt Natasha meistens einen Teil ihrer Nachmittage im Innenhof der Anlage, wo sie Pullover strickt oder Erbauungsliteratur liest.

»Die Bewohner leben wie eine große Familie zusammen und haben auch dabei mitzureden, wie die Wohnanlage geführt wird«, erzählte uns Natasha bei einer Tasse Tee. »Die meiste Zeit machen wir weitgehend, was wir wollen.« Sie schätzt die herzliche Kameradschaft, die sich in ihrer »Mini-Nachbarschaft« entwickelt hat, ebenso wie die Art und Weise, wie die Bewohner auf ihre Mitbewohner ein wenig mit aufpassen. »Die meisten Leute, die hier wohnen, wissen, wie gut sie es getroffen haben«, vermerkte sie. »Wir sind hier niemals wirklich allein.« Natasha hat gemerkt, dass man durchaus seinen eigenen Haushalt führen und unabhängig leben kann, ohne einsam zu sein. Sie hat das Gleichgewicht zwischen kameradschaftlichem Miteinander und individueller Freiheit gefunden, nach dem sie zu suchen begann, als ihr zweiter Mann verstorben war.

Vitale ältere Menschen können solche »Nestwärme« in betreuten Wohnkomplexen wie dem, in dem Natasha wohnt, finden, aber auch in einer langen, befriedigenden Ehe wie der von Hume und Jessica, in einer Wohn- und Lebensgemeinschaft wie der von Vivian und Carey oder in einer Wohngemeinschaft wie der von Sam und Larry. Doch ehe man in irgendeinem der genannten Arrangements glücklich werden kann, muss man wahrscheinlich bereit sein, sich genau umzusehen. Man muss schon etwas Risikobereitschaft zeigen und sich ein wenig Mühe geben. Doch keine Angst; manchmal ist der gesuchte Partner oder die gewünschte Partnerin für ein engeres Zusammenleben schon ganz in der Nähe.

Roland F. und Sue F. sind Geschwister, die sich wirklich mögen und die gerne zusammen sind. Sie sind noch bei relativ guter Gesundheit und wohnen gemeinsam in einem bescheidenen kleinen Haus mit zwei Schlafzimmern in einer Kleinstadt im Bundesstaat Kansas. Sie legen ihre Renten zusammen und sorgen füreinander.

Roland ist ein 69-jähriger Witwer und seine 64-jährige Schwester ist schon seit langem von ihrem Mann geschieden. Aus ihren Ehen sind mehrere Kinder hervorgegangen, die inzwischen erwachsen sind und selbst Familien haben. Obwohl die meisten ihrer Söhne und Töchter nicht weit entfernt leben, bevorzugen Roland und Sue ein unabhängiges Leben. Sie wollen, wie Sue sagte, »niemandem zur Last fallen«. Sie sind schon vor einiger Zeit zusammengezogen und haben es geschafft, sich ihr gemeinsames Leben so einzurichten, dass nicht nur praktische Vorteile dabei herausspringen, sondern noch einiges mehr.

»Ich bin immer gern mit meinem Bruder zusammen gewesen«, sagte uns Sue, »und jetzt haben wir einen neuen Aspekt unserer Beziehung entwickelt, der wirklich Freude macht. Ich habe komplett wieder entdeckt, welch großartigen Sinn für Humor Roland besitzt und wie viel wir doch gemeinsam haben.«

»Wir haben uns wieder miteinander angefreundet«, stimmte ihr Roland zu, »und haben uns ein schönes Zuhause in einem bequemen alten Haus geschaffen. Unsere Enkel und Urenkel kommen gerne zu Besuch und wir widmen uns ihnen gern und intensiv, wenn sie kommen.«

Die jungen Leute genießen dann nicht nur die obligatorischen Plätzchen und Limonade, sondern erfreuen sich obendrein als dankbares Publikum an einem einzigartigen komödiantischen Auftritt von Bruder und Schwester. Denn die beiden haben sich vor drei Jahren zum Comedy-Team »New Tricks« zusammengeschlossen, das an alte Varieté-Traditionen anknüpft. Wie uns Sue sagte, treten sie überwiegend in Alten- und Pflegeheimen sowie in Seniorenzentren auf. Ambitionen auf Ruhm oder Reichtum haben sie nicht. Der Name der Truppe rührt von dem alten, klischeehaften Sprichwort her: »Man kann einem alten Hund keine neuen Tricks mehr beibringen.« »Wir haben den Skeptikern das Gegenteil bewiesen«, lachte Roland. »Sue und ich lernen ständig noch neue Nummern.«

Die beiden haben keine professionelle Bühnenerfahrung, doch schon, als sie noch Kinder waren, zu einer Zeit, als Wandertruppen und reisende Varietéshows im Mittleren Westen noch gang und gäbe waren, hatten beide eine natürliche Neigung zum Verseschmieden gezeigt. »Wir haben schon immer gern gesungen«, sagte Roland, der mit einer geschmeidigen Baritonstimme gesegnet ist.

Die Inspiration für »New Tricks« kam Roland und Sue eines Abends beim Essen, als sie entdeckten, dass sie den Text der Lieder auf einigen uralten Platten noch kannten, die sie schon ewig nicht mehr angehört hatten. Neben den alten Liedern haben sie in ihrem Repertoire noch Anekdoten und Witze zu bieten – darunter auch nicht wenige über das Älterwerden – sowie mehrere Sketche aus der alten Varieté-Ära. Die Kritiken, die »New Tricks« für seine Auftritte erhalten hat, sind so positiv, dass das Duo inzwischen mindestens einmal pro Woche auftritt.

Wenn man Roland und Sue hört, klingt es ganz einfach, noch im Alter glücklich zu sein und Erfolg zu haben. Doch wenn man nachhakt, geben die beiden auch zu, dass für ein erfolgreiches Zusammenleben jede Menge Anpassungen und Kompromisse nötig sind. Kompromissbereitschaft und Zurückhaltung sind, wie Roland betont, unabdingbare Voraussetzungen des Zusammenlebens, wenn man vorher viele Jahre nur »sein eigenes Ding gemacht hat«.

Einen neuen Lebensstil gemeinsam mit einem Familienmitglied zu entwerfen und zu schaffen, ist eine Möglichkeit, eine neue Lebensgemeinschaft zu finden, aber gewiss nicht der einzige Weg. Es gibt fast genauso viele kreative Lebensarrangements wie es Menschen gibt. Das wurde uns klar, als wir zwei innovative »neue Alte« besuchten, die im Nordwesten der USA an der Pazifikküste leben.

Es ist reiner Zufall, dass beide Pauline heißen. Mit ihren 82 Jahren ist Pauline K. die jüngere der beiden. Ihre beste Freundin, Wohngenossin und Mitarbeiterin Pauline G. ist schon 86.

»Wir haben uns auf Jamaika kennen gelernt«, erklärte Pauline K. Sie hat braune Augen und rotes Haar.

»Wir haben beide im Peace Corps gedient«, ergänzte ihre

Gefährtin Pauline G. (grauhaarig und fünf Zentimeter kleiner als Pauline K.).

Wir besuchten die beiden Paulinen in Seattle, wo sie so etwas wie eine Institution geworden sind, seit sie sich freiwillig in den Dienst der sozial Benachteiligten und Obdachlosen dieser Stadt stellten. Bis zu 40 Wochenstunden verbringen sie damit, Leute zu Hause zu besuchen, die Hilfe beim Ausfüllen der Anträge für Lebensmittelmarken brauchen oder deren Stromrechnungen zu bezahlen sind. Sie besuchen Bewohner von Pflegeheimen, die einsam sind und keine Familien haben. Auch in Behindertenzentren und Krankenhäusern sind die beiden Paulinen vertraute Gestalten, wo sie selbst gebackene Plätzchen verteilen und Patienten beim Ausfüllen von Krankenkassenanträgen helfen. Unter den Auspizien des Roten Kreuzes sind sie beredte Advokatinnen der Armen.

»Manche Leute glauben sogar, dass die Paulinen ein religiöser Orden sind, so wie die Paulisten oder die Katholischen Arbeiter«, kicherte ein Verwaltungsbearbeiter, der viel mit den beiden Frauen zusammenarbeitet, die keiner speziellen Organisation angehören. »Ich sehe sie so oft zusammen, dass ich sie manchmal nicht mehr auseinander halten und sagen kann, welche Pauline nun welche ist.«

Doch die beiden leben und arbeiten nicht nur zusammen. Bis die Gesundheit nachließ, unternahmen die beiden Paulinen auch noch mindestens einmal pro Jahr Reisen nach Übersee: nach Südamerika, in den Mittleren Osten, nach Australien und Alaska. »Ich habe ja ein solches Glück, dass ich mit ihr zusammenleben kann, weil sie freundlicher und umsichtiger ist als ich«, sagte Pauline K. über ihre ältere Gefährtin. »Ich glaube, sie hat aus mir einen besseren Menschen gemacht.«

Pauline G. ihrerseits meint, dass »das Größte, was mir meine Freundin geschenkt hat, ist, dass sie extrovertiert ist, ganz im Gegensatz zu mir. Ich bin mit sieben Brüdern aufgewachsen und da habe ich gelernt, was man sich rausnehmen konnte und wann man besser den Mund hielt.«

Weil sie in ihrer Stadt so viel gemeinnützige Arbeit geleistet haben, sagen die Paulinen, wüssten sie sich jetzt gegenseitig viel mehr zu schätzen, als das vor 20 Jahren der Fall gewesen wäre, als sie beide noch unabhängig voneinander in Leben und Beruf standen. Weil sie so viele Herausforderungen gemeinsam bestehen, wird ihre Freundschaft mit jedem Jahr tiefer und befriedigender. »Wir lieben uns«, sagte uns Pauline K. »So einfach ist das und doch so profund.«

Das Geheimnis der Intimität

Das Leben besteht aus Menschen und die Menschen sind das Leben. Damit wir gesund und glücklich bleiben, müssen wir alle regelmäßig Zuneigung, Wertschätzung, Bestätigung und Freundschaft austauschen. Jemanden zu haben, mit dem wir alles teilen können, was uns widerfährt und was wir tun, alle Höhen und Tiefen, ist ein kostbarer Besitz. Wie heißt es doch so schön im Schlager? »Die ganze Welt dreht sich um die Liebe!«

Als menschliche Wesen brauchen wir alle emotionale Intimität: irgendeine Form der beständigen, von Herzen kommenden Interaktion und Anteilnahme. Diese allzu oft geheim gehaltene Wahrheit kennt keine Grenzen. Sie umfasst alle Nationalitäten, Kulturen, ethnischen Zugehörigkeiten, Religionen, Geschlechter und Altersgruppen.

Dieses fundamentale Bedürfnis zu akzeptieren, zu verstehen und zu erfüllen, hilft uns dabei, ein Leben zu schaffen, das die wunderbar unendliche Verschiedenheit der Menschen einschließt und darin etwas wahrhaft Positives sieht. Um das zu erreichen, müssen wir zunächst unsere persönlichen Bedürfnisse nach Nähe und Intimität taxieren, die ja von Mensch zu Mensch durchaus variieren, und dann die Verantwortung dafür übernehmen, dass wir einen entsprechenden Lebensstil entwickeln, der diesen Bedürfnissen entspricht.

Mit zunehmendem Alter lernen unsere »neuen Alten« das Geheimnis der Intimität oft dadurch (wieder) kennen, dass sie sich für neue Menschen öffnen, denen sie im Alltag begegnen. Sie wissen die Möglichkeiten zu schätzen, die jeder neue Mensch in unser Leben bringen kann. Manche Individuen sind Menschen, mit denen man Spaziergänge machen, Karten spielen, gemeinsam Wäsche waschen, sich Geschichten erzählen, ins Theater gehen, Kaffee trinken, ins Kino und sogar ins Bett gehen kann. Unabhängig von ihren speziellen Lebensumständen sind aktive Alte in der Lage, zum gegenseitigen Vorteil Beziehungen aufzubauen, die hohe Erlebnis- und Empfindungsqualität haben – in der Liebe, im Spiel und in der Zusammenarbeit mit ihren Mitmenschen.

Kühne Entschlusskraft, eine optimistische Lebenseinstellung und ein vitaler Geist können sich auch in der Art und Weise spiegeln, wie wir mit unserem eigenen Älterwerden umgehen. Das gilt für unsere Ehen genauso wie für unsere Freundschaften und andere Arten enger Beziehungen und darüber hinaus auch für unsere Hobbys, Reisen, Arbeit, Religion und für alle anderen Aspekte eines erfüllten, reichhaltigen Lebens. Es genügt nicht, unsere Tage und Nächte mit äußerlichen Aktivitäten zu füllen, wenn wir uns einsam und innerlich leer fühlen. Für viele von uns kann das heißen, dass wir direkt und offen aktiv werden müssen, um uns jenes Maß an Intimität zu verschaffen, das wir uns wünschen und das wir brauchen. Und es kann auch bedeuten, dass wir Risiken auf uns nehmen, die zumindest anfangs abschreckend wirken und Ängste produzieren.

Vielleicht sagen Sie sich an dieser Stelle jetzt etwas wie: *Ich habe immer auf eine bestimmte Weise gelebt, eine, die keine große Risikobereitschaft erfordert. Ich fühle mich mit diesem Lebensstil wohl und beabsichtige darum auch nicht, ihn zu ändern.* Doch in zwei, fünf oder zehn Jahren könnte Ihr Leben ganz anders aussehen. Ja, wenn die Erfahrungen der Autoren dieses Buches als Maßstab überhaupt taugen, dann *wird* das höchstwahrscheinlich sogar so sein. Und je besser Sie darauf vorbereitet sind, auf derartige Veränderungen positiv zu reagieren, desto besser wird es für Sie sein.

Ans Ende dieses Kapitels wollen wir eine passende Strophe aus einem Gedicht von Elise Maclay stellen. In »Old Lovers« geht es um einen Mann und eine Frau, die sich noch in späten Jahren ineinander verlieben. Wenn Sie bei der Lektüre für die »alten Liebenden« andere Personenkonstellationen einsetzen: zwei Männer, zwei Frauen, zwei Cousins oder Cousinen, zwei Geschwister, zwei Nachbarn oder zwei Freunde, dann werden Sie entdecken, dass Maclays Aussage sogar für uns alle gilt, für jeden von uns.

Heut fiel mir eine Anzeige auf
In einer Zeitschrift, ein Bild von zwei Menschen,
Alten,
Die am Brunnen im Park aufeinander zueilten.
Ich konnte mich gar nicht satt daran sehn,
Mit feuchten Augen, so schön war das.
Oh, ich weiß, die Menschen auf diesem Foto
Sind wahrscheinlich bezahlte Models,
Doch ich weiß auch, dass irgendwo
Zwei Menschen,
Alt für die Welt,
Doch schön füreinander,
Sich finden
Und die Welt mit neuen Augen sehen.

Wie man diesem Geheimnis entsprechend handelt

Intimität ist zwar eine sehr persönliche, private Angelegenheit, doch viele praktische und öffentliche Schritte können – gerade in unseren späteren Jahren – den Boden für menschliche Nähe und Intimität bereiten. Zunächst sollten wir uns etwas Zeit nehmen, um uns darüber klar zu werden, welche Art Intimität wir wirklich wollen und brauchen – und zwar in jeder Phase des »Spiels«. Wie in diesem Kapitel deutlich wurde, gibt es viele Formen von Intimität – von der traditionellen Ehe über eine enge Freundschaft bis zum gemeinsamen Sport. Die Wahl müssen Sie selbst treffen.

Lehnen Sie sich zurück und lassen Sie Ihre Phantasie spielen. Erschaffen Sie sich auf der Bühne in Ihrem Kopf mental die Welt, in der Sie gerne leben möchten. Versetzen Sie sich – zunächst mental, vor Ihrem inneren Auge – in Situationen, in denen Gefährten, Freunde, Nachbarn, Liebhaber und Familienmitglieder eine ziemlich wichtige Rolle in Ihrem Leben spielen. Den Gedanken freien Lauf zu lassen und Dinge zu Papier zu bringen sind weitere wichtige Techniken, um dem Geheimnis der Intimität auf die Spur zu kommen. Wenn Sie Ihre Phantasie haben spielen lassen und Strategien entwickelt haben, wie Sie vorgehen wollen, dann sollten Sie konkretere Pläne machen und in Ihrem Leben solche Veränderungen in die Wege leiten, die Sie mit jener Art Menschen in Verbindung bringen, an deren Nähe Ihnen am meisten liegt.

Für viele von uns liegt die Priorität in späteren Lebensphasen nicht unbedingt darauf, einen neuen Lebensgefährten zu finden. Vielleicht haben Sie einen Ehepartner, mit dem Sie glücklich verheiratet sind, und möchten nur andere Freunde gewinnen. Wenn Sie verwitwet oder geschieden sind, haben Sie von häuslicher Zweisamkeit vielleicht erst einmal – wenigstens vorübergehend – die Nase voll und wollen sich nicht gleich in eine neue Ehe stürzen. Vielleicht suchen Sie jemanden, der später einmal Ihr Wohngenosse oder Ihr bester Freund oder Ihre beste Freundin werden könnte.

Aktive Alte bedienen sich vieler sinnvoller, erprobter Strategien, um neue Freunde zu gewinnen. Als ein erster Schritt wäre es gar nicht so schlecht, jene Menschen, die Sie schon kennen, danach zu fragen, was diese denn unternehmen, um neue Leute kennen zu lernen. Ihre Verwandten, Nachbarn,

Arbeitskollegen, Banknachbarn in der Kirche und gegenwärtigen Freunde haben dazu möglicherweise ausgezeichnete Vorschläge zu machen.

Vielleicht finden Sie dabei zu Ihrer eigenen Überraschung heraus, dass es in Ihrem Bekanntenkreis Leute gibt, mit denen Sie viele gemeinsame Interessen teilen – zum Beispiel auch das Interesse an Freunden von Freunden. Manchmal ist es ja so, dass diese, wenn Sie sie erst kennen gelernt haben, noch bessere Freunde von Ihnen werden als jene, die Sie mit ihnen bekannt gemacht haben. Um solche Situationen zu nutzen, müssen Sie nur Ihre Augen offen halten für die Möglichkeiten, die sich in Ihrem Umfeld bieten.

Passende Freunde lassen sich auch durch Zufallsbegegnungen im Alltag gewinnen: zum Beispiel durch einen Schwatz, wenn Sie gemeinsam am Postschalter warten, oder durch Austausch von Rezepten am Lebensmittel-Einkaufsregal. Eine weitere gute Gelegenheit, gleich gesinnte Menschen kennen zu lernen, ist die gemeinsame ehrenamtliche Arbeit in Kirche, Schule, Politik oder Hilfsorganisationen. Sie können Ihre Zeit und Ihre Talente auch in Krankenhäusern, bei karitativen Unternehmungen, in der Bibliothek, im Museum, in Altenclubs oder Seniorenzentren sowie bei anderen gemeinnützigen Organisationen einsetzen. Jede Aufgabe, die Sie freiwillig übernehmen, bringt Sie regelmäßig in Kontakt mit anderen Menschen, die dieselben Neigungen, Sorgen und Werte haben wie Sie. Schauen Sie auch in Ihre Lokalzeitung, wo entsprechende Organisationen oft in regelmäßigen Rubriken wie »Veranstaltungskalender« genannt sind. Manchmal bieten auch Berichterstattung und Veranstaltungshinweise in lokalen Radio- und Fernsehprogrammen gute Anknüpfungspunkte.

Zu den anderen Möglichkeiten, Gleichgesinnte kennen zu lernen, gehören Bildungs- und Erholungsreisen, Gartenclubs, Kunst- und Ausstellungsexkursionen, Sport- und Gymnastikgruppen, Teilzeitbeschäftigungen und Bildungsangebote in Volkshochschulen und Universitäten.

Wenn es Ihnen ernst damit ist, einen neuen Lebensgefährten oder auch nur einen »Spielgefährten« zu finden, haben wir eine gute Nachricht für Sie: Partnervermittlungen und Kontaktanzeigen sind auch für ältere Menschen salonfähig geworden. Selbst in gängigen Zeitungen und Zeitschriften erscheinen häufig entsprechende Anzeigen von Menschen, die einen Partner suchen, wobei das gewünschte Maß an Intimität durchaus variiert, von platonischer Freundschaft bis zum Ehewunsch. In vielen Publikationen gibt es dabei eine eigene Kategorie für Menschen über 50. Häufig handelt es sich dabei zum Schutz der Privatsphäre um Chiffreanzeigen. Die Kosten sind in jedem Fall nicht der Rede wert, wenn Sie auf Privatanzeigen reagieren oder selbst eine solche aufgeben – oder gar beides tun.

Wenn Sie sich an solchen Aktivitäten der Partnersuche beteiligen, sollten Sie ehrlich sein, wenn es um Ihr Alter und Ihre Interessen geht. Das erste persönliche Kennenlernen sollte in einer unverbindlichen Atmosphäre stattfinden, etwa bei Tage und bei einer Tasse Kaffee in einem Restaurant. So bleibt die zwanglose Möglichkeit erhalten, das Treffen ohne großen Aufwand sicher zu beenden oder aber ein weiteres Treffen zu vereinbaren.

Viele derselben Publikationen, die private Kontaktanzeigen abdrucken, enthalten auch Werbung für und Anzeigen von professionellen Partnervermittlungsagenturen. Diese versuchen, Kontakte zwischen Leuten zu vermitteln, die nach Persönlichkeit, Alter und Interessenprofil eigentlich zusammenpassen müssten. Diese Firmen verlangen jedoch – teilweise erhebliche – Gebühren dafür, dass sie die Interessenten »durchleuchten« und Kontakte vermitteln. Vielleicht meinen Sie, dass solche Institutionen nur an Jüngeren interessiert seien, aber das trifft heute nicht mehr zu. Im Gegenteil, eine wachsende Zahl von Agenturen spezialisiert sich inzwischen darauf, ältere Singles zusammenzuführen. Wenn Sie sich bei einer solchen Firma registrieren lassen, wird man Sie bitten,

Informationen über sich selbst und über den gesuchten Idealpartner bereitzustellen. Auch ein Foto oder ein Video gehört zu den Unterlagen. Wenn jemand anders an Ihnen Interesse hat – oder umgekehrt Sie an jemand anderem –, wird diskret ein Treffen arrangiert. Der Rest ist dann Ihre Sache!

Eine weitere Möglichkeit, Kontakte zu knüpfen, besteht darin, zu Veranstaltungen für Singles zu gehen: zu Tanzabenden und sonstigen Treffen, die von Kirchengemeinden, Synagogen, Clubs und anderen Organisationen angeboten werden. Wenn Sie dorthin gehen, haben Sie den Vorteil, Leute zu treffen, die Ihre Interessen und/oder Religionszugehörigkeit teilen. Viele dieser Veranstaltungen richten sich auch gezielt an ältere Menschen.

Auch wenn Sie Kurse in der Erwachsenenbildung belegen, seien es Volkshochschulkurse oder Universitätsvorlesungen, treffen Sie dort auf potenzielle neue Gefährten oder Freunde, mit denen Sie von vornherein schon etwas gemeinsam haben. Sehen Sie Zeitungen, Programme und Vorlesungsverzeichnisse durch, um zu erkunden, welche Möglichkeiten sich in Ihrer Reichweite bieten. Kurse, in denen es um die Vermittlung spezieller Fertigkeiten geht, sei es die Bedienung eines Computers oder das Kochen nach asiatischen Rezepten, sind besonders gut geeignet, neue Leute kennen zu lernen, mit denen Sie sich gleich über bestimmte gemeinsam interessierende Themen unterhalten können.

Welches Maß an Intimität Sie auch suchen, die Optionen und Möglichkeiten dafür sind schon vorhanden. Die Herausforderung besteht darin, Ihre Phantasie in Bewegung zu setzen und die Initiative zu ergreifen, um das Erforderliche in Erfahrung zu bringen. Was immer dabei letztlich herauskommen mag, Sie können sicher sein, dass sich Ihr Einsatz lohnt!

9. KAPITEL

Das Geheimnis der Gesundheit

Ihre Gesundheit ist ein wesentlicher Faktor, wenn es darum geht, wie Sie im Ruhestand planen und leben wollen. Diese einfache Feststellung ist zunächst kaum überraschend. Doch das ändert sich, sobald Sie ein wenig über die weit reichenden Implikationen nachdenken. Solange Sie sich guter Gesundheit erfreuen, scheint fast jeder Lebensstil und beinahe jedes Ziel erreichbar zu sein. Doch wenn Sie – wie die meisten von uns, wenngleich in unterschiedlichem Maße – unter gesundheitlichen Beeinträchtigungen leiden, sind Ihre Wahlmöglichkeiten im späteren Leben dadurch natürlich eingeschränkt.

Sind Sie Diabetiker? Haben Sie schon einmal mit einer Krebserkrankung gerungen? Haben Sie zu hohen Blutdruck? Rauchen Sie Zigaretten? Leiden Sie unter Allergien oder Arthritis? Haben Sie Übergewicht? Hat sich Ihr Seh- oder Hörvermögen verschlechtert oder auch Ihr Gleichgewichtssinn?

Die Antworten auf diese gesundheitlichen Fragen könnten Einschränkungen bedeuten, die man aber mit einem, wie es manche Gesundheitsexperten nennen, »persönlichen Wellness-Programm« in den Griff bekommen kann. Ein solches Programm dient dazu, unser Wohlbefinden – unter Beachtung unseres individuellen körperlichen Zustands, unserer Gewohnheiten, Interessen oder Behinderungen – aufrechtzuerhalten oder zu verbessern.

Die Entwicklung eines solchen Programms erfordert persönliches Engagement und aktive Mitwirkung. Einen Lebensstil zu finden und aufrechtzuerhalten, der die Fitness fördert, dafür sind vor allem Sie selbst verantwortlich. Wenn Sie es noch nicht getan haben, empfehlen wir Ihnen die Aufstellung eines individuellen Plans für einen Lebensstil, der Ihrer Gesundheit förderlich ist: mit ausreichender Bewegung, angemessener Ernährung, lebensbejahenden Gewohnheiten und angemessener medizinischer Gesundheitsvorsorge.

Wir wollen jedoch von Anfang an klarstellen, dass es in diesem Kapitel nicht darum geht, wie man seine täglichen körperlichen Aktivitäten oder eine gesunde Ernährung am besten plant. Wir wollen hier keine spezifischen Techniken fürs Gesundbleiben zusammenstellen; dafür gibt es bereits eine Fülle ausgezeichneter Bücher, Videokassetten und anderer Materialien. Auch Ihr Hausarzt oder Ihre Hausärztin kann Ihnen dabei helfen; er oder sie wird Ihre Fragen zur Ernährung, zu körperlichen Aktivitäten oder zu einem gesunden Lebensstil gern beantworten.

Stattdessen wollen wir Ihnen in diesem Kapitel zum Thema Gesundheit wieder Beispiele vorstellen – Beispiele von aktiven älteren Menschen, die Ihnen als Vorbild dienen können. Manche dieser Senioren erfreuen sich guter oder sogar außerordentlich guter Gesundheit und engagieren sich aktiv dafür, dass dieser Zustand möglichst lange erhalten bleibt. Die 66-jährige Martha S. etwa geht jeden Morgen mit ihrer Nachbarin Jenny, einer agilen 70-jährigen, eine Stunde lang zügig spazieren. Harvey P. hat mit 72 Jahren seine Ernährung auf weitgehend vegetarische Kost umgestellt. Und Eileen J. mit ihren 69 Jahren liest jeden Morgen um sechs zu klassischer Musik Zeitung, während sie auf ihrem Heimtrainer eifrig in die Pedale tritt.

Diese Menschen sind wie Millionen anderer Senioren in Amerika und Europa zu dem Schluss gekommen, dass körperliche Fitness nicht nur für ihr körperliches Wohlbefinden ausschlaggebend ist, sondern auch für ihre Ausdauer und Widerstandskraft, ihre Wachheit und Aktivität sowie für ihre Fähigkeit, das Leben zu genießen.

»Man muss vor seinem Körper genauso Respekt haben wie vor seinem Geist«, betonte Ralph K., ein 71-jähriger pensionierter Mitarbeiter aus dem Öffentlichen Dienst, dessen gebräunte und gerötete Wangen verraten, dass er viel Zeit im Freien verbringt. Er und seine 65-jährige Ehefrau Betty haben nach einigen sehr traumatischen diesbezüglichen Erfahrungen die vielen Wohltaten körperlicher Fitness im Alter entdeckt. »Es ist wirklich wahr«, sagte Betty, »Ralphs Herzinfarkt hat ihm das Leben gerettet. Und meines dazu.«

Als ihr Mann vor sieben Jahren in den Ruhestand ging, hielten weder er noch sie ihre Gesundheit für beeinträchtigt. »Wir hatten beide Übergewicht«, gibt sie zu, »aber wir haben uns immer für ziemlich aktiv und einigermaßen fit gehalten. Unsere Gesundheit war etwas, über das wir einfach nicht besonders nachgedacht haben. Wie die meisten Leute haben wir sie für selbstverständlich gehalten.« Beide waren sogar (und sind immer noch) aktive Teilnehmer an der Seniorenolympiade (Senior Olympics), einer gemeinnützigen Organisation für Amateursportler über 55, die sich dem Ideal verpflichten, »mit der Gesundheit, die sie haben, bestmögliche körperliche Leistungen zu erzielen«. Zu dieser Gruppe gehören in den USA Tausende ganz normaler Menschen, die sich in einer freundlichen Umgebung treffen, um ihre Fähigkeiten zu testen und zu demonstrieren. Anders als bei den »anderen« Olympiaathleten, deren Aktivitäten von einem harten Wettbewerb gekennzeichnet sind, fordern sich diese Seniorensportler eher selbst heraus, als dass sie miteinander konkurrieren.

»Wir begannen, an den Senior Olympics auf Landesebene teilzunehmen«, erzählte uns Ralph, wobei er betonte, dass diese Organisation prinzipiell für ältere Athleten der unterschiedlichsten Leistungsklassen offen sei. Dies erklärt auch, warum es möglich war, dass Ralph bis zu jenem Tag Medaillen gewann, an dem er in einer Apotheke mit einer leichten Herzattacke umkippte. »Der Apotheker verstand sich zum Glück auf Mund-zu-Mund-Beatmung«, fuhr er fort. »Ich kam schnell genug ins Krankenhaus, doch mein Arzt forderte mich eindringlich auf, in Zukunft besser auf meine Gesundheit Acht zu geben. Das hatte ich zwar alles schon oft genug gehört, doch diesmal habe ich wirklich zugehört.«

Von Betty enthusiastisch unterstützt, änderte Ralph seine Essgewohnheiten und reduzierte seinen Verzehr von Fetten, rotem Fleisch, Salz und Zucker. Gemeinsam begannen die beiden, täglich zügig spazieren zu gehen, jeden Morgen gut sechs Kilometer in einer Stunde. In den folgenden Monaten nahm Ralph 19 Kilo ab, Betty 18.

»Für mich war es wichtig, beim Geh- und Diätprogramm meines Mannes mitzumachen«, betonte Betty. »Ich wusste, dass er meine Unterstützung zu schätzen wusste und dass diese Veränderungen auch mir zugute kommen würden.«

Mit Zustimmung seines Arztes nahm Ralph wieder am Programm der Senior Olympics teil. Als sich seine Gesundheit besserte, trainierte er Basketball und Hufeisenwerfen. Betty qualifizierte sich außer in der letztgenannten Disziplin auch im Wettgehen, Bogenschießen, Kugelstoßen und Hochsprung. Die beiden fahren jetzt jedes Jahr zu regionalen Wettkämpfen. Ihr Ziel ist es, sich für den nur alle vier Jahre stattfindenden nationalen Wettbewerb der Senior Olympics zu qualifizieren. »Unsere größte Befriedigung kommt nicht vom Gewinn einer Goldmedaille, sondern daher, dass wir persönlich unser Bestes geben«, sagte Ralph, der die zweite Satzhälfte wie folgt definiert: »das Beste, was unsere individuellen Talente oder körperlichen Beschränkungen hergeben«. Jetzt, nach mehrjährigem Training, ist er sehr stolz auf sein Aussehen, Auftreten und Durchhaltevermögen.

Mit seiner neu gefundenen Energie und neuem Selbstvertrauen fühlt sich Ralph herausgefordert, Dinge zu tun, die er schon immer ausprobieren wollte, wozu er bisher aber nie gekommen war. Er fing an zu malen und zu zeichnen und besucht außerdem Einführungskurse in Spanisch an der örtlichen Volkshochschule.

»Dadurch, dass wir wieder vernünftig in Form sind«, fügte Betty hinzu, »haben wir gelernt, dass wir viel mehr können, als wir je gedacht hätten. Ich weiß, das klingt verrückt, aber das Wichtigste ist wirklich, dass man seinen Hintern hochkriegt und was tut, irgendwas. Man kann nicht immer nur sitzen: Das ist nicht gesund.« Neben ihren beeindruckenden sportlichen Leistungen ist Betty noch eine eifrige Leserin geworden. Inzwischen kennt sie sich in der Geschichte des Bogenschießens bestens aus. Sie hat Ralph ermuntert, seine Gemälde auszustellen, und mehrere Kunstgalerien haben bereits Interesse signalisiert, diese Arbeiten zu zeigen. Ralph und Betty sind sich einig, dass ihre größere intellektuelle Neugier und ihre gesteigerte kreative Energie viel mit ihrem verbesserten Körperzustand zu tun haben.

Ein Leben mit Reisen, Bekanntschaften, Kursen, neuen Hobbys und verbesserter Gesundheit hat Ralph und Betty enorme Befriedigung verschafft. Nicht jeder will wie diese beiden aktiv an organisierten Sportfesten wie den Senior Olympics teilnehmen, doch jeder ältere Mensch kann von einer regelmäßigen körperlichen Aktivität nur profitieren, die mit den jeweiligen Bedürfnissen und Fähigkeiten übereinstimmt. Die Erfahrungen dieses Paares zeigen auch, wie leicht es ist, sich im falschen Glauben in Sicherheit zu wiegen, man sei gesünder, als man in Wirklichkeit ist. Bis zum Herzinfarkt setzten sich Ralph und Betty einfach über die Tatsachen hinweg, dass sie Übergewicht hatten, zu viel und zu fett aßen und sich zu wenig bewegten.

Schlechte und ungesunde Angewohnheiten reduzieren das Energieniveau und dämpfen die Lebensfreude. Mit zunehmender körperlicher Fitness empfanden Ralph und Betty mehr Selbstachtung und Hoffnung. Dies wiederum versetzte sie in die Lage, von den praktisch endlosen Möglichkeiten Gebrauch zu machen, die ihnen zu Gebote standen.

»Das Ziel besteht nicht darin, sich gegenüber anderen hervorzutun, sondern gegenüber sich selbst«, hat der inzwischen verstorbene Arzt und Autor George Sheehan, der mit 45 regelmäßig zu laufen begann, immer wieder betont. »Bei diesem Ringen geht es nur um einen Preis: unsere gesamte Person – Körper, Verstand und Geist.«

Eine Studie nach der anderen bestätigt immer wieder aufs Neue, dass, wer körperlich gut auf sich Acht gibt, die Anfälligkeit für Krankheiten senkt, den Verlust körperlicher Fähigkeiten verlangsamt und die Körperfunktionen insgesamt stärkt. Selbst nach einem Herzinfarkt, Krebs oder Schlaganfall kann sorgfältige Beachtung von Essgewohnheiten und Bewegungsnotwendigkeiten, auch unter stark modifizierten oder eingeschränkten Bedingungen, auf vielen Ebenen enorm viel ausmachen.

Wissenschaftler haben gezeigt, dass das gesunde Herz eines 70-jährigen, selbst wenn dieser bereits einen Herzinfarkt hinter sich hat, noch 90 oder mehr Prozent der Leistungsfähigkeit eines Teenagerherzens aufweisen kann. Wir kennen viele Fälle, in denen sich die Gesundheit von vitalen älteren Menschen nach langem Ringen mit einer Krankheit oder Behinderung sogar drastisch verbessert hat – offenbar als Folge der auf Ernährung, körperliche Bewegung, Lebensstil und medizinische Vorsorge verwendeten Aufmerksamkeit.

Und doch wäre es eine unzulässige – und inakkurate – Vereinfachung, wollte man davon ausgehen, dass man mit einer verbesserten Ernährung und viel gesunder Bewegung erreichen könnte, dass alle körperlichen Probleme verschwinden. Wenn wir älter werden, leiden manche von uns unter chronischen Beeinträchtigungen, mit denen zu leben wir lernen müssen. Manche Leute halten solche Behinderungen nur für Beschränkungen, während andere darin Herausforderungen sehen, die sich, wenigstens teilweise, zu Vorteilen wandeln können.

Die wagemutige, über 80-jährige Maggie Kuhn etwa wurde in ihren späteren Jahren als eloquente, energische Vertreterin der Rechte amerikanischer Senioren berühmt. Obgleich sie oft als »lebhaft« und »kämpferisch« beschrieben wurde, war Maggie, ein überraschend leicht und zerbrechlich wirkendes Persönchen, kaum 1,50 Meter groß. Wer ihr begegnete, hätte wohl kaum, ohne es bereits zu wissen, in ihr die Gründerin der Grauen Panther gesehen, einer Koalition von Tausenden engagierter Alter, die sich nachdrücklich für positive gesellschaftliche Veränderungen einsetzten. Und noch weniger Leute hätten wohl vermutet, welche Qual ihr jeden Morgen allein das Aufstehen bereitete. »Ich leide an schwerer Arthritis«, eröffnete uns die – zum Zeitpunkt unseres Gesprächs (1987) 82-jährige – Aktivistin, kurz nachdem wir bei ihr in Philadelphia angekommen waren. »Das Aufstehen ist für mich eigentlich eine Zumutung.«

Mit zunehmender Verschlimmerung ihres Leidens musste sich Maggie immer mehr Gedanken machen, wie sie sich den Start in ihre geschäftigen Tage erleichtern könnte. Wie jeder weiß, der selbst unter Arthritis leidet, gibt es an einem feucht-kalten Morgen nichts Verlockenderes, als sich unter die Bettdecke zu kuscheln und auf die wärmenden Strahlen der Sonne zu warten. Doch egal wie verlockend diese Option erscheint, wer ein so anspruchsvolles und ausgefülltes Tagesprogramm hat, wie Maggie Kuhn es hatte, muss schließlich doch aufstehen und seinen Verpflichtungen nachkommen.

»Das ist der Grund, warum ich meine wunderbaren Katzen jede Nacht mit mir ins Bett nehme und absichtlich die Tür zumache«, sagte Maggie mit breitem Lächeln. Weil sie die beiden Katzen absichtlich mit sich in ihrem Schlafzimmer einschloss, begannen diese jeden Morgen um sechs Uhr unruhig zu werden und sich nachdrücklich in Erinnerung zu bringen, weil sie in die Freiheit wollten. Wurden sie ignoriert und wollte Maggie weiterschlafen, dann wurden sie sogar noch frecher und verlangten, sobald die ersten Sonnenstrahlen über den Horizont drangen, nach Futter.

Dann hatte Maggie keine andere Wahl mehr. »Ganz gleich, welchen Horror mir das Aufstehen bereitet, ich bekomme es letztlich immer noch hin, mir einen Morgenmantel überzuwerfen, in die Küche zu gehen und ihnen etwas zu fressen zu geben«, sagte sie. »Wenn die Katzen ihr Futter haben, krieche ich noch mal für ein Weilchen ins Bett, bis meine steifen Gelenke etwas warm geworden sind. Dann lasse ich mir heißes Wasser ein und nehme ein schönes Bad. Nur so kann ich die pochenden Schmerzen meiner Arthritis unter Kontrolle halten.« Nach dem beruhigenden Bad und einem nahrhaften Frühstück stürzte sich Maggie in den Wirbelwind der Aktivitäten, die im benachbarten Hauptquartier der Grauen Panther auf sie warteten. Sie verbrachte ihre Tage damit, Briefe zu beantworten, zu telefonieren, Gesetzgebungskampagnen zu koordinieren und sich auf ihre zahlreichen Vorträge und Talkshowauftritte vorzubereiten.

»Ich hätte niemals vorhergesagt, dass ich ein so lohnendes ›Alter‹ haben würde«, sagte uns die 1995 verstorbene Maggie im Gespräch. Einigermaßen bekannt wurde sie erst, als sie schon Ende 60 war, und auch die Organisation der Grauen Panther entstand erst, als Maggie und vier Kollegen damit begannen, gegen die obligatorischen, gesetzlichen Ruhestandsregelungen zu Felde zu ziehen, nachdem sie selbst mit 65 ihre Verwaltungsposten hatten aufgeben müssen.

»Wenn man in diesem Alter ist«, sagte Maggie am Ende unseres Interviews, wobei ihre Stimme voll Elan und Lebensfreude war, »ist man recht überschwänglich. Man kann anderen die Hölle heiß machen und seine Meinung unverblümt sagen. An meinem 80. Geburtstag habe ich gelobt, wenigstens einmal pro Woche etwas Unverschämtes zu tun, und dieses Versprechen habe ich bislang halten können. Ich lasse mich von nichts aufhalten.«

Schritt für Schritt nahm Maggie in ihrem Leben Anpassungen vor, um mit ihrer fortschreitenden Arthritis zurechtzukommen. Anstatt ihrem Leiden die Kontrolle über ihre Aktivitäten zu überlassen, ließ sie zum Beispiel ihre Katzen eines der größten Probleme lösen, mit denen sie durch ihre Krankheit konfrontiert war. Viele von uns benutzen ähnliche »Tricks« oder »Bestechungen«, um sich dazu zu bringen, etwas zu tun, wozu sie eigentlich keine Lust haben. Vielleicht haben auch Sie sich schon mal als eine Art Belohnung selbst Ihr Lieblingsessen, einen Kinobesuch oder ein Telefongespräch mit einer besonders lieben Freundin versprochen, um sich zur Erledigung einer schwierigen oder unangenehmen Aufgabe zu zwingen. In Maggies Fall war das schmerzlindernde Schaumbad die Kompensation dafür, dass sie sich tapfer der kühlen Morgenluft aussetzte.

Ein weit dramatischeres Beispiel für die arg hinderliche Wirkung eines chronischen Leidens ist May Sarton, die mit 74 einen leichten Schlaganfall hatte, von dem sie sich teilweise erholte. Bei der bekannten Romanautorin und Lyrikerin kam später noch ein schwer zu behandelndes Herzleiden hinzu. Trotzdem wollte sie weiterhin allein in ihrem weitläufigen alten Haus an der rauen Küste von Maine leben.

Mays gesundheitliche Probleme begannen, als sie bereits mehr als 40 Bücher veröffentlicht hatte. Sie entschied sich jedoch dafür, ihr literarisches Werk nicht nur fortzusetzen, sondern überdies ihre Erfahrungen mit dem Schlaganfall sowie das profunde persönliche Wachstum nach diesem Lebenseinschnitt zu Papier zu bringen. »In diesem Alter erlebt man das Leben am bewusstesten und intensivsten«, schrieb sie in einem Essay, der ihre langsame, an den Nerven zehrende Genesung schildert. »Ich habe vor allem gelernt, die Kraft zu gewinnen, um durchzuhalten und gestärkt daraus hervorzugehen.«

In unserem Interview erläuterte May, dass ihr langer Weg zurück zu passabler Gesundheit ihr viel Zeit gelassen habe, in sich zu gehen und nachzudenken. »Zunächst stellte ich fest, dass ich schon nach zehn Schritten erschöpft war«, sagte sie. »Später war ich erschöpft, wenn ich zehn Minuten geredet hatte. Und wenn man seine Arbeit nicht tun kann, ist man mit langen Perioden der Einsamkeit konfrontiert. Mit sich selbst allein zu sein heißt, den Reichtum der eigenen Person schätzen und genießen zu lernen. … Jeder, der schreibt, weiß, dass dies eine Arbeit ist, die ein enormes Maß an psychischer Energie erfordert. Die Einsamkeit bietet und schützt diese Energie.« In dieser Zeit der Ruhe lernte May, »dass, wer die Schmerzen aussperrt, die Chance verliert, innerlich zu wachsen. Nichts, das uns widerfährt, ist unnütz, auch die schrecklichste Krankheit nicht.«

Die Holztreppe zu ihrem Arbeitszimmer, in dem sie jeden Morgen mehrere Stunden saß und schrieb, wieder hinaufzukommen, wurde May Sartons wichtigstes Ziel. Obwohl diese einfache Aktion zunächst äußerst kräftezehrend war, war sie fest entschlossen, weiter daran zu arbeiten. Schritt für Schritt regenerierte sie ihre Kräfte und nach mehreren Monaten war sie dann in der Lage, ihre frühere Alltagsroutine in modifizierter Form wieder aufzunehmen: »Für mich ist das Schreiben die einzige wirksame Medizin gegen Grippe, Alter, Depression und so weiter. Darum tue ich es jeden Tag.«

Wie viele Menschen, die ähnliche Traumata durchlebt haben, wusste May die Gabe der Zeit danach viel mehr zu schätzen. Mit ihren gesellschaftlichen Terminen und persönlichen Auftritten ging sie viel sparsamer um und beschränkte sich weitgehend auf Besuche bei ihren liebsten Freunden und die Arbeit im Garten hinter ihrem Haus.

May empfand nach der Genesung Zufriedenheit, das Gefühl, dass sie auf ihrer Lebensreise ein bequemes Stadium erreicht habe. Während der Schlaganfall und ihr Herzleiden May zwangen, langsamer zu machen – so musste sie zum Beispiel jeden Nachmittag zwei Stunden schlafen –, verstärkte sich ihre Wertschätzung des schöpferischen Geistes. Sie spürte neuen Enthusiasmus für die Arbeiten, die sie sich noch vorgenommen hatte.

Nicht alle von uns haben den eisernen Willen (oder den Status als Berühmtheit) wie May Sarton und Maggie Kuhn, um uns über die Widrigkeiten der späten Jahre hinwegzuhelfen.

Doch selbst »normale« Leute erleben manchmal, dass herausfordernde gesundheitliche Beeinträchtigungen eher zum Aufbau von Stärke führen als zum Kräfteverlust. Die folgende Geschichte berichtet von einem alten Menschen, der innere Reserven anzapfen konnte, von deren Existenz er nicht die geringste Ahnung gehabt hatte, bevor seine Behinderung eintrat.

Jerry L., pensionierter Staubsaugervertreter aus Indiana und ehemaliger Kettenraucher (drei Packungen pro Tag), befand sich gerade bei einer Routinedurchleuchtung seiner Lunge, als er einen schweren Schlaganfall erlitt. Als er dieses Erlebnis in unserem, einige Jahre danach geführten Interview Revue passieren ließ, sagte er, er fühle sich sehr vom Glück begünstigt, dass er sich damals zufällig bereits in einem Krankenhaus befunden habe. »Ich hatte schon den ganzen Morgen nur geradeaus schauen können«, erinnerte er sich, »was, wie ich heute weiß, ein Alarmsignal für einen bevorstehenden Schlaganfall ist. Vor dem Röntgenschirm verlor ich auf meiner rechten Seite jegliches Gefühl. Als mich die Schwester dann zu einem Untersuchungstisch führte, brach ich zusammen und konnte überhaupt nicht mehr sprechen.«

Als sich Jerry in seinem hellen, farbenfrohen Wohnzimmer beim Erzählen an diese Szenen erinnerte, wurde er von seinen schmerzlichen Erinnerungen so übermannt, dass er ins Schluchzen kam und Tränen seine Wangen hinabströmten. »Alles, was ich tun konnte, war, auf dem Untersuchungstisch zu sitzen und zu weinen. Ich wusste, was mit mir geschah, und es gab absolut nichts, was ich dagegen tun konnte. Ich konnte nicht sprechen, ich konnte mich nicht bewegen. Ich fühlte mich schrecklich hilflos.«

In den folgenden Wochen konnte sich Jerry nur über Augenzwinkern und Gesten der linken Hand verständlich machen. Die rechte Seite seines Körpers blieb gefühllos und er konnte nicht gehen. »Ich werde nie den Morgen vergessen, an dem ich aufwachte und den kleinen Finger meiner rechten

Hand zum ersten Mal wieder bewegen konnte«, sagte Jerry. »Ich brauchte meine ganze Konzentration, um mit diesem kleinen Finger nur einen Zentimeter zu wackeln, doch es war wunderbar, wieder etwas zu spüren, Schmerzen zu haben. Man konnte mich wieder mit einer Nadel stechen und, Gott sei's gedankt, es *tat weh!* An diesem Tag wusste ich, dass ich's schaffen würde.«

Jerrys Genesung ging sehr langsam voran, doch innerhalb eines Monats kehrte auf der ganzen rechten Körperseite sein Gefühl zurück. Nun begann er fürchterliche Schmerzen zu spüren – doch die vergingen nach ein paar Wochen wieder. Auch seine Sprechfähigkeit verbesserte sich und er konnte schon wieder einzelne Worte hervorbringen. Es folgten einfache Ausdrücke und kurze Sätze. Mit täglicher Krankengymnastik und stetiger Ermutigung seitens seiner Ehefrau Dorothy wurden Jerrys Muskeln am Ende stark genug, dass er wieder ohne fremde Hilfe stehen konnte. Schließlich, nach fast übermenschlichen Anstrengungen, konnte Jerry sogar wieder gehen.

»Es gibt Menschen, die durch einen Schlaganfall so sehr geschädigt werden, dass sie sich, anders als ich, nie wieder davon erholen«, stellte er fest und riet allen, die sich in ähnlicher Lage wie er befinden, nicht zu viel zu erwarten. »Doch ich glaube, dass viele wenigstens teilweise wieder genesen könnten, wenn sie etwas hätten, für das sich die Anstrengung lohnen würde. Ob du nun wütend oder deprimiert bist, du musst schon wirklich wollen.«

In Jerrys Fall entstand die Überzeugung, dass er wieder gesund werden könne, wolle und werde, aus einem fast besessenen Wunsch, wieder Musik machen zu können. »Ich *musste* Musik in meinem Leben haben«, sagte er und erläuterte, dass er seit seiner Kindheit praktisch jeden Tag Saxophon und Klarinette gespielt hatte. »Weil ich jedoch nicht mehr die Kraft oder Muskelkontrolle hatte, die man für diese Instrumente braucht, war mir klar, dass ich sie aufgeben musste. Also beschloss ich, in Zukunft Keyboard zu spielen. Und ich wusste, dass ich dieses Instrument spielen würde, selbst wenn ich dazu meine Ellbogen einsetzen müsste.«

Zuerst fühlte sich Jerry schon als Sieger, wenn er seine Hände gut genug koordinieren konnte, um auf der elektronischen Orgel, die Dorothy während seines Krankenhausaufenthalts gekauft hatte, einen einfachen Akkord anzuschlagen. Doch nachdem er mehrere Wochen geübt hatte, schaffte er es schon, ein ganzes Lied zu spielen. »Ich saß jeden Tag an diesem Keyboard und spielte, solange ich konnte – egal wie ich mich fühlte«, sagte Jerry.

Wegen irreversibler Schäden nach dem Schlaganfall musste Jerry das Musizieren praktisch wieder von der Pike auf lernen. Es war, als hätte er seine Gedanken- und Nervenbahnen von Grund auf neu ordnen müssen, damit seine Muskeln taten, was er wollte. Zum Glück hatte sein Gefühl für Rhythmus und Tonhöhe den Schlaganfall unbeschadet überstanden, sodass sich Jerry ganz darauf konzentrieren konnte, seine physische Koordination weiterzuentwickeln. »Nach einem Schlaganfall muss man sich 24 Stunden am Tag mental ganz einem Ziel wie diesem widmen, damit die Sache funktionieren kann«, sagte er uns. »Ich glaube, wenn ich das nicht getan hätte, wären meine Hände immer noch verkrüppelt.«

Und Jerry sitzt nicht nur jeden Morgen zum Üben an seinem Keyboard, sondern an zwei Abenden pro Woche leitet er außerdem noch eine achtköpfige Band. Deren Mitglieder treten in einem örtlichen Nachtclub auf und am Wochenende spielen sie nachmittags auf Einladung häufig auch bei Hochzeiten und Partys. »Am Donnerstag Abend trete ich solo in einem Restaurant auf«, sagte der 68-Jährige. »Von vier bis acht spiele ich in einem durch, ohne einmal aufzustehen. Und wissen Sie was? Der Manager hat mir gesagt, seit ich angefangen habe, hätte sich der Umsatz verdoppelt.«

Immer wieder lobt Jerry Dorothys unermüdliche Unterstützung während seines Gangs durch die Hölle. Sie versorgte ihn, leitete Botschaften an die Familie weiter und achtete darauf, dass er sich an alle ärztlichen Anweisungen hielt. »Damals dachte ich, sie wäre sehr gemein zu mir«, erinnerte sich Jerry. »Ich hatte sie gebeten, mir etwas vom Boden aufzuheben, aber sie forderte mich auf, es gefälligst selbst zu tun. Sie ließ nicht zu, dass ich ein hilfloses Opfer wurde, und das war ein ganz wichtiger Teil meiner Genesung.«

Jerrys teilweise Wiederherstellung nach seinem Schlaganfall illustriert, welchen Wert eine mutige Reaktion auf eine sehr unsichere Prognose hat. Er weigerte sich, seinen anfangs sehr geschwächten, eingeschränkten Zustand als jene Grenze zu akzeptieren, innerhalb derer er in Zukunft leben müsse. Jerry kämpfte, soweit dies körperlich überhaupt möglich war, um seine Fähigkeiten zurückzugewinnen. Sein Beispiel zeigt, wie die aktive Teilnahme an der eigenen Genesung, zusammen mit einer entschlossenen, engagierten Einstellung, zum Schlüsselfaktor für das Endergebnis werden kann.

Eine andere Interviewpartnerin, die ebenfalls auf ihre ganz eigene Art und Weise mit Mut und Entschlossenheit gegen körperliches Ungemach ankämpfte, ist die 79-jährige Jean C., die gemeinsam mit ihrem Ehemann Earle in Vermont einen privaten Campingplatz betreibt. »Vor etwa 15 Jahren erfuhr ich, dass ich Krebs hatte«, sagte uns Jean, als wir gemeinsam mit ihr und Earle auf der vorderen Veranda ihres Hauses bei einem Glas Limonade saßen. »Ich beschloss, das Problem ganzheitlich anzugehen. Ich will damit nicht sagen, dass diese Behandlungsweise für alle die richtige wäre, und auch nicht, dass ich mit konventioneller chemotherapeutischer Behandlung und Bestrahlungen nicht noch besser dran gewesen wäre, aber ich habe mich eben dafür entschieden.«

Sie folgte gewissenhaft den Empfehlungen und Richtlinien eines Arztes, der zu den Besuchern ihres Campingplatzes zählte. Jeans ganzheitliche Therapie erfordert eine kalorienarme makrobiotische Ernährung mit einem hohen Anteil an unbehandelten Vollkornprodukten – im Wechsel mit strikten

Fastenperioden. Jean praktiziert Atemübungen zum Tiefatmen, macht täglich lange Spaziergänge und setzt Yoga und Meditation ein, um den Stress zu minimieren. »Mein Mann ist sehr intuitiv und hilfreich gewesen«, berichtete Jean. »In diesen letzten Jahren haben wir uns auf neue, sehr wichtige Weise wirklich gegenseitig schätzen gelernt.«

Nach Earles Pensionierung als Naturschützer zogen Jean und Earle nach Vermont. »Den Campingplatz haben wir nicht aufgemacht, um Geld zu verdienen«, sagte Earle und fügte schnell hinzu, dass es sich um ein Traumprojekt handele, für dessen Realisierung sie 30 Jahre gebraucht hätten. Die wichtigste Belohnung bestand immer in der Freude, die das Paar aus der Begegnung mit einem ungewöhnlich vielseitigen und anregenden Spektrum von Leuten gewann. Beide betonen nachdrücklich, dass auf dem Campingplatz »ganz spezielle Dinge geschehen«. Viele von ihren Sommergästen, mehrere Dutzend an der Zahl, gehören inzwischen sozusagen zur Familie und kommen Jahr für Jahr wieder.

»Wir beide sind durch die Begegnungen mit den vielen wunderbaren Menschen, die wir hier kennen gelernt haben, innerlich kolossal gewachsen«, sagte Jean. »Hier wird sehr viel Liebe ausgetauscht, sehr viel Begeisterung und Wertschätzung.« Das 40 Hektar große Gelände von Jeans und Earles Campingplatz scheint ein Mekka für interessante Gäste zu sein, vom Klempner bis zum Politiker, vom Biologen bis zum Banker. »Immer wenn wir gerade denken, jetzt hätten wir alles auf unserem kleinen Campingplatz schon mal erlebt, jetzt hätten wir alles an Befriedigung erreicht, was in diesem Geschäft überhaupt möglich ist«, fügte Earle hinzu, »dann kommt jemand neu daher, der vor Freude fast überquillt und voll mit neuen, provokativen Ideen ist.«

Wie Jean sagte, verschafften ihr solche Begegnungen große Befriedigung und ihr Kampf mit dem Krebs hat ihr dazu verholfen, diesen Lebensstil und seinen Gewinn noch mehr zu schätzen. »Auf seltsame Weise bin ich für die Krankheit sogar dankbar«, vertraute sie uns an. »Sie hat mir so viel gegeben, worüber ich nachdenken muss.« Diese mutige alte Frau hat auch wieder zu malen angefangen – eine Tätigkeit, die sie mehr als fünf Jahrzehnte zuvor aufgegeben hatte, weil sie mit der Frustration und dem Selbstzweifel nicht fertig geworden war, die sich jedes Mal eingestellt hatten, wenn sie vor einer leeren Leinwand stand. »Als ich früher gemalt habe, hatte ich Angst, tief in mein Inneres zu schauen«, sagte Jean. »Seither habe ich gelernt, dass nicht die Angst dich zum Versager macht. Nein, die Angst vor dem Versagen ist das wahre Problem.«

Inzwischen akzeptiert Jean die wichtige Rolle, die Austausch und Teilen in ihrem langen, reichen Leben gespielt haben und noch immer spielen. Lange Jahre ließ sie andere an ihren Talenten teilhaben, indem sie Malkurse gab. Jetzt teilt sie ihre Liebe zu den Menschen mit anderen, indem sie gemeinsam mit Earle ein erholsames Refugium leitet. »Der Krebs hat mir beigebracht, dass es keine Grenze für das gibt, was wir tun können«, sagte Jean zum Schluss, »und dass du dich selbst schätzen und lieben musst, ehe du andere Menschen wirklich schätzen kannst.«

Die Geschichten dieser bewundernswerten älteren Menschen illustrieren die starke Verbindung zwischen Verstand, Körper und Geist. In allen geschilderten Situationen hatten Einstellung und Reaktion des Einzelnen auf sein körperliches Leiden einen enormen Einfluss auf die jeweilige Lebensqualität.

Vielen von uns hat man beigebracht zu glauben, dass nur fertig ausgebildete und zugelassene medizinische Kapazitäten wirklich wüssten, wie mit unseren Krankheiten, Leiden und Behinderungen umzugehen sei. Doch das stimmt durchaus nicht immer. Laut Dr. Steven Fox, Direktor von Wellspring Gerontological Services in einem Vorort von Chicago, haben »nur vier Prozent der Ärzte je geriatrische Kurse besucht, in denen Wissen über ältere Körper und deren Funktionssysteme vermittelt werden«. Dies führt dazu, dass Ärzte manchmal die von älteren Menschen beschriebenen Symptome fehlinterpretieren und die Bedeutung von Änderungen des Lebensstils oder von Vorsorgemaßnahmen zur Verbesserung der Gesundheit älterer Menschen herunterspielen.

Während seiner achtjährigen Amtszeit als Gesundheitsminister der Vereinigten Staaten wies Dr. C. Everett Koop immer wieder darauf hin, dass »Krankheit nicht Bestandteil des Alterns ist. Im älteren Körper laufen fast alle natürlichen Funktionen normal weiter, doch selbst wenn es zu Funktionsstörungen oder -minderungen kommt, reicht das Ergebnis immer noch aus, um den Körper in krankheitsfreiem Zustand zu erhalten.«

Dr. Koop, der selbst schon über 65 war, als er unter Präsident Ronald Reagan zum Gesundheitsminister ernannt wurde, wirft seinen ärztlichen Kollegen vor, bei älteren Patienten zu »überdiagnostizieren«, und empfiehlt ihnen stattdessen, viel mehr Wert auf elementare Dinge zu legen, die jeder ihrer Patienten selber tun kann – etwa mit dem Rauchen aufhören, weniger oder gar keinen Alkohol mehr trinken, abnehmen und überhaupt die Verantwortung für die eigene Gesundheit übernehmen.

Genau das, ein starkes Gefühl der Verantwortung für ihr eigenes Wohlergehen zu entwickeln, nahm sich die 70-jährige Harriett F. in ihrem kleinen Winkel der Welt vor: einem mehrstöckigen Haus, das sie mit ihrem Ehemann Keith an einem breiten, von Bäumen gesäumten Boulevard in Atlanta, Georgia, bewohnt.

»Innerlich fühle ich mich immer noch wie mit 21, obwohl ich so jung nicht mehr aussehe«, begann Harriett, als wir mit ihr im Obergeschoss ihres restaurierten viktorianischen Hauses, der Büroetage, bei einer Tasse Kaffee zusammensaßen. Um uns herum lagen Papiere, Fotos und Broschüren verstreut, die mit ihrer Werbeagentur zu tun hatten, die sie schon seit mehr als drei Jahrzehnten als einen Ein-Frau-Betrieb leitet. Obwohl Harrietts Gesundheit ansonsten ausgezeichnet ist, leidet sie schon den größten Teil ihres Lebens an einem ernsten Gehörschaden. »Schon seit Anfang 20 bin ich auf ein Hörgerät angewiesen«, erklärte sie uns. »Ohne dieses Gerät könnte ich nicht die Hälfte dessen schaffen, was ich tue.« Auf einem Ohr ist Harriett völlig taub und auf dem anderen beträgt der Hörverlust 50 Prozent. Ehe die Ärzte aufgaben und ihr rieten, sich an die wahrscheinlich lebenslange Behinderung anzupassen, hatte sie sechs Operationen über sich ergehen lassen müssen. »Als sie mir das sagten, bekam ich fast einen Nervenzusammenbruch«, sagte Harriett. »Aber ich gebe nicht so leicht auf. Man muss sich auch damit abfinden können und weiterleben.«

Einer von Harrietts Auftraggebern ist ein Hörgerätehersteller, der ihr die Anzeigenkampagne der Firma überließ, als Harriett ihm darlegte, dass sie schon seit vielen Jahren seine treue Kundin sei. »Wenn ich über Hörgeräte spreche, kann ich mich richtig in Rage reden«, sagte sie. »Wenn das Sehvermögen nachlässt, überlegt doch auch niemand lange, ehe er sich eine Brille kauft. Doch wenn wir nicht mehr so gut hören wie früher, will irgendwie niemand offen darüber reden. Wenn man es nämlich täte, fürchten die meisten, würde man so behandelt, als sei man schon jenseits von Gut und Böse.« Doch wenn Hörbehinderte keine Hörhilfen benutzen, warnt Harriett, neigen sie nur unnötigerweise zum Rückzug aus der Gesellschaft.

Wie Sie sich inzwischen sicher schon denken können, hat sich Harriett durch ihre Gehörschädigung von nichts abhalten lassen, das sie wirklich wollte. »Ich habe als Werbegrafikerin angefangen«, erinnerte sie sich, »doch dann habe ich beschlossen, noch einen Schritt weiterzugehen und mich selbständig zu machen. Ich wollte einfach mehr Kontrolle haben. Wenn Sie mit einem Auftrag zu einer Werbeagentur in der Innenstadt gehen, kann es Ihnen passieren, dass Sie in einer Filiale an einen blutjungen Anfänger geraten. Doch wenn Sie zu mir kommen, haben Sie's gleich mit der Chefin zu tun!«

Harriett leitet von ihrem Haus aus nicht nur ein sehr kreatives und lohnendes Unternehmen, sondern sie versorgt auch noch ihre 94-jährige Mutter und beaufsichtigt werktags am Nachmittag nach der Schule ihren Enkelsohn, bis dessen Mutter von der Arbeit heimkommt. Harriett ist in vielen Gemeinschaftsorganisationen aktiv, sie spielt regelmäßig Bridge und hat eine öffentliche Werbekampagne einer Zeitung organisiert – mit dem Ziel, Schwerhörige davon zu überzeugen, dass sie, »je länger sie mit dem Hörgerät warten, umso mehr Schwierigkeiten mit der Gewöhnung haben« werden.

Wie Harriett sich selbst sieht, ist an ihr immer noch ein Junge verloren gegangen. Sie liebt Abenteuer und Aktivitäten in der Natur. Zusammen mit Keith feierte sie ihren 70. Geburtstag mit einer Kanutour durch die Okefenokee-Sümpfe. Im Jahr nach unserem Interview wollten sich die beiden erstmals im Skilanglauf versuchen. »Für mich bedeutet, erfolgreich alt zu werden, aktiv und engagiert zu bleiben sowie Kontakt zu meinen Freunden und meiner Familie zu halten«, sagte Harriett. »Ich glaube nicht, dass ich je einsam sein werde.« Ein Leben voller Aktivitäten und Leistungen zu führen ist Harrietts Weg, sich selbst etwas Gutes zu tun. Obwohl sie sich ihres Hörverlustes immer bewusst ist, hat sie dieser Behinderung nicht erlaubt, ungebührlichen Einfluss auf ihre Entscheidungen zu erlangen.

Man könnte versucht sein, Harrietts Beispiel – unter Hinweis auf die Tatsache, dass sie ihre Behinderung früh genug zu akzeptieren gelernt habe, um alle erforderlichen Anpassungen ziemlich mühelos vornehmen zu können – als untypisch abzutun. Dann sollten Sie jedoch die Geschichte eines anderen Menschen heranziehen, dessen Leidenschaften bis in seine späten Jahre andauerten, selbst dann noch, als die körperlichen Fähigkeiten drastisch nachließen.

Die Hollywood-Legende John Huston liebte das Filmen so sehr, dass seine Begeisterung für seine Arbeit niemals nachließ – selbst dann nicht, als ihn ein Lungenemphysem an den Rollstuhl fesselte. Kurz vor seinem Tod infolge dieses heimtückischen Leidens im Jahre 1987 kommandierte der 80-jährige Regisseur am Drehort in Rhode Island immer noch Schauspieler und Bühnenarbeiter herum. Dabei war er bereits so kurzatmig geworden, dass er ständig eine Sauerstoffmaske in Reichweite und eine Krankenschwester in Rufweite benötigte. Und doch hinderten ihn seine körperlichen Gebrechen nicht daran, seinen Film pünktlich fertig zu stellen und den Schnitt persönlich zu überwachen.

»Ich sehe mich weder als jungen noch als alten Mann«, hatte uns Huston einige Jahre zuvor gesagt, als er sich in seinem mit Kalk geweißten Haus im üppigen mexikanischen Urwald in der Nähe von Puerta Vallarta zwischen zwei Filmprojekten ein wenig erholte. »Die Veränderungen, die in einer Pflanze vorgehen, sieht man ja auch nicht durch diese Brille. Man sagt doch nicht: ›Dies ist eine Pflanze im mittleren Alter.‹ Nein, eine Pflanze wird geboren, sie lebt und sie stirbt; der ganze Prozess ist eins. Und die Menschen sind wirklich nicht grundlegend anders.«

Nachdem er schon früh die Freuden der Schauspielerei, des Drehbuchschreibens und Regieführens kennen gelernt hatte, zog Huston einfach überhaupt nicht mehr in Betracht, dass er mit zunehmendem Alter irgendwie anders leben sollte. »Alterndes Fleisch hat seine eigene Schönheit«, meinte er im Rückblick auf ein von Abenteuern erfülltes Leben, in dem ihn zu unterschiedlichen Zeiten neben dem Filmen das Malen, Jagen, Boxen, Reisen und die Architektur total vereinnahmt hatten. »Ich schlage allen, die vor dem Älterwerden Angst haben, vor, sich einige Rembrandts anzuschauen. Dann werden sie sehen, dass das Alte auch schön sein kann.«

Die Schönheit liegt im Auge des Betrachters. Wenn einige von uns in den Spiegel schauen, sind sie durch das, was sie sehen, entmutigt. Obwohl wir uns vielleicht *innerlich* noch jung und gesund fühlen, erfüllt uns unsere *äußere* Erscheinung nicht unbedingt mit Selbstvertrauen.

Neben den bereits beschriebenen greifbaren Vorteilen ist es für manche alten Menschen genauso wichtig, auch schlank und rank und fit *auszusehen*, so wie es der Fall ist, wenn wir im Besitz eines Körpers sind, der organisch gesund ist. Diese Menschen würden selbst als Erste zugeben, dass ihr psychologisches Selbstbild eng mit ihrem körperlichen Aussehen verbunden ist. Für sie gibt es eine direkte, wechselseitige Verbindung zwischen Sich-Jung-Fühlen und Jung-Aussehen.

Dieser Trend macht sich um uns herum überall bemerkbar. Gesundheitsclubs und Fitnesscenter zählen immer mehr ältere Menschen zu ihren Kunden, ebenso Anbieter, die mit Gesichtslifting, Fettabsaugen, Brustvergrößerung und ähnlichen Schönheitskorrekturen werben. Millionen Menschen ist kein Aufwand zu groß, um ihre Körper in genau die Form zu bringen, nach der sie gieren. Viele vorbildliche Alte haben dagegen entdeckt, dass es zu wesentlich nachhaltigeren Veränderungen führt, zu Veränderungen, die über Eitelkeit weit hinausgehen, wenn sie insgesamt besser auf ihre Gesundheit Acht geben und dafür auf verlockende schönheitschirurgische Ersatzhandlungen verzichten.

Jane M. etwa stellte sich uns brieflich mit einem Foto vor, das in einem von ihr unterrichteten Aerobic-Kurs in einer Kleinstadt in Oregon aufgenommen worden war. Der türkisfarbene Gymnastikanzug dieser 74-jährigen Pensionärin ließ einen flachen Bauch und einen wohlgeformten Körper erkennen, der leicht auch einem ihrer 13 Enkelkinder gehören könnte. Als wir später zu Besuch in Oregon waren, wurden Janes außerordentliche Fähigkeiten unaufgefordert von ihren zufriedenen Schülerinnen hervorgehoben. »Ich arbeite mich jeden Tag bei ihr aus«, sagte Toni, eine 22-jährige Sekretärin, die wir nach dem 30-minütigen Kurs in der CVJM-Turnhalle befragten. »Sie setzt sogar Weihnachten eine Aerobic-Kursstunde an!«

Nachdem sie vom Trampolin gesprungen war, erklärte uns Jane, dass sie die meiste Zeit ihres Lebens Gymnastik getrieben habe und dass sie in einem der Fitnesskurse im CVJM, an denen sie als Teilnehmerin mitgemacht hatte, alle anderen mit ihrer Ausdauer in den Schatten gestellt hätte. »Also dachte ich mir, wenn ich ohnehin jeden Tag herkomme, dann kann ich auch genauso gut gleich unterrichten!«

Diese fitte kleine Frau, die sich schnell und elegant bewegte, vermittelte ihre optimistische Botschaft über das Älterwerden so, als wäre sie eine Trainerin, die ihre Truppe zur Halbzeit noch mal energisch aufmuntert. »Geben Sie niemals auf«, betonte sie. »Lassen Sie nicht zu, dass Sie sich selbst alt fühlen. Seien Sie optimistisch und versuchen Sie's immer wieder neu!«

Als pensionierte Geschäftsfrau, die 30 Jahre im Einzelhandel tätig war, begann Jane mit ihrem täglichen Fitnessprogramm erst, als sie schon Mitte 60 war, nachdem sie eine einträgliche Kleiderboutique verkauft und beschlossen hatte, sie brauche jetzt eine neue, produktive Freizeitbeschäftigung. Ironischerweise stieß diese »Aerobic-Großmutter« dabei auf immer mehr Geschäftsmöglichkeiten, seit sie begonnen hatte, ihre populären Kurse zu geben, in denen man sich so richtig ausarbeiten konnte. Zu diesen Möglichkeiten gehörten nicht zuletzt ständige Angebote, ein Buch über »Fitness im reiferen Alter« zu schreiben und ein Video mit Gymnastikübungen für Senioren zu drehen. »Mir gefällt es sehr, wie ich aussehe«, sagte Jane. »Das verhilft mir zu einem guten Gefühl. Und wenn ich mich gut fühle, dann bin ich auch bereit, jede Herausforderung anzunehmen.«

Jane erzählte uns, eines ihrer frühen Vorbilder sei der Gymnastikguru Jack LaLanne gewesen, der im Fernsehen täglich ein Programm mit Gymnastikübungen brachte, das sie erstmals Jahre zuvor eingeschaltet hatte. »Er war mir eine Inspiration«, bekannte Jane. »Er hat mich in Form gebracht und in Form gehalten.«

In einem getrennten Interview mit LaLanne erfuhren wir überraschenderweise, dass er, lange bevor seine Fernsehsendung ihn in ganz Amerika bekannt machte und lange bevor Veränderungen im Lebensstil seine Fitnessbotschaft ins allgemeine Bewusstsein gehoben hatten, als Spinner abgetan worden war. »Ich habe den ersten Gesundheitsclub im ganzen Land 1936 in Oakland [Kalifornien] aufgemacht«, erzählte er uns im Zusammenhang mit einer seiner zahlreichen Vortragsverpflichtungen, die ihn noch mit Ende 70 im ganzen Land herumführten. »Die Leute dachten damals, ich sei verrückt geworden.« LaLanne erzählte uns, dass ihn eine verkorkste Kindheit, deren Ursachen er heute in einer falschen Ernährung sieht, zur Gründung seines Fitness-Imperiums bewogen habe. »Als Kind war ich ein richtiger ›Zucker-holiker‹, ständig aß ich Süßigkeiten. Aus diesem Grund war ich ein sehr schlechter Schüler und fast jeden Tag hatte ich irgendwelche Probleme. Ich brachte Fünfen und Sechsen mit nach Hause und stieg sogar mal ein halbes Jahr aus der High School aus.«

Während dieser schicksalsträchtigen Phase als Schulaussteiger hörte LaLanne einen Vortrag, der sein ganzes Leben veränderte. Das Thema war der Zusammenhang zwischen Ernährung und Fitness und der »Gesundheitsapostel« auf dem Podium (dessen Name LaLanne längst entfallen war) forderte seine Zuhörer auf, ihre Essgewohnheiten zu verändern – oder aber das Risiko einzugehen, Krebs, Herzerkrankungen und andere lebensbedrohliche Krankheiten zu bekommen. »Ich verzichtete bei meiner Ernährung sofort auf jegliches weiße Mehl und jeglichen weißen Zucker«, erinnerte sich LaLanne. »Ich wurde strikter Vegetarier und begann, mich täglich mehrere Stunden lang körperlich auszuarbeiten.« Noch mehr als 60 Jahre später stand LaLanne weiterhin um vier Uhr morgens auf, um anschließend mehrere Stunden im Schwimmbad und in der Sporthalle (in der Nähe seines Hauses im Großraum Los Angeles) zu trainieren. »Das ist immer noch meine oberste Priorität«, sagte er. »Ich weiß, dass energische körperliche Betätigung und ein gesunder Körper positive Auswirkungen auf den Geist haben.«

Als jemand, der auch selbst tut, was er anderen predigt, feierte Jack LaLanne seinen 70. Geburtstag damit, dass er in Long Beach Harbor anderthalb Meilen schwamm und dabei an einem um seinen Körper gebundenen Seil 70 Leute in genauso vielen Booten hinter sich herzog. »Wenn Sie sich zur Ruhe setzen«, riet LaLanne, »dann suchen Sie sich etwas Neues, damit Sie beschäftigt sind. Das Schlimmste, was Sie tun können, ist einfach nur dazusitzen.«

Das Geheimnis der Gesundheit

Natürlich werden nicht viele von uns in unseren späteren Jahren körperlich noch so aktiv sein wie Jack LaLanne und Jane M. Doch ihre Geschichten bestätigen, wie die anderen in diesem Kapitel vorgestellten, dass das Geheimnis der Gesundheit ein wichtiger Aspekt ist, wenn Sie im Alter vital, aktiv und erfolgreich bleiben wollen. Wenn Sie sorgfältig auf Ihre körperliche Fitness achten, kann und wird das bemerkenswerte Ergebnisse zeitigen, auch im nichtkörperlichen Bereich.

Unsere vitalen Senioren beschreiben das Selbstvertrauen, die Energie und Selbstachtung, die sie aus ihrem körperlichen Wohlbefinden herleiten, als eine Art Jungbrunnen oder Lebenselixier, das die gesamte Lebensqualität verbessert. Fitness ist eine äußerst potente, selbst verordnete Medizin, die jedem zu Gebote steht, und sie kann ihr Leben buchstäblich um Jahre verlängern.

In einem Bericht über Krankheitsvorbeugung, den die American Medical Association vor einigen Jahren veröffentlichte, heißt es: »Ihre Gesundheit liegt in erster Linie in Ihren *eigenen* Händen. Was Sie Ihrem Körper antun – oder aber für Ihren Körper tun –, ist der *bedeutendste* Faktor, der darüber entscheidet, ob Sie [in Zukunft] medizinische Hilfe in Anspruch nehmen müssen.«

Die vorherrschende, aber falsche Annahme, dass wir mit zunehmendem Alter immer kränker würden, weicht allmählich der Erkenntnis, dass eine positive, präventive Einstellung zu unseren gesundheitlichen Bedürfnissen in späteren Jahren körperliche Gebrechen und Behinderungen verlangsamen, stoppen und manchmal sogar heilen kann. Und wenn unser Körper auf Vordermann ist, gilt das Gleiche bald auch für unseren Verstand und unseren Geist. So ist es also niemals zu spät, in der täglichen Fitness-Routine positive Veränderungen herbeizuführen. Was wirklich Gefahren heraufbeschwört, ist das Nichtstun. Denn dadurch lassen Sie Ihren Körper mitsamt Verstand und Geist immer mehr verkümmern.

Der Komiker George Burns hat einmal, lange nach seinem 65. Geburtstag, gesagt: »Wenn ich gewusst hätte, dass ich noch so lange lebe, dann hätte ich besser Acht auf mich gegeben.« Wie Burns könnten Sie mit 65 durchaus noch 30 Jahre vor sich haben. Also zögern Sie nicht, sich in Form zu bringen – und dann in Form zu bleiben!

Wie man diesem Geheimnis entsprechend handelt

Dank erstaunlicher Fortschritte in Medizin und Diagnostik, aber auch dank eines Wandels in den Ernährungs- und Bewegungsgewohnheiten und anderer positiver Veränderungen im Lebensstil leben heute Amerikaner und Deutsche im Durchschnitt länger – und bleiben auch länger gesund – als je zuvor. Hinzu kommt, dass bei regelmäßigen Vorsorgeuntersuchungen viele Probleme schon sehr früh erkannt werden können – zu einer Zeit, da die Behandlung noch relativ einfach ist. Gleichzeitig sind Hausärzte und andere in Heilberufen Tätige zunehmend bereit, präventiv zum Schutz der Gesundheit Gymnastik und Ernährungsumstellungen zu verordnen.

Der beste Weg, mit den Vorbereitungen für Ihr persönliches Wellness-Programm zu beginnen, ist eine direkte Kontaktaufnahme mit Ihrem Hausarzt oder anderen in Gesundheitsberufen Tätigen. Lassen Sie sich von ihm oder ihr Vorschläge machen für Gymnastik und Bewegung, Ernährung und Veränderungen im Lebensstil, die Ihnen gut tun werden. Gewöhnen Sie sich generell an, nicht nur dann zum Arzt zu gehen, wenn Sie krank sind oder ein Rezept für Medikamente brauchen, sondern auch dann, wenn Sie sich wohl fühlen. Denn so erhalten Sie immer gute Ratschläge für Ihr ganz persönliches Wellness-Programm.

Wenn Sie auf diese Weise professionelle Ratschläge erhalten haben, sollten Sie beginnen, Informationen über die vorgeschlagenen körperlichen Aktivitäten zu sammeln. Bemühen Sie sich, eine Form der sportlichen Betätigung zu finden, die Ihnen wirklich Spaß macht: Schwimmen, Aerobic, Wandern, Radfahren oder irgendetwas anderes. Nicht jedem machen dieselben Arten von Bewegung Spaß und viele leiden unter körperlichen Einschränkungen, die es nicht ratsam erscheinen lassen, bestimmte Sportarten zu wählen.

Bedenken Sie, dass regelmäßige körperliche Betätigung mit Disziplin zu tun hat; es handelt sich um eine Gewohnheit, für die man etwas tun muss. Körperliche Stärke und Wendigkeit erfordern eine gewisse Übungszeit, ehe sie voll entwickelt sind, besonders wenn Sie meistens sitzen oder völlig außer Form sind – haben Sie also Geduld mit sich selbst. Ihr Arzt, Heilpraktiker oder Physiotherapeut kann Ihnen Streck- und Dehnübungen zum Aufwärmen zeigen – ein wichtiges Vorspiel zu jeder körperlichen Übung. Man wird Ihnen wahrscheinlich sagen, dass Ihre Füße und Muskeln anfangs möglicherweise noch schwach sind und deshalb leicht wund werden können. Um Ihre Füße vor den Auswirkungen bestimmter Bewegungen zu schützen, sollten Sie sich gut passende Einlagen oder eigens für solche Belastungen eingerichtete Sportschuhe besorgen.

Oft ist es leichter und macht auf jeden Fall mehr Spaß, gemeinsam mit anderen Sport zu treiben, besonders dann, wenn Sie schon längere Zeit nicht mehr regelmäßig etwas für Ihren Körper getan haben. Die Routine festgelegter Übungsstunden und die positive Energie gleich gesinnter anderer Teilnehmer kann den entscheidenden Unterschied machen. Sie werden entdecken, dass es für geringe Kosten (oder gar kostenlos) Fitness-Programme für Menschen jeglichen Alters und jeglicher Leistungsfähigkeit gibt – im örtlichen Sportverein, beim CVJM, im Gemeindezentrum, in privaten oder öffentlichen Fitnesszentren und bei der Volkshochschule. Vielerorts werden auch Bewegungsangebote für Rollstuhlfahrer und Benutzer von Gehhilfen gemacht oder für andere Behinderte, die spezielle Übungsprogramme benötigen.

Wenn Sie gerne spazieren gehen oder wandern – übrigens eine ausgezeichnete Form körperlicher Betätigung –, können Sie sich allen möglichen Gruppen anschließen, deren Mitglieder sich regelmäßig zu bestimmten Zeiten oder an bestimmten Orten treffen. In Amerika öffnen sogar viele riesige Einkaufszentren schon früh am Morgen, damit Leute dort im Trockenen und Warmen spazieren gehen können (die so genannten »Mall walkers«). Wenn Sie lieber in der Natur wandern, können Sie mit Organisationen wie dem Deutschen Alpenverein, einem der vielen Mittelgebirgs-Wandervereine (je nachdem, wo Sie wohnen) oder mit ähnlichen Vereinen Kontakt aufnehmen, die regelmäßig geführte Wanderungen unterschiedlichen Schwierigkeitsgrads anbieten. Auch Naturschutzorganisationen und Heimatverbände laden zu entsprechenden Wanderungen ein.

Fahrrad zu fahren, sei es auf dem Heimtrainer im Keller oder in der Natur, ist ebenfalls eine beliebte Form körperlicher Betätigung. In vielen Orten und Gegenden gibt es sichere und landschaftlich schöne Fahrradwege. Wenn Sie lieber zu Hause in die Pedale treten, können Sie sich auf Ihrem Heimtrainer ausarbeiten, während Sie Ihre Lieblingssendung im Fernsehen anschauen oder Zeitung lesen.

Volkstanz und andere Formen des Tanzes machen nicht nur viel Spaß, sondern sind auch als körperliche Bewegung bestens geeignet. In Sun City, Arizona, trafen wir eine Gruppe mit dem Namen »The Dancing Grannies« (Die tanzenden Omas), zu der sich sechs am Stepptanz interessierte Frauen zwischen 60 und 80 zusammengeschlossen hatten. Fünfmal pro Woche üben sie für öffentliche Auftritte, wobei sie ihr Repertoire und ihre Fertigkeiten ständig erweitern. Jede dieser Frauen sagte uns, sie habe dadurch ein positiveres Selbstbild und einen schlankeren, stärkeren Körper bekommen. Überdies sind aus den Dancing Grannies auch gute Freundinnen geworden und sie sind jetzt viel gesünder als zu Beginn ihrer Tanzübungen.

Wofür auch immer Sie sich entscheiden, wichtig ist, dass Sie regelmäßig eine bestimmte Zeit für Ihre sportlichen Aktivitäten festsetzen und diese dann auch einhalten. Im Kern geht es vor allem um Disziplin. Machen Sie mit sich selbst einen »Fitness-Termin« ab, so als würden Sie regelmäßig zum Friseur oder zum Babysitten zu Ihren Enkelkindern gehen. Wenn aus der körperlichen Betätigung erst eine Gewohnheit geworden ist, hören Sie so leicht nicht mehr auf.

Wenn Sie sich nun besonders um das *Äußere* Ihres Körpers kümmern, sollten Sie darüber nicht vergessen, dass der Körper auch in seinem *Innern* Bedürfnisse hat. Nehmen Sie ruhig einmal an einem der vielen Kurse teil, die in der Volkshochschule und vergleichbaren Institutionen zum Themenkreis Ernährung, Vitamine, Kochen und Einkaufen angeboten werden. Zeitungen und Zeitschriften können Sie auf dem Laufenden halten über wichtige Änderungen in der Meinung von Experten hinsichtlich dessen, was wir zu uns nehmen sollten und was besser nicht. Das Niveau Ihrer Gesundheit und Ihrer Energie kann sich im Zeichen von Ernährungsumstellungen oft enorm verbessern. Wir empfehlen Ihnen auch, sich über

Nahrungsmittelergänzungen zu informieren, vor allem Vitamine und Mineralstoffe.

Vielleicht wünschen Sie auch nähere Informationen über Gesundheitsclubs, Fitnesszentren und Kurorte – natürlich in dem finanziellen Rahmen, der Ihnen möglich ist. Viele dieser Einrichtungen bieten Tages- oder Halbtageskuren an, die Massagen, Kräuterpackungen, Gesichtsmasken, Mineralbäder und anderes mehr einschließen. Solche Angebote revitalisieren Ihre Gesundheit nicht nur beträchtlich, sondern sie stellen auch schöne Belohnungen dar, die Sie sich selbst gönnen können, wenn Sie regelmäßig Ihre Übungen gemacht und diszipliniert gegessen haben.

Das Geheimnis der Gesundheit lautet also: sich gut und selbstbewusst fühlen, weil man so gut wie irgend möglich körperlich in Form bleibt und auf diese Weise der vitalen Verbindung von Körper, Verstand und Geist seine Reverenz erweist. Körperliche Fitness ist sich selbst Belohnung genug.

10. KAPITEL

Das Geheimnis des Humors

Jeder hat schon mal gehört, dass »Lachen die beste Medizin« sei, doch der 1990 verstorbene Norman Cousins lebte wirklich nach dieser Maxime. Im relativ frühen Alter von 50 Jahren erkrankte der berühmte Literaturkritiker und Herausgeber der *Saturday Review* an einer besonders schlimmen Form von Wirbelsäulenarthritis (mit dem schwierigen Namen ankylose Spondylitis, einer Form der Bechterew-Krankheit). Im Krankenhaus sagte man Cousins, man kenne für diese Krankheit leider keine Behandlungsmöglichkeit. Darum könne man auch unmöglich vorhersagen, wie lange er ans Bett gefesselt sein werde. Sein Arzt empfahl ihm, seine Angelegenheiten zu ordnen, und ein hinzugezogener Arzt schickte einem weiteren sogar eine Notiz mit dem Wortlaut »Ich fürchte, wir werden Norman bald verlieren«.

Im Schatten dieser grauenhaften Prognose verfiel Cousins in eine tiefe Depression und mit zunehmender Depression wurde auch die Krankheit immer schlimmer. Die Ärzte rieten ihrem verdrießlichen Patienten, er solle sich doch etwas Aufmunterung verschaffen. »Also rief ich meinen Freund Alan Funt an, den Produzenten der alten Fernsehserie *Candid Camera* (Mit versteckter Kamera)«, erzählte uns Cousins später, als wir ihn interviewten. »Er schickte mir Kopien mehrerer Episoden und ich ließ mir auch einige alte Filme mit den Marx Brothers kommen.« Man stellte im Krankenzimmer einen Filmprojektor auf, den eine Krankenschwester bediente. Schon kurz nach Anlaufen der ersten Filmrolle lachte

Cousins so heftig, dass seine Seiten schmerzten und seine Augen tränten. »Dabei entdeckte ich, dass zehn Minuten echten, herzhaften Lachens einen Betäubungseffekt hatten und mir mindestens zwei Stunden schmerzfreien Schlaf sicherten«, schrieb Cousins später, 1979, in seiner Autobiografie *Anatomy of an Illness* (Eine Krankengeschichte), die in den USA zum Bestseller wurde.

Am zweiten Tag sah sich Cousins noch mehr Filmkomödien an, außerdem noch ausgewählte Szenen aus den Filmen von Laurel und Hardy (Stan und Ollie alias Dick und Doof). Dabei lachte er so laut, dass die Patienten am anderen Ende des Flurs sich über den Lärm beschwerten, den er machte. »Doch je mehr ich lachte, desto besser ging's mir«, sagte Cousins.

Schon nach wenigen Wochen wurde Cousins aus dem Krankenhaus entlassen, das ihm unnötig düster und stressig erschien. Er zog in ein Hotel in der Nähe, wo er »für den halben Preis doppelt so laut lachen« durfte – ein typisches Cousins-Bonmot. Und wenn er nicht gerade seine Lieblings-Situationskomödien anschaute, las Cousins theoretische Werke über die Beziehung zwischen Lachen und Krankheit, später auch über ein verwandtes Thema: die Zusammenhänge zwischen Stress und bestimmten Vitaminen. Mit Billigung seines Arztes begann er, seine Lachsitzungen durch massive Dosen Vitamin C zu ergänzen. Diese selbst verordnete Therapie trug als Ergänzung zu den ärztlich verordneten Maßnahmen sicher dazu bei, das Cousins wieder vollkommen gesund wurde.

Zum Zeitpunkt unseres Interviews, vier Jahre vor seinem plötzlichen Tod infolge eines Herzinfarkts, führte der Autor ein reiches, aktives Leben, zu dem auch häufige Vorträge vor Medizinstudenten zum Thema positive Emotionen und Heilerfolge gehörten. »Man kann sich nicht aus einer ernsthaften Erkrankung herauslachen«, sagte Cousins, der 71 war, als wir uns in seinem Büro in der Medizinischen Fakultät der University of California in Los Angeles trafen. »Das Lachen ist kein

Ersatz für kompetente medizinische Behandlung und Humor sollte nur Teil eines weiter gefassten allgemeinen Behandlungsplans sein. Ich betone stets aufs Neue, dass ich nie auf die ärztlich verordneten Maßnahmen verzichtet habe.« Vielmehr sah Cousins im Lachen eine Art »inneres Jogging«, inneres Aerobic, das die positiven Körpersäfte aktiviert. Er zitierte wissenschaftliche Belege, denen zufolge ein tiefes, herzhaftes Lachen die Lungenatmung verbessert, das Blut besser mit Sauerstoff versorgt und die körpereigene Ausschüttung von Endorphinen fördert – natürlichen Glückshormonen und Schmerzmitteln, die unser allgemeines Wohlbefinden stärken.

Heute ist die einst nur theoretisch erörterte Entsprechung von Stimmung und Gesundheit empirisch gestützt und in der Medizin weitgehend akzeptiert. Viele der angesehensten Krankenhäuser im ganzen Land wenden irgendeine Variante der Cousinsschen »Humortherapie« an. Der Psychiater William Fry, der sich seit mehr als drei Jahrzehnten mit den physiologischen Auswirkungen des Lachens beschäftigt, schätzt, dass drei Minuten intensiven, von Schenkelklopfen begleiteten Lachens für die Gesundheit genauso wertvoll sind wie ungefähr zehn Minuten mechanisches Rudern mit voller Kraft. Zu den messbaren Nebeneffekten gehört ein vorübergehendes Abnehmen von Blutdruck, Pulsschlag und Muskelspannung. »Was jedoch viel wichtiger ist«, sagte Cousins, »das Lachen kann jene Verzweiflung, Panik und Depression abblocken, die bei der Entstehung oder Intensivierung von Erkrankungen eine bedeutende Rolle spielen.« Ohne das Lachen sind wir, wie Cousins meint, oft von einem ganzen Spektrum lebensbejahender Gefühle abgeschnitten, zu denen auch Glaube, Liebe, Entschlusskraft und Kreativität gehören. »Viele von uns sind anscheinend, was Freude angeht, regelrecht ausgehungert.«

Der Mann, der sich seinen Weg zurück zu stabiler Gesundheit durch Lachen erkämpfte, behauptete sogar, dass »Freude biologisch genauso notwendig ist wie das Essen«. Noch lange nach seiner Genesung nahm Cousins weiterhin regelmäßige Dosen komischer Filme und Fernsehshows zu sich. Hinzu kamen natürlich auch Scherze und Witze. »Ich habe noch nie das Gefühl gehabt, stärker im Leben zu stehen als jetzt«, sagte Cousins, der zum Zeitpunkt unseres Besuchs glücklich an vier Büchern gleichzeitig schrieb, an der University of California in Los Angeles unterrichtete sowie regelmäßig Golf und Tennis spielte. »Ohne Frage«, versicherte er uns, »bin ich in der produktivsten Phase, die ich je hatte.«

Was Cousins entdeckte, war etwas, das jeder von uns instinktiv weiß: der Geist ist ein geheimnisvolles, mächtiges Etwas, dessen Potenzial wir nur selten voll ausnutzen. So wie wir lernen können, unser Denken so zu manipulieren, dass wir in einem halb vollen Glas Wasser entweder ein halb gefülltes oder ein halb leeres Glas sehen, können wir uns auch entscheiden, schwerpunktmäßig die *Vorteile* des Älterwerdens zu akzentuieren oder aber die *Nachteile*. Unsere Perspektive wird dann entweder von Angst vor der ungewissen Zukunft und vor Katastrophen beherrscht oder von einer freudigen Erwartung unbekannter Herausforderungen und Möglichkeiten.

Diese Einsicht erinnert uns an eine Anekdote über Norman Vincent Peale, den Autor des Buches *Die Kraft positiven Denkens*, der noch mit Mitte 90 Vorträge hielt. Als der witzige, scharfzüngige Senior nach seiner Ansprache bei einer Tagung der National Speakers Asssociation vom Podium kam, stürzte eine ganze Phalanx dunkel gekleideter Saalordner auf ihn zu, um ihn behutsam an seinen Platz im Auditorium zu geleiten. »Um Gottes willen«, rief Peale aus, als sie näher kamen, »Sie sehen ja aus wie Sargträger, die mich endlich holen wollen!« Die Zuhörer im überfüllten Ballsaal konnten sich vor Lachen kaum halten. Mit dieser lässigen, schlagfertigen Bemerkung demonstrierte Peale ein zentrales Element des Humors älterer Menschen: Er weigerte sich, sein fortgeschrittenes Alter ernst zu nehmen, und enthüllte damit eine ausgewogene Balance in seiner Weltsicht. Schließlich leben wir in einer Welt, zu der das Sterben unausweichlich gehört.

»Am besten lacht man immer über sich selbst«, sagt Dr. Clifford Kuhn, praktizierender Psychiater und Forscher an der Medizinischen Fakultät der University of Louisville. Er hält Therapiesitzungen mit chronisch kranken Patienten zum Themenbereich Humor und Empfindlichkeit ab. »Damit etwas wirklich komisch sein kann«, fügt er hinzu, »muss es auch ein Körnchen Wahrheit enthalten.« So war auch Peales spontane Bemerkung eine Reaktion auf die unausgesprochene Wahrnehmung der Realität durch das Publikum, denn mit seinen 92 Jahren war Peale dem Ende seines Lebens gewiss näher als die meisten von uns. Er starb ungefähr drei Jahre später im Alter von 95 Jahren, bis zuletzt als Redner aktiv.

Als der Komiker George Burns, der ebenfalls noch mit über 90 öffentlich auftrat, einmal gefragt wurde, ob ein Mann seines Alters mit einer 30-jährigen Frau noch sein Glück finden könne, antwortete er: »Nein, nicht sehr oft.« Er klemmte die obligatorische Zigarre zwischen die Zähne und fügte hinzu: »Nur ein oder zwei Mal pro Nacht.«

Berühmtheiten, die so lange leben wie George Burns und Norman Vincent Peale, wissen, wie wichtig es ist, ihre Reden und Auftritte mit cleveren oder gar riskanten Bemerkungen zu würzen. Ihre Pointen können den Zuhörern zur Entspannung verhelfen, denn niemand im Auditorium wird der Ansicht sein, Älterwerden sei eine besonders lustige Geschichte. Humor dieser Art schafft Einfühlung und Sympathie – das Gefühl »Wir sitzen doch alle im gleichen Boot«. Trotzdem ist es für uns nicht immer leicht, über die Wahrheiten unseres fortgeschrittenen Alters zu lachen. Die schmerzliche Realität sieht doch so aus, dass wir im Alter von 60, 70 oder mehr Jahren manchmal das Gefühl haben, unser Leben sei nur noch eine unendliche Serie von Verlusten: durch Krankheit, Tod, Nachlassen körperlicher Fähigkeiten und anderes mehr. Wie ist es möglich, angesichts unserer Sterblichkeit frohen Herzens und leichten Mutes weiterzuleben? Und wann ist es hilfreich und angemessen, über unser eigenes Unglück zu lachen?

Zum großen Teil kennen wir die Antworten auf diese Fragen bereits – nicht zuletzt weil wir die Anfechtungen und Leiden des Alltags bislang mit mehr oder weniger guter geistiger Gesundheit überstanden haben. Die in komischen Rollen brillierende Schauspielerin Carol Burnett hat einmal die Gleichung aufgestellt: »Humor gleich Tragödie plus Zeit.« Man könnte auch sagen, wenn Sie über 60 sind und immer noch mit einem Lächeln im Gesicht aufwachen können, dann kennen Sie die heilende Kraft des Lachens bereits.

»[Humor] liegt einfach darin, wie wir die Welt betrachten«, lautet eine These von Robert Fulton, einem 65-jährigen Soziologen, der an der University of Minnesota das Center for the Study of Death, Dying, and Bereavement (Zentrum für das Studium von Tod, Sterben und Trauer) gegründet hat. »Dabei geht es darum, *mit* sich selbst und nicht *über* sich selbst zu lachen.« Fulton kann sich an keine Zeit erinnern, in der er nicht in der Lage gewesen war, in jeder Situation irgendeine Ironie zu erkennen, und sei diese noch so beunruhigend. So erzählt er die erschütternde Geschichte, wie seine wesentlich jüngere Frau nach langem Ringen mit einer Krebserkrankung friedlich zu Hause in ihrem Bett verstarb, während er an ihrer Seite saß und ihre Hand hielt. Als sie ihren letzten Atemzug getan hatte, legte ihr Fulton ein buntes Tuch über den nach chemotherapeutischen Behandlungen völlig kahl gewordenen Kopf. Schluchzend und vor Trauer zitternd wollte er ihr mit seiner Hand die Augenlider schließen, denn die Augen seiner geliebten Frau starrten immer noch ins Leere. »Doch als ich meine Hand wegnahm, schnellte eines ihrer Augenlider plötzlich wieder nach oben«, erinnerte er sich. »Nicht blinzeln!«, rief er spontan aus, ehe er die Bemerkung unterdrücken konnte. Dann drückte er – völlig verblüfft, wie er so unangemessen hatte reagieren können – das Augenlid seiner verstorbenen Frau abermals zu.

Als Fulton später über diese bizarre Spontanreaktion nachdachte, erkannte er, dass ein Teil seiner selbst in der Lage gewesen war, dieser Situation auch eine komische Seite abzugewinnen, obwohl er eigentlich von Trauer vollkommen übermannt war. »Ich wusste, meine Frau hätte diese Reaktion verstanden«, fügte er hinzu. »Sie verstand es, die Dinge richtig zu sehen und nicht zu ernst zu nehmen.«

Fulton glaubt, dass diese Fähigkeit, über uns und unsere scheinbar ausweglosen Lagen zu lachen, ganz wesentlich ist, wenn wir mit den Fallstricken des modernen Lebens zurechtkommen wollen. »Auf diese Weise entdeckt man seine Menschlichkeit«, sagt er. »Man akzeptiert, dass der Lauf der Welt anscheinend zufällig, unvorhersehbar und manchmal regelrecht absurd ist.«

Anders als Fulton brauchen viele von uns ziemlich viel Zeit, bis sie über eine besonders schmerzliche Erfahrung auch lachen können. Nach einem Verlust müssen wir besonders sanft und tröstlich mit uns umgehen. Doch zur rechten Zeit erweist sich Lachen oft als beste Medizin für unsere Wunden.

Die Wahrheit dieser Aussage konnte unsere Freundin Eve Blake nach ihrem 70. Geburtstag sogar noch besser verstehen als zuvor. Als Autorin mit einer langen Liste von Werken, darunter zahlreichen Fernsehdrehbüchern (unter anderem zahlreichen Episoden der Serie *The Lone Ranger*), hatte sie auch Artikel in Zeitschriften und Magazinen wie *Collier's* und *The New Yorker* veröffentlicht. Doch die größte Befriedigung als Autorin gewann sie durch ein kleines Büchlein mit volkstümlichem Humor und von Herzen kommenden Ratschlägen, das sie vor einigen Jahren im Selbstverlag herausbrachte.

»Jahrelang habe ich für das Showbusiness gearbeitet und schließlich hatte ich restlos die Nase voll«, erinnerte sich Eve, als wir uns auf der Terrasse ihres Hauses in den Hügeln von Hollywood – mit Blick auf die funkelnden Lichter von Los Angeles – niedergelassen hatten. »Und da habe ich zu mir selbst gesagt: *Irgendwas Vernünftiges will ich doch noch tun, ehe ich mich aus der Mühsal alles Irdischen davonstehle.* Doch dann brauchte ich noch mal 18 Monate, bis ich herausgefunden hatte, dass ich mich, um Eindruck zu hinterlassen, schriftstellerisch betätigen und öffentliche Vorträge halten wollte.«

Als langjährige Aktivistin der Demokratischen Partei, die sich seit Jahren auch um die Lokalpolitik gekümmert hatte, überlegte Eve zunächst, ob sie sich nicht als Kandidatin für politische Wahlen aufstellen lassen solle. Sie hat eine tiefe, lebhafte Stimme, mit der sie überall sofort Aufmerksamkeit erregt. Obwohl ihr das positive Feedback schmeichelte, das sie auf ihre diesbezüglichen Sondierungen erhielt, entschied Eve schließlich, dass es ihr wahrscheinlich doch mehr Freude bereiten würde, eine Sammlung ihrer eigenen Gedanken über das Älterwerden zusammenzustellen. Denn Eve ist der Meinung, dass die meisten ihrer Altersgenossen viel zu pessimistisch an das Alter herangehen. »Der Titel meines Buches, *Old Age Is Contagious but You Don't Have to Catch It* (Das Alter ist eine ansteckende Krankheit, aber man muss sie nicht unbedingt bekommen) fiel mir einfach eines Tages ein«, sagte Eve. »Jeder geht mit dem Alter so um, als sei es eine ansteckende Krankheit; aber das heißt ja noch nicht, dass man sich automatisch ansteckt.«

Eve geht scherzhaft an ihr Thema heran: Sie warnt ältere Menschen davor, »sich selbst zur Last und anderen ein verdammtes Ärgernis« zu werden, aber ihre zugrunde liegende Botschaft ist durchaus ernsthaft. »In fast allen Situationen, in denen man sich wieder findet, hat man eine Wahl«, sagte Eve, »und da macht auch das Alter keine Ausnahme. Man kann deprimiert und aus dem Gleichgewicht sein oder optimistisch und hoffnungsvoll. Das hängt ganz von einem selbst ab. Darum ist es ja auch so wichtig, beim Älterwerden einen Sinn für Humor zu bewahren. Denn die meisten Leute finden, wenn sie älter werden, anscheinend immer mehr Gründe, um Trübsal zu blasen. Es ist fast, als diente ihnen der Kalender als gute Entschuldigung, sich selbst zu bemitleiden.«

Unsere Freundin schrieb *Old Age Is Contagious*, nachdem sie von ihrer gebrechlichen Mutter gebeten worden war, ihr bei der Suche nach einem passenden Altersheim behilflich zu sein. Eves Mutter hatte das Gefühl, dass sie in naher Zukunft nicht mehr allein zurechtkommen würde. »Also sahen Mama und ich uns verschiedene Heime an«, erinnerte sich Eve. »Und was wir fanden, überraschte mich sehr.« Erschrocken von der Lethargie und Langeweile, die sie in vielen Heimen mitbekommen hatte, sah Eve gleichwohl keinen Grund, warum man alten Menschen weniger zugestehen und abverlangen sollte, als sie zu leisten imstande waren. »Ich habe überhaupt nichts gegen Altersheime«, betonte Eve. »Ich muss Ihnen sagen, dass Mama und ich eins gefunden haben, mit dem wir beide sehr zufrieden sind. Aber was mir Sorge macht, ist der Gedanke, dass Menschen in solchen Situationen oft so konditioniert sind, dass sie eine abgestumpfte, teilnahmslose Lebenssituation akzeptieren, als sei das alles, was ihnen noch zusteht.«

Also wollte Eve demonstrieren, dass das Älterwerden nicht unbedingt dumpf und öde sein muss. Sie trug eine Sammlung humoristischer Gedanken, Zitate und Anekdoten über das Altern zusammen und machte daraus eine aufmunternde Rede. Es dauerte gar nicht lange, bis sie diese inspirierende Ansprache immer wieder auf Einladung in Pensionärssiedlungen, Bridgeclubs und Gemeindezentren vortragen sollte. Nach jedem Vortrag war Eve von Bewunderern umringt, die sie fragten, ob sie nicht noch mehr zu diesem Thema geschrieben hätte. »Obwohl ich zum Schreiben eigentlich keine Lust mehr hatte, beschloss ich, doch noch etwas zu Papier zu bringen, und sei es nur, damit ich auf diese ständigen Fragen irgendwann auch mal positiv antworten konnte.«

Die Lebensweisheiten in Eves Buch stammen aus dem Kontext eines Lebens, in dem es, wie bei den meisten von uns, auch ein gerüttelt Maß an tragischen Einbrüchen gab. Als Eve 52 war, starb ihr Mann plötzlich an Herzversagen. Ihre eigene Gesundheit war wenige Jahre vor unserem Gespräch vom

Zusammenbruch bedroht gewesen, als sie mit chronischen Rückenproblemen bettlägerig zu werden drohte. Ihre chronische Schlaflosigkeit lässt sie manchmal nächtelang wach liegen, aber sie lässt sich dadurch nicht unterkriegen. »Die kleinen Macken, die ich habe, sind überhaupt nicht der Rede wert«, betont sie. »Und das ständige Lamentieren, die Worte ›Ich Arme‹, sind nicht unbedingt geeignet, die Herzen anderer zu gewinnen. Wenn ich von Angesicht zu Angesicht mit Selbstmitleid konfrontiert bin, fühle ich mich bemüßigt, alles daran zu setzen, so schnell wie möglich fort zu kommen.«

Eves Schlussfolgerung lautet, dass wir uns ebenso viel Mühe geben müssen, um Humor zu erlernen, wie wir auch sonst im ganzen Leben angewandt haben, um etwas Neues zu meistern. »Mit dem Sinn für Humor ist es wie mit allem anderen: Man muss daran arbeiten, wenn er einem nicht von selbst zufällt«, erklärte sie uns. »Man muss daran denken, ihn pflegen und entwickeln und seinen Humor durch ständigen Gebrauch schärfen – indem man seine eigenen Rückschläge auf die leichte Schulter nimmt oder versucht, den Dingen eine komische Seite abzugewinnen. Leider denken die meisten Menschen, wenn sie die 50 überschritten haben, nicht mehr daran, sich noch zu ändern. Sie klammern sich an dieselben alten Gewohnheiten und denken nur noch in eingefahrenen Gleisen. Es macht eine Menge Arbeit, einmal anders an die Dinge heranzugehen, aber es zahlt sich wirklich aus.«

Eve pflegt die Flexibilität im eigenen Leben dadurch, dass sie als inspirierende Rednerin in der ganzen Welt umherreist. So hat sie die Chance, in Ländern wie Südafrika oder Neuseeland interessante Leute und neue Lebensformen kennen zu lernen. Die Vortragsreisen sind bewusst so gewählt, dass sie in Länder führen, an denen Eve gesteigertes Interesse hat, damit sich ihre Arbeit dort mit denkwürdigen Urlaubserlebnissen verbinden lässt.

»Wenn ich in Verbindung mit dem Ruhestand meine Ratschläge in zwei Worte fassen soll«, sagte Eve abschließend,

»dann würden sie lauten: ›Tu's nicht.‹ In neun von zehn Fällen besteht wirklich keine Notwendigkeit, sich auf stereotype Weise ins Ruhestandsleben zurückzuziehen. Wenn Sie mit einer Sache aufhören, sollten Sie sich etwas anderes, Neues suchen, ganz gleich, ob Sie dafür bezahlt werden oder nicht. Stets an den Möglichkeiten der eigenen Zukunft interessiert zu sein ist ein wichtiger jugendlicher Zug im Leben. Ja, er gehört sogar zu den Grundlagen des Lebensprozesses.«

Eine muntere, nicht alles gar so schwer nehmende Lebenseinstellung kann Ihnen helfen, kleinere Probleme wie eine Einkommensteuererklärung gut zu bewältigen, aber auch traumatische Erlebnisse wie eine lebensbedrohliche Krankheit oder den Tod eines geliebten Menschen. Darüber hinaus haben wir festgestellt, dass eine beschwingte, offene Sichtweise schon bei den Planungen für den Ruhestand von großem Nutzen ist. Eine mögliche Strategie für die Pflege einer solchen Perspektive besteht darin, regelmäßig Kontakt mit jungen Menschen zu haben – zum Beispiel mit den eigenen Enkelkindern. Und selbst wenn Sie keine Enkel haben oder wenn diese zu weit entfernt wohnen, um sie leicht besuchen zu können, gibt es noch viele andere Möglichkeiten, dieses Ziel zu erreichen und mit jungen Leuten zusammenzukommen.

Wir kennen einen alten Junggesellen, der sich für einen sehr ungewöhnlichen Weg entschieden hat, um mit seinem kindlichen Gespür für das Wunderbare und Fantastische ebenso vertraut zu bleiben wie mit jungen Leuten. Weil er schon vor seiner Pensionierung alles sorgfältig plante, kann er sich nun mit der Energie und dem Enthusiasmus kreativer junger Menschen umgeben, die häufig 60 Jahre jünger sind als er selbst. Unser Freund Merle L., ein 81-jähriger aus San Francisco, geht für sein Leben gern ins Theater. »Ich besuche jährlich bis zu hundert Theatervorstellungen«, gab dieser muntere, kleine Mann während einer Theaterpause beim American College Theater Festival preis. »Aber ich möchte Theater nicht nur in einer einzigen Stadt sehen, denn aufstrebende Talente gibt es überall im ganzen Land, und ich möchte davon so viele wie möglich erleben.«

Um dieses gigantische Pensum zu erfüllen, verbringt Merle jedes Jahr ungefähr neun Monate auf Reisen. In einer einzigen Saison besuchte er kürzlich Aufführungen in 18 amerikanischen Städten sowie in Toronto, London und Paris. Seine Unkosten reduziert Merle dadurch, dass er, wann immer dies möglich ist, bei Freunden wohnt und konsequent Seniorenrabatte bei Hotels und Fluggesellschaften ausnutzt.

»Als ich in Pension ging, wollte ich unbedingt aus meinem Elfenbeinturm raus und in der Welt herumkommen«, erklärte Merle, der 35 Jahre lang den Kartenverkauf im Theaterzentrum einer großen Universität im Mittleren Westen der USA managte. Bei seiner Arbeit hatte er täglichen Kontakt mit studentischen Schauspielern, Tänzern, Regisseuren und Dramatikern. Mit vielen von ihnen ist er auch lange nach deren Fortgang noch in enger Freundschaft verbunden. »Mein ganzes Erwachsenenleben hatte mit dem Theater und mit jungen Leuten zu tun«, sagte Merle. »Und weil meine glänzende Glatze überall auffällt, stelle ich fest, dass ständig frühere Studenten aus dem Drama Department zu mir kommen, wo immer ich gerade bin, und fragen: ›Können Sie sich noch an mich erinnern?‹ Meistens kann ich das und oft laden sie mich dann ein, bei ihnen zu übernachten oder wenigstens mit ihnen zusammen zu essen.«

Weil seine finanziellen Möglichkeiten begrenzt sind, muss Merle sorgsam mit seinem Geld umgehen. Und doch kann er sich jedes Jahr auf zahlreiche Reisen begeben – zu bedeutenden Theaterfestivals und Premieren, zu Broadway-Aufführungen sowie in Städte mit sesshaften Theaterensembles. Seine Bekannten hält er mit halbjährlich versandten Newsletters auf dem Laufenden, in denen er detailliert über seine Reisen berichtet und denen er Kurzkritiken aller Aufführungen, die er gesehen hat, hinzufügt. Merle besitzt ein Postfach und eine Einzimmerwohnung in San Francisco, in der er lebt, wenn er einmal nicht unterwegs ist.

»Mein Budget für letztes Jahr betrug rund 50 Dollar pro Tag, alles inklusive«, berichtete er uns stolz. »Davon werden die Miete, die Medikamente, Reisekosten und das Taschengeld bestritten. Ich habe 35 Reisen unternommen und rund 150 000 Kilometer mit meinem Seniorenpass zurückgelegt, der mir gestattet, zu jeder Zeit überallhin zu fliegen, ohne dass ich dafür teure Flugtickets kaufen muss.«

Merle, der zeitlebens als Junggeselle lebte, entschloss sich zu diesem unorthodoxen Lebensstil, nachdem ihn der Kampf mit einer Krebserkrankung gezwungen hatte, in seinem Leben neue Prioritäten zu setzen. »Ich habe beschlossen, dass ich im Alter nicht nur herumsitzen wollte«, erinnerte er sich. »Ich habe allzu viele Freunde besucht, die nur rumsitzen und aufpassen, wer als Nächstes krank wird. Dazu habe ich keine Lust. Es klingt trivial, aber wenn ich mit jungen Leuten zusammen bin, bleibe ich im Herzen jung.« Die Studenten, die Merle kennen lernte, als er noch im Theaterzentrum als Manager arbeitete, wurden für ihn zu einer Art Großfamilie. Sie heißen ihn immer noch in ihrem Leben willkommen, fragen ihn nach seiner Meinung und laden ihn zu Premierenpartys und sonstigen Schauspielerfeten ein. Und wenn sie auf der Bühne stehen, dann entführen seine Schauspielerfreunde Merle stets aufs Neue ins magische Reich des Theaters, zu Komödien und Tragödien, Phantasie- und Abenteuerstücken. »Ich amüsiere mich bestens«, sagte er zum Schluss, schaute auf die Uhr und entschwand, als die Lichter schon zu erlöschen begannen, schnell auf seinen Sitz in der fünften Reihe, Mitte.

Merle und seine Altersgenossen wissen, dass es nicht ganz einfach ist, beim Älterwerden eine fröhliche, lebensbejahende Perspektive zu wahren, jedenfalls nicht so einfach wie Witze auf Partys zu erzählen oder lustige Filme anzuschauen. Nicht wenige von uns finden allerdings kaum noch Filme, über die sie sich wirklich amüsieren können, zumal im Zeitalter der Hollywood-Filme, die sich vorwiegend an Teenager und deren Geschmack richten. Und einen Witz könnten viele von uns nicht einmal erzählen, wenn ihr Leben davon abhinge, so sehr hat ihr Gedächtnis nachgelassen. Doch wo ein Wille ist, ist immer auch ein Weg.

Die Mittsechzigerin Lila G. zum Beispiel hat einen Weg gefunden, die ernsteren und leichteren Seiten des Lebens ins Gleichgewicht zu bringen. Ihr vergnügter Geist, durch häufiges, heilsames Lachen genährt, ist fest in einer Kindheit zur Zeit der Weltwirtschaftskrise verankert, als die nüchternen Realitäten der Armut sich nur dadurch mildern ließen, dass man lächelte und sang. Ihr ganzes Leben lang wurde Lila durch ihre Arbeit für die weniger vom Schicksal Begünstigten aufgerichtet und inspiriert. Sie behauptet, dass ihre eigenen Lasten leichter würden, wenn es ihr gelinge, jemandem mit sorgenzerfurchter Stirn ein Lächeln abzuringen.

Lila, eine pensionierte Publizistin, die jetzt häufig vor Medizinern und Angehörigen der Heilberufe Vorträge zum Thema Humor hält, erzählte uns, wie sehr sie in Rage geraten sei, als sie zum ersten Mal an einer Selbsthilfegruppe für Familienangehörige und Freunde von Alzheimer-Patienten teilgenommen habe. Die dort geäußerten Kommentare über die Alzheimer-Opfer erschienen ihr äußerst kaltschnäuzig und lieblos. »Das erschien mir wie ein Tiefschlag nach dem anderen«, sagte Lila, die die dort gehörten Witze mit jener Art von verächtlichem ethnischem Humor verglich, den man in Nachtclubs und Bars zu hören bekommt. »Ich war wirklich ziemlich schockiert.« Doch je länger sie den Gruppenmitgliedern zuhörte, desto mehr kam sie dahinter, dass die Alzheimer-Witze in Wirklichkeit liebevoll gemeint waren, dass sie echter Liebe und Zuneigung entsprangen und dass ihre Funktion darin lag, Spannungen abzubauen, die sich bei der schier endlosen, langweiligen Pflegeroutine aufgebaut hatten, wenn Ehepartner oder andere Familienangehörige liebevoll betreut werden mussten. »In diesen persönlichen Situationen, aber auch in Pflegeheimen und anderen Einrichtungen für Langzeitpflege, ist Humor nämlich meistens etwas, das vollkommen fehlt«, fuhr Lila fort. »Und doch braucht man ihn nirgendwo dringender als gerade dort.«

Als Reaktion auf diese von ihr erkannten Bedürfnisse hat es sich Lila als eine Art Zweitkarriere zur Altersaufgabe gemacht, die an vorderster Front in Gesundheitsberufen Tätigen zu motivieren, beim therapeutischen Umgang mit ihren Patienten stärker auf das Lachen zu setzen. Sie spricht in Gemeindezentren und vor Frauengruppen, in Serviceclubs für Berufstätige, vor Pflegepersonal und Ärztevereinigungen.

Als engagierte Vertreterin von Norman Cousins' auf den Patienten ausgerichteter »Lachtherapie« profitiert Lila von ihren Fähigkeiten im Umgang mit Menschen, die sie in langjähriger Public-Relations-Arbeit kultivieren konnte, und von ihrem angeborenen Talent, Leute aufzumuntern. »Wenn man so eng mit Menschen zusammenarbeitet, denen es nicht so gut geht wie einem selbst, wird man von seinen eigenen Sorgen abgelenkt«, sagte sie. »Wie ich herausgefunden habe, wird man, wenn man sich allzu sehr auf die eigenen Problemchen konzentriert, von einer depressiven Spirale in die Tiefe gezogen.«

Lila benutzt viele phantasievolle Tricks und Techniken, um sich selbst bei Laune zu halten. Sorgsam rationiert sie die Zeit, die sie mit Menschen verbringt, die »ewig jammern und sich beschweren«, die anscheinend hoffnungslos in ihrer eigenen Negativität gefangen sind, und in der Zeitung liest sie immer zuerst die Comics und erst dann die politischen Schlagzeilen. Am Ende eines besonders schwierigen Tages gönnt sie sich einen Film, von dem sie einigermaßen sicher ist, dass er sie zum Lachen bringen wird. Wenn Lila morgens zur Arbeit geht, ist es ihr Ziel, das – im Gesundheitswesen anscheinend schon als unvermeidlich akzeptierte – Spannungsniveau bei der Arbeit deutlich zu reduzieren. »Wie ich es sehe, verlangen wir von den Leuten stets, dass sie ›grimmig sind und Grimm ertragen‹. Meiner Meinung nach ist es jedoch viel sinnvoller, dass sie ›lächeln und andere daran teilhaben lassen‹.« Allzu oft muss sie jedoch erfahren, dass Erwachsene, besonders wenn sie unter Stress stehen, ihre Fähigkeit zum Spielerischen verloren haben. Denn der Begriff, den diese Menschen vom »angemessenen« Verhalten eines Erwachsenen haben, ist viel zu starr.

Viele Psychologen glauben, dass das latente Kind in unserem Innern häufig in der Falle sitzt, weil wir hartnäckig entschlossen sind, das Leben ernst zu nehmen. Sie sind der Ansicht, dass ein wesentlicher Teil unseres Selbst das ganze Leben lang kindlich bleibt. Dieser freie, ungezähmte Aspekt unseres Charakters wird jedoch oft erdrückt, weil wir stets ermutigt werden, wie nüchterne, verantwortliche erwachsene Menschen zu handeln, und nicht wie verspielte, spontane Kinder.

»Das Leben ist viel zu wichtig, als dass man es immer nur ernst nehmen sollte« – an diese Weisheit erinnert Lila ihre Zuhörer am Ende eines jeden Vortrags, den sie hält. Als sprichwörtlich freche Brooklynerin, die nach eigenen Worten in den mageren 30er Jahren in einem »armen, aber glücklichen« Haushalt aufwuchs, findet Lila, dass es »viel schwieriger ist, die Verhärtung *der inneren Einstellung* rückgängig zu machen als die Verhärtung der *Arterien*«. Wir alle können Lilas Strategien zur Auflockerung in unseren eigenen Alltag übertragen. Denn es geht einfach nur um Wege, wie man Routineverhalten, das uns allzu bequem werden lässt, aufbrechen kann.

»Ein ganz einfacher Weg, damit anzufangen, besteht darin, all die vielen ›kleinen Dinge‹ zu verändern, über die man niemals nachdenkt. Man kann zum Beispiel die Toilettenpapierrolle andersherum in die Halterung spannen oder sich rückwärts in die Badewanne setzen oder Schokoladeneis zum Frühstück essen. Versuchen Sie mal, auf einem ganz neuen Weg zum Kaufmann zu gehen, oder schauen Sie sich eine

Fernsehserie an, über die Sie Gutes gehört haben, die Sie aber noch nie eingeschaltet hatten – alles, was geeignet ist, Ihre Gedanken aus dem alten Trott zu reißen, kommt hier in Frage.«

Um das Leben der niedergeschlagenen Menschen, mit denen sie bei ihrer Arbeit zu tun hat, ein wenig aufzuhellen, trägt Lila oft verrückten Schmuck; sie hat einen Sack mit Spielzeug bei sich und in ihrer Handtasche immer eine »Not-ration« Schokolade. Manchmal schminkt sie sich als Clown oder sie trägt alberne Hüte und pustet Seifenblasen in die Gegend. Bei neuen Kontakten bricht Lila das Eis stets mit einem glücklichen Grinsen und sie hat herausgefunden, dass man über Erinnerungen, die den Leuten lieb und teuer sind, gut an sie herankommen kann. »Ich frage Menschen, die ich neu kennen lerne, gerne nach der lustigsten Begebenheit in ihrem ganzen Leben«, sagte sie. Doch bei manchen stößt sie damit ins Leere. Dann versucht es Lila eben mit einer Frage, die aufhellende mentale Bilder heraufbeschwören soll. »Dann frage ich zum Beispiel, wie das Lächeln eines Babys aussieht. Und wenn es sich um eine Frau handelt, bitte ich sie vielleicht, das schönste Kleid zu beschreiben, das sie je getragen hat.«

Lila hat herausgefunden, dass schon das Beobachten eines glücklichen dreijährigen Kindes beim Spielen manchmal aus-reicht, um jemanden mit seinem lange unterdrückten »inneren Kind« wieder in Verbindung zu bringen. Interessanterweise hat sie beobachten können, dass genau diese unschuldigen, kindlichen Qualitäten manchmal auch bei Alzheimer-Patien-ten spontan zum Vorschein kommen – Züge, die auch bei den übermüdeten, von kaum verheilten inneren Wunden gepräg-ten Erwachsenen, die solche Patienten pflegen, oft spieleri-sche Züge inspirieren. »Wir alle müssen in der Lage sein, mit diesem Sinn für das Spielerische in Verbindung zu treten«, sagte Lila und beschrieb mit viel Vergnügen Situationen, in denen es ihr gelungen war, eine Gruppe düster-feierlicher Ärzte in weißen Kitteln dadurch in eine Horde kichernder grauhaariger Kinder zu verwandeln, dass sie Hula-Hoop-Reifen, Schminke, Springseile und Böcke zum Bockspringen verteilte. Wenn sie so verfährt, achtet Lila jedoch sorgfältig darauf, die Leute nicht zu entwürdigen oder zu infantilisieren. Sie benutzt diese Spiele und Spielzeuge nur, um starre Routinen aufzubrechen. Ohne Ausnahme sind die Patienten, Familienmitglieder, Mediziner und Pfleger, mit denen sie zusammenarbeitet, dann entspannter. Sie stehen aufrechter und schlafen besser, wenn sie sich mit solch buntem Treiben und herzhaftem Gelächter gelockert haben.

»Man muss gar nicht in einer Gruppe sein oder einen Anführer haben, um im eigenen Leben dieselben Ergebnisse zu erreichen«, sagte uns Lila zum Schluss. »Heften Sie sich doch eine komische Karikatur an die Kühlschranktür, gehen Sie mit einem fünfjährigen Kind in den Zoo, rufen Sie eine Freundin oder einen alten Schulkameraden an und erinnern Sie sich gemeinsam an alte Streiche. Was immer Sie brauchen, um lächeln zu können, tun Sie's! Es lohnt sich.«

Als Reaktion auf die tiefen Wahrheiten über das Leben, die Menschen wie Lila G. und Norman Cousins mit ansteckender Fröhlichkeit vertreten, suchen (und finden) inzwischen viele Krankenhäuser und Tageskliniken Wege, wie sie ihre Patienten glücklicher machen können. Sie haben zum Beispiel reine Comedy-Kanäle in ihre hausinternen Fernsehprogramme aufgenommen. Manche engagieren auch Clowns, Komiker und andere professionelle Spaßmacher, die auf der Suche nach Leuten, die Aufmunterung dringend benötigen, durch die Gänge streifen. Die meisten Gesundheitseinrichtungen ermutigen heute ihre Ärzte, Schwestern und das andere Personal bereits, Humor als Ablenkungsstrategie einzusetzen, damit die Patienten sich weniger auf ihre Schmerzen als auf ihre Genesung konzentrieren. Die staatlich geprüfte Krankenschwester Patty Wooten zum Beispiel hat schon vor mehr als 70 000 Angehörigen von Gesundheitsberufen über die Heilkräfte des Humors gesprochen. Sie hat auch ein Buch mit dem

Titel *Heart, Humor, and Healing* (Herz, Humor und Heilung) geschrieben. »Jede Schwester, die dem Patienten ein Gefühl von Hoffnung vermitteln kann, hat die wahre Gabe des Heilens«, sagt Wooten, die oft ein verrücktes Clownskostüm trägt, um ihre Botschaft besser zu vermitteln.

Und Dr. Steve Allen jr., Sohn des berühmten gleichnamigen Fernsehkomikers, fügt hinzu: »Es ist ganz wichtig, dass die Leute lernen, dass sie selbst in völligem Chaos noch immer diese wunderbare Gabe in sich tragen, die sich Lachen nennt. Lachen, besonders das Lachen über sich selbst, ist der wirksamste Stresslöser, über den wir verfügen.« In einem Interview über die Workshops zur Stressbewältigung, die er überall in den Vereinigten Staaten abhält, sagte Allen der Zeitschrift *Mind-Body-Health Digest* (Almanach für geistige und körperliche Gesundheit), Humor reduziere nicht nur die negativen Reaktionen des Körpers auf Stress, sondern trage auch dazu bei, dass es gar nicht erst zu solchen Stressphänomenen komme. Allzu oft werden jedoch Erwachsene, wenn sie versuchen, Humor in ihren Alltag zu bringen, als albern oder unreif kritisiert. »Eine puritanische Neigung, die unsere ganze Kultur durchzieht, geht leider davon aus, das alles Spielerische, selbst bei Kindern, des Teufels ist«, erläuterte Allen. »Dabei ist genau das Gegenteil wahr.«

In unseren eigenen Gesprächen mit interessanten älteren Menschen sind auch wir im Wesentlichen zu demselben Ergebnis gekommen. Allem Anschein nach konditioniert uns unsere Gesellschaft so, dass wir nicht nur das vage Gefühl haben, wenn wir oft lachen oder viel Spaß haben, könne doch irgendetwas nicht in Ordnung sein. Nein, irgendwie soll es obendrein bei Erwachsenen auch ziemlich unverantwortlich sein, wenn sie sich durch Amüsement Erleichterung von Zweifeln, Sorgen und Ängsten verschaffen. Viel besser als Witze darüber zu machen sei es, bringt man uns bei, unser Unglück stoisch und leidenschaftslos zu erdulden. Also neigen wir dazu, Leute zu bewundern, die angesichts widriger

Umstände mutig und emotionslos sind, und nicht jene, die Witze reißen.

»Hör auf zu grinsen«, verlangten unsere Lehrer und Eltern, wenn sie wollten, dass wir uns eher wie Erwachsene betrugen. »Etwas mehr Ernst bitte, das ist nicht zum Lachen«, betonen unsere Chefs und Kollegen, wenn wir uns bei der Arbeit über Probleme lustig machen. »Wann wirst du endlich erwachsen?«, fragt man uns ein Leben lang, als sei Frivolität ausschließlich eine Sache für Kinder. Das Leben ist so voller Ermahnungen, *nicht* zu lachen, dass viele von uns, wenn sie das reife Alter erreichen, im Lachen schon keine Übung mehr haben. Vielleicht haben wir bereits jenen Punkt erreicht, an dem wir gar nicht mehr wissen, wie man sich zum Lachen bringt – selbst wenn man es wollte und eigentlich auch dringend nötig hätte.

»Viele Menschen glauben, das Lachen sei spontan«, schreibt Allen Klein in seinem Buch *The Healing Power of Humor* (Die heilende Kraft des Humors). »[Sie] haben das Gefühl, es gäbe nichts, was sie tun könnten, um ein Lachen hervorzurufen. Nun ja, das Lachen ist zwar spontan, aber wir können ihm sehr wohl die Bühne bereiten. Wir können es ermutigen oder entmutigen, planen oder ignorieren, wir können offen dafür sein oder uns verschließen.« Wenn wir uns öffnen und versuchen, das Komische in unserer Umgebung zu sehen und zu spüren, werden wir auf einmal vieles entdecken, über das wir lächeln oder laut lachen können. Wenn Burl Ives, der Entertainer, morgens aufsteht und in den Spiegel schaut, da sieht er, mit eigenen Worten, »einen komischen alten Tolpatsch« mit schneeweißem Bart und schelmischem Augenzwinkern. Und dieses Erscheinungsbild wirkt auf den volkstümlichen Sänger oft so belustigend, dass er sich vor Lachen überhaupt nicht mehr halten kann.

Ob wir Humor nun benutzen, um uns von stumpfsinniger Normalität abzulenken oder um uns über schreckliche Schmerzen hinwegzutrösten – er kann in jedem Fall ein wunderbares Mittel sein, um unseren Heilungsprozess zu fördern. Es sind nicht immer die Fakten unserer Situation, die uns so große Schwierigkeiten bereiten, sondern die Art und Weise, wie wir damit umgehen. Und da kann uns der Humor als Bewältigungstechnik gute Dienste leisten, indem er Abstand schafft zwischen uns und einem Teil unserer Schmerzen und unseres Stresses. Auf diese Weise verschwindet zwar kein einziges Problem, aber wir gewinnen eine neue Sicht der Dinge. Und die verhilft uns meistens auch zu einer besseren Bewältigung der Probleme. »Wenn du einer Sache eine komische Seite abgewinnen kannst«, sagt der Komiker Bill Cosby, »dann kannst du sie auch überstehen.«

Die kürzlich verstorbene Gilda Radner war eine Fernsehpersönlichkeit *(Saturday Night Live)*, die sich wie Cosby einen Namen als Komikerin gemacht hatte. Sie konnte die Leute wirklich zum Lachen bringen, aber sie verwendete den Humor auch, um sich selbst in ihrem langen und letztlich erfolglosen Kampf gegen eine tödliche Krankheit zu stützen. Ehe sie im Alter von 42 Jahren starb, zwang sich Radner mit großer Willenskraft, ihre Autobiografie *It's Always Something* (Immer kommt was dazwischen) zu Ende zu schreiben. In diesem Buch und auf der begleitenden Hörkassette beschreibt sie die Taktik, wie sie sich ihr an Schmerzen reiches Leben erträglich gestaltete.

»Als ich erfahren hatte, dass ich an Krebs litt«, schreibt Radner, »musste ich unbedingt einen Weg finden, um die Sache in komischem Licht erscheinen zu lassen.« Indem sie ihr Erleben der Krankheit in kleine Fragmente aufbrach, die sich leichter handhaben ließen, konnte Radner jedem dieser Teile eine Spritze Komik verpassen. In ihrer Phantasie verwandelten sich die Krebszellen, die ihre Eierstöcke befielen, in böse Eindringlinge in schwarzen Uniformen, die von den per Chemotherapie in den Körper eingeschleusten guten, rotwangigen Zellen abgeknallt wurden. Den Verlust ihrer braunen Lockenpracht, als Nebenwirkung der Krebsbehandlung unvermeidlich, nutzte die Komikerin als Gelegenheit, ihre Freunde mit den seltsamsten Perücken in den verrücktesten Stilen und Farben zu amüsieren.

Wenn man mit dieser Methode auch an andere Herausforderungen des Alltags herangeht, wandelt sich deren Charakter ebenfalls ins Komische. Beatrice Wood, die Bildhauerin und Keramikerin, die jeden Tag im Studio neben ihrer Wohnung im ländlichen Kalifornien arbeitet, beschrieb, wie »schrecklich langweilig« es ihr nach Jahrzehnten vorkam, sich jeden Morgen allein das Frühstück zuzubereiten. »Ich hab's immer so eilig, damit fertig zu werden«, sagte sie uns, »also habe ich aus dem Ganzen ein Spiel gemacht. Ich versuche, mir mein Frühstück mit so wenigen Bewegungen wie möglich zuzubereiten, wie bei einem Tanz. Wenn ich das tue, interessieren mich die Bewegungen so sehr, dass es mir sogar Spaß macht.«

Wenn wir etwas tun, das zur Befreiung dieses kindlichen Geistes in unserem Innern führt, verflüchtigen sich die Mühen des Alltags wie Tau in der Morgensonne. Und wenn wir es nicht tun, dann können uns die täglich angehäuften Frustrationen wirklich niederdrücken. Wir alle kennen Tage, an denen alles schief zu gehen scheint. Wenn wir indes wie Beatrice Wood wirklich gelernt haben, potenziell stumpfsinnige Sachen (wie die Zubereitung eines Frühstücks) in etwas zu verwandeln, das Spaß macht, dann werden auch andere unschöne Kleinigkeiten des Lebens erträglicher erscheinen.

Die Dinge etwas leichter zu nehmen, diese neue Leichtigkeit des Lebens trägt uns ziemlich weit. Es ist eine angenehme Medizin und die unmittelbare Belohnung ist eine neue, oftmals gesündere Perspektive. Die Alternative ist ein oft rigider, resignierender Ernst, der die Welt nur noch als düsteren Ort ohne jede Hoffnung auf Errettung sehen kann. Wenn Sie je verzweifelt die Hände über dem Kopf zusammengeschlagen haben, nachdem Sie Zeitung gelesen und Fernsehnachrichten gesehen haben, dann wissen Sie genau, wovon wir hier sprechen.

Das Geheimnis des Humors

Das Geheimnis des Humors liegt in der Fähigkeit, über sich selbst, die Welt, das Leben und sogar den Tod zu lachen. Es ist die Übernahme einer Perspektive, die es uns gestattet, auf Distanz zu gehen und die Dinge nicht mehr ganz so ernst zu nehmen. Wenn wir an eine Situation mit Humor herangehen, verringern wir unsere Spannungen und lassen einen Schuss Leichtigkeit in unser Leben hinein. »Man kann die Sorgenvögel nicht daran hindern, über unseren Köpfen zu kreisen«, lautet ein altes chinesisches Sprichwort, »aber man kann wenigstens verhindern, dass sie Nester in unserem Haar bauen.« Mit anderen Worten, man hat nicht nur die Macht, aus einer schlechten Situation des Beste zu machen, sondern man hat auch die Möglichkeit, die Situation zu verbessern.

Erfolgreich älter werdende Menschen nutzen das Geheimnis des Humors, um die Sorgenvögel davon abzuhalten, auf ihren Köpfen Nester zu bauen. Diese Menschen machen, wenn sie älter werden, die Erfahrung, dass das Leben nicht nur erträglicher wird, wenn sie lachen oder freundlich lächeln, sondern dass es sogar Spaß macht zu leben. Sie erkennen, dass ein gewisses Maß an Schmerzen, Tragödien und Katastrophen unvermeidlich ist, doch mit einer optimistischen Einstellung lenken sie davon ab und mildern die negativen Eindrücke so, dass sie weniger nachhaltig wirken. Sie wissen, dass das Leben positiver ist, wenn es eine gesunde Dosis Leichtigkeit, einen trockenen Sinn für Spaß und Humor sowie ein Gespür für das Absurde mit einschließt.

Wenn wir in einer Sache, die uns aufregt, auch etwas Gutes erkennen können, dann erscheint das Beschwerliche nicht länger als so wichtig oder überwältigend wie zuvor. Eine leichtherzige Einstellung erweitert unsere begrenzte Sicht der Welt und gestattet es uns, mehr als nur unser eigenes kleines Problem wahrzunehmen. Auf diese Weise kann man

Humor als einen wirksamen Bewältigungsmechanismus einsetzen, als Heilungsstrategie und Gegenmittel gegen den Schmerz.

Wie man diesem Geheimnis entsprechend handelt

Sinn für Humor erfordert eine leichtherzige Einstellung und eine flexible Weltsicht. Natürlich kann dieser Ansatz auch schwierig sein, wenn das Leben grimmig und aussichtslos erscheint. Der Optimismus fällt schwer, wenn man krank ist, unter Stress steht oder wenn alles um einen herum zusammenbricht.

Irgendwann sind wir wohl alle schon einmal in eine dunkle Depression verfallen, in der es überhaupt kein Licht mehr zu geben schien. In solchen Situationen besteht die größte Herausforderung darin, sich selbst zu überzeugen, dass es wirklich auch eine freundliche Seite an dieser Sache gibt und einen Ausweg aus dem negativen Morast. Wie kann man, wenn das Leben so entmutigend ist, Techniken entwickeln, um wieder auf die richtige Bahn zurückzufinden?

Damit dieser Prozess wirklich erfolgreich sein kann, bedarf es konzentrierter Anstrengungen. So seltsam es klingen mag, ernsthafte Konzentration sorgt für Erleichterung und Aufhellung. Auch Suggestionskraft kommt ins Spiel. Es kann zum Beispiel schon einen großen Unterschied bewirken, wenn man sich daran *erinnert* zu lächeln. Selbst dann, wenn man sich zum Lächeln *zwingt*, scheint eine physiologische Komponente im Spiel zu sein, die uns ein wenig von unserem inneren Gleichgewicht zurückbringt. Ein Lächeln ist immer ein wichtiger Anfang.

Versuchen Sie, sich selbst anzulächeln, wenn Sie morgens aufstehen, und beobachten Sie, wie sich dadurch für den Rest eines anstrengenden Tages Ihre geistige Grundhaltung verändert. Wenn Sie das nächste Mal eine Fernreise im Zug oder im

Flugzeug unternehmen und neben einem Fremden sitzen, achten Sie doch einmal darauf, wie eine freundliche Begrüßung die aus Fremdheit resultierende Spannung lindert. Und wenn Sie in einer Warteschlange stehen, die kaum vorwärts kommt, versuchen Sie's doch mal mit einem kleinen Witz, um das kollektive Gefühl der Frustration ein wenig abzubauen.

Damit soll nicht gesagt sein, dass Lächeln, Lachen, Scherzen oder sogar die Bewahrung eines Sinns für Humor all unsere Probleme lösen kann. Doch diese Techniken scheinen eine gesunde Perspektive zu unterstützen, die auf positive, optimistische Weise Herausforderungen in unser Leben integriert.

Darum sollten Sie, wenn Sie in Ihrer Alltagsroutine stecken, ganz bewusst darauf achten, was Ihren Geist aufmuntert und Sie zum Grinsen bringt. Vielleicht haben Sie eine(n) bestimmte(n) Freund(in) oder Verwandte(n), der oder die Ihnen jedes Mal ein besonders gutes Gefühl verschafft, wenn Sie mit ihm oder ihr reden. Vielleicht kennen Sie auch eine Kellnerin oder einen Verkäufer, dessen oder deren sonniges Gemüt geradezu ansteckend wirkt. Möglicherweise ist auch jemand, mit dem Sie gemeinsam zur Gymnastik, zur Kirche oder zur Volkshochschule gehen, mit Humor und einer positiven Lebenseinstellung gesegnet. Stellen Sie im Geiste – oder besser noch, auf dem Papier – eine Liste jener beruhigenden, glücklichen Menschen auf, die Ihnen im Krisenfall helfen könnten, wieder Boden unter die Füße zu bekommen. Für alle Probleme des Lebens lassen sich viel leichter Lösungen finden, wenn wir nicht unter der Last der Verzweiflung stöhnen.

Wenn Sie in diesem Sinne aktiv werden und sich um die Feinabstimmung Ihrer inneren Einstellung bemühen, sollten Sie allerdings bedenken, dass der Humor ein sensibles Geschöpf ist, das sich gerne bedeckt hält. Man muss ihn gewähren lassen und kann ihn nicht erzwingen. Wie jeder weiß, dem schon einmal ein Witz danebengegangen ist, ist Humor eine völlig subjektive Sache. Was *ich* komisch finde, muss *Ihnen* noch lange nicht lustig erscheinen. Sie kratzen sich dann vielleicht nur verlegen am Kopf. Wir haben zum Beispiel einen Freund, der nie auch nur eine einzige Folge der Fernsehserie *Golden Girls*, einschließlich aller Wiederholungen, auslässt, und einen anderen, dem diese Sendung ein Graus ist. Beim Humor sind eben nicht alle Menschen gleich.

Jeder von uns ist gut beraten, seine eigenen komischen Vorlieben zu pflegen: sich Karikaturen auszuschneiden und an die Pinnwand zu heften, die ihn oder sie zum Lachen bringen, Witze oder Anekdoten zu erzählen, in denen es um die Ironien des Lebens geht, sich Filme oder Fernsehsendungen anzuschauen, die einen wirklich zum Lachen bringen. Wenn wir unseren eigenen Sinn für Humor erst etwas besser verstehen und schätzen, wird es uns viel leichter fallen, darauf zurückzukommen, wenn wir ihn wirklich brauchen.

Was also ist es, das *Sie* zum Lachen bringt? Denken Sie über diese Frage einmal »ernsthaft« nach und nehmen Sie sich dann etwas Zeit, eine Liste mit Personen oder Aktivitäten zusammenzustellen, die Sie komisch finden. Darin könnten auch spezifische Filme, Fernsehshows oder Bücher auftauchen. Sie könnten einen Komiker aufnehmen, den Sie besonders gerne mögen, einen Varietégag, einen Karikaturisten oder eine besonders witzige Gesellschaftsreporterin. Zu den Personen, die Sie laut zum Lachen bringen, könnte Ihr vierjähriger Enkelsohn gehören oder die kleine Katze des Nachbarn oder ein alter Freund. Was immer es ist, das Sie hier aufführen, versuchen Sie, es zu einem regelmäßigen Bestandteil Ihres Lebens zu machen. Der bereits zitierte Autor und Arzt William Fry kommt zu dem Schluss: »Humor ist ansteckend, das Lachen auch. Und beides ist gut für Ihre Gesundheit.«

11. KAPITEL

Das Geheimnis der Kreativität

Kreativität ist eine phantastische Angelegenheit. Sie ist der vollkommene, immer wieder neue Ausdruck des individuellen menschlichen Geistes. Man sollte sie schätzen, pflegen und kultivieren, denn sie ist etwas Kostbares und Außergewöhnliches. Das gilt für alle Menschen, denn *jeder* Mensch ist kreativ: nicht nur die Großen und Begabten, Jungen und vor Leben Sprühenden, sondern jeder Mensch.

Und wenn wir älter werden, können wir, statt weniger kreativ und weniger offen für Veränderungen zu werden, an Kreativität und Offenheit sogar noch gewinnen. Denn unsere späten Jahre sind oft von einem reicheren Gespür für die eigene Persönlichkeit und von einer flexibleren Einstellung geprägt.

Die meisten von uns bringen Kreativität jedoch mit der Herstellung von konkreten, außergewöhnlichen Gegenständen in Verbindung: Gemälden, Büchern, Skulpturen, Liedern, Architektur und sogar Computerchips. In Lexika wird Kreativität als die Fähigkeit oder Kraft definiert, etwas zu erschaffen, einer Sache zur Existenz zu verhelfen, etwas zu erfinden. Diese Kraft kann, aber muss nicht unbedingt auf etwas Physisches bezogen sein. Weil unsere Kultur jedoch so großen Wert auf das Produkt legt, das aus einem schöpferischen Akt hervorgeht, wachsen viele von uns mit der falschen Vorstellung auf, Kreativität sei eine seltene Gabe, die nur einigen wenigen Privilegierten zu Gebote stehe.

Doch nichts könnte von der Wahrheit weiter entfernt sein. Wir sehen in der Kreativität vielmehr eine Art Bewusstseinszustand, eine Art Offenheit gegenüber dem Leben. In diesem Sinne lässt sich der Begriff auf die Zubereitung einer Mahlzeit genauso gut anwenden wie auf das Verfassen eines Gedichts, auf ein Gespräch mit dem Enkelkind genauso wie auf das Modellieren einer Tonfigur. Wer kreativ ist, nimmt eine Haltung zum Leben ein, die es ermöglicht, dass jede Tätigkeit, und sei sie noch so banal oder altbekannt, frisch und interessant wird.

Die Bedeutung jener Aktivitäten, die gemeinhin als kreativ gelten, wie Schreiben, Malen, ein Musikinstrument spielen oder Singen, wollen wir durchaus nicht herabmindern. Wir ermutigen jeden dazu und heben die innere Bereicherung hervor, die solche Aktivitäten mit sich bringen. Zugleich aber erkennen wir, dass die Wertschätzung von weniger traditionellen schöpferischen Aktivitäten unser Leben enorm verändern kann. Dadurch werden nicht zuletzt die Erwartungen, die wir an uns selber stellen, erweitert.

Kreativ zu sein ist nicht immer leicht. Unsere Gedanken und Handlungen über Routine und Gewohnheit hinaus zu erweitern erfordert oft große Disziplin und ein zähes Ringen. Manchmal lassen wir uns auf originelle Gedanken vor allem deshalb ein, weil uns schwierige Umstände zwingen, einer Situation auf ganz neue, unerwartete Weise zu begegnen. Wie es in einem alten Sprichwort heißt: Not macht erfinderisch. Und doch stoßen wir, wenn wir älter werden, häufig an körperliche oder finanzielle Grenzen. Also müssen wir unsere wahren Ziele und Ambitionen ausloten und dann realistisch beurteilen, was zu tun ist, damit es in unserem Leben weiter vorangeht und unser inneres Wachstum anhält.

Diese wichtigen Konzepte werden im weiteren Verlauf des Kapitels noch näher erörtert. Zunächst möchten wir Sie jedoch mit Coulter H. bekannt machen, der noch im fortgeschrittenen Alter sein Leben tiefgreifend und sehr kreativ veränderte. Als Diplomat im Auswärtigen Dienst der USA verbrachte Coulter drei Jahrzehnte seines Lebens damit, von einem Botschaftsposten zum nächsten zu wechseln und dabei stets auf neue Menschen zu treffen und neue Sprachen lernen zu müssen. Das war ein aufregendes, aber auch stressiges Leben in ständiger Bewegung.

Doch unser Freund litt zunehmend unter einer schweren Arthritis und zu hohem Blutdruck. Als Coulter 61 war, bereitete ihm sein lädierter Körper derartige Schmerzen, dass er sich kaum noch bewegen konnte. Sein Arzt empfahl ihm, sich umgehend pensionieren zu lassen, und sagte ihm in einem Moment unverblümter Offenheit sogar, er habe vielleicht nur noch ein halbes Jahr zu leben. »Ich wurde gedrängt, zum Physiotherapeuten zu gehen«, sagte Coulter, »und begann, als ambulanter Patient strikt und diszipliniert krankengymnastische Übungen zu machen. Ich hatte damit überhaupt keine Probleme, aber irgendwie schien mir das alles nicht weit genug zu gehen.«

Coulter wusste intuitiv, dass die Zeit gekommen war, an seinem anstrengenden Lebensstil grundlegende Veränderungen vorzunehmen. Das schnelle Lebenstempo und die nie nachlassende Anspannung in seinem Beruf brachten ihn im wahrsten Sinne des Wortes langsam, aber sicher um. Die nun anstehende Entscheidung musste alle Aspekte seines künftigen Lebens betreffen. »Manchmal fragen wir die Leute ja: ›Was würden Sie tun, wenn Sie herausfänden, dass Sie nur noch sechs Monate zu leben haben?‹ Nun ja, wie alle anderen habe ich mich mit einer solchen Frage nie ernsthaft auseinander gesetzt. Doch diesmal war mein Leben wirklich an der Grenze und so musste ich mir eine absolut ehrliche Antwort geben.«

Unerwartet entdeckte Coulter, dass sich in dem Augenblick, da er dem Tod ins Angesicht starrte, das Spektrum seiner Wahlmöglichkeiten, wie er sein Leben zukünftig gestalten wollte, nicht verengte, sondern ganz weit öffnete. Auf völlig neue Weise begann er sein Leben selbst in die Hand zu nehmen. Coulter nahm sich etwas Zeit, Rückschau zu halten und über Dinge nachzudenken, die er schon immer hatte tun wollen, ohne es je zu tun. Ganz bewusst beruhigte er seinen umtriebigen Geist und ließ angenehme Erinnerungen in sein Bewusstsein driften. »Ich habe schon immer Tiere geliebt«, erzählte uns Coulter, als er uns in der etwas chaotischen Küche, in der er nun jeden Tag beginnt und beendet, Kaffee kochte. »Aber weil ich immer wieder in neue exotische Hauptstädte versetzt wurde, konnte ich niemals auch nur eine Katze halten. Außerdem begann ich über manch andere Dinge nachzudenken, die mir schon immer Freude bereitet hatten.«

Bereits nach wenigen Tagen war Coulter klar, dass er sich schon immer gewünscht hatte, an frischer Luft aktiv zu sein. Leider hatte seine Bürotätigkeit im diplomatischen Dienst dies unmöglich gemacht. So war Coulter nun fest entschlossen, sich wenigstens einige seiner lange nicht realisierbaren Träume zu erfüllen, ehe es dafür endgültig zu spät war. Innerhalb weniger Wochen kaufte er sich ein heruntergekommenes Bauernhaus mit einigen Hektar Weideland im ländlichen Maryland und plante, dort seinen Alterssitz einzurichten. Als wir ihn auf seinem neuen Anwesen besuchten, wirkte dieser Pensionär mit seinen eleganten Manieren noch immer ganz wie ein kultivierter Botschaftsattaché, nur dass er jetzt dreckige Stiefel, einen fleckigen Overall und ein zerknittertes Flanellhemd trug.

»Meine Freunde waren zunächst etwas skeptisch, als sie das Haus sahen«, gab Coulter zu. »Der Brunnen war eingefallen und das Haus hatte bauliche Probleme. Aber ich liebe Herausforderungen. Die Organisation dieser Reparaturen ließ meinen Adrenalinspiegel steigen und setzte meine Gehirnzellen in Bewegung.«

Coulter hatte den ganzen Hof komplett mit einigen Tieren im Stall übernommen, die täglich Futter und Wasser brauchten – und dieser Aufgabe widmete er sich nun mit Begeisterung. Zunächst waren Coulters Gelenke steif, doch innerhalb weniger Wochen sorgte die ständige Aktivität dafür, dass seine chronischen Entzündungen nachließen. »Ich glaube, dass die Arbeit auf der Farm meine Leiden sogar gelindert hat, weil ich meine Tiere jeden Tag, den es Gott werden ließ, füttern musste, ob ich wollte oder nicht. Die Tiere brauchten mich!«

Langsam verbesserte sich Coulters Gesundheitszustand beträchtlich. Es geschah nicht über Nacht, aber schließlich war ein Punkt erreicht, an dem er viele Arzneien absetzen und die wöchentlichen physiotherapeutischen Sitzungen beenden konnte. Ungefähr ein Jahr später eröffnete Coulter sein restauriertes Bauernhaus mit 15 Räumen als Frühstückspension neu. Weil sie in der Nähe von Washington, D. C., liegt, zog die Pension in kurzer Zeit zahlreiche Gäste an, vor allem jüngere berufstätige Paare, denen der weltläufige Hotelier mit seiner ländlichen Menagerie sehr gut gefiel. Die Renovierung der heruntergekommenen Farm hat Coulter neues gesellschaftliches Leben und ein respektables Einkommen beschert – und alles aufgrund positiver Mund-zu-Mund-Propaganda.

»Ich bin jedes Mal ganz aufgeregt, wenn ein neuer Gast zur Tür hereinkommt«, bekannte Coulter, als er uns durch seine gepflegten Zimmer führte, deren jedes mit bezaubernden alten Möbeln eingerichtet war. »Wenn die Leute hier übernachten, dann sage ich mir: *Lass uns doch mal herausfinden, wofür sie sich wirklich interessieren.* Dann setze ich mich abends oft mit ihnen zusammen und rede. Und ehe man sich's recht versieht, schlägt die Uhr schon Mitternacht.«

Als ein Mann voller Energie, der sich jetzt einer robusten Konstitution erfreut, steht Coulter frühmorgens auf, um frische Eier aus seinem Hühnerstall zu holen, und dann besorgt er vom Bäcker in der Nähe frische Croissants. Später, wenn seine Gäste das Haus verlassen haben, wäscht er die Wäsche, putzt die Zimmer und macht die Betten. »Und dann sind da ja auch noch die Tiere, um die ich mich kümmern muss«, merkte er an. »Ich habe vier Katzen und zwei Hunde, außerdem drei Pfauen, zwei Pferde und eine Ziege. Ich weiß, es klingt furchtbar banal, aber diesen Geschöpfen einfach nur zuzuschauen, wie sie ihren Verrichtungen nachgehen, bereitet mir unheimlich viel Freude.«

Und doch dreht sich Coulters »neues« Leben nicht nur um seine ländliche Pension. Ein anderes neues Interessengebiet ist seine freiwillige Mitarbeit in einem Sterbehospiz in der Nähe, wo er den Todkranken mit Rat und Tat zur Seite steht. Formal gesehen ist Coulter auf diesem Gebiet nicht qualifiziert. Sein Wissen und seine Sensibilität entstammen einem großzügigen Herzen und einer lebenslangen Erfahrung im Umgang mit Menschen ganz unterschiedlicher sozialer Herkunft. Wie uns Coulter berichtete, wurde er zu dieser Hilfe für andere inspiriert, als seine Frau und sein einziges Kind einige Jahre vor seiner Pensionierung bei einem tragischen Autounfall ums Leben kamen. Weil er sich intensiv mit dem Tod seiner Familie und mit seiner einst prekären Gesundheit auseinander setzen musste, ist Coulter jetzt fähig, den Geist des Lebens zu feiern, immer und überall. »Ich stelle fest, dass ich Männern meines eigenen Alters ganz besonders gut helfen kann«, sagte er. »Ich sage ihnen, dass, selbst wenn ihre Tage gezählt sind, noch vieles im Leben vor ihnen liegt. Ich versuche, ihnen die Unterstützung und Freundschaft zu geben, die sie brauchen.«

Als Berater und Sterbehelfer hat Coulter die Erfahrung gemacht, dass Menschen, die mit ihrer eigenen Sterblichkeit konfrontiert sind, den Schwerpunkt in ihren verbleibenden Tagen ausnahmslos auf die Gegenwart verlagern. »Ich kann mich in sie hineinversetzen«, sagte Coulter zum Schluss, »weil ich einer von jenen bin, die das Glück haben, jeden Morgen mit einem Lächeln aufzuwachen – nur weil mir ein weiterer Augenblick, eine weitere Stunde, ein weiterer Tag geschenkt wurde.«

Coulter benutzte seine Phantasie, seine Intuition und seinen Verstand, um zu bekommen, was er im Leben wirklich haben wollte, auch wenn die »Experten« seine Überlebenschancen eher pessimistisch einschätzten. Er gewann ein gewisses Maß an Gesundheit erst zurück, nachdem er beschlossen hatte, sich einen Lebensstil zu schaffen, der ihm physisch und psychisch das gab, wonach er suchte. Er kultivierte seine außerordentliche Gabe, anderen zuhören zu können. Und er freut sich über die Gesellschaft anderer Menschen ebenso wie über das Leben mit und in der Natur. Die Tätigkeiten, die Coulter Freude machen und die er jetzt zum Bestandteil seines Tagesablaufs gemacht hat, fallen ihm leicht. Sie sind wie ein positiver Kreislauf: Je mehr Glück ihm die Aktivitäten bringen, desto mehr genießt er sie und desto leichter gehen sie ihm von der Hand. Die vielgestaltigen Elemente seines Lebensstils könnten, von außen betrachtet, recht unzusammenhängend erscheinen, aber sie bilden in Wahrheit eine kreative Einheit, die dazu dient, Coulters Körper, Verstand und Geist produktiv und lebendig zu erhalten.

Dieser vitale alte Mann stand in seinem Leben am Scheideweg, als gesundheitliche Umstände ihn zu massiven Veränderungen zwangen. Wir anderen aber müssen nicht unbedingt warten, bis uns der Arzt eine schlimme Prognose stellt (oder bis irgendeine andere Lebenskrise eingetreten ist), ehe wir kreative Entscheidungen treffen, wie wir in Zukunft weiterleben wollen. Wir haben die Möglichkeit, solche Entscheidungen jeden Tag zu treffen. Wenn wir Herausforderungen erkennen, akzeptieren und entsprechend handeln, können bereichernde Veränderungen in unserem Leben die Folge sein. Wenn wir innehalten, um nachzudenken, werden wir entdecken, dass hinter jeder Ecke große wie kleine kreative Möglichkeiten lauern. Um diese kreativer als bisher zu nutzen, müssen wir gar nicht derart einschneidende Veränderungen in unserem Leben vornehmen wie Coulter – es reicht, wenn wir, wie es die Buddhisten lehren, das Leben »mit den Augen eines Neulings« betrachten.

Obwohl wir sie vielleicht noch gar nicht aus dieser Perspektive betrachtet haben, ist es zum Beispiel eine außerordentlich kreative und herausfordernde Aufgabe, Großeltern zu sein. Der liebevolle, aufbauende Kontakt zwischen Ihnen und den Kindern Ihrer Kinder ist eine äußerst wichtige, aber oft unterbewertete Verbindung zwischen den Generationen. Die spezielle Beziehung zwischen Großeltern und Enkeln ist deshalb einzigartig, weil sie bei optimaler Ausgestaltung auf bedingungsloser Liebe und Akzeptanz basiert.

Großeltern können Freunde, Vertraute und Mentoren sein, Vorbilder und Lehrer »altmodischer Tugenden und Werte«, wie es manche wohl nennen würden. Durch weise, freundliche Ratschläge können sie dem heranwachsenden Kind moralische Hilfestellung geben. Eltern dagegen tragen die alltägliche Verantwortung für Ernährung, Kleidung, Ausbildung und Disziplinierung ihrer Kinder. Dadurch werden sie unweigerlich zum Brennpunkt kleinerer und größerer Spannungen und zum Anlass für häuslichen Stress, wie er in jeder Familie vorkommt. Ihre Rolle ist natürlich von zentraler Bedeutung, aber sie unterscheidet sich elementar von der der Großeltern.

Bei unseren Gesprächen mit Enkelkindern unterschiedlichen Alters haben wir herausgefunden, dass der Einfluss eines Großelternteils auf die Herausbildung persönlicher Werte bei den Enkeln oft stark, nachhaltig und positiv ist. Als Großeltern gehören wir zu den vorrangigen Vermittlern unserer Kultur. Wir geben Traditionen, Rituale, Sitten, Mythen und soziale Bräuche an die junge Generation weiter. Und diese Rolle müssen Großeltern selbst in modernen Gesellschaften spielen – heutzutage, in unserer unruhigen, schnelllebigen Welt, wahrscheinlich sogar noch dringender als je zuvor. Großeltern erfreuen sich immer noch großer Wertschätzung. Die geographische Zerstreuung der Familien hat zwar dafür gesorgt, dass sich nicht mehr, wie nach alter Tradition üblich, die Großfamilie am Sonntag zum Essen um Großmutters Tisch versammelt. Trotzdem nehmen Verwandte immer noch viel auf sich und lange Reisen in Kauf, um sich an Feiertagen oder in den Ferien quer durch die Generationen treffen zu können. Überdies werden aus den unterschiedlichsten Gründen Tausende von Kindern teilweise oder ganz von ihren Großeltern aufgezogen.

Leider fehlen in Amerika weitgehend Rituale oder Traditionen, in denen die wichtige Rolle zum Ausdruck kommt, welche Großmütter und Großväter in dieser Gesellschaft spielen. Allzu oft ignoriert die Gesellschaft deren Beiträge oder nimmt sie als selbstverständlich hin. In Japan dagegen müssen sich Großeltern um ihre Anerkennung überhaupt keine Sorgen machen: Traditionellerweise tragen sie rote Kleidung und diese Farbe ist mit Ehrerbietung assoziiert. In manchen afrikanischen Stämmen erhalten Frauen einen besonderen Ehrentitel, wenn ihr erstes Großkind geboren wird. Bei uns aber liegt es an jedem Einzelnen, auch ohne öffentliche Fanfaren zu erkennen, was es heißt, Großkind oder Großeltern zu sein (egal ob aufgrund der Blutsverwandtschaft oder aus freien Stücken): Es heißt, eingebunden zu sein in die mächtige Kette der Generationen und darin ein wichtiges Glied zu bilden. Es heißt, bedingungslos zu lieben und geliebt zu werden.

Idealerweise ist die Großelternrolle eine wunderbar kreative Herausforderung – zumal in einer Zeit, in der massive soziale Unrast und technologische Neuerungen die Strukturen vieler Familien grundlegend verändert haben. Wir brauchen Großeltern, die ihr Teil dazu beitragen, dass unser Leben historische Perspektive und Kontinuität gewinnt.

»Einer meiner Großväter kam 1865 auf die Welt«, erinnert sich der 1936 geborene Schriftsteller und Schauspieler David O. »Ich kann mich noch erinnern, wie er mir von Begebenheiten erzählte, die in seiner Kindheit geschahen, so wie ich jetzt meinen Enkeln erzähle, was sich in meinen Erinnerungen mit den Bomben auf Pearl Harbor verbindet. Auf diese Weise bin ich zum Schatzhaus der Erfahrung und Geschichte geworden, einer Geschichte, die bis zum amerikanischen Bürgerkrieg zurückreicht. Diese Verbindung ist lebenswichtig in einer Zeit, in der die Vergangenheit anscheinend so wenig zählt, wenn sie älter ist als die Nachrichten von gestern.«

Auf ähnliche Weise betont auch Judith Moyers, die Frau des Fernseh-Nachrichtenmoderators und Produzenten Bill Moyers, ihre wichtige Rolle als »Verbindungsglied« zwischen den Generationen. »Meine Großmutter väterlicherseits hat jede noch so kleine Information über die Vergangenheit unserer Familie, die sie weitergeben konnte, an mich weitergereicht«, sagte uns Judith. »Sie forderte mich immer auf, mich hinzusetzen, und dann sagte sie: ›Ich will dir von den Smiths erzählen‹ oder ›Ich will dir von den Ashleys erzählen‹. Meine Großkinder werden keine direkten Erlebnisse mit den Geschichten dieser Familien verbinden, darum bin ich dafür verantwortlich, dass dieses Wissen weitergegeben wird.«

Doch Großeltern brauchen heute anscheinend ihre Enkel ebenso wie die Enkel ihre Großeltern. Weil die Welt, in der die Kinder heute leben, sich so sehr von der Welt unterscheidet, in der wir selbst leben, können Enkelkinder uns Großeltern dabei helfen, die rasanten Veränderungen unserer Zeit zu verstehen und zu schätzen. In demselben Interview sagte Bill Moyers zum Beispiel, dass er, seit er Enkelkinder habe, über die Zukunft auf neue, andere Weise nachdenke. Wenn er sich seinen Enkel im 21. Jahrhundert bildlich vorstellen könne, dann würden »Themen wie Wirtschaft und Umwelt viel persönlicher und weniger abstrakt. Folglich betreffen mich solche Probleme jetzt nicht mehr als einen abstrakten Sachwalter der Nachwelt, sondern als Anwalt meines Enkels Henry.«

Die kreative Gestaltung der Großelternrolle kann auch dazu beitragen, eine neue Art von Beziehung zwischen Großeltern und der mittleren Generation, den eigenen Kindern, zu schmieden. Wenn Großeltern und Enkel sich besonders gut verstehen, färbt das auch auf andere ab. Ethel B. zum Beispiel hat schon von deren Geburt an eine aktive Rolle im Leben ihrer Enkelin Alice gespielt. Als Alice erst einige Monate alt war, war Ethel, nachdem sie dem Kind auf ihren Knien wochenlang etwas vorgesungen hatte, hocherfreut, als sie ihre

Enkelin zum ersten Mal kichern hörte. »Gemeinsame Erlebnisse wie dieses haben das Band nicht nur zwischen Alice und mir enger werden lassen«, sagte Ethel, »sondern sie haben auch zu einer tiefen Intimität mit meinem Sohn und meiner Schwiegertochter geführt. Meine Kinder sind über diese neue Qualität der Nähe zwischen uns allen höchst erfreut.«

Bei unseren Gesprächen mit Senioren und ihren Familien haben wir herausgefunden, dass diese Art intimer Nähe oft Stereotype beseitigen kann, Altersbarrieren zum Verschwinden bringt und zu einer besseren gegenseitigen Wertschätzung der Generationen führt. »Sie mag ja alt aussehen und sie ist alt«, sagte uns ein kleines Mädchen, als es über seine Großmutter sprach, »aber in meinem Herzen ist sie nicht alt.«

Großeltern zu sein kann auf jeden Fall eine enorm kreative, herausfordernde und befriedigende Erfahrung sein. Im Laufe der Jahre sind wir vielen »außergewöhnlichen Normalmenschen« begegnet, die kreativ an ihre späten Jahre herangegangen sind. Auch wenn sich ihre Erfahrungen stark voneinander unterscheiden, haben diese kreativen Alten doch alle dies eine gemeinsam, dass sie sich für geistige Offenheit und für Experimente mit neuen Ideen und Gelegenheiten engagieren. Sie sind willens, sich selbst neu zu erschaffen. Sie *engagieren* sich im Leben, statt sich *zurückzuziehen*.

Das gilt auch für die Witwe Thelma T., die, als wir uns kennen lernten, 80 Jahre alt war. In ihrem ganzen Leben hatte sie noch keinen einzigen Tanzschritt gemacht, als man sie überredete, sich einer generationsübergreifenden Tanzgruppe namens »Dancers of the Third Age« (Tänzer des Dritten Lebensabschnitts) anzuschließen, die sich zweimal wöchentlich trifft. Als wir sie dann wieder sahen, war diese vitale Seniorin schon acht Jahre im Medium des modernen Tanzes und Balletts aktiv. »Ich hatte schon immer tanzen wollen«, sagte Thelma, »aber das war einfach etwas, wozu ich in meiner 54-jährigen Ehe niemals gekommen war. Wissen Sie, mein Mann hat sich nichts aus dem Tanzen gemacht.«

Die in Washington, D.C., wohnhafte ehemalige Lehrerin und Regierungsangestellte zog nach dem Tod ihres Mannes in eine ausgedehnte Wohnanlage für Senioren und beschloss dort, sich einem Gymnastikkurs anzuschließen, um in Form zu bleiben. Schon bald bemerkte sie, dass eine Gruppe älterer Frauen nach dem Turnen noch zusammenblieb, um gemeinsam Tanzschritte zu üben. »Ich sag's Ihnen ganz offen: Anfangs hatte ich Angst vor dem Versagen, also guckte ich nur vom Rand aus zu. Es kam mir so vor, als wollten diese alten Damen nur angeben, als versuchten sie, sich wie junge Leute zu benehmen, anstatt sich altersgemäß zu verhalten. Aber nachdem ich ihnen ein paar Mal zugesehen hatte, schien es mir, als ob es ihnen so viel Spaß machte, dass ich mir sagte: ›Ach, was soll's‹ und selbst ebenfalls mitgemacht habe.«

Die »Dancers of the Third Age« sind bereits im ganzen Land und sogar in Europa in Schulen, Kirchen und Gemeindezentren aufgetreten. Ein neueres Projekt beinhaltet auch die Zusammenarbeit mit einer Truppe viel jüngerer Tänzer, »The Dance Exchange« (Tanzbörse), um über die Generationen hinweg die Schönheit der tänzerischen Bewegung zur Geltung zu bringen. »Wenn die beiden Gruppen zusammen tanzen, scheint es überhaupt keine Altersunterschiede mehr zu geben«, staunte Thelma. »Ob eine Partnerin 25 oder 85 ist, spielt keine Rolle. Man hat einfach nur das Gefühl, einer anderen Persönlichkeit zu begegnen.«

Im Leben wie im Tanz fällt es oft leichter, kreative Ansätze zu entwickeln, wenn wir den Akzent weniger auf das *Ergebnis* als auf den schöpferischen *Prozess* legen. Natürlich führt dieser Prozess manchmal auch zu einem fertigen Produkt, oft ist es aber auch nicht so. Physisch äußert sich der Schaffensvorgang vielleicht überhaupt nicht; er existiert vielleicht nur in der Erlebnis-Sphäre. Und zu diesem Prozess gehört auch eine gewisse Art, das Leben zu betrachten – eine Einstellung, die zugleich spontan, bejahend und frei von negativer Kritik ist.

Wird Kreativität auf diese Weise neu definiert, so kann jeder Zugang dazu finden. Vor etlichen Jahren sprachen wir mit dem damals 77-jährigen, inzwischen verstorbenen Komponisten John Cage über den Schaffensprozess. Was er uns als Erstes sagte, war unerwartet und bleibt unvergessen. »Leider glauben allzu viele Menschen«, begann Cage, »dass Kreativität etwas Geheimnisvolles sei, worüber nur wenige Menschen verfügten. Aber das stimmt nicht. Jeder hat Zugang dazu. Wir alle wachen mit kreativer Energie auf.«

Cage war auf seine künstlerischen Leistungen gewiss stolz und doch bekannte er, dass ihn seine musikalischen Kompositionen nach der Fertigstellung überhaupt nicht mehr interessierten, sondern nur noch die nicht erledigte Arbeit. »Jetzt, da ich älter werde«, sagte er, »merke ich, dass meine Interessen, statt weniger zu werden, sich vervielfältigen.« Diese neuen Faszinationen ergaben sich, weil er »offen für die Welt und für Dinge war, die sich ereignen. Darum, wenn sich in meinen Erfahrungen und Erlebnissen etwas Neues ereignet, dann öffne ich die neue Tür, statt sie zuzuschlagen.«

Auch andere aus dem Kreis unserer Interviewpartner sahen den kreativen Impuls im weiteren Kontext. Die Keramikerin Beatrice Wood, auch mit über 100 Jahren noch künstlerisch aktiv, war zu diesem Punkt besonders eloquent: »Man kann überall, wo man gerade ist, kreativ sein. Dafür muss man kein Künstler sein. Kreative Menschen sind jene, die offen für das Leben sind und auf das Leben hören, wenn es zu ihnen kommt. Innerlich kann man sogar beim Geschirrspülen kreativ sein. Kreativität ist eher ein *innerer* Zustand als ein *äußerer*.«

Unsere Kreativität ist nicht in einer Kiste verschlossen, sondern ein Teil von uns, der auf Empfang eingestellt ist und das Lied des Lebens empfangen will. Weil viele von uns sich selbst jedoch nicht für kreativ halten, haben sie in diesen eher amorphen Teil ihrer Persönlichkeit nicht viel Energie investiert. Genau darum ist es oft auch eine so große Herausforderung,

eine Verbindung zu unseren eigenen kreativen Impulsen herzustellen und ihnen zu folgen, ganz gleich wohin sie uns
führen mögen.

Der kürzlich verstorbene Psychotherapeut Rollo May, der
mit Mitte 60 als Autor des Bestsellers *Courage to Create* (dt.
Der Mut zur Kreativität) sehr bekannt wurde, hielt es für
albern, Leute zu fragen, ob sie kreativ seien. Die seiner Meinung nach angemessenen Fragen sollten vielmehr lauten:
»Was tun diese Leute und was erschaffen sie?« Wenn wir
Kreativität in diesem Sinn verstehen, kommen wir auch
dahinter, dass es eine Fähigkeit ist, die wir *alle* besitzen, weil
wir alle im Lauf unseres Lebens verschiedene Dinge tun und
erschaffen. »Die Kreativität erhält uns frisch und lebendig, sie
sorgt dafür, dass wir uns weiterbewegen«, sagte May im
Gespräch mit uns. »Je älter wir werden, desto frischer müssten wir werden. Wir stellen uns unseren Ängsten… und wir
haben den Mut, schöpferisch zu sein.«

Tony L., auch er einer unserer Gesprächspartner, verkaufte
mit 67 seine erfolgreiche Elektronik-Beratungsfirma in New
York und zog an die Westküste, nach Kalifornien. Nach vielen
Jahren harter Arbeit freute er sich auf ein freizeitorientiertes
Leben. Tony wollte ein »California Playboy« werden, das
Strandleben genießen und jederzeit Golf spielen können.
»Doch dann entdeckte ich, dass die Kleinstadt, in die ich gezogen war, überhaupt keine Dienste für Senioren hatte«,
erzählte uns der silberhaarige Witwer, als wir ihn interviewten. »Da ich aus einer Großstadt kam, in der es für ältere Mit-
menschen jede Menge Möglichkeiten gab, war ich schockiert.«

Für Tony war das Maß endgültig voll, als er versuchte, für
eine ältere Witwe in seiner Nachbarschaft einen hilfsbereiten
Menschen zu finden, der an ihrem Haus etwas reparierte.
Diese Nachbarin lebte von einer kleinen Rente und konnte im
ganzen Ort keine Hilfsorganisation finden, die bereit war, ihr
für die Reparatur ihres Ofens einen Zuschuss zu geben. So
stand ihr ein kalter, feuchter Winter ohne Wärme bevor. Da

beschloss Tony, die Sache selbst in die Hand zu nehmen. »Ich konnte einfach nicht glauben, dass es für Senioren in der Lage meiner Nachbarin kein Hilfsprogramm geben sollte. Ich begann, mit Leuten aus der Stadtverwaltung zu telefonieren, und bekam das Problem auf die Reihe. Von da an ging es fast lawinenartig weiter.«

Es dauerte gar nicht lange, da war Tony von der Verwaltung des zuständigen Landkreises (County) als erster Koordinator der Hilfsdienste für ältere Menschen engagiert, den es dort je gab. Und dieser Job erfordert wöchentlich mehr als 40 Arbeitsstunden. Tony installierte und koordinierte über zwei Dutzend Hilfsprojekte für Senioren – von Reparaturprogrammen für Öfen, Dächer und anderes mehr über Essen auf Rädern, Hilfe bei Steuererklärungen bis hin zu einem Taxi-Notrufsystem. Er organisierte sogar ein Programm, in dessen Rahmen man Brillen, die nicht mehr die richtigen Korrektionswerte aufwiesen, für die Armen spenden konnte. Diese Brillenspenden werden in einem großen Kasten in Tonys Büro gesammelt, wo nun jeder probieren kann, ob für ihn eine passende Brille dabei ist. Wenn ja, darf er oder sie diese kostenlos mitnehmen.

Obwohl Tony manchmal Golf spielt, sagt er, dass die Tage des Herumlungerns am Strand vorbei seien. »Nach ein paar Monaten Ruhestand«, bekannte er, »hatte ich davon die Nase voll. Ich musste mir selbst einen guten Grund geben, mich jeden Morgen zu rasieren, zu duschen und aus dem Haus zu gehen. Ich brauchte eine Aufgabe, die im Leben anderer ihre Spuren hinterließ. Ich wusste, dass ich sonst nur noch faul gewesen wäre und dass es mit mir bergab gegangen wäre.«

Tonys Bürotür steht bei der Arbeit ganz bewusst immer offen. Seine Klienten gehen bei ihm den ganzen Tag ein und aus. Sie kommen vorbei, um einen Schwatz zu halten, sich zu beschweren oder Informationen auszutauschen. Abends findet man Tony, wie die Leute wissen, meistens im Stadtrat oder in Ausschusssitzungen, wo er als eloquenter, unwiderstehlicher Anwalt der älteren Mitbürger auftritt.

Nicht jeder kann eine solche Vollzeitkarriere als Interessenvertreter seiner älteren Mitbürger initiieren oder verkraften, aber Tonys engagierte, lebensbejahende Einstellung kann jeder übernehmen und zum Tragen bringen, wenn es um die Herausforderungen des Älterwerdens geht. Vor allem zeigt Tonys Beispiel, dass es beim Thema Kreativität genauso gut um Dienstleistungen gehen kann wie um Kunstwerke. Manchmal geht es allerdings auch um künstlerische Tätigkeiten, wie David L., ein weiterer Interviewpartner aus unserem Kreis der »neuen Alten«, relativ spät im Leben entdeckte.

Als seine Frau Esther starb, war David L. total am Boden zerstört. »Wir waren mehr als 35 Jahre verheiratet«, erzählte er uns, als wir ihn in seinem Haus in Florida besuchten. Der pensionierte Jurist hatte in der Rechtsabteilung eines Konzerns gearbeitet. »Esther und ich, wir haben uns immer sehr geliebt. Sie war mein Ein und Alles auf der Welt.«

Vom Kopf her wusste David zwar, dass er irgendwann wieder Boden unter die Füße bekommen würde. Er würde auch ohne seine Frau zurechtkommen und lernen, wieder ein erfülltes Leben zu führen. Aber er wusste auch, dass er etwas Greifbares brauchte, um der langen, liebevollen Partnerschaft mit seiner Frau eine Art Denkmal zu setzen. »Ich habe mir verschiedene Möglichkeiten überlegt, aber keine von ihnen überzeugte mich wirklich.«

Weil Esther an einem Herzinfarkt gestorben war, beschloss David die Errichtung einer gemeinnützigen Stiftung unter ihrem Namen an einer großen Medizinischen Hochschule an der Ostküste zur weiteren Erforschung von Herzerkrankungen. »Die Einrichtung der Stiftung«, sagte uns David, »hatte zwar eine ganz konkrete, wichtige Bedeutung, aber sie genügte nicht unbedingt meinem Bedürfnis, die tiefen Gefühle zum Ausdruck zu bringen, die ich für Esther empfand. Das war der Punkt, an dem ich begann, Gedichte über sie zu schreiben.«

Im Laufe des folgenden Jahres schrieb David mehr als ein Dutzend Gedichte über verschiedene Aspekte seiner Beziehung zu seiner Frau. Manche waren von Trauer erfüllt, andere feierten die vielen glücklichen Stunden, die sie gemeinsam verlebt hatten. In den Gedichten ging es um die gemeinsamen Interessen des Paares und um ihr aktives gesellschaftliches Leben. Auch die Kinder und die gemeinsamen Weltreisen wurden dankbar erwähnt. Obwohl David in seinem ganzen Leben noch nie ein Gedicht geschrieben hatte, fiel ihm das Dichten relativ leicht. Es war fast so, als würden sich die Gedichte von selbst schreiben und als müsste er sie nur noch zu Papier bringen. »Das Schreiben dieser Gedichte war für mich eine reinigende Erfahrung«, sagte David. »So konnte ich Esther endlich loslassen und ihren Tod akzeptieren. Das bedeutete für mich eine enorme Erleichterung.«

Schließlich wollte David auch seine Freunde und Familienangehörigen an seinen Gedichten teilhaben lassen. Er bat einen befreundeten Künstler, seine Werke zu illustrieren, und fügte das Ergebnis zu einer kleinen Broschüre zusammen. Jeder, der ihn darum bat, erhielt eine Fotokopie dieser Gedichtsammlung zugeschickt. So viele Menschen waren von seinem Werk begeistert, dass David seinen Gedenkband *For Esther* auch im Eigenverlag als gebundenes Buch herausbrachte. Von seinen Freunden und Kindern enthusiastisch ermutigt, schrieb er weiterhin Gedichte, nunmehr auch über ein weiteres Themenspektrum. »Der Veröffentlichungsprozess hat mir so viel Freude bereitet, dass ich noch ein zweites Buch unter dem Titel *Wit and Whimsy* (Nostalgische Weisheiten) herausbrachte. Es handelt sich um eine Sammlung von Versen und Kunstwerken in der volkstümlichen Tradition, für die ich die Zeichnungen meines Freundes und meine neuesten Gedichte verwendete.«

Obwohl David Esther immer noch sehr vermisst und obwohl ihr Andenken seinem Herzen ganz nahe bleibt, verspürt David jetzt eine große innere Befriedigung, wenn er weiter Gedichte schreibt und andere auf diese Weise an seinen Gedanken teilhaben lässt. Diese Erfahrung erwies sich als wirksames Mittel, mit seiner Trauer und dem Gefühl des Verlustes fertig zu werden. Zugleich gewann er dabei eine neue lohnende Beschäftigung, die ihm zu einem neuen, bedeutsamen, inneren Wachstum verhilft.

Ralph M. dagegen fühlt sich persönlich außerordentlich bereichert, wenn er geistig behinderten Erwachsenen dabei helfen kann, die praktischen Fertigkeiten zu meistern, die sie brauchen, um im Leben allein zurechtzukommen. Die größte Befriedigung bereiten Ralph allerdings nicht die Aufgaben, die er für eine soziale Hilfsorganisation übernommen hat, sondern die Freundschaften, die er mit drei geistig zurückgebliebenen jungen Männern geschlossen hat. »Meine Beziehung zu diesen Jungs ist durchaus keine Einbahnstraße«, sagte uns Ralph, der in einer Großstadt im Mittleren Westen wohnt. »Wir lachen zusammen, wir scherzen, umarmen uns, halten uns an den Händen. Ich versuche ihnen meine Liebe zu zeigen und erhalte viel Liebe zurück. Sie sind liebenswerte Menschen.«

Die jungen Männer leben in einer Wohngemeinschaft, in der Ralph jede Woche mehrere Stunden damit verbringt, seinen Freunden zu zeigen, wie man mit der »normalen« Welt zurechtkommt. Das schließt praktisch alles ein, von der Auswahl angemessener Kleidung über den Lebensmitteleinkauf bis zum Kochen. Ein- bis zweimal im Monat begleitet Ralph die drei jungen Männer gemeinsam mit anderen Bewohnern ihres Heims zu Ausflügen. Dann geht es in Parks, Museen, zu Baseball-Spielen oder in den Zoo. »Ich habe 46 Jahre in der Stahlindustrie gearbeitet«, erzählte uns Ralph, »und bin dabei vom Lehrjungen zum Vizepräsidenten aufgestiegen. Für diese Arbeit hier hatte ich zwar keinerlei Ausbildung, aber ich habe schon immer gerne mit Menschen gearbeitet.«

Als Ralph in den Ruhestand ging, arbeitete er zunächst freiwillig und ohne Bezahlung für eine soziale Hilfsorganisation, die sich der Betreuung geistig Behinderter widmet, im Büro. Doch diese Arbeit machte ihm schon bald keinen Spaß mehr. Die Stelle als solche war durchaus wichtig, aber er hatte dabei mehr mit Telefonaten, Sitzungen und Papierkram zu tun, als ihm lieb war. »Ich wollte etwas Persönlicheres, Direkteres tun«, sagte Ralph. »Und was ich jetzt mache, ist für mich genau das Richtige. Wenn ich einen der Menschen, für die ich arbeite, lächeln sehe, dann weiß ich, dass ich dafür wenigstens zum Teil selbst gesorgt habe.«

Die Erfahrungen von Menschen wie Ralph zeigen, dass Kreativität in unseren späteren Jahren so vielfältig und zugleich einzigartig sein kann wie jeder Einzelne auch. Aktive, kreative Senioren haben Romane geschrieben, sind zum Peace Corps gegangen, haben studiert und einen akademischen Abschluss gemacht, Kabelfernsehshows produziert, das Tanzen gelernt, sind glaubensstark geworden und haben sich religiös engagiert oder anderen das Handarbeiten beigebracht. Wir kennen eine pensionierte 79-jährige Lehrerin, die sich an einem Fußmarsch quer durch die Vereinigten Staaten beteiligte, um ihre Unterstützung für die nukleare Abrüstung zu demonstrieren – eine Sache, für die sie sich leidenschaftlich einsetzt. Und wir haben eine Mittsechzigerin getroffen, die ihre Freizeit damit verbringt, für Obdachlose Brote zu schmieren. Ein älteres Ehepaar aus unserem Bekanntenkreis hat ein heranwachsendes Enkelkind großgezogen. Die Liste solcher Engagements ist endlos – und zwar genau deshalb, weil die kreative Energie und Phantasie der Senioren keine Grenzen kennen.

Von den vielfältigen Erfahrungen anderer können wir lernen und uns inspirieren lassen, aber wir sollten deren Wege nicht nur imitieren. Was für den einen genau richtig ist, kann für den anderen vollkommen verkehrt sein. Etwas, das ich persönlich liebend gern tue, kann für Sie sterbenslangweilig sein. Unsere *eigenen* kreativen Impulse und Richtungen zu erkunden – darin liegt einer der Schlüssel für ein erfülltes Leben im Alter.

Das Geheimnis der Kreativität

Eine kreative Tätigkeit zu finden, die unserem Leben neue Bedeutung verleiht und unser Herz mit Freude erfüllt, das gibt unserem eigenen Älterwerden und unserem fortwährenden inneren Wachstum eine gesunde Perspektive. Wissenschaftliche Studien haben nämlich ergeben, dass solche Aufgaben unserer körperlichen Gesundheit wahrscheinlich ebenfalls zugute kommen werden. Unsere persönliche Form der Kreativität kann dabei als Hobby, Job, freiwilliges Engagement, Arbeitsprojekt oder in der Beziehung zu anderen Menschen zum Ausdruck kommen. Die Möglichkeiten und Erscheinungsformen sind vielfältig und endlos. Das ist das ganze Geheimnis der Kreativität.

Wir können unserer Kreativität jeden Tag neue Nahrung geben. Wenn wir nämlich, was die Definition von Kreativität anbelangt, unsere Perspektive erweitern, gehen wir auf einmal noch an die banalsten Aspekte des Lebens mit Offenheit und Erfindungsgeist heran. Unser erweitertes Bezugssystem umfasst dann auch so elementare Dinge wie die Zubereitung einer Mahlzeit oder das Gespräch mit einem Freund. Damit soll nicht gesagt sein, dass traditionelle kreative Tätigkeiten wie Malen, Bildhauerei, Schreiben, Singen, Schmuckherstellung oder Musizieren an Bedeutung verlieren, sondern nur, dass auch andere Aktivitäten im täglichen Leben kreativ gestaltet werden können. Unser Begriff von Kreativität ist *inklusiv*, nicht *exklusiv*.

Für ein vitales, erfülltes Alter ist das Geheimnis der Kreativität insofern wichtig, als es dem Einzelnen nicht nur *gestattet*, wagemutiger zu werden und Selbstvertrauen zu gewinnen, sondern ihn gerade dazu *ermutigt*. Diese Einstellung lässt uns auf unsere ein Leben lang gesammelte Erfahrung und das damit verbundene Wissen vertrauen und entsprechend handeln. Eine kreative Einstellung zum Alter begrüßt neue Arten des Denkens, Fühlens und Handelns. Wenn wir ohne Angst schöpferisch sind, haben wir auch keine Angst vor Veränderungen, vor innerem Wachstum und regelrechtem Erblühen im Alter.

Die grundlegende Prämisse dieses Kapitels lautet, dass wir mit Hilfe der Kreativität unser Leben neu gestalten können, denn mit dieser Einstellung gewinnen wir einen leichteren, besseren Zugang zu unserer Phantasie, Intuition und den Träumen in unserem Innern. Kreativität ist die Domäne der Künstler und Erfinder, doch die meiste Zeit wird dieses Niveau der Inspiration und Erkundung verschüttet unter lauter Vorstellungen, wie die Dinge sein »sollten« oder sein »müssten«. Hier kann eine Veränderung der inneren Einstellung schon Wunder wirken: Die Art und Weise, wie Sie nur einen einzigen Tag in Ihrem Leben neu gestalten, kann schon zum kreativen Abenteuer werden. Ganz wichtig ist die Feststellung, dass man, um kreativ zu sein, nicht unbedingt etwas *tun* oder etwas schaffen muss. Auch Tagträume sind kreativ, man kann auch den Gedanken einfach freien Lauf lassen. Man kann beobachten, wie sich ein Eichhörnchen bewegt, eine Blume blüht oder die Sonne untergeht. Dinge wie diese, die unsere Kreativität nähren, gibt es in großer Zahl. Sie mögen als unbedeutende Erlebnisse erscheinen und können doch auf unser Innenleben großen Einfluss haben; sie erweitern den inneren Erlebnisraum und beflügeln den kreativen Impuls.

Im dritten und letzten großen Lebensabschnitt kreativ zu sein, ist oft viel leichter als in den früheren Abschnitten. Denn wenn wir älter werden, lassen wir uns nicht mehr so leicht von den Meinungen anderer gängeln. Wir leben mehr in Übereinstimmung mit unseren eigenen Lebensrhythmen und jenen intuitiven Gefühlen, die manche Leute mit der Phrase »aus dem Bauch« umschreiben. Oft fassen wir Mut, mit unseren eigenen Antrieben und Empfindlichkeiten zu experimentieren, und suchen solche Erlebnisse, weil es uns schon Freude bereitet, einfach nur schöpferisch zu sein. »Wenn wir älter werden«, hat der Maler Georges Braque einmal gesagt, »werden Kunst und das Leben eins.«

Jeder weiß, dass wir nicht ewig jung bleiben können. Aber wir können frisch, lebendig und geistig präsent bleiben. Wir sind herausgefordert zu entdecken, wer und was wir sind, indem wir kreativ älter werden – durch eine neue Art zu sehen und zu sein. Mit dieser Einstellung wollen wir an unser Alter herangehen. Wenn wir kreativ leben, werden wir ermutigt, uns selbst besser kennen zu lernen und dieses Wissen mehr zu genießen. Wenn wir Kreativität zulassen, bringt sie den Funken des »Neuen« in unser Leben und gewährt einen aufregenden Blick auf das Unerwartete. Wenn wir unsere Phantasie ins Spiel bringen, lockt uns ein Gespür für das Mögliche und treibt uns voran. Durch diesen Vorgang wird der menschliche Geist revitalisiert und mit neuer Hoffnung erfüllt. »Nicht der Künstler ist eine besondere Art Mensch«, sagt die Kunstkritikerin Amanda Coomaraswamy, »sondern jeder Mensch ist eine besondere Art Künstler.«

Wie man diesem Geheimnis entsprechend handelt

Wie fangen wir es am besten an, unsere Phantasie zu aktivieren, damit wir – immer im Lichte der erweiterten Definition von Kreativität – mit ihrer Hilfe unseren Lebensstil neu gestalten können?

Außer den schon in früheren Kapiteln beschriebenen Techniken zum Gedanken-Sammeln, Reden und Nachdenken sind Affirmationen eine gute Methode, um mit unserer angeborenen Kreativität in Verbindung zu treten. Affirmationen sind jene positiv formulierten Aussagen, die dazu dienen, Veränderungen in Einstellung und Perspektive zu unterstützen. Sie können Ihre eigenen affirmativen Aussagen so formulieren, dass sie zu Ihren individuellen Bedürfnissen, Interessen und Wünschen passen. Und denken Sie daran, Affirmationen wirken dann am nachhaltigsten, wenn man sie laut vor sich hin sagt oder zu Papier bringt. Wenn man solche Aussagen im Laufe der Zeit ständig wiederholt, werden sie dazu beitragen, dass der Inhalt der Aussagen Realität wird.

Versuchen Sie es doch zunächst einmal mit den folgenden Affirmationsbeispielen. Sprechen Sie diese laut aus und formulieren Sie dann ihre eigenen Aussagen – und zwar so, dass die dabei benutzte Sprache wirklich die Ihrige ist. »Ich empfinde Freude und Befriedigung, wenn ich an meinen Alltag kreativ herangehe.« »Ich finde jetzt Wege, meinen Erfindungsreichtum zu erproben. Dabei verlasse ich mich ganz auf meine Intuition und Phantasie.«

Zahlreiche aktive, kreative Senioren haben uns berichtet, dass der einfachste und schnellste Weg, seine Kreativität zu entwickeln, darin besteht, einfach das zu tun, was man besonders gern regelmäßig – am besten täglich – tun möchte. Auf diese Weise bekommen wir Kontakt zu unserer angeborenen schöpferischen Energie, die unweigerlich zum Vorschein kommt, sobald unsere Leidenschaften geweckt werden. Wir alle kennen die Gefühle, die damit verbunden sind, dass wir etwas tun, das wir lieben, selbst wenn wir solche Gefühle noch nie mit dem kreativen Prozess in Verbindung gebracht haben. Doch genau darum geht es bei der Kreativität!

Unsere tiefsten, intensivsten Freuden können sich entweder planmäßig oder spontan äußern. Diese Emotionen sind in der Lage, schöpferisch etwas Greifbares hervorzubringen, das wir anderen zeigen können. Sie können aber auch Erlebnisse bringen, die nur unserem eigenen Vergnügen dienen. Solche Freuden können wir etwa bei der Gartenarbeit empfinden oder bei einem Strandspaziergang, beim Wandern im Wald oder beim Spielen mit einem Kind. Oder dann, wenn wir einem Freund einen Brief schreiben, wenn wir einen frischen Blumenstrauß arrangieren, uns Ohrringe basteln, mit Verwandten telefonieren. Aber auch wenn wir schwimmen gehen, einen geliebten Menschen pflegen oder ein gutes Buch lesen. Vielleicht singen Sie auch gern oder spielen Ihr Lieblingsstück auf einem Musikinstrument, vielleicht führen Sie eine Gruppe in die Natur, um Vögel zu beobachten, oder malen ein Bild. Sie könnten auch Möbel restaurieren, Ihren Enkeln Geschichten vorlesen, Kreuzworträtsel lösen oder bei einer sozialen Hilfsorganisation mitarbeiten. Wann immer wir etwas tun, das wir wirklich von Herzen gern tun, ist das auch ein wahrhaft kreativer Akt. Er gibt uns neue Energie, er elektrisiert uns geradezu. Alle genannten Aktivitäten können bewirken, dass wir uns wieder feurig und jung, vital und vollkommen lebendig fühlen. Durch sie können wir neue Möglichkeiten entdecken und erkunden, die sich möglicherweise als noch befriedigender erweisen werden. Den Weg zur persönlichen Erfüllung findet, wie der kürzlich verstorbene Gelehrte Joseph Campbell immer wieder betont hat, am ehesten derjenige, der »sich von seinem Glück leiten lässt«.

Wie auch sonst im Leben hilft Wiederholung. Wenn wir schöpferische Tätigkeiten, die uns Erfüllung bringen, bewusst üben, entwickeln wir eine engere Identifikation mit dem zugrunde liegenden Prozess und wissen unsere eigenen Fähigkeiten viel mehr zu schätzen. Dann wird sich auch unsere Einstellung zum Leben ändern. Wir werden allmählich die Vorstellung akzeptieren, dass auch wir kreative Wesen sind – wie all die Künstler, Architekten, Wissenschaftler und anderen so genannten außergewöhnlichen Menschen, von denen wir gehört haben. Unser Selbstvertrauen wird zunehmen, unser Horizont sich erweitern, und wir werden beginnen, andere kreative Aktivitäten in die Wege zu leiten. Außerdem werden wir natürlich weiterhin die vielen indirekt kreativen Tätigkeiten pflegen, denen wir uns schon so lange gewidmet haben, ohne uns darüber im Klaren zu sein, dass wir dabei etwas Kreatives taten.

Zum Schluss noch eine letzte wichtige Beobachtung zum kreativen Prozess: Stille und Einfachheit können genauso kreativ sein wie das, was wir »Aktivität« nennen. Denn häufig blüht unsere innere Welt auf, wenn die äußere verblasst und schrumpft. Oft beginnen unsere bedeutsamsten Inspirationen im Innern, wenn Ruhe und Einsamkeit herrschen. »Je bereitwilliger wir unsere Überzeugungen einer aktiven Überprüfung und Neuordnung öffnen«, schreibt die Schriftstellerin Mary Baird Carlsen, »desto besser sind wir in der Lage, mit Ideen zu spielen… und desto besser können wir uns einen Lebensstil zu Eigen machen, der kreativ zu nennen ist.«

12. KAPITEL

Das Geheimnis der Gartenarbeit

In vielen Umfragen hat sich immer wieder bestätigt, dass Arbeit im Garten weltweit eine der beliebtesten Freizeitbeschäftigungen ist. Eine Studie schätzte sogar, dass ein Drittel aller amerikanischen Erwachsenen im Garten arbeitet. Gartenpflege ist etwas, das wir auf vielen Hektar Land genauso betreiben können wie mit einem einzelnen Blumentopf. So flexibel wie die Voraussetzungen sind auch die Anforderungen an den Hobbygärtner in puncto Zeit, Energie, Geräteausstattung und Konzentration. Zudem hat dieses Hobby meistens den Vorteil, dass man es zu Hause betreiben kann. Wunderschöne Blüten und gefälliges Grün gehören wie Obst und Gemüse zu den konkreten lohnenden Resultaten.

Über die *äußeren* Aspekte des Gartenbaus sind schon Tausende von Büchern geschrieben worden: darüber, was man tun kann, um ein Stück Land gesünder, schöner und ertragreicher zu machen. Dagegen wird nur selten etwas über die *innere* Befriedigung der Gartenarbeit gesagt: darüber, wie ein Garten Herz und Seele des Gärtners nährt.

»Im Grunde geht es um das Leben«, sagte die Romanautorin und Lyrikerin May Sarton, eine Gärtnerin mit Leib und Seele, die sich durch immer wiederkehrende gesundheitliche Probleme nicht davon abhalten ließ, wieder nach draußen zu gehen, sobald es irgend möglich war. »Blumen sind so schön; sie sind ein immenses ästhetisches Vergnügen. Und sie tragen in sich die gesamte Abfolge des Lebens, von der Knospe bis zum Absterben und neuem Wachstum.« Sarton glaubte, dass ihr die tägliche Nähe zur Natur psychische Stärke gab. »Als ich nach meinem Schlaganfall ein Jahr lang nicht graben konnte, war das für mich psychisch ganz hart«, sagte sie uns. »Als ich der Erde nicht nahe sein konnte, fehlte mir etwas ganz Wichtiges.«

Pflanzen und Blüten im eigenen Garten sind nicht einfach Endprodukte. Sie vermitteln auch tiefere Einsichten und Befriedigungen, die über die sinnlich erfahrbaren Freuden eines bunten Blumenstraußes oder einer saftigen, reifen Tomate weit hinausgehen. In unseren Gesprächen mit zahlreichen passionierten Gärtnern haben wir aus erster Hand erfahren, wie eng ein Garten uns mit den Kreisläufen der Natur verbinden kann, wie er uns das lebenserhaltende Wechselspiel der Elemente vor Augen führt und die heilende Kraft spüren lässt, die von der Blumen- und Pflanzenzucht ausgeht. Als zerbrechliche und doch wesentliche Elemente des natürlichen Universums verbinden uns die Pflanzen in unserem Garten mit einem komplexen Gewebe des Lebens, das unsere Möglichkeiten, es vollkommen zu verstehen, weit übersteigt – nicht jedoch unsere Wertschätzung.

»Der Gartenliebhaber«, hat ein Weiser einmal geschrieben, »hat Ehrfurcht vor allen Kreaturen. Wer einen Garten liebt, liebt auch die Freuden des einfachen Lebens und Frieden, den niemand bezahlen kann.«

Gartenarbeit ist eine sehr kreative Tätigkeit, die es uns gestattet, spielerisch, inspiriert, hegend, ausdrucks- und phantasievoll zu sein. Einen Garten anzulegen und zu pflegen ist ein unschuldiges Vergnügen, das Muße erfordert. Gärten sind so unterschiedlich wie die Menschen, die sie gestalten und pflegen. Was halten Sie von folgendem Beispiel? Inspiriert es Sie vielleicht?

Wenn zwischen Mai und Oktober die Sonne scheint, kann man Dorothy D. mit ziemlicher Sicherheit in ihrem zwei Hektar großen Gemüsegarten arbeiten sehen, der im ländlichen Minnesota liegt und von dem aus man einen Blick auf den Mississippi hat. »In den Sommermonaten verbringe ich 99,44 Prozent meiner Zeit hier draußen«, sagte Dorothy lächelnd, als wir in der Nähe des Fachwerkhauses, in dem sie ihr ganzes 70-jähriges Leben verbracht hat, bis zu den Knien in einem Feld mit gelben Buschbohnen standen. »Früher war das hier eine Baumplantage«, fügte sie hinzu und zeigte auf Hunderte sorgfältig gepflegter Reihen von Möhren, Gurken, Tomaten und Zwiebeln. »Doch seit ich pensioniert bin, verwende ich mein Land nur noch, um für Bedürftige Gemüse anzubauen.«

Als kinderlose Witwe, deren Mann 18 Jahre zuvor verstorben war, lebt Dorothy in ihrem geruhsamen kleinen Bauernhaus gemeinsam mit zwei Katzen und einem Hund. Sie steht früh auf und geht spät zu Bett, und die vielen Stunden dazwischen verbringt sie, einen Strohschlapphut auf dem Kopf, zwischen ihren Beeten mit Rüben, Brokkoli und anderen Gemüsesorten. »Im Herbst, zur Erntezeit, fahre ich dann einmal wöchentlich mit meiner Ernte in meinem Lieferwagen nach Norden, nach Minneapolis und St. Paul«, erzählte sie uns. »Ich liefere mein Gemüse in drei oder vier Gemeindezentren ab, die Bedürftigen helfen. Ich verschenke restlos alles, was ich in meinem Garten ernte.«

Dorothy bestreitet überhaupt nicht, dass ihr Lebensstil ungewöhnlich ist, zumal für eine Frau ihres Alters. »Wissen Sie, für mich ist Gartenarbeit so etwas wie Meditation«, sagte sie. »Man könnte genauso gut sagen, dass sie meine Form des Gebets ist. So bin ich Gott nahe.«

Dorothy fügte aber schnell hinzu, dass sie nicht immer so gelebt habe. Mehr als vier Jahrzehnte lang hatte sie im nächsten Ort in der High School Englisch und Sozialkunde unterrichtet, vorwiegend in zehnten Klassen. In dieser Zeit hatte sie mit ihrem Mann Steven und ihren Eltern, Immigranten aus Skandinavien, zusammengelebt. Gemeinsam, als Großfamilie, hatten sie Nordmanntannen gezogen und als Weihnachtsbäume verkauft. Auf einem kleinen Areal in der Nähe des

Farmhauses hatten sie auch Gemüse angebaut. »Im Gartenbau war ich schon immer gut«, sagte uns Dorothy. »Mein Vater hat mir alles beigebracht, was er darüber wusste.«

Ihre Mutter war gestorben, als Dorothy Mitte 30 war, und später war dann auch ihr Mann Steven an einer Herzerkrankung verstorben. Dorothy blieb auf der Farm, um ihren kranken Vater zu pflegen, der mit 65 Invalide geworden war und dann noch weitere 15 Jahre, ans Haus gefesselt, lebte. »Ich glaube, ich habe meinen ›grünen Daumen‹, weil ich immer in der Nähe des Hauses bleiben musste, um nach meinem Vater zu sehen«, sagte Dorothy. »Und da habe ich immer darauf geachtet, die Zeit gut zu nutzen.«

Aber es war ein sehr isoliertes Leben. Darum bemühte sich Dorothy, nachdem ihr Vater sechs Jahre zuvor verstorben war, darum, sich stärker in das Leben der Gemeinde einzubringen. Es machte ihr zwar nicht unbedingt etwas aus, allein zu sein, aber es war ihr immer wichtig gewesen, das Gefühl zu haben, dass sie für andere nützlich sei.

Zunächst dachte sie daran, ihre Zeit und ihre Talente als freiwillige Helferin in einem Krankenhaus in der Nähe einzubringen, wo eine ihrer langjährigen Freundinnen als Krankenschwester arbeitete. »Aber dann kam ich zu dem Schluss, dass dies nicht der Weg war, wie ich anderen und mir selbst am besten dienen konnte«, sagte Dorothy, deren grüner Daumen und großzügiges Wesen meilenweit im Umkreis berühmt sind. »Schließlich kam ich darauf, dass alle Menschen etwas zum Essen brauchen. Und nachdem ich schon viele Jahre jeden Sommer meinen Garten angebaut hatte, dachte ich, ich könnte ihn doch auch erweitern und das Ganze zu meiner Hauptbeschäftigung machen.«

Dorothy, in der glücklichen Lage, mit einer ausgezeichneten Gesundheit gesegnet zu sein, hält sich etwas darauf zugute, noch nie mehr als höchstens mal einen Tag krank gewesen zu sein. Mit Ausnahme weniger schwerer Arbeitsgänge wie Pflügen und Düngen erledigt sie alle Arbeiten auf ihrem Land ganz allein. Während viele Menschen über 70 allein schon beim Gedanken daran, zwei Hektar Land allein bewirtschaften zu sollen, müde und erschöpft werden, macht Dorothy diese Herausforderung riesigen Spaß. »Es ist ein wunderbares Gefühl«, sagte sie uns, wobei ihre himmelblauen Augen vor Aufregung glänzten. »Ich bin stets von schönem Immergrün und von Blumen umgeben. Kein Künstler könnte mit den Farben malen, die ich in der Natur Tag für Tag sehe. Ich bin völlig von innerem Frieden erfüllt, wenn ich bedenke, dass Gott uns all dies geschenkt hat, damit wir uns daran freuen. Ich bin hier draußen allein, aber zufrieden mit meiner Gelassenheit. Es ist ein Gefühl großer Erleuchtung.«

Zweifellos empfindet Dorothy aber die größte Befriedigung, wenn sie die Gesichter der Hungrigen sich aufhellen sieht, sobald sie mit ihren Wagenladungen frischen Landgemüses ankommt. »Das ist die schönste Belohnung«, sagte sie uns, als sie erklärte, dass der größte Teil der Nahrungsmittel an Obdachlose, arbeitslose Immigrantenfamilien und alte Leute mit geringem Einkommen abgegeben wird. »Ganz tief in meinem Innern habe ich dann ein warmes, zufriedenes Gefühl.«

Andere Aktivitäten hat Dorothy auf das »Allernotwendigste« reduziert; sie konzentriert sich ganz auf ihren Gemüseanbau und auf Begegnungen mit einigen wenigen guten Freunden. Die Arbeit an ihrem Gemüsegarten beginnt im Februar, wenn Dorothy nach Katalog Saatgut bestellt, und dauert ohne Unterbrechung bis zum ersten Frost im Oktober. In den Wintermonaten, wenn das Land unter einer Schneedecke brach liegt, näht Dorothy Taufkleider, wie sie in den Zeremonien ihrer lutherischen Kirche verwendet werden. »Wenn man stirbt, kann man weder sein Bankkonto noch Ruhm oder materielle Besitztümer mitnehmen«, betonte sie. »In der Abenddämmerung des Lebens müssen wir, glaube ich, an das denken, was wirklich zählt – eine Stufe höher zu steigen. Für mich bedeutet Ruhestand, auf all jene zuzugehen, die Hilfe brauchen.«

Obwohl Dorothy glückliche Erinnerungen an ihre Ehejahre und an ihre lange Karriere als Lehrerin hat, betont sie nachdrücklich, ihre glücklichsten Tage hätten sich erst in den letzten sechs Jahren, nach ihrer Pensionierung, eingestellt. Sie denkt jetzt häufiger und intensiver über spirituelle Dinge nach. »Und ich tue das, um mein Leben lebenswert zu machen«, sagte sie uns im Hinblick auf ihre Gartenarbeit und Freigebigkeit. »Wenn ich in meinen Garten gehe, komme ich Gott wesentlich näher.« Sie hat sich ein fast kindliches Staunen über das Wunder des Lebens bewahrt, so wie es sich in jeder Jahreszeit durch den Kreislauf von Geburt, Reife und Tod ihrer vielen Tausend Einzelpflanzen zeigt.

Wie viele ältere Menschen hat sich Dorothy entschlossen, eine Anzahl langjähriger Verbindungen und Meinungen aufzugeben. Sie zieht es vor, ihre Tage so einfach wie möglich zu gestalten und wenige Ziele konzentriert und hartnäckig zu verfolgen. Gut gelaunt übersieht sie einfach die fragenden Blicke, die andere ihr oft zuwerfen, wenn sie erklärt, wie sie lebt. Sie ist sich vollkommen sicher, dass es sie am glücklichsten macht, wenn sie anderen dadurch helfen kann, dass sie Gemüse anbaut. Dorothy gestaltet ihren Ruhestand so, dass sich ihre körperlichen Fähigkeiten, geistigen Talente und spirituellen Sehnsüchte im Gleichgewicht befinden.

Ein solches Gleichgewicht zwischen geistigen, körperlichen und spirituellen Bedürfnissen könnte in Ihrem Fall ganz anders aussehen – obwohl festzuhalten ist, dass viele ältere Menschen, auch solche, von denen man es nie vermuten würde, sich besonders zu den immer wieder neuen Freuden der Gartenarbeit hingezogen fühlen. Der Essayist E. B. White und seine Frau Katharine, als langjährige Redakteurin des *New Yorker* für den Bereich der Belletristik zuständig, betätigten sich mit großem Eifer als Tulpenzüchter, nachdem sie nach der Pensionierung nach Maine gezogen waren. Der

Schauspieler Eddie Albert, Star zahlreicher Filme und Fernsehshows, baut im großen, nur organisch gedüngten Garten hinter seinem Haus in Südkalifornien Zuckermais an, der einem das Wasser im Munde zusammenlaufen lässt. »Wenn man den Kontakt zur Natur verliert«, sagt Albert, »ist das so, als würde man Gold ins Meer werfen und es verlieren. Manchmal gehe ich mitten in der Nacht in meinem Garten spazieren, um mit meinen Blumen und Bäumen zu reden. Ich sage ihnen dann, wie sehr ich sie schätze. Dem Olivenbaum sage ich zum Beispiel, wie froh ich bin, dass meine Kinder in seinen Zweigen herumklettern durften, oder dem Ahorn, wie spektakulär die Farben seiner Blätter im Herbst sind.«

Viele Leute sehen in Gartenbau und Gartengestaltung eine Form des Selbstausdrucks und des langfristigen Teilens; sie gestalten etwas, das andere bewundern können und schätzen sollen. Wieder anderen dient die Gartenarbeit als eine Art Therapie, als beruhigende Quelle des Trostes, als Halt. Dabei können sie Abstand gewinnen von Lärm, Ablenkungen und Konfusion der mechanischen Welt und sich in eine Welt zurückziehen, die einfach, elementar und harmonisch ist.

»Die natürliche Welt ist für mich schon immer ein Mittel zum Überleben gewesen«, sagte uns der Lyriker Stanley Kunitz, der sein Leben lang auch im Garten arbeitete, im Interview. »Sie hat mir etwas gegeben, dem ich trauen konnte, und sie konnte mich niemals im Stich lassen. Sie reagiert auf meine Handreichungen und sie ist schön. Ich liebe die wunderbaren Ergebnisse, die man für seine Arbeit erhält, und die Schönheit dessen, was da wächst. Morgens kann ich es gar nicht erwarten, dass ich aufstehen kann, um zu sehen, was während der Nacht in meinem Garten passiert ist.«

Diese empfängliche, interaktive Dimension der Gartenarbeit – wenn wir sehen, dass lebendige Wesen positiv auf unser Hegen und Pflegen reagieren – kann dazu beitragen, dass unsere Selbstachtung wächst und unser Stolz einen guten

Grund bekommt. Wie sanfte, fürsorgliche Eltern pflegen wir unseren Garten mit bedingungsloser Liebe und erhoffen das Beste. Manche Menschen gehen sogar so weit, dass sie mit ihren Pflanzen sprechen, während andere ihnen Musik vorspielen. Die meisten Gartenfreunde sagen, dass sie zu ihren Pflanzen eine enge Verbindung spüren, die in mancherlei Hinsicht auf elementare Weise persönlich, ja sogar intim ist. Für viele ist, wie für Dorothy, Gartenarbeit eine Art Meditation – die Möglichkeit, sich auf einer (im guten Sinne) primitiven, instinktiven Ebene zur Natur in Beziehung zu setzen.

»Ich glaube, da gibt es eine grundlegende biologische Verbindung«, sagt Diane G., eine 60-jährige Lehrerin, die schon, seit sie ein junges Mädchen war, im Garten gearbeitet hat. »Etwas aufzuziehen ist unsere Aufgabe als Menschen; das reicht bis in den Garten Eden zurück. Es ist eine sehr tiefe, lohnende, kreative Beziehung, die wir zur Erde, zu den Pflanzen, Gerüchen, zur Luft, zum Wasser und zum Licht haben. Ich weiß, dass für mich ein Garten mein bester Freund ist.«

Dianes Eltern ermutigten ihre Vorliebe für den Garten nicht unbedingt, doch eine ihrer Großmütter befeuerte ihren Enthusiasmus für die Gemüsezucht – eine Begeisterung, die unvermindert anhält. Die unmittelbaren Familienangehörigen, auch Dianes Mann, haben sich nie etwas aus Gärten gemacht und dieses Interesse teilte Diane auch nur mit wenigen Freunden. Trotzdem ist ihr Garten Diane immer ein Quell der Freude gewesen. Jede Woche verbringt sie viele Stunden mit Gartenarbeit. »Wenn ich die Wahl hätte, ein Buch zu lesen, in einem gemütlichen Sessel am Kamin zu sitzen oder draußen die Erde aufzuhacken«, sagte Diane, »würde ich mich immer für die Hacke entscheiden.«

Besondere Freude bereitet Diane das Alleinsein in ihrem Garten, das ihr, wie sie sagt, als willkommene Ruhepause vom geschäftigen, hektischen Arbeitsalltag dient. In der Schule kommt sie jeden Tag mit 100 oder mehr Schülern zusammen und wenn sie dann abends allein ist, kann sie ihre Gedanken sammeln und ihre Anspannung abbauen. Wenn sie Blumen pflücken, Pflanzen gießen und Zweige ausschneiden kann, wird sie irgendwie wieder frei und kann unbeschwert wie ein Kind handeln, anstatt, wie bei ihrer Arbeit erforderlich, ständig als Autoritätsperson zu agieren. In diesem Zusammenhang zitiert Diane gern die französische Naturwissenschaftlerin Marie Curie, die einmal geschrieben hat: »Mein ganzes Leben haben mich die neuen Anblicke der Natur mit einer kindlichen Freude erfüllt.«

In den letzten Jahren musste Diane mit verschiedenen persönlichen Tragödien fertig werden, darunter dem plötzlichen Tod von zwei erwachsenen Söhnen. In diesen Zeiten und an anderen kritischen Wendepunkten in ihrem Leben hat sie die Erfahrung gemacht, dass Gartenarbeit auch eine Quelle der Heilung und des Trostes sein kann. »Wenn ich mit Pflanzen und Erde zu tun habe, lindert das irgendwie meine Trauer und hilft mir bei der inneren Heilung«, sagte sie. »Ich glaube, das ist deshalb, weil mich die Lebenszyklen der Pflanzen daran erinnern, dass die natürlichen Lebensrhythmen immer weitergehen, ganz gleich was sonst im Leben eines Menschen geschieht. Die Jahreszeiten wiederholen sich immer wieder; auch Geburt und Tod sind immer da. Sie müssen sich nur mal in Ihrer Umgebung umschauen.«

Als sie die Lebensphasen einer Blume beschreibt, betont Diane: »Selbst wenn sie stirbt, ist sie schön. Wenn eine Blume ihre Blütenblätter fallen lässt, erblickt man jenen Innenteil, den man sonst nicht sieht, wenn sie am Leben ist. Man erfreut sich an einer Blume, bis sie verdorrt und stirbt, und genauso ergeht es auch den Menschen.« Letztlich, sagt Diana, »ist die Gartenarbeit eine äußerst kreative Tätigkeit. Für mich ist sie weder Arbeit noch mühsame Pflicht, sondern etwas, das ich allein zu meinem Vergnügen tue. Wenn ich im Garten arbeite, habe ich nur positive Gefühle. Und wie oft kann man das von irgendeiner Sache sagen?«

Eine unserer Interviewpartnerinnen, eine professionelle Landschaftsgärtnerin, die erst in der Lebensmitte zu diesem Beruf übergewechselt war, wies darauf hin, dass der Gartenbau für die meisten, die ihn praktizieren, eine Tätigkeit ist, bei der sie nicht unter Wettbewerbsdruck stehen, eine Tätigkeit, bei der es ihnen freisteht und sie geradezu ermutigt werden, sich eine natürliche Umgebung zu schaffen, die ihren individuellen Vorlieben entspricht. Sie pflegen ihren Garten auf individuelle Weise, im eigenen Tempo und aus eigenen Motiven.

»Wenn du im Garten arbeitest«, sagte sie, »dann horchst du in dich hinein und erfährst dabei tausend verschiedene Sachen. Du kommst nicht nur mit deiner eigenen persönlichen Kreativität ins Reine, sondern auch mit deinem individuellen Konzentrations-, Fürsorge- und Toleranzniveau. Und weil die meisten Menschen allein in ihren Gärten arbeiten, hat Gartenarbeit auch damit zu tun, dass man mit Stille und Alleinsein zurechtkommt, indem man sie zu einer Quelle des Trostes macht, anstatt sich beengt und eingesperrt zu fühlen.«

Viele Menschen haben bei ihrer Gartenarbeit das Gefühl der Erholung auch deshalb, weil sie direkte, positive Ergebnisse ihrer Bemühungen sehen – etwas, das bei ihrem täglichen Umgang mit Familien, Freunden und bei der Arbeit nicht unbedingt garantiert ist. Eine Pflanze geht einem nicht auf die Nerven, sie gibt keine Widerworte, sie ignoriert einen nicht und läuft auch nicht einfach davon. Sie reagiert auf die Aufmerksamkeit, die man ihr widmet, ohne Kritik zu üben. Sie reagiert einfach. Eine Pflanze zu pflegen, ihr beim Wachsen und Gedeihen zu helfen, ist auch eine Möglichkeit, unsere eigene Existenz zu bestätigen und unseren eigenen Wert zur Geltung zu bringen. Einen Garten zu besitzen, der sowohl von uns abhängt als auch auf uns reagiert, kann zur Befriedigung eines grundlegenden Bedürfnisses beitragen: mit anderen Lebewesen verbunden zu sein und von ihnen gebraucht zu werden. »Ich spüre, dass jede Knospe ein Gebet und jede

Blüte ein Lächeln ist«, sagte einer unserer Gesprächspartner. »Sie geben mir etwas, wofür es sich zu leben lohnt, etwas, worüber ich mich wirklich freuen kann.«

Manchen Gartenfreunden macht es Spaß, einen schattigen Hort der Schönheit oder der Nahrhaftigkeit zu schaffen, den sie mit anderen teilen können, selbst wenn sie diese anderen niemals persönlich kennen lernen werden. In Indien gibt es zum Beispiel die Geschichte von einem alten Mann, der ein Loch grub, um einen Brotbaum zu pflanzen, als ein junger Nachbar anhielt und ihn verblüfft fragend anstarrte. »Wie lange wird es dauern, bis dieser Baum Früchte trägt?«, fragte der Nachbar.

»Oh, etwa 25 bis 30 Jahre«, antwortete der alte Mann. Er unterbrach seine Arbeit und wischte sich den Schweiß von der Stirn.

»Und warum pflanzen Sie den Baum dann?«, wollte der junge Mann wissen. »Bis dahin sind Sie doch schon lange nicht mehr da!«

»Ja, das ist wohl wahr«, lautete die Antwort. »Doch als ich ein kleiner Junge war, habe ich Brotfrüchte von einem Baum gegessen, den irgendjemand lange vor meiner Zeit gepflanzt hatte. Darum ist es meine Pflicht, jetzt dasselbe für die Kinder zu tun, die nach mir kommen.«

Diese Wertschätzung der Kontinuität unvermeidlicher Lebenszyklen und der Verbindung alles Lebendigen untereinander ist bei Gartenfreunden nichts Besonderes. Die Seele gewinnt durch die Schaffung neuen Lebens Befriedigung, weil sie weiß, dass die Nachgeborenen sich an diesem Leben erfreuen werden. Geburt und Tod werden akzeptiert, weil beide in jedem Garten stets gegenwärtig sind. Und damit einher geht eine positive Wertschätzung der anscheinend unendlichen Schönheit der Natur.

»Unsere älteste Tochter hat letztes Jahr in unserem Garten geheiratet«, verriet uns Rose D., als wir sie in ihrem Haus in North Carolina interviewten. »Mein Mann und ich, wir haben uns unheimlich angestrengt, dass alles rechtzeitig schön hergerichtet war, und doch hat es eine solche Freude gemacht. Wir wussten, dass der Garten zu ihrer Hochzeit wunderschön sein würde, und wir wussten, dass die Bilder unserer Blumen sich auf immer ins Gedächtnis einprägen würden.« Wann immer sie jetzt in ihrem Garten herumgehe, sagte uns Rose, denke ein Teil von ihr an das Glück am Hochzeitstag ihrer Tochter. Wie sie uns ferner sagte, fühlte sich Rose im Garten immer ihrem Großvater verbunden, der sie als Heranwachsende an seinem beträchtlichen Wissen über den Garten hatte teilhaben lassen. »Ich sehe mir einen Apfelbaum an, den er gepflanzt hat, und dann muss ich unweigerlich an ihn denken«, sagte Rose. »Ich sehe Großvater mit Strohhut und Overall im Herbst Äpfel ernten. Dieses Bild entlockt mir immer ein Lächeln.«

Wie der alte Inder einen Brotbaum für die nächste Kindergeneration, so pflanzte unsere Freundin Rose kürzlich einige Fliederbüsche – im Bewusstsein, dass sie wahrscheinlich nicht mehr erleben werde, wie sie ausgewachsen in voller Blüte stehen. »Die Vorstellung, irgendetwas Schönes zu hinterlassen, ist mir wichtig«, erklärte Rose. »Ob ich das noch zu sehen bekomme, spielt keine Rolle. Ich bin heute glücklich, wenn ich weiß, dass es morgen da sein wird und jemand anders sich dran erfreuen kann.« Wie die meisten Gartenfreunde, die wir kennen, fühlt sich Rose beim Bearbeiten des Bodens erneuert und gestärkt, und diese Erneuerung strahlt positiv auf viele andere Dimensionen ihres Alltagslebens aus.

Das Geheimnis der Gartenarbeit

Das Geheimnis der Gartenarbeit ist die Fähigkeit, sich zu vielen wichtigen Aspekten der natürlichen Welt in Beziehung zu setzen – aber auch zu unserem Stellenwert in diesem Kosmos. Wenn wir durch einen Garten mit den der Natur innewohnenden Rhythmen und ihrer Schönheit verbunden sind, sind wir besser in der Lage, uns vollkommen zu verwirklichen. Kurz gesagt, wir lernen viel über das Erblühen an sich, wenn wir diesen Prozess unmittelbar bei den Pflanzen beobachten.

Gartenarbeit ist für Menschen auf vielen Ebenen attraktiv. Manche davon sind näherliegend als andere. Durch diese Aktivität erleben wir das ästhetische Vergnügen wunderschöner Blumen und satten Grüns, aber auch die nützliche Seite, dass wir Obst und Gemüse ernten können. Und doch verbindet uns die Gartenarbeit auch mit höheren Wahrheiten, sie lässt uns das Universum bewusster wahrnehmen und erinnert uns an die fundamentalsten Gesetze der Natur. Eines der Geheimnisse der Gartenarbeit besteht, besonders für ältere Menschen, darin, dass sie uns etwas beibringen kann. »Die Pflanzen vermitteln dem, der sie pflegt, universale Eigenschaften des Lebens. Sie weisen Rhythmen auf, die sich von denen unterscheiden, die in der vom Menschen geschaffenen Umwelt gelten«, schreibt der Gartenbau-Experte Charles A. Lewis in einer Anthologie mit dem Titel *The Meaning of Gardening* (Die Bedeutung der Gartenarbeit). »Um wirklich Bestandteil des Mikrokosmos zu werden, den ein Garten darstellt, muss man die äußere Welt am Gartentor zurücklassen.«

Gärten haben eine spezielle Bedeutung, weil sie über Zeit, Ort und Kultur hinausweisen. Sie verbinden uns mit unserer kollektiven, urtümlichen Vergangenheit, sie dienen als Zeugnisse unseres kreativen Ausdruckswillens, unserer privaten Überzeugungen und öffentlicher Wertordnungen. Die Arbeit im Garten lehrt oft nachdrücklich eine demütige Haltung, weil wir dabei erfahren, dass die Natur immer ihrem eigenen Plan folgt, der vielfältiger und komplizierter ist als unsere eigenen Pläne. Nach zahlreichen Gesprächen mit älteren Menschen, die mit Leib und Seele im Garten arbeiten, sind wir der Meinung, dass Gärten auch unsere Selbstreflexion widerspiegeln – unsere Gedanken darüber, wer wir sind.

Gartengeheimnisse helfen uns dabei, auch spät im Leben noch zu »erblühen«, weil sie uns mit dem Garten einen ruhigen, ungestörten Ort bieten, um unsere Innenwelt in einer förderlichen Umgebung und auf kreative, pflegliche und offene Weise zu betrachten. Im Garten können wir – wenn wir uns die Zeit nehmen, aufmerksam zuzuhören und zuzuschauen – oft Wege zu den Quellen unserer tiefsten Befriedigung und größten Erfüllung finden.

Offensichtlich verbinden viele Gartenfreunde tiefe Gefühle mit ihren Gärten – Gefühle, die über eine pragmatische Einstellung weit hinausgehen, aber oft unausgesprochen bleiben. Anscheinend fällt es uns, aus welchen Gründen auch immer, leichter, über Unkraut oder das Wetter zu sprechen als über ein Gefühl der Verbundenheit mit den Lebenszyklen, das wir empfinden, wenn wir genau beobachten, wie ein Samen keimt, eine Blume erblüht oder eine alte Pflanze verdorrt. Doch es ist wichtig, dass wir diese inneren Reaktionen auf den Garten nicht abtun oder übersehen. Unser Leben wird bereichert, wenn wir uns diese Erfahrungen zu Eigen machen und uns darüber freuen.

Wie man diesem Geheimnis entsprechend handelt

Wenn Sie bereits einen Garten haben, ermutigen wir Sie, über die praktischen, rein physischen Aspekte der Gartenpflege hinauszuschauen. Setzen Sie sich eingehend mit der Vorstellung auseinander, dass Gartenarbeit auch eine Möglichkeit zu profundem innerem Wachstum sein kann. Achten sie aufmerksam darauf, wie Sie Ihren Garten erleben, jeden Einzelaspekt und jede Dimension. Und wenn Sie Ihre Pflanzen nähren, sollten Sie damit rechnen, dass auch Sie körperliche wie geistige Nahrung von ihnen bekommen.

Wie schon zu Beginn des Kapitels gesagt, gibt es kaum Literatur über das innere Erleben im Garten, insbesondere über den Aspekt, wie sich Garten und Gartenpflege auf unsere spirituellen Überzeugungen oder auf unsere persönliche Lebensphilosophie auswirken. Nehmen Sie sich die Freiheit, manche dieser Gefühle auch zu artikulieren, wenn Sie mit Freunden oder Bekannten sprechen. Trauen Sie sich ruhig, Umfang und Tenor von Gesprächen über die Gartenarbeit in eine neue Richtung zu lenken. Nicht jeder wird über spirituelle Erlebnisse bei der Gartenarbeit reden wollen, aber wir können Ihnen versichern, dass einige dazu durchaus bereit sein werden. Und wenn Sie die innere Dimension der Gartenpflege gemeinsam erkunden, werden sich Tiefe und Bedeutung der gemeinsamen Gefühle und Erlebnisse auf unvergleichliche Weise erweitern.

Auch wer noch nicht zu den aktiven Gärtnern gehört, braucht sich hier nicht ausgeschlossen zu fühlen. Wir haben im ganzen Kapitel noch nicht darüber gesprochen, wie man, entsprechendes Interesse vorausgesetzt, zur aktiven Gartenarbeit kommt. Darum folgen hier noch einige praktische Vorschläge, die Ihnen diesen Anfang erleichtern können.

Wenn Sie noch keinen Garten haben, sich aber einen anlegen möchten, oder wenn Sie einen bereits vorhandenen Garten erweitern wollen, gibt es dafür mehr als genug leicht zugängliches Material in verschiedenen Medien. Bibliotheken und Buchläden bieten zahlreiche Bücher an (manchmal auch Videokassetten) und einzelne Fernsehsender strahlen manchmal entsprechende Serien mit Tipps und Beispielen aus. Gärtnereien und Gartencenter gibt es im ganzen Land und die dort Beschäftigten sind meistens so ausgebildet, dass sie Hobbygärtnern mit Rat und Tat zur Seite stehen können – auf jedem gewünschten Erfahrungsniveau. Viele Clubs, staatliche oder halbstaatliche Ämter und Volkshochschulen behandeln in Vorträgen und Kursen Themen aus dem Gartenbereich – allgemeine wie spezielle Themen, für Anfänger wie für Fortgeschrittene.

Wenn Sie ganz am Anfang stehen, wäre ein wichtiger erster

Schritt die Beurteilung, wie viel Platz Sie überhaupt für Pflanzen haben und wie viel Zeit Sie für die Pflege dieser Pflanzen verwenden wollen. Die Möglichkeiten sind praktisch grenzenlos – von einer einzelnen Zimmerpflanze, die wenig Pflege braucht, bis zu einem großen Garten, der tägliche Aufmerksamkeit und Arbeit erfordert. Sie können Pflanzen in einfachen Blumenkästen, Blumenkübeln auf dem Balkon oder auf der Fensterbank ziehen, aber auch in einem kleinen Beet vor Ihrem Schlafzimmerfenster. Und wenn Sie überhaupt keinen Platz für Pflanzen oder Blumen haben, bietet Ihre Heimatstadt vielleicht die Möglichkeit, einen Kleingarten in einer Gemeinschaftsanlage zu pachten.

Nachdem Sie die grundlegende Entscheidung getroffen haben, wo Sie Ihre Pflanzen kultivieren wollen, werden Auswahlprozess und Kauf um einiges leichter werden. Sie werden schnell entdecken, dass Ihre Wahlmöglichkeiten zum großen Teil durch Bodenbeschaffenheit, Licht- und Wetterverhältnisse, Ästhetik und persönliche Vorlieben bestimmt werden. Vielleicht sind Sie ja nur an Gemüsebeeten interessiert oder an langstieligen Blumen, die Sie abschneiden und in Vasen stellen können. Die Klimaverhältnisse in Ihrem Garten könnten aber auch für manche Pflanzen zu kalt, für andere zu heiß sein.

Indes, ob wir nun aktive Gärtner sind oder nicht, die inneren Dimensionen des Garten- und Naturerlebnisses sind nicht weiter weg als ein Spaziergang im nächstgelegenen Park, ein Besuch im Botanischen Garten oder die bewundernde Betrachtung von Nachbars Garten. Für uns als ältere Menschen ist das Wichtigste ohnehin nicht die direkte Nähe zum Boden bei der körperlichen Arbeit im Garten, sondern die metaphysische, manchmal sogar spirituelle Begegnung mit der Natur, die uns Gartenarbeit ebenfalls vermittelt, die aber nicht nur im eigenen Garten zu erleben ist.

Ganz gleich, welche praktischen Entscheidungen wir treffen, es ist klar, dass die Begegnung mit dem Garten unser

Innenleben und unseren Geist bereichert. Das erinnert uns an eine beredte Naturmeditation des großen englischen Romantikers William Blake:

Wer eine Welt im Sandkorn sieht,
In der Wildblume einen Himmel,
Der hält die Unendlichkeit in der Hand,
Sieht Ewigkeit in der Stunde.

13. KAPITEL

Das Geheimnis der Spiritualität

In der Bibel heißt es beim Prediger Salomo im 3. Kapitel: »Alles hat seine bestimmte Stunde, jedes Ding unter dem Himmel hat seine Zeit.« Auch wir gehen in diesem Kapitel davon aus, dass einige der wertvollsten Aktivitäten am besten zu jener Zeit des Lebens passen, die man mit dem Winter vergleichen kann – wenn schon mehr Tage hinter als noch vor einem liegen. Wir sind der festen Überzeugung, dass es in dieser Lebensphase oft zu ganz besonderen Entdeckungsreisen ins Innere und zu persönlichem Wachstum kommt, wobei Weisheit und Erfahrung mit Bewusstheit verschmelzen.

Vielen behagt jedoch die Vorstellung überhaupt nicht, dass sie sich Zeit für eine ernsthafte Selbsterforschung nehmen sollen. Diese Abneigung gegen spirituelle und existenzielle Fragen lässt sich nach Meinung des Religionsforschers Phillip Berman auf das puritanische und pragmatische Erbe der amerikanischen Gesellschaft zurückführen.

»Letztlich sind wir praktisch denkende Leute«, schreibt Berman in seinem Buch *The Search for Meaning* (Die Suche nach tieferer Bedeutung). »Wir wollen Antworten, keine Probleme. … Wenn wir uns mit moralischen und spirituellen Fragen beschäftigen, haben wir es mit Geheimnissen zu tun, deren Unlösbarkeit wir zutiefst beunruhigend finden. Vieles von dem, was wir amerikanisches Leben nennen, hat mit dieser Beunruhigung zu tun sowie mit unseren vielfältigen Versuchen, diese Geheimnisse zu verdrängen oder solche Fragen ganz zu vermeiden. Unsere kapitalistische Gesellschaft entmutigt gründliches Nachdenken und ermutigt stattdessen den Konsum.«

Der »dritte Lebensabschnitt«, wie die Franzosen das Alter nennen, bemisst sich weder – wie die Jugend – nach Energie und Aufstiegsaspirationen noch nach Erwerbseifer und Produktivität (wie der mittlere Lebensabschnitt). Das Wesen der späten Lebensphase haben manche Beobachter so charakterisiert, dass der Schwerpunkt jetzt mehr auf dem *Sein* als auf dem *Tun* oder dem *Haben* liegt. Wenn wir älter werden, bevorzugen wir oft einen einfacheren, ruhigeren Lebensstil, der einem reichen, befriedigenden Innenleben förderlich ist. »Ich lebe jetzt in jener Einsamkeit, die in der Jugend schmerzlich, in den Reifejahren jedoch köstlich ist«, schrieb der berühmte Physiker Albert Einstein, als er im Alter noch zum bedeutenden Schriftsteller und Philosophen wurde.

Jeder von uns kennt einen oder mehrere Menschen, die Einsteins Einstellung teilen oder geteilt haben – Menschen, die von der Dichterin May Sarton als »lebensbejahend bis zum Ende« bezeichnet wurden, Menschen, die »das Alter als etwas Wunderbares betrachten, das man sich wie alle guten Dinge erringen muss – durch leidenschaftliches, bejahendes Engagement im Leben«.

Während das Lob des Alters in einer Gesellschaft wie der unsrigen, die auf Jugend und Jugendlichkeit setzt, selten geworden ist, haben andere Kulturen Jahrtausende lang diese Vorstellung gepflegt. Bei den Indianern werden die Älteren zum Beispiel oft verehrt, weil sie sich, in vielen Lebensjahren gereift, das besondere Privileg verdient haben, uralte Kunstformen und Rituale zu studieren, heilige Tänze zu lehren und Jüngeren die Geschichte des Stammes mündlich zu überliefern. In vielen asiatischen Ländern sind die Alten »Hüter der Flamme«. Sie sorgen dafür, dass die kulturellen Werte intakt bleiben und die tiefere Bedeutung des Lebens nie aus dem Blick gerät. In vielen religiösen Traditionen ist es immer noch gängige Praxis, sich vor älteren Gelehrten und geistigen Führern zu verneigen, wenn es um die tiefsten moralischen und philosophischen Fragen geht. In vielen Kulturen auf der ganzen Welt wird der im reiferen Alter stattfindende Übergang von der Phase des »Tuns« in die Phase des »Seins« nicht nur respektiert, sondern verehrt. Denn in diesen Kulturen wird anerkannt, dass ältere Menschen eine Art göttliche Bestimmung haben, dass ihre Aufgabe eine zeitlose Verpflichtung gegenüber kommenden Generationen darstellt.

Leider haben die Traditionen des Respekts vor der späten Lebensphase des Menschen im modernen Amerika nur schwach entwickelte Wurzeln. Erst neuerdings besinnt man sich wieder darauf, »Ruhestand« sinnvoll und neu zu definieren, nachdem man Generationen lang ältere Mitbürger als »jenseits von Gut und Böse« abgetan hatte. Unsere kollektive Einstellung scheint immer noch die zu sein, dass es auf jeden Fall besser sei, weiterhin ein aktives, zerstreutes und materialistisches Leben zu führen als eines der Reflexion, Innenschau und Kontemplation. Die jüngere Generation weiß mit alten Leuten oft nichts anzufangen und tendiert deshalb dazu, sie abzutun und zu ignorieren.

In unserer Gesellschaft neigen die Jungen dazu, Bedeutung in der »äußeren Welt« der physischen Dinge, finanziellen Belohnungen und Statussymbole zu suchen. Wenn wir zwischen 30 und 60 sind, ist unser Leben oft viel zu geschäftig und stressig, als dass wir die nötige Ruhe oder den erforderlichen Raum in unserer Seele finden könnten, die man braucht, um die »Innenwelt« zu erkunden. Und doch sind wir vielen Senioren begegnet, die ihre freie Zeit und die langsamere Gangart ihres Lebens genutzt haben, um sich genau darauf zu konzentrieren. Ihr Ruhestand hat ihnen, wie es ein 67-jähriger formulierte, ein Gefühl gegeben, als würden sie aus der ganz linken Überholspur einer achtspurigen Autobahn ausfahren, um ganz in Ruhe eine friedliche Landstraße entlangzubummeln. (In der Jugend sind wir dagegen anscheinend nur von Landschaften umgeben, die in rasendem Tempo verschwommen vorüberfliegen.) Trotz der verbreiteten Fehleinschätzung junger Menschen, dass bei alten Menschen kein inneres Wachstum mehr stattfinde, ist oft genau das Gegenteil richtig. Denn ältere Menschen nutzen ihre freie Zeit und die Tiefe ihrer Erfahrungen nicht selten, um höhere Wahrheiten zu suchen, zu kultivieren und zu genießen.

»Meine Frau und ich gehen häufig zusammen spazieren, um die subtile Schönheit eines Sonnenuntergangs zu genießen«, erzählte uns Bob M. und fügte hinzu, dass seine neue Wertschätzung solcher Freuden ihn dazu gebracht habe, sich als Naturfotograf zu betätigen.

»Als ich jung war, glaubte ich, ich würde ewig leben«, erinnerte sich die 71-jährige Marian W. »Jetzt, da ich weiß, wie kurz das Leben ist, fühle ich mich Gott viel näher.«

»Nachdem ich mich kürzlich habe scheiden lassen, dachte ich, jetzt sei für mich alles zu Ende«, sagte die 69-jährige Vera G. »Kürzlich bin ich zum ersten Mal seit meiner Hochzeit wieder in die Kirche gegangen. Das ist mir inzwischen so wichtig geworden, dass ich mich freiwillig bereit erklärt habe, die Organistenstelle zu übernehmen.«

»Ich war eine sehr aktive Frau, die ihre Hände wirklich überall im Spiel hatte«, vertraute uns Mary H. an, eine kürzlich verwitwete 79-jährige. »Doch jetzt bin ich ein ganz ruhiger Mensch. Meditation ist ein zentraler, befriedigender Bestandteil meines Alltagslebens geworden.«

»Jetzt erkenne ich in allem, was ich tue, eine spirituelle Dimension«, sagte uns der pensionierte Wirtschaftsmanager Morris O. »Das hätte ich, ehe ich 60 war, bestimmt nie sagen können.«

Der Prozess neuen Erblühens im Alter erfordert oft eine Erkundung des eigenen Innenlebens auf mehreren Ebenen – durch Nachdenken, Besinnung und Erinnerung. In dieser Lebensphase stellen viele von uns, vielleicht sogar unbewusst, ihre Werte auf den Prüfstand und setzen ihre Prioritäten neu fest. Im Alter haben wir vielleicht endlich Zeit, Neigung und

Weisheit, jene Teile unseres Selbst zu erforschen, denen wir, als wir jünger waren, kaum Aufmerksamkeit gewidmet haben.

Manche von uns gehen ganz direkt an die Aufgabe heran und fragen sich: »Welche Bedeutung hat das Leben?« oder »Warum bin ich hier?« Andere verspüren plötzlich das Verlangen, nach 30 oder 40 Jahren zum ersten Mal wieder in die Kirche zu gehen, um sich an der Gemeinschaft der Gläubigen und am Gottesdienstritual zu erfreuen. Andere entdecken sich dabei, wie sie neue Glaubensinhalte oder Gottesdienstformen ausprobieren. Wieder andere bringen innere Veränderungen in ihrem äußeren Verhalten zum Ausdruck: Sie vereinfachen oder verändern ihre Alltagsroutine, wenn sie sich neue Ziele oder Prioritäten setzen: wenn sie zum Beispiel mehr Zeit mit geliebten Menschen verbringen wollen.

Jeder unserer Interviewpartner, mit denen wir über die Spiritualität gesprochen haben, hat die Gegenwart einer »höheren Macht« in seinem oder ihrem Leben erwähnt, wenn auch in jeweils anderer Beschreibung oder Definition. Einige beziehen sich auf eine dem Menschen ähnelnde Gottheit mit weißem Rauschebart, andere auf eine fast mystische unsichtbare Energie. Wieder andere spüren, dass sie mit einem »Licht«, einer inneren Stimme oder der »Macht des Universums« verbunden sind. Manche sehen Gott als das Heilige in einem jeden Menschen, andere als die Natur selbst. Viele berichteten uns von einem Gefühl des Verbundenseins mit allem, das im Universum existiert, oder auch nur mit allen Lebewesen. Offenkundig geht es hier um sehr subjektive, äußerst persönliche Angelegenheiten.

Zu den in diesem Kapitel geschilderten Senioren gehören nicht nur solche, die sich zu einer traditionellen oder organisierten Religion bekennen, auch nicht nur solche, die das Spirituelle eng interpretieren. In unserer recht weit gefassten Definition hat Spiritualität lediglich nichts mit dem konkret Greifbaren oder Materiellen zu tun, sondern mit dem Wesen des Heiligen. Uns gefällt auch die erweiterte Definition des Psychologen John-Raphael Staude, die die »persönliche Suche nach Wahrheit und dem richtigen Leben« einschließt. Spiritualität hat weniger mit früher gelernten Antworten zu tun als mit dem persönlichen Vorgang ehrlichen Suchens und Fragens und mit der Entwicklung eigener Antworten. In diesem Sinne durchzieht Spiritualität unser ganzes Leben. Nicht nur, wie wir in Augenblicken der Gottesverehrung, der religiösen Ehrfurcht oder des Gebets handeln oder auch nicht handeln, zählt.

Die Bildungsberaterin Paula Payne Hardin geht in ihrem Buch *What Are You Doing with the Rest of Your Life?* (Was fangen Sie mit dem Rest Ihres Lebens an?) noch einen Schritt weiter, indem sie ausführt, dass spirituelle Erfahrungen »nicht unbedingt religiöser Natur sind. Religionen entwickeln sich normalerweise, wenn ein mit dem geistigen Leben verbundener, besonderer Lehrer oder Prophet bestimmte Regeln und Glaubensinhalte vorgegeben hat, die dann institutionalisiert werden. Spiritualität geht dagegen über die Religion hinaus und umfasst das gesamte lebendige Netzwerk, das wir Erde nennen, einschließlich unserer Gefühle, Entscheidungen, Gedanken und Fragen.« Eine religiöse Erfahrung ist definitionsgemäß immer spirituell, aber eine spirituelle Erfahrung ist nicht unbedingt auch religiös.

Ganz gleich, welches Ihre spirituellen oder religiösen Überzeugungen im Einzelnen sein mögen, wir hoffen, dass Sie sich durch den Enthusiasmus, die Dankbarkeit und die Wertschätzung inspirieren lassen, die unsere Interviewpartner für einen wichtigen (aber nur selten erörterten) »positiven« Aspekt des Älterwerdens zum Ausdruck gebracht haben: dass das Alter durch eine viel bewusstere Wahrnehmung der äußeren Welt und des inneren Selbst große Möglichkeiten für spirituelles Wachstum bietet.

»Wenn Sie geistig wachsen«, erinnert uns Sanaya Roman in *Spiritual Growth: Being Your Higher Self* (dt. *Sich dem Leben öffnen: Schritte zu persönlichem Wachstum und geistiger Kraft)*, »dann werden Sie auch Sinn und Zweck Ihres Lebens verstehen.« Dies ist der Kontext, in dem wir die Geschichten einiger unserer Senioren sehen, die das Spektrum der Möglichkeiten illustrieren, unser »Innenleben« mit zunehmendem Alter immer intensiver zu erkunden und es uns zu Eigen zu machen. Wir unterlassen es bewusst, die von unseren Gesprächspartnern zum Ausdruck gebrachten Überzeugungen und Werte zu beurteilen und zu bewerten. Wir sind uns auch darüber im Klaren, dass einige dieser Haltungen für Sie als Vorbilder besser geeignet sein werden als andere. Als Katholik, Jude, Protestant, Muslim, Buddhist, Agnostiker oder Atheist – was immer auf Sie zutrifft – haben Sie natürlich Ihre eigenen Gefühle in puncto Lehre und Dogma. Doch was all diese Individuen (und viele andere Gesprächspartner, denen wir persönlich begegnet sind) gemeinsam haben, ist ihr tiefes, bejahendes Gefühl, dass ihr Leben Teil jenes enormen Gewebes ist, aus dem das Universum besteht. Sie sehen und akzeptieren sich als Bestandteile eines viel größeren Ganzen und bemühen sich ständig darum, das Wesen dieser ganz besonderen Beziehung besser und vollständiger zu erfassen.

Die Keramikskulpturen der kalifornischen Künstlerin Beatrice Wood bereiten Sammlern schon seit mehr als einem halben Jahrhundert Freude. Obwohl Beatrice zum Zeitpunkt unseres Besuches bereits Ende 90 war, lebte sie noch immer in jenem bescheidenen Haus mit Atelier, in dem sie drei Jahrzehnte lang Figuren, Vasen und Schüsseln geschaffen hat. Fernab der lärmenden Großstadt förderte und nährte dieses abgelegene Refugium Beatrices kreative Impulse, aber auch ihren Geist.

Dass alle menschlichen Wesen miteinander verbunden sind, diese wertvolle Lektion lernte die Künstlerin, als sie wegen eines relativ geringfügigen Leidens drei Tage in einem Krankenhaus mit einer »zahnlosen Alten« ein Zimmer teilen musste. Diese Frau murmelte die ganze Nacht vor sich hin und am Tage schwatzte sie unablässig mit jemandem, der als Gesprächspartner gar nicht anwesend war. »Ich konnte nicht schlafen, war darum wütend und versuchte, sie zu meiden«, erinnerte sich Beatrice. »Aber ich konnte sehen, dass sie einsam war und jemanden brauchte, mit dem sie reden konnte. Also sagte ich mir, *Du musst ihr gegenüber anständiger sein.*« Am Nachmittag »stieg ich von meinem hohen Ross hinab und hörte ihr zu. Sie hatte einen Herzinfarkt gehabt und war ganz allein, zu Tode geängstigt und in kritischem Zustand.«

Ehe Beatrice am folgenden Tag aus dem Krankenhaus entlassen wurde, saß sie am Bett ihrer Nachbarin und ließ aus reiner Freundlichkeit das verängstigte Geplapper über sich ergehen. Sie versprach, die alte Frau jeden Tag anzurufen. »Ich konnte sehen, dass ihr das wirklich etwas bedeutete«, sagte Beatrice. »Sie fühlte sich absolut verloren und allein.« Am Tag darauf kam Beatrice erneut zu Besuch ans Krankenbett. »Ich wollte eigentlich mit dieser kranken Alten überhaupt nichts zu tun haben, aber ich zwang mich trotzdem, hinzugehen und sie zu besuchen. Sie hatte es ja so dankbar angenommen, dass ich, eine Fremde, bereit war, Freundschaft mit ihr zu schließen.«

Als Beatrice auf dem Bett saß, nahm sie die Hand der Frau und schaute ihr in die Augen. »Und diese hässliche, zahnlose Frau war zu meinem Erstaunen schön. Es gab keine Wand zwischen uns. Wir sind alle wirklich eins und dieses Einssein ging mir in diesem besonderen Augenblick auf.« Als Beatrice am nächsten Morgen anrief, erfuhr sie, dass ihre neue Freundin während der Nacht gestorben war. »Und doch war ich sicher, dass diese einsame alte Frau im Bewusstsein gestorben ist, dass sie wenigstens einem Menschen nicht egal war«, erzählte uns Beatrice. »Sehen Sie, ich habe meine arrogante Einstellung: ›Ich bin die Künstlerin, Störungen unerwünscht‹, in die Mülltonne geworfen und ohne Trennwand einen anderen Menschen kennen gelernt. Und dieses hässliche menschliche Wesen wurde schön dabei. Das ist eine der wichtigsten Erfahrungen und Lektionen in meinem ganzen Leben.«

Ihre mitfühlende Reaktion auf eine sterbende Fremde führte dazu, dass Beatrice sich mit der ganzen Menschheit enger verbunden fühlte – enger als zu der Zeit, da sie als forsche junge Künstlerin darum kämpfte, ihre Identität zu behaupten und ihre Ambitionen zu realisieren. Jetzt, im Zeichen von Demut, Dankbarkeit und Versöhnung, spürte Beatrice die Verbindung zum Wesen einer anderen Person. Schlagartig ging ihr die ewige Wahrheit auf, dass körperliche Schönheit vergänglich und begrenzt ist, während die innere Schönheit des Geistes zeitlos und allumfassend ist. Erstere trennt uns, während Letztere uns zusammenführt.

Einfachheit des Lebens und Alleinsein sind für jemanden wie Beatrice Wood von zentraler Bedeutung, weil Ideen und Inspirationen sich am leichtesten bemerkbar machen, wenn man innerlich ruhig und still ist. Gelassene Ruhe ist für uns alle wichtig, wenn wir unsere Energie und Aufmerksamkeit nach innen lenken: wenn wir uns Fragen nach dem Sinn des Lebens stellen, über unsere Erfahrungen nachsinnen, auf unsere Intuition hören und unsere Phantasie umherschweifen lassen.

In unserem Zusammenhang ist mit »sich nach innen wenden« gemeint, dass wir das Gespür für unser Selbst bereichern, neue Verständnistiefen erreichen, persönliche Weisheit fördern und unser spirituelles wie psychisches Wohlbefinden steigern. Die »Wendung nach innen« ist oft ein Versuch, unserem Leben einen Sinn zu geben und unsere Beziehung zum Universum zu klären. Bei manchen Menschen zeigt sich dies etwa am tieferen Engagement in einer religiösen Institution ihrer Wahl. Bei anderen zeigt sich die Selbsterforschung im Führen eines Tagebuchs oder durch die Niederschrift von Lebenserinnerungen. Bei wieder anderen nimmt der Prozess der Innenschau die Form von Meditationen oder Gebeten an, wodurch sich die Tür zu höheren Ebenen des Selbstverständnisses und geistiger Bewusstheit öffnet.

Es ist wichtig zu wissen, dass es bei der Suche nach spirituellen Wahrheiten keine »richtigen Antworten« gibt. Darum wäre es für uns als Autoren auch vermessen, solche Antworten vorzuschlagen. Überdies ist kein Ansatz von sich aus wertvoller oder angemessener als andere. Der entscheidende Punkt ist, dass wir diese Dimensionen des Lebens für uns selbst erkunden, zu unserer eigenen Zeit und auf unsere eigene Weise.

Unser Freund Don K. zum Beispiel hat sich mit 55 Jahren entschieden, direkt und mit voller Absicht viel Zeit und Energie auf sein persönliches geistiges Wachstum zu verwenden. Dadurch wurde die Qualität seines Alltagslebens erheblich verbessert und vertieft. »Die letzten drei Jahre habe ich meiner eigenen Suche nach Wahrheit gewidmet«, eröffnete uns Don, ein sanft und leise sprechender Mittfünfziger, der nach seinem vor fast zwei Jahrzehnten erfolgten Austritt aus der katholischen Kirche jetzt aktiv nach einer neuen »Glaubensgemeinschaft« sucht, in der er sein Bedürfnis nach den Riten und Ritualen einer organisierten Religion stillen kann.

Um sich stärker auf sein inneres Wachstum konzentrieren zu können, hat sich Don in den letzten drei Jahren, wie er es nennt, eine »spirituelle Auszeit« genommen. Von seiner Tätigkeit an einer Universität in North Carolina hat er sich ohne Gehalt beurlauben lassen, um sich intensiv auf die Suche nach spiritueller Wahrheit begeben zu können. »Das ist das schönste Geschenk, das ich mir selbst machen konnte«, sagte er, als wir uns eines Nachmittags im bewaldeten Hügelland der Appalachen-Ausläufer zum Interview zusammensetzten. »Ich sehe mich selbst momentan als eine Art Suchenden, der unterwegs ist und nach Antworten Ausschau hält.«

Obwohl Don schon immer an geistigen Dingen interessiert war, begann sich seine Perspektive zu ändern, als er Direktor eines ländlichen Gesundheitszentrums für ältere Menschen wurde, die ihr Haus nicht mehr verlassen können. »Ich wurde durch meinen Kontakt mit diesen Menschen inspiriert, die viel älter waren als ich. Viele fragen sich: ›Wozu bin ich da?‹ und reagieren darauf viel weniger dogmatisch und viel universeller, als ich je erwartet hätte.«

Die Bereitschaft der Älteren, den Sinn des Lebens, ethische Fragen und Werte zu erkunden, hat Don so sehr beeindruckt, dass er sich entschlossen hat, unbezahlten Urlaub zu nehmen, um in seiner eigenen äußeren Welt ein sinnvolleres Leben führen zu können – durch Erweiterung seiner Innenwelt. »Ich bin mit der Vorstellung aufgewachsen: ›Entweder katholisch oder gar nicht!‹«, erzählte er uns und erinnerte sich an Priester in seiner Kindheit, die ihn davor warnten, beim CVJM Basketball zu spielen – aus Angst, sein Glaube könnte durch den Kontakt mit Nichtkatholiken erschüttert werden. »Meine Eltern waren sehr streng, sehr traditionsgebunden«, fuhr Don fort. »Ich war ein aktives Gemeindeglied, doch als ich älter wurde, fand ich heraus, dass viele meiner Ideen vom Vatikan nicht gutgeheißen wurden. So bin ich dann mit Mitte 30 aus der Kirche ausgetreten.«

Jetzt ist Don aktiv auf der Suche nach Glaubenssystemen, die ihm helfen könnten, der Erfüllung seiner spirituellen Bedürfnisse wieder näher zu kommen. Er hat zig Bücher gelesen, an vielen Workshops und Seminaren teilgenommen und seine eigenen Gefühle sorgfältig untersucht – in Gebeten, Meditationen, Dialogen und Gruppendiskussionen. »Ich habe mir allerdings auch ungeordnete Erkundungen genehmigt«, sagte er. »Ich bin zum Beispiel nach New Mexico gefahren, um einige heilige Stätten der Indianer zu besuchen. Und als ich dort war, verbrachte ich viel Zeit mit jüdischen Freunden, die mir viel über die Perspektiven erzählt haben, die ihnen ihr Glaube eröffnet. Ich habe versucht, weit über die Grenzen hinauszuschauen, die ich mir früher selbst gesetzt hatte.«

Don hat auch ein »geistiges Tagebuch« geführt, in dem er ein weites Spektrum persönlicher Reflexionen und Einsichten festgehalten hat. Es ist für niemand anders gedacht als für ihn selbst. Don begann mit dem Schreiben dieses Tagebuchs, um die inspirierenden, zum Nachdenken anregenden Fakten und Zitate festzuhalten, die ihm in den Büchern, die er las, besonders denkwürdig erschienen. Dann fing er an, auch eigene

Beobachtungen und Gefühle dem Tagebuch anzuvertrauen. Hinzu kamen schließlich noch relevante Zeitungsartikel und passende Anekdoten aus seinem eigenen Leben.

»Für mich ist dieses Tagebuch eine Art privater Freiraum«, erklärte Don, »ein Ort, wo ich mich mit mir selbst anfreunden und eine tiefere Wertschätzung meines eigenen Lebens entwickeln kann. Jeden Abend denke ich über die Ereignisse des Tages und ihre Bedeutung für mich aus geistiger Sicht nach. Morgens notiere ich manchmal Träume, die ich hatte, oder Dinge, die mir eingefallen sind, als ich am Abend zuvor in den Schlaf dämmerte. Oft fasse ich auch die Höhepunkte von Gesprächen zusammen, die ich über spirituelle Themen geführt habe. Und natürlich führe ich auch immer die Liste der Bücher fort, die ich gelesen habe.« Manchmal befasst sich Don auch mit Ereignissen aus der fernen Vergangenheit und schreibt gelegentlich bis zu 15 Seiten auf einmal über besonders bedeutsame Wendepunkte in seinem Leben. Dieser »Lebensrückblick«, wie er ihn nennt, bietet ihm oft neue Einsichten in zuvor nicht näher untersuchte Handlungsmotivationen. Auf einmal erscheint vieles in einem neuen Licht.

Dons Tagebuch-Schreiben veranlasste ihn auch, sich aus neuer Perspektive nochmals mit dem Katholizismus zu beschäftigen. Als er sich seine Tagebuchaufzeichnungen noch einmal ansah, fiel ihm auf, dass es viele Aspekte der Kirche gab, die ihm immer noch sehr viel bedeuteten. Nachdem er jahrelang die Traditionen, mit denen er aufgewachsen war, zurückgewiesen hatte, spürt Don jetzt doch eine gewisse Affinität zur Theologie des Vatikans. »Ich habe mit manchen katholischen Denkern vieles gemein«, sagte er, »obwohl gerade sie dazu neigen, die größten Außenseiter zu sein. Einer meiner Lehrer ist zum Beispiel ein Trappistenmönch, der in seinen Ansichten viel unabhängiger ist, als es dem Papst lieb sein kann.« Unter Anleitung dieses Trappisten hat Don eine Form der täglichen Meditation entwickelt, von der beide Männer das Gefühl haben, dass sie Don helfen wird, ein persönlicheres Verhältnis zu Gott aufrechtzuerhalten. Mindestens 20 Minuten kommt Don jeden Morgen und Abend ganz bewusst zur Ruhe und stimmt sich auf das ein, was er »intuitive Botschaften« nennt, die aus dem geistigen Zentrum in seinem Innern kommen.

»Ich glaube, dass unsere Intuition in Wirklichkeit eine Stimme ist, die Gott an uns richtet«, sagte er. »Unser höheres Selbst ist eine Verbindung zu einer Art göttlicher Macht und meiner Meinung nach kommt es wirklich nicht darauf an, wie man sie bezeichnet. Mein Gefühl ist, dass man Gott nicht hören kann, wenn man selber die ganze Zeit redet oder ewig beschäftigt ist. Also reduziere ich ganz bewusst die unnötigen Ablenkungen in meinem Leben.« Ein direktes Resultat von Dons geistiger Reise ist seine neu gefundene Überzeugung, dass »jede religiöse Tradition Respekt verdient, dass sie alle etwas Wahres an sich haben. Für mich ist es momentan wirklich am wichtigsten, dass ich meine eigene persönliche Wahrheit entdecke.«

Don ist zu dem Schluss gekommen, die beste Vorbereitung auf die spätere Lebensphase bestehe darin zu lernen, wie man ganz in der Gegenwart lebt. Er glaubt, dass die angemessenen Antworten auf grundlegende Fragen wie »Wer bin ich?« immer schon in uns selbst angelegt sind. Wir können sie hören, sagt er, wenn wir erst einmal gelernt haben, von Herz zu Herz mit der wichtigsten Person in unserem Leben zu sprechen: mit unserem Selbst.

B.J. Hateley, der Autor des Buches *Telling Your Story, Exploring Your Faith* (Wie man seine Geschichte erzählt und seinen Glauben erforscht) ist ebenfalls der Ansicht, dass innere Erkundungsreisen wie die von Don unternommene dazu dienen, »den Hunger nach Erkenntnis zu stillen – den Wunsch, seine eigene Welt, die Geschichte dieser Welt und den eigenen Stellenwert darin zu verstehen. Solche Erkundungen nähren Psyche und Gemüt.« Als Spezialist für menschliche Beziehungen verweist Hateley darauf, dass viele von uns in den Jahren vor dem Ruhestand viel zu beschäftigt sind, um sich auf »spirituelle Reisen« einzulassen. Unsere reiferen Jahre sind für uns dann oft die erste echte Möglichkeit, einen tiefen, ausgedehnten Blick in unser Inneres zu werfen. Für viele ältere Menschen ist dies eine Suche danach, was sie mit umfassenderen Wahrheiten verbindet und aus ihnen mehr macht als nur die Summe ihrer einzelnen Erfahrungen. Es ist dies eine Reise, die viele von uns, wenn sie jünger sind, noch gar nicht unternehmen können, weil sie noch keinen Zugang zu jener Selbsterkenntnis haben – manche würden es auch Weisheit nennen –, die sich erst mit zunehmendem Lebensalter aufbaut. Was wir nicht selbst erlebt haben, können wir nicht wirklich wissen. »Weil diese geistige Reise privater Natur ist, sprechen die meisten von uns nur selten darüber«, heißt es bei Hateley. »Aber deshalb ist sie nicht weniger wichtig.«

Viele geistige und religiöse Führer haben gesagt, dass das Wesen des geistigen Pfades zunächst und vor allem darin besteht, eine innere Verbindung zum eigenen Selbst zu schaffen – und durch dieses dann zu anderen Menschen, zur Erde und schließlich zum Universum. Ebendas entdeckte Beatrice Wood, als sie in der Lage war, ihre »Getrenntheit« zu überwinden und Mitgefühl für eine verzweifelte alte Frau zu entwickeln, die im Sterben lag, ohne dass Freunde oder Familienangehörige sie trösteten. Auch Don K. fand dies heraus, als er sich ganz bewusst vornahm, die Welt in seinem Innern zu erforschen.

Durch solche Erfahrungen, die uns ernsthaft herausfordern, lernen wir, dass die Spiritualität jeden Tag in unserem Leben gegenwärtig ist, selbst wenn wir uns dessen nicht bewusst sind. Und es ist diese ganz alltägliche Spiritualität, die, ob sie nun näher erforscht wird oder nicht, unsere grundlegende psychische Existenz durchdringt und unsere Reaktionen auf die Welt steuert.

Die bewusste Wahrnehmung unseres geistigen Selbst nimmt häufig zu, wenn wir in unserem Leben einen Punkt erreichen, an dem wir nicht länger den Drang spüren, unsere Leistungen und Besitztümer mit denen anderer zu vergleichen oder viel Energie in »gesellschaftlich angemessenes« Verhalten zu investieren. Gleichzeitig können wir dann oft unsere unmittelbarste und ehrlichste innere Stimme viel freier zum Ausdruck bringen – eine Stimme, die nicht von Selbstsucht und Posen spricht, sondern von der natürlichen Verschmelzung von Verstand, Körper und Geist zu einem voll ausgebildeten menschlichen Wesen. Wir sollten darin jenen Teil von uns selbst sehen, der ganz intensiv im gegenwärtigen Augenblick lebt – in uneingeschränkter Wertschätzung der Tatsache, dass er präsent und lebendig ist. Sehen wir darin doch einfach das Wesen, die Gegenwartsbezogenheit unserer Identität.

»Man muss erst das hohe Alter erreichen, ehe man die Bedeutung – die großartige, absolute, durch nichts zu erschütternde, durch nichts zu ersetzende Bedeutung – des Wortes ›heute‹ verstehen kann«, schrieb der französische Philosoph Paul Claudel, als er schon über 80 war. Diese existenzielle Einstellung zum Leben ist weder weithin anerkannt noch wird sie häufig diskutiert, aber sie gewinnt trotzdem häufig profunde Bedeutung, wenn das Lebensende näher kommt.

Auch die kürzlich verstorbene Eve Merriam, eine Lyrikerin und Bühnenautorin, die mehr als 50 Bücher schrieb, vertrat die Ansicht vieler älterer Menschen, dass das Leben im Alter kostbarer werde und man es folglich auch mehr schätze. »Liebe zum Gewöhnlichen – nicht zum Außergewöhnlichen – ist, wenn man älter wird, das Allerwichtigste«, sagte Eve, die zum Zeitpunkt unseres Interviews 74 Jahre alt war. »Freude aus dem Alltäglichen zu gewinnen – die Bedeutung dieser Fähigkeit durchfuhr mich intuitiv, als ich die 60 schon überschritten hatte. Da dachte ich mir, *Du lieber Himmel, mein Frühstück macht mir ja solche Freude. Ich wusste noch gar nicht, dass Pampelmusensaft so köstlich schmecken kann!* Es ist wirklich erstaunlich – als würde irgendeine dünne Filmschicht von der

Welt abgezogen und plötzlich eine Klarheit herrschen, die ich vorher nicht kannte.«

Eve entdeckte in ihren späteren Jahren, dass viele ihrer Wahrnehmungen wesentlich schärfer und klarer wurden, als sie sich mehr Zeit nahm, simple Alltagsfreuden zu genießen. In gewisser Weise verengte sich ihr äußeres Leben, während ihr Innenleben tiefer wurde. Sie war jetzt viel mehr daran interessiert, ein erfülltes Leben in der Gegenwart zu führen und nicht auf das Morgen zu setzen. Dabei lernte Eve auch, sich auf das zu konzentrieren, was ihr am meisten bedeutete.

»Da habe ich endlich gelernt, Nebensächliches beiseite zu schieben, das mich nicht besonders interessierte«, sagte Eve Merriam, als sie erläuterte, wie sie aufgehört habe, noch viel Energie in Beziehungen und Aktivitäten zu investieren, die nicht unbedingt lohnend waren. »Jetzt wähle ich alles sehr sorgfältig aus.«

Was bedeutet Ihnen das Wörtchen »heute«? Wie würden Sie die Implikationen dieses einfachen kleinen Wortes für die Art und Weise, wie Sie Ihr eigenes Leben erleben und führen, zum Ausdruck bringen? Unterscheidet sich Ihre Einstellung jetzt deutlich von derjenigen, die Sie vor zwanzig, zehn oder auch nur vor fünf Jahren hatten? Wenn ja, worin liegt der Unterschied?

Wenn sich Ihre Wertschätzung der Gegenwart vertieft, verspüren Sie möglicherweise nicht unbedingt die Notwendigkeit, Ihr Leben dramatisch zu verändern, um sich an die tieferen geistigen Perspektiven anzupassen. Manche Menschen indes nehmen solche radikalen Veränderungen vor. Der kürzlich verstorbene Joseph Campbell, Professor für vergleichende Mythologie, hat betont, dass bedeutende Veränderungen des Lebensstils nicht automatisch aus einer größeren spirituellen Bewusstheit resultieren – und dass dies auch gar nicht erforderlich ist. Laut Campbell kann eine größere spirituelle Bewusstheit auch dazu führen, dass man »noch mehr vom Selben« tut, allerdings nun aus einer anderen Perspektive. Für manche von uns könnte das bedeuten, mit einem Stapel Bücher neben sich in einer Hängematte im Garten zu liegen, für andere, dass sie sich mit neuem Eifer und Einsatz in den geliebten Beruf stürzen. Größere spirituelle Bewusstheit kann Hingabe an die Hilfe für andere ebenso hervorbringen wie den Anstoß für eine Reise zum Grand Canyon oder für einen Sommer als Helfer bei einer archäologischen Ausgrabung. Im Kern lautet Campbells Botschaft, dass die individuelle Suche nach persönlicher spiritueller Bedeutung einen jeden in eine andere Richtung führt. Aber Sie können sicher sein, Ihre größere Selbsterkenntnis und Ihre erhöhte spirituelle Bewusstheit werden Sie, bewusst oder unbewusst, auf jenen Weg lenken, der für Sie der passendste und bereicherndste ist.

Eine bemerkenswerte Seniorin, deren Entscheidungen durch tiefe, bohrende Introspektion dramatisch beeinflusst wurden, ist Shirley W., die sich selbst als »geistige Pilgerin« beschrieb. Ihr wurde die Ehre zuteil, als erste Frau zur Priesterin in der Episcopalian Church (der amerikanischen Variante der Anglikanischen Kirche) ordiniert zu werden. Als wir die 72-jährige besuchten, fungierte sie gerade für eine Amtszeit von fünf Jahren als Dekanin der Episcopal School for Deacons, einer Ausbildungsstätte für Diakone, in einem ruhigen Vorortviertel östlich von San Francisco.

»Rev[erend] Shirley«, wie man sie nennt, beschrieb ihre Position als anspruchsvollen Vollzeitjob mit Verwaltungs-, Lehr- und Predigtaufgaben. Doch sie beeilte sich hinzuzufügen, diese äußerst befriedigende und lohnende Aufgabe sei für sie die Erfüllung eines leidenschaftlich verfolgten Traums.

»Ich war ungefähr 50, als ich erstmals über ein ernsthafteres Engagement in der Kirche nachdachte«, erzählte uns Rev Shirley. »Zu dieser Zeit war es bei den Episcopalians noch unmöglich, als Frau ordiniert zu werden, und so wusste ich, dass meine Möglichkeiten begrenzt waren.«

Für eine Hüterin des Sakraments verfügte Rev Shirley nicht gerade über einen naheliegenden Hintergrund. Als Armeeveteranin und Mutter von vier Kindern war diese imposante Frau mit der sanften Stimme glücklich verheiratet und wohnte in einem Häuschen in einer bürgerlichen Wohngegend, als sie der innere Ruf ereilte. Trotz einer langen, erfolgreichen Karriere als Collegeprofessorin im Fach Physiotherapie hatte Rev Shirley das Gefühl, irgendetwas in ihrem Leben sei noch »nicht ganz komplett«. »Ich bin immer tief religiös gewesen, schon als Kind«, erläuterte sie. »Aber ich heiratete ziemlich früh und begann zu arbeiten. Es blieb einfach nicht genug Zeit, um mich stärker in der Kirche zu engagieren. Doch als meine Kinder erwachsen waren und mein Mann pensioniert war, wurde mir das Unterrichten ziemlich langweilig und ich sah mich deshalb nach einer anderen Karriere um.«

In ihrer mittleren Lebensphase wurde es für Shirley immer wichtiger, der Kirche zu dienen, und als sie noch älter wurde, rückte die Spiritualität ganz in den Mittelpunkt ihres Lebens. Sie traf sich mit ihrem Gemeindepriester, der ihr ein Ausbildungsprogramm für »Hilfspfarrer« zur Kenntnis brachte – darunter verstand man eine Art unbezahlte Freiwillige, die als Assistenten hochrangiger Kirchenfürsten eingesetzt werden sollten. »Ich sagte ganz locker, dass ich mich dafür interessierte. Damals bedeutete es mir nicht viel, Hilfspfarrer zu werden. Doch nachdem ich mit der erforderlichen Ausbildung begonnen hatte, beschloss ich, mich um das höchste damals Frauen zugängliche Amt zu bewerben.«

Nachdem sie 1970 mit 55 Jahren Diakonin geworden war, besuchte sie eine reguläre theologische Hochschule der Episkopalkirche und wurde 1977 mit allen Rechten und Pflichten zur Priesterin ordiniert – kurz nachdem die Kirche ihre Politik geändert und Frauen zum Priesteramt zugelassen hatte. Rev Shirley ließ sich an ihrem alten College pensionieren und wurde im darauf folgenden Sommer zur Leiterin der Episcopal School of Deacons ernannt.

Wie sie sagt, ist es »eine ganz andere Sache« für jemanden ihres Alters, ordiniert zu werden; die meisten anderen Priester werden mit rund 27 Jahren ordiniert. Sie ist zu dem Schluss gekommen, dass die meisten »Kandidaten im Seminar erst Priester werden sollten, wenn sie schon etwas älter sind«, und zitiert als Beleg ihre Lebenserfahrung als Ehefrau, Mutter und »arbeitende Zivilistin«, die ihr sehr zugute komme, wenn sie mit Gemeindegliedern zu tun habe.

Im Verlauf ihrer spirituellen Reise hat Rev Shirley auch mit schweren gesundheitlichen Problemen zu kämpfen gehabt, darunter einer Krebserkrankung, die haarscharf am Tode vorbeiführte. Als Folge einer heiklen Operation vor 30 Jahren – zur Entfernung eines lebensgefährlichen Gehirntumors – blieb ihr Gesicht teilweise gelähmt. »Zunächst war ich deshalb völlig am Boden zerstört«, sagte Rev Shirley. »Ich war sehr schüchtern und mochte mich mit einer herabhängenden Gesichtshälfte überhaupt nicht mehr in der Öffentlichkeit zeigen. Ich verbrachte einen ganzen Sommer damit, meine Aussprache zu trainieren, denn meine Sprechfähigkeit war durch die Lähmung beeinträchtigt worden. Doch in mancherlei Hinsicht habe ich die Lähmung zu meinem Vorteil genutzt.«

Weil jüngere Priester mit solchen Verletzungen oft noch nichts zu tun hatten, fällt es, wie Rev Shirley sagt, vielen älteren Kirchgängern schwer, sich Rat suchend an sie zu wenden. »Vielen Leuten fällt es leichter, mit jemandem meines Alters zu sprechen«, sagte sie uns. »Ich kann besser auf sie eingehen, weil mir viele der Dinge, die sie erleben, auch schon selbst widerfahren sind: Eheprobleme, Trennung, Scheidung, Kinderaufzucht, Behinderungen, Tod und Sterben zum Beispiel. Ich wenigstens weiß, wie ich mich selbst bei solchen Begebenheiten gefühlt habe.«

Obwohl sie oft in erster Linie mit den eher weltlichen Details der Schulleitung beschäftigt ist, fühlt sich Rev Shirley in dem sicheren Wissen geborgen, dass ihr neuer Beruf, für den sie sich erst spät entschieden hatte, der richtige ist und dass ihr Dienst an den anderen sich positiv auswirkt. »Ich habe immer mehr das Gefühl, dass mein ganzes Leben auf dieses Ziel hin ausgerichtet war und dass jede Lektion, die ich gelernt habe, mir beigebracht wurde, damit ich diese Aufgabe hier besser erfüllen konnte. Ich spüre, dass Gott mich zur Priesterin berufen hat, und ich werde vollkommen glücklich und zufrieden sein, wenn ich es bis zu meinem Tod bleiben kann. Das ist meine Arbeit und das ist mein Spiel.«

Rev Shirley ist glücklich, dass sie ihre wahre Berufung gefunden hat, solange sie noch über genügend Gesundheit und Energie verfügte, diesem Ruf zu folgen. In ihrer Stimme schwingt ein Gefühl des Friedens und der Zufriedenheit mit, eine Freude, die daher rührt, dass sie ihren Platz in der kosmischen Ordnung der Dinge genau kennt.

Viele der Psychologen, Soziologen und anderen Experten, die sich mit Fragen des Älterwerdens beschäftigen, entdecken in Geschichten wie der von Rev Shirley ein gewisses Grundmuster. Sie berichten, dass ältere Leute auf ein zunehmendes Bewusstsein ihrer eigenen Sterblichkeit oft damit reagieren, dass sie ihrer spirituellen Erfüllung eine höhere Priorität einräumen. »Aus der Not erwächst inneres Wachstum«, führt der Gerontologe Phillip Berman aus. »Das Älterwerden zwingt uns dazu, tiefere Ressourcen der Geduld zu entwickeln sowie die Toleranz, mit der Ungewissheit zu leben.« Durch diesen altersbedingten Prozess verschiebt sich unser Schwerpunkt von der Selbstbezogenheit zum Gefühl der Verbundenheit mit dem Ganzen. Wir werden von unserer Absorption mit uns selbst befreit. Daher kommt es auch, dass, wenn wir älter werden, der Dienst »zum Wohle der Allgemeinheit« oft stark an Attraktion gewinnt. Bei vielen Menschen kommt der Impuls zu dienen praktisch unbewusst, so als sei es »einfach das Richtige«, anderen zu helfen, als werde man dadurch seiner Verantwortung gerecht, anderen zurückzugeben, was einem selbst im Laufe des Lebens an Gutem widerfahren ist.

Ausnahmslos haben unsere Gesprächspartner, deren Aktivitäten auf das Dienen ausgerichtet waren, uns versichert, dass sie dabei mehr zurückbekämen, als sie selber gäben. »Freude und Bereicherung liegen im Geben«, betonte ein älteres Ehepaar, das fast seine gesamte Freizeit als freiwillige Helfer im örtlichen Krankenhaus verbringt. »Das verbindet uns mit den Menschen, mit der Menschlichkeit. Und daher kommt auch die Genugtuung.«

Wenn wir aus einer Einstellung heraus geben, die die individuelle Getrenntheit überwunden hat, dann ist unser Dienen und Geben etwas, das sich von selbst wieder auffüllt und das sich selbst belohnt. Dann geben wir weniger aus persönlichen Gründen als aus spontaner Hilfsbereitschaft und Mitgefühl. Kurz gesagt, wir geben aus Liebe – einer Liebe, die das Selbst transzendiert.

»Unsere Impulse zu gegenseitiger Fürsorge scheinen oft instinktiv zu sein«, schreiben Ram Dass und Paul Gorman in ihrem Buch *How Can I Help?* (Wie kann ich helfen?). »Je mehr wir in der Lage sind, [diese Impulse] frei in die Tat umzusetzen, desto mehr Gelegenheit haben wir, uns als ganze Menschen zu fühlen und wirklich zu helfen.« Wenn wir anderen bewusst dienen, führen die Autoren weiter aus, dann »erleichtern wir nicht nur das Leid anderer, sondern nehmen selbst an Weisheit zu; wir erfahren eine größere Einheit und erfreuen uns an unserem Tun«.

Wie und wann Sie anderen dienen können, ist natürlich eine ganz persönliche Entscheidung, wie nicht zuletzt die Beispielgeschichten unseres Buches gezeigt haben. Über verfügbare Einsatzmöglichkeiten und geeignete Ansätze ist sehr viel geschrieben worden und wir ermutigen unsere an solchen Diensten interessierten Leser, diese Quellen und Materialien zu nutzen. Engagement im Dienst an anderen kann das eigene Leben sehr bereichern und dazu beitragen, dass die eigene innere Verbindung von Körper, Geist und Seele im Gleichgewicht bleibt oder überhaupt erst ins Gleichgewicht kommt. Wir, die Autoren dieses Buches, sind zu der Überzeugung gekommen, dass geistiges Wachstum am ehesten dann stattfindet, wenn die Menschen mehr Liebe und Mitgefühl erleben, wenn sie ihre Herzen und Sinne öffnen und auf die Bedürfnisse der Menschen in ihrer Umgebung reagieren.

Egal ob es bei der Arbeit geschieht oder im Dienst an anderen, beim Spiel oder beim Lernen, viele unserer Senioren haben ein Gefühl der Zeitlosigkeit beschrieben – ein Erleben totaler Selbstvergessenheit und totalen Engagements. Dieses Gefühl überkommt uns, wenn wir uns einer Lieblingsaktivität völlig hingeben, die unser leidenschaftliches Interesse findet und uns das Gefühl vermittelt, dass wir vollkommen lebendig sind. Diese Erfahrung ist eigentlich bei jeder Tätigkeit möglich, die unsere Aufmerksamkeit vollkommen fesselt: sei es Gartenarbeit, Spazierengehen, Kochen, Meditieren, Studieren oder Berufstätigkeit in einer neuen Karriere, sei es, dass wir mit einem Freund lachen, mit einem geliebten Menschen Händchen halten, jemandem in Not helfen oder ein Kunstwerk erschaffen.

Wenn wir tun, was wir am meisten lieben und schätzen, erscheint uns dieses Tun ungezwungen und wir verlieren ganz das Gefühl für das Verstreichen der Zeit. Unsere Gesprächspartner haben oft betont, dass die einzige Zeit, die einem wirklich ganz zur Verfügung steht, das Hier und Jetzt ist und dass man diese Gegenwart verpasst, wenn man sich zu viel Sorgen über Vergangenheit und Zukunft macht. Mit der Verschiebung der Perspektive – weg von der Besessenheit mit dem Vergehen der Zeit und hin zur Wertschätzung des kostbaren gegenwärtigen Augenblicks – kann sich auch unsere Einstellung zum Tod ändern.

»Wenn wir gelernt haben, in der Gegenwart zu leben, ist in unseren Gedanken kein Platz für das Sterben«, hat der Psychoanalytiker Ben Weininger einmal geschrieben. »Wir haben

Angst vor dem Sterben, weil wir kein bewusst erfülltes Leben geführt haben und weil das Leben daher unvollständig erscheint. Wer jeden Augenblick vollkommen präsent und lebendig ist, kann durch das Sterben nichts versäumen.«

Die Erkenntnis, dass sich das Leben in der Gegenwart abspielt, könnte auch der Grund für den von vielen Senioren geäußerten Wunsch sein, ihr Leben zu vereinfachen und stromlinienförmiger zu machen, sich mehr auf das Erleben als auf den Erwerb zu konzentrieren. Wenn reife Menschen erkannt haben, was sie wirklich glücklich macht – Teppichknüpfen oder die Teilnahme an Kreuzfahrten, das Erleben gegenseitiger Liebe, Brote-Schmieren für Obdachlose oder Babysitten bei Enkelkindern –, dann sind viele von ihnen geradezu wild entschlossen, »unnötigen Ballast« abzuwerfen: überflüssige materielle Besitztümer, Beziehungen, die keiner Seite mehr etwas bringen, oder einstmals interessante Beschäftigungen, die inzwischen nur noch eine Last sind.

»Ältere Menschen lernen oft, mit leichtem Gepäck zu reisen«, erläutert der Gerontologe Tom Cole. »Verhalten, das Erleichterung verschafft«, sagt er, ist oft direkt mit einer Suche nach innerem Frieden verbunden, mit der Hinnahme der eigenen Begrenzungen, mit einem Gefühl der Verbundenheit mit anderen Menschen sowie mit einem Verständnis Gottes – oder wie wir die göttliche Macht des Universums sonst benennen wollen. Und doch, auch nachdem wir unser Leben vereinfacht und uns bemüht haben, eine Verbindung zu unseren tiefsten, bedeutsamsten Quellen der Zufriedenheit herzustellen, indem wir in der Gegenwart ein möglichst erfülltes Leben führen, müssen wir uns mit unserer Sterblichkeit auseinander setzen. Wie der Sozialhistoriker Mark Gerzon in seinem Buch *Coming into Our Own* (Ganz zu uns selbst finden) ausgeführt hat, wird, »bis wir mit offenem Herzen den Tod akzeptieren, unsere eigene Seele uns fremd sein«.

Welche Gefühle wir mit dem Tod verbinden, wie wir mit ihm umgehen, hängt zum großen Teil davon ab, welche

Gefühle wir mit dem Leben verbunden haben und wie wir mit dem Leben umgegangen sind. Die Unvermeidlichkeit unseres eigenen Abgangs berührt jeden von uns deshalb auch auf ganz unterschiedliche Weise. Paradoxerweise drehen sich die Gefühle vieler jüngerer Menschen häufig um das Geheimnis des Todes, um böse Vorahnungen und Todesfurcht, während ältere Menschen den Tod oft viel leichter hinnehmen und viel weniger Angst davor haben. Insgesamt verdrängt und verleugnet unsere Gesellschaft den Tod aber noch immer; er ist ein Thema, über das man weder gern noch leichthin spricht.

Doch heute ist eine wachsende Zahl von Menschen der Überzeugung, dass es die Lebensqualität bereichern und das Leben sinnvoller machen kann, wenn man offen über die eigene Sterblichkeit und über den Ort des Menschen im Kreislauf des Lebens spricht. Hunderte von älteren Menschen haben uns auf unterschiedliche Weise erzählt, dass sie hinsichtlich ihrer eigenen Sterblichkeit zu einer Lösung gekommen seien und ihren inneren Frieden gefunden hätten. Dabei haben diese Menschen überwiegend nicht Angst vor dem Tod, sondern vor den Folgen einer chronischen Krankheit oder vor einer sich hinziehenden Abhängigkeit von anderen. Sie haben die Angst vor dem Sterben überwunden und sind zu einer Haltung gelangt, die es ihnen erlaubt, bewusst zu leben. Mehr denn je begeistern sie sich für Tiefe und Reichtum eines erfüllten Lebens, Stunde für Stunde und Tag für Tag.

»Wenn Sie sich damit auseinander setzen und verstehen können, dass Sie letztlich sterben müssen«, schreibt Elisabeth Kübler-Ross in *Reif werden zum Tode*, »dann können Sie auch lernen, sich aktiv und produktiv mit jeder Veränderung auseinander zu setzen, die sich in Ihrem Leben ergibt. Sie können die Suche nach Ihrem Selbst – das letzte Ziel inneren Wachstums – verstehen.«

Verschiedene Menschen, die wir kennen gelernt haben, waren von ihren Ärzten darauf hingewiesen worden, dass ihre letzten Tage angebrochen seien. Sie sagten uns, dass sie offen und bereit seien, ihre Gedanken und Gefühle über ihr Sterben mit jenen zu teilen, die sie überleben würden. Der Tod ist das letzte Ereignis im Leben, das andere liebevoll begleiten können, und Sterbende finden oft Trost darin, ihre tiefsten Gefühle über den Tod mit jenen zu besprechen, die sie lieben und denen sie vertrauen, oder auch mit fürsorglichen Pflegern, Ärzten, Seelsorgern oder anderen, die beruflich mit Tod und Sterben zu tun haben. Solche Gespräche sind oft für alle Beteiligten tröstend und bereichernd. Sie helfen uns, gelöster mit dem Sterben umzugehen, selbst wenn unser eigener Tod noch weit in der Zukunft zu liegen scheint.

Eines Tages schnitten wir das Thema bei einer todkranken Freundin an, die schon acht Jahre an unheilbarem Krebs litt. »Ich glaube, Vorbereitung auf den Tod heißt Vorbereitung auf das Leben«, sagte Margie, die viel über ihre eigene Sterblichkeit nachgedacht hatte. »Was ich als ›Normalität des Lebens‹ definieren würde, muss auch ein wenig mit dem Sterben zu tun haben.«

Margie regte sich fürchterlich über Leute auf, die einfach nicht wahrhaben wollten, dass ihr, Margies, Tod kurz bevorstand. Im Verlauf ihres aussichtslosen Kampfes gegen den Krebs hatte sie bemerkt, dass manche Menschen sich strikt weigern, sich je mit der eigenen Sterblichkeit auseinander zu setzen. Eine der Lektionen, die sie durch ihre Krankheit gelernt hatte, war, dass »der Tod ein Partner ist«, der uns überallhin folgt, selbst wenn wir seine Schattenexistenz nicht wahrhaben wollen. »Der Tod ist ein Teil des Lebens«, erinnerte sie uns. »Der Tod soll akzeptiert werden, damit wir dann frei sind, erfüllter zu leben.« Wenn wir die Begrenztheit unserer körperlichen Existenz anerkennen, fällt das Leben in der Gegenwart leichter, wie uns Margie und andere Interviewpartner immer wieder gesagt haben.

»Wenn wir uns um die Ecken und Kanten des wahren Lebens herumdrücken, finden wir uns schließlich auf den Tod unvorbereitet wieder«, behauptet E. Jane Mall, die, als sie schon über 70 war, ihr Buch *And God Created Wrinkles* (Und Gott schuf Runzeln) schrieb. »Ich sehe dieser Tatsache lieber jetzt ins Auge und möchte so gut wie möglich darauf vorbereitet sein: Das Alter ist unser letztes Lebensstadium und es führt unweigerlich zum Tode. ... Wenn wir uns selbst darauf vorbereiten, werden wir die Angst beseitigen und dabei vielleicht auch jungen Menschen etwas Gutes beibringen.«

Wie kann man ein Bewusstsein der eigenen Sterblichkeit in seinen Alltag integrieren? Auf diese Frage gibt es nicht nur eine Antwort – aus dem einfachen Grund, dass die Reaktion eines jeden Menschen auf solche Fragen äußerst persönlich und in hohem Maße individuell ausfällt. Viele Menschen machen sich, wenn sie älter werden, die Gedanken an das Sterben dadurch erträglicher, dass sie ihr späteres Leben in den Kontext von etwas Größerem, Höherem, Mächtigerem stellen. Vielleicht glauben sie an ein Leben nach dem Tode oder an eine Vereinigung mit Gott im Himmel, vielleicht an eine Form der Reinkarnation, an ein ewiges Leben der Seele oder an eine kollektive Vereinigung des menschlichen Geistes. Andere sehen dagegen ihr Leben auf der Erde als die einzige Form ihrer Existenz an und folgern daraus, dass dieses Leben moralisch und gut zu führen sei.

Viele unserer Senioren sehen in ihren reifen Jahren den logischen Kulminationspunkt eines natürlichen Kreislaufs, der dem Zyklus der Jahreszeiten gleicht. Für sie folgt die Reife (mit allem, was sie zu bieten hat) direkt auf die mittlere Lebensphase, so wie der Herbst auf den Sommer folgt. Ein für diese Unausweichlichkeit geschärftes Bewusstsein und die Bereitschaft, das Unausweichliche zu akzeptieren, müssen ja nicht unbedingt den Wert der verbliebenen Zeit mindern. Im Gegenteil, sie können ihn sogar vergrößern, wenn wir jede kostbare Stunde hüten und versuchen, sie so intensiv und erfüllt wie möglich zu verbringen – mit einem Sinn für Würde und Ziel des Lebens. Einer unserer Gesprächspartner hat es so formuliert: »Es ist nicht so sehr der Tod, den ich fürchte; viel mehr Angst habe ich davor, ein Leben zu führen, das unvollständig bleibt.«

Schon seit Jahrtausenden setzen sich die religiösen Traditionen der Welt mit diesem Phänomen auseinander. Dass ihre Weisheiten universal gültig sind, wird heute zunehmend anerkannt. Die verwandelnde Kraft einer vorbehaltlosen Hinnahme alles dessen, was das Leben zu bieten hat, einschließlich des Todes, ist ein Thema, das in einigen spirituellen Übungen der westlichen Tradition und in den meisten Praktiken der östlichen Spiritualität anklingt. »Ich finde, dass ich der *wu-shih* genannten Einstellung jetzt näher gekommen bin, die von den Zen-Meistern empfohlen wird«, schreibt Edward Fischer in *Life in the Afternoon* (Leben am Nachmittag). »*Wu-shih* heißt, die Geburt, den Tod und alles dazwischen Liegende ohne großes Theater zu akzeptieren.«

Wenn uns unsere Begegnungen mit eindrucksvollen Senioren auch nur eines gelehrt haben, dann dies: Die Einstellung zum Tod, die jemand hat, reflektiert seine Einstellung zum Leben – und umgekehrt. Wenn wir lernen wollen, wie man stirbt, müssen wir erst einmal lernen zu leben.

Das Geheimnis der Spiritualität

Wie die Menschen, die von der Lyrikerin May Sarton als »Lebensbejaher« bezeichnet werden, üben sich auch die Senioren in unserem Buch weder im Eskapismus noch in kindlicher Naivität. Sie sind weder mit ungewöhnlichem Glück, noch mit perfekter Gesundheit oder besonders fetten Bankkonten gesegnet. Sie sind mit wenigen Ausnahmen »ganz normale Leute«, die gelernt haben, mit den Verlusten, die sie erlitten haben, und mit den begrenzten Aspekten ihres Lebens auf diesem Planeten realistisch umzugehen. Sie wissen, dass im Lauf des Lebens Kompromisse, Rückschläge und Unfairness unvermeidliche Realitäten sind. Und doch lassen sie sich dadurch nicht zu Zynismus, Desillusionierung, Feindseligkeit und Hilflosigkeit verleiten.

Was die Männer und Frauen, die Sie auf diesen Seiten kennen gelernt haben, auszeichnet, ist, dass sie das Geheimnis der Spiritualität verstehen. Es ist so einfach wie mächtig: Als menschliche Wesen sind wir alle mit dem Heiligen verbunden – durch das lebendige Netz, das wir Erde nennen und zu dem auch unsere Entscheidungen, Gefühle, Gedanken und Fragen gehören. Wenn wir die inhärente Heiligkeit des Universums anerkennen und akzeptieren, gewinnen wir die innere Freiheit, erfüllter, tiefer und mit größerer Befriedigung zu leben.

Wir haben gesehen, wie sich Senioren durch die Aussicht, erfüllt und voller Freude zu leben, beflügeln, herausfordern und leidenschaftlich begeistern lassen. Gleichwohl sind sie sich der Zerbrechlichkeit und Begrenztheit ihrer physischen Existenz bewusst und akzeptieren ihre Verbundenheit mit dem Rest des Universums in Raum und Zeit ebenso wie die gleichgewichtige Beziehung zwischen Körper, Verstand und Geist – eine Ausgewogenheit, die das Wachstum der gesamten Persönlichkeit fördert. Sie nehmen das Leben ernst, aber niemals so ernst, dass darunter das wahre, lebendige Leben leidet.

In diesem Kapitel haben wir hervorgehoben, wie wichtig es ist, ein tiefes, höheren Zwecken dienliches Gespür für den Ort des Menschen in Zeit, Raum und Universum zu entwickeln. Unserer Meinung nach ist dies eine zentrale Dimension des spirituellen Bewusstseins. Die Spiritualität verbindet uns nicht nur mit dem Universum, sondern auch mit unserem Planeten, den Menschen in unserer Umgebung, uns selbst und allem, was uns heilig ist. Kurz gesagt, sie bringt in unser Leben ein tieferes Verständnis dafür, was wir hier auf Erden treiben. Die durch ein Wertebewusstsein und durch Aufgeschlossenheit für geistige Werte bestimmte, mehrdimensionale Suche nach der dem Leben innewohnenden Bedeutung ist vielleicht das wichtigste Geheimnis überhaupt, wenn wir im Alter glückliche Menschen sein wollen.

Wir als Autoren fühlen uns hier an die Schriften einer besonders inspirierenden Psychologin erinnert, deren Worte uns ermutigen, den Wert der inneren Reise unserer späten Jahre besonders hoch einzuschätzen. Im Alter von 94 Jahren schrieb Florida Scott-Maxwell: »Ein langes Leben gibt mir das Gefühl, der Wahrheit näher zu sein, und ich möchte allen Menschen, die dem Alter näher kommen und vielleicht Angst davor haben, sagen, dass es auch eine Zeit der Entdeckungen ist. Wenn Sie am Ende Ihres Lebens nur sich selbst haben, ist das viel. Wer sucht, der findet.«

Wie man diesem Geheimnis entsprechend handelt

Viele Menschen verspüren von Natur aus keine Neigung, ihr Innenleben bewusst zu erforschen, und sie bemühen sich daher selten, wenn überhaupt, konzentriert und zielgerichtet über die »Bedeutung des Lebens« nachzudenken. Sie ziehen es möglicherweise vor, ihre geistigen oder religiösen Überzeugungen in ihrem Alltagsleben zum Ausdruck zu bringen: durch Teilen, freiwillige Dienste, gute Werke. Oder sie drücken tief empfundene philosophische Einstellungen und Werte kreativ durch Kunst aus: durch Singen, Musizieren, Bühnenauftritte, Schreiben oder Malen.

Wir möchten Sie ermutigen, in allen Formen und mit allen Mitteln, die gut zu Ihrer Persönlichkeit und zu Ihrem Stil passen, über Ihre diesbezüglichen Gefühle nachzudenken – darüber, was im Zentrum Ihrer Identität und Ihrer Beziehungen zur Welt vor sich geht. Dieser zentrale »Wesenskern« unserer Natur kann noch bei den stumpfsinnigsten Routinehandlungen des Lebens seinen Ausdruck finden und unsere Aufmerksamkeit fesseln. Wenn wir zum Beispiel Wäsche falten, können wir über die Welt und unseren Stellenwert darin nachsinnen sowie über unser Bedürfnis, dem Ganzen einen Sinn zu geben. Das Geistige wird Bestandteil unseres Alltagslebens werden, wenn wir uns eine positive Grundeinstellung dazu angewöhnen – eine Haltung, die unsere Herzen und Sinne öffnet. Sie werden merken, dass Eingebungen und Offenbarungen unter der Dusche oder in der Badewanne genauso leicht kommen können wie in der Bibliothek oder im Klassenraum.

Während ein anhaltendes Engagement für Selbsterkenntnis und Selbstverwirklichung die wichtigste Zutat zu diesem Veränderungsrezept bleibt, gibt es auch einige praktische und pragmatische Dinge, die wir tun können, um die Abläufe etwas zu erleichtern.

Eine Möglichkeit besteht darin, sich in irgendeiner Form des Dienstes an anderen zu engagieren – so wie es viele der Menschen getan haben, die Sie in den verschiedenen Kapiteln dieses Buches kennen gelernt haben. Für viele unserer Senioren ist die Hilfe für andere – die einem Sich-selbst-Verschenken gleichkommt – eine tiefgeistige Aktivität, die eine Verbindung zwischen ihnen und ihren höheren Zielen als menschliche Wesen herstellt. Sie empfinden große Freude und Befriedigung dabei, sich selbst mit der Welt und mit den nachfolgenden Generationen zu verbinden – etwa so wie der alte Inder, der einen Brotbaum pflanzte, damit die Generationen nach ihm dessen Früchte genießen können. Anderen zu dienen erfüllt das innere Bedürfnis, einer Welt, die uns selbst schon so viel gegeben hat, etwas zurückzugeben.

Viele unserer Interviewpartner haben im Gespräch mit uns die Vorteile betont, die das Führen eines geistigen Tage- oder Notizbuchs mit sich bringt – als effizientes Mittel, um mehr über sich selbst zu erfahren. Ob diese Aktivität feste Form und Struktur erhält oder nicht, ist anscheinend belanglos, denn die Gedanken werden ja in erster Linie zum eigenen Nutzen, zur Förderung des eigenen persönlichen Wachstums, zusammengetragen. Niemand anders muss sie zu sehen bekommen. Einfach Stichwörter oder Satzfragmente hinzukritzeln funktioniert bei manchen Menschen genauso gut wie das Verfassen sorgfältig strukturierter Essays bei anderen. Es kommt allein darauf an, dass Sie einen Dialog mit sich selbst etablieren, indem sie Gedanken notieren und über Themen schreiben, die Ihnen wirklich etwas bedeuten – ein Prozess, der auch für sich genommen oft erhellend ist.

Vielleicht finden Sie es auch nützlich, sich mit einer Art »Lebensrückblick« zu beschäftigen, etwa in Form eines Skizzenbuchs, einer Autobiografie, einer Fotosammlung oder gar dramatischer Szenen. Ein älteres Ehepaar aus unserem Bekanntenkreis machte zum Beispiel aus den Höhen und Tiefen ihres gemeinsamen Lebens eine Theatervorstellung. Solche Lebensrückblicke können strikt persönlich und keinem weiteren Menschen zugänglich sein, man kann sie aber auch im engen Kreis der Freunde und Verwandten zirkulieren lassen. Oder man zeigt sie nur dem Ehepartner. Meistens wollen wir die Erinnerungen an unsere Erlebnisse und Gefühle jedoch mit einer kleinen Gruppe von Zeitgenossen teilen, in mündlicher Form zum Beispiel bei Familientreffen, in schriftlicher als Memoiren. Der Vorgang des Lebensrückblicks ist oft lohnend, weil er vergangene Ereignisse in neuem Licht erscheinen lässt und ihnen neue Bedeutung verleiht. Diese revidierte Sicht unserer Leistungen und Selbstwertgefühle können wir auch zum Bestandteil unserer Zukunft machen.

Eine andere Technik besteht darin, uns spezifische, bohrende Fragen nach uns selbst zu stellen, auf die es keine endgültigen Antworten geben kann. Aber solche Fragen fördern tiefes Nachdenken, vielleicht auch hilfreiche Diskussionen unter Familienangehörigen und Freunden. Wir haben herausgefunden, dass die Schärfung unseres spirituellen Bewusstseins im späteren Leben leichter fällt, wenn wir uns zunächst einige grundlegende Fragen gestellt haben, etwa: »Was gibt mir ein Gefühl, dass das Leben lebenswert ist?« »Wenn mich etwas besonders fasziniert, welche Bedeutung hat das für mich?« »Wenn ich Rückschau auf mein Leben halte, welche

Muster und Strukturen kann ich in dem erkennen, was ich mit größter Begeisterung getan habe, was mir am meisten bedeutete?« »Welches sind meine tiefsten Ängste?« »Wann und wo habe ich das Gefühl, mit allen Lebewesen am engsten verbunden zu sein?« »Welche Gefühle und Gedanken kommen mir, wenn ich an den Tod und das Sterben denke?«

Eine weitere Strategie, noch mehr Klarheit über sich selbst zu gewinnen, besteht darin, sich selbst detektivisch genau zu beobachten. Achten Sie einmal darauf, wie Sie sich verhalten, wenn Sie Verwandte besuchen, sich mit Freunden treffen, mit Kindern spielen, sich unter Fremde mischen, allein zu Hause bleiben oder aber mit Ihrem Ehepartner allein sind.

Vor allem achten Sie darauf, was Ihre Aufmerksamkeit erregt. Stellen Sie zum Beispiel fest, welche Gesprächsthemen am ehesten Ihr Interesse finden. Welche Züge bemerken Sie bei anderen Menschen als Erstes? Was fühlen Sie, wenn Sie ein Kind sehen oder einen kleinen Hund, einen Garten, einen Sonnenaufgang, die Milchstraße in einer sternklaren Nacht? Wann haben Sie das Gefühl, gefördert, geschätzt oder geliebt zu werden? Was spüren Sie, wenn Sie ruhig, geschäftig oder nachdenklich sind, wenn Sie lesen, meditieren oder anderen dienen? Welche Gefühle haben Sie, wenn es warm und sonnig ist, welche bei Kälte und Regen? Wo haben Sie am ehesten das Gefühl, mit sich selbst im Einklang zu sein: auf dem Land, in der Großstadt, in der Kirche, wenn Sie Freunde besuchen oder wenn Sie etwas Neues lernen? Was sagt Ihnen Ihre innere Stimme in Augenblicken der Einsamkeit?

Wenn Sie über diese Fragen nachdenken, sollten Sie sich daran erinnern, dass diese Dimension des persönlichen Wachstums uns ständig verfügbar ist, überall und jederzeit. Erst vor nicht allzu langer Zeit hat unsere Gesellschaft zu akzeptieren begonnen, dass der Geist mit Körper und Verstand eine Einheit bildet, dass das Spirituelle gleichberechtigter Partner des Physischen und Intellektuellen ist. Verstand, Körper und Geist sind nicht als getrennte Teile des ganzen

Menschen zu sehen, sondern ganzheitlich. Sie sind auf vielfältige Weise subtil miteinander verbunden.

Wir sind überzeugt, dass die Antworten, auf die Sie im Laufe Ihrer spirituellen Reise stoßen, Ihnen helfen werden, Ihre Gedanken und Handlungen sowie Ihre ganz persönliche, einzigartige »Innenwelt« besser zu verstehen. Diese Antworten werden dann ihrerseits enormen Einfluss auf Ihre Entscheidungen, Interessen, Aktivitäten und Interaktionen haben. Sie werden den Rahmen bilden für die Einstellung, mit der Sie jedem neuen Tag begegnen.

14. KAPITEL

Nachbetrachtung

Im ganzen Buch wurde das kollektive »wir« verwendet, um die Ansichten der beiden Koautoren wiederzugeben. Darum mag es Sie an dieser Stelle ein wenig überraschen, wenn Sie jetzt erfahren, dass wir keine siamesischen Zwillinge am Computer sind, sondern zwei Menschen mit ganz unterschiedlichem Hintergrund und unterschiedlichen Lebenserfahrungen. Wir wollen Ihnen jetzt schildern, wie das Schreiben dieses Buches unsere Einstellungen zum eigenen Älterwerden beeinflusst hat.

Nachbetrachtung von Connie Goldman

Es gibt eine kleine Volksweisheit, die ich schon oft in meinem Leben gehört habe: »Wir unterrichten immer das, was wir selber lernen müssen.« Die subtile Wahrheit dieser Phrase verstehe ich jetzt vollkommen, denn als sich die Manuskriptseiten dieses Buches stapelten, ist mir deutlich geworden, dass der Schreibprozess ein wichtiger Bestandteil meines eigenen inneren Wachstums geworden ist, zumal ich mich gegenwärtig im Übergang in eine andere Reifephase meines Lebens befinde.

Ich erinnere mich an eine Anekdote über den römischen Autor Cicero, der, als er eine philosophische Schrift über das Alter *(Cato maior oder Über das Greisenalter)* verfasst hatte, erklärte, die Arbeit daran habe »nicht nur alle Ärgernisse des

Alters weggewischt, sondern dieses auch leicht und angenehm gemacht«. Ich würde nicht genau dieselben Worte wählen und anstelle von Ciceros »leicht« und »angenehm« lieber die Begriffe »inspirierend« und »erfreulich« verwenden. Doch es ist überhaupt keine Frage, dass ich durch die Aufgabe, meine Geschichten von »neuen Alten« in die Struktur dieses Buches einzufügen, innerlich enorm gewachsen bin. Ich kann nun offen und aufrichtig sagen, dass ich den Vorgang meines eigenen Älterwerdens nicht mehr als Krise, sondern als Sinnsuche betrachte. Mit ungewöhnlicher Gelassenheit akzeptiere ich mein graues Haar und die Runzeln als äußerliche Zeichen meiner andauernden inneren Entwicklung und meiner Zunahme an Weisheit und Verstand.

Es war nicht leicht so weit zu kommen. Denn Bewunderung und Respekt für ältere Menschen war nicht unbedingt das, was ich von den Erwachsenen in meiner Familie gelernt habe. Die meisten von ihnen sagten ganz offen, dass sie es hassten, mit alten Menschen zusammen zu sein. Überdies verwendeten sie außerordentliche Energie darauf, den Prozess des Älterwerdens zu verdrängen, ihm Widerstand entgegenzusetzen und ihn zu umgehen.

Ich will Sie jetzt an einer letzten Seniorengeschichte teilhaben lassen. Diesmal geht es um mich persönlich. Vor zwölf Jahren, als ich als Reporterin für National Public Radio (das öffentlich-rechtliche Rundfunksystem der USA) arbeitete, begann ich mit einer Serie von Interviews zum Thema Ruhestand. Damals war ich noch im mittleren Alter, die Tochter älter werdender Eltern, die geschiedene Mutter dreier erwachsener Kinder und gerade zum ersten Mal Großmutter geworden. In diesem Kontext beschloss ich, meine Interviews zum Thema Ruhestand vorrangig auf persönliche Lebensgeschichten auszurichten. Im Zentrum sollte die Frage stehen, wie Menschen aus allen Lebensbereichen erfolgreich mit ihrem eigenen Älterwerden fertig wurden. Andere wichtige Themen wie die Misshandlung älterer Menschen in Heimen oder die

Probleme der Langzeitpflege wurden damals hitzig debattiert, doch solche Themen habe ich gern anderen Journalisten überlassen.

Meine erste und wichtigste Entdeckung war, dass trotz der verbreiteten Angst vor dem Älterwerden, trotz der Diskreditierung älterer Menschen in unserer marktschreierisch jugendorientierten Gesellschaft, Millionen älterer Mitbürger bereit waren, mir ihre Lebensgeschichten zum Lobe des Alters zu erzählen. Meine Stärke als Reporterin war es schon immer gewesen, dass ich die dramatische Seite persönlicher Geschichten gut präsentieren konnte. Mit großer Entschlossenheit, die schon bald zur brennenden Leidenschaft wurde, nahm ich mir vor, der Welt zu erzählen, dass draußen im Lande sehr viele Leute ihr eigenes Älterwerden als lohnende, aufregende und bedeutsame Sache empfanden. Irgendjemand musste es doch tun – jemand namens Connie Goldman. Ich hörte von älteren Menschen inspirierende Geschichten, die davon handelten, wie Begrenzungen überwunden, neue Herausforderungen akzeptiert, Werte unter die Lupe genommen und die Bedeutung des Lebens überdacht wurden. Was diese Menschen zu sagen hatten, waren die *wahren* Expertenworte zum Thema Älterwerden, denn sie sprachen wirklich aus Erfahrung.

Freundlich und entgegenkommend ließen mich diese Menschen an ihren Geheimnissen für das Aufblühen im Alter teilhaben und jeder bestätigte auf seine Weise, dass der Schwerpunkt nicht auf der Frage liegen sollte, was wir im Alter verlieren, sondern darauf, was wir gewinnen. Als sie mir ihre Geschichten erzählten, betonten sie, jeder auf seine Weise, dass für jede Tür, die sich schloss, unweigerlich eine andere aufging. Ob eine Erfahrung im Leben eines Interviewpartners nun glücklich oder traurig, freudig oder stressig war, die implizite Botschaft lautete immer, dass das Leben jedem von uns in jedem Alter Gelegenheit gibt, zu lernen und innerlich zu wachsen. In den letzten zehn Jahren ist dies auch immer wieder meine Botschaft gewesen – in meinen Büchern, Artikeln, Rundfunksendungen und öffentlichen Vorträgen.

Wir wissen nie, welche Erfahrungen, Zwischenfälle oder Begegnungen den Kurs unseres Lebens vielleicht verändern. Ich für mein Teil kann jedoch sagen: Diese Interviews haben mich und mein Leben dauerhaft verändert. Welches Glück ich doch hatte, mit Menschen zusammenzutreffen und zu sprechen, die wirklich davon überzeugt waren, dass der Rest des Lebens das Beste des Lebens sei! In ihren persönlichen Erzählungen kamen Hinnahmebereitschaft, Humor, Mut und geistige Tiefe zum Ausdruck. Diese Senioren hatten viele der tief sitzenden Ängste und Vorurteile gegenüber dem Alter überwunden, die in unserer Kultur nur allzu weit verbreitet sind.

Die persönliche Geschichte, die ich Ihnen hier mitgeteilt habe, ist allerdings noch nicht zu Ende, denn mein Leben geht weiter. Leben ist immer eine Art »Work in Progress«. Es hat den Anschein, als lernte ich jeden Tag neue Wahrheiten hinzu. Indem ich in meinem geschäftigen äußeren Leben ebenso wie in meinem ruhigen, abgeschirmten Inneren neue Horizonte erkunde, trete ich nicht nur mit meiner Identität in Verbindung, sondern auch mit etwas Größerem. Ich habe den enormen Vorteil, selbst eine Seniorin zu sein. Das schafft viele Gemeinsamkeiten mit denen, über die ich schreibe.

Ein letzter Gedanke noch. Die Geschichten anderer Menschen haben die Macht uns zu fördern und zu inspirieren. So hoffe ich, dass die vielen im Alter aktiven und glücklichen Menschen, denen Sie auf den Seiten dieses Buches begegnet sind, Ihre eigene Phantasie angeregt und Ihre Perspektive zum Thema Älterwerden erweitert haben, besonders im Hinblick auf Ihre eigene Person. Bedenken Sie jedoch, dass keine Geheimformel, kein Regelbuch und kein vorgezeichneter Pfad Ihren ganz persönlichen Weg vorwegnehmen kann, auf dem Sie ein glückliches Alter erreichen. Sie müssen dafür schon Ihre ganz eigene, persönliche Methode entwickeln.

Stephen Levine, ein tiefsinniger Denker und Autor, dessen

Werke meinen eigenen Heilungsprozess und mein eigenes Erwachen begleitet haben, hat ein besseres Schlusswort für diese Betrachtungen geschrieben, als ich es mir je ausdenken könnte:

> Buddha hat eine Straßenkarte hinterlassen.
> Jesus hat eine Straßenkarte hinterlassen.
> Krishna hat eine Straßenkarte hinterlassen.
> Rand McNally hat eine Straßenkarte hinterlassen.
> Doch auf der richtigen Straße reisen, das müssen Sie immer noch selbst.

Willkommen im Reich der Herausforderungen, die Sie zu einem glücklichen Alter führen!

Nachbetrachtung von Richard Mahler

Wie viele Angehörige meiner Generation der »Baby Boomer« hatte auch ich über mein eigenes Älterwerden und meine eigene Sterblichkeit noch nicht viel und ernsthaft nachgedacht, als ich mit 38 Jahren an diesem Buch zu arbeiten begann. Mit dem Tod hatte ich in meinem Leben noch nicht häufig zu tun gehabt und gute Gesundheit sah ich als etwas Selbstverständliches an. Das Wort »Ruhestand« gab es in meinem Wortschatz nur am Rande. Die meiste Zeit arbeitete ich als freier Journalist. Für diesen Beruf hatte ich mich entschieden, weil er mir die Möglichkeit gab, interessante Leute zu treffen, in der Welt herumzureisen und ein weites Spektrum scheinbar unverbundener Themen zu erkunden. Mein Lebensstil war eklektisch, aber ich empfand ihn als lohnend. Es gab kaum etwas, worüber ich mich hätte beschweren können.

Als meine langjährige Freundin und Kollegin beim Rundfunk, Connie Goldman, 1990 den Vorschlag machte, wir sollten doch gemeinsam die mündlichen Worte und inspirierenden Weisheiten der von ihr interviewten glücklichen, vitalen Senioren in Buchform bringen, sagte ich sofort zu. Mein Verstand sagte mir, dass dieses Projekt eine »sichere Sache« sei: die Chance, als Autor zu einer Buchveröffentlichung zu kommen und bei der Arbeit daran zu lernen, wie man ein Buch schreibt. Der Inhalt des Unternehmens erschien mir zunächst mehr oder weniger irrelevant und nebensächlich. Obwohl ich mir viele von Connies Interviews schon mit Vergnügen angehört hatte, hatte das Thema Älterwerden mit meinem eigenen Leben ziemlich wenig zu tun.

Gleichzeitig fühlte sich in mir irgendetwas, das jenseits des bewussten Intellekts operierte, zu diesem Material hingezogen. Es war, als zwinge mich ein wichtiger Teil meines Gehirns, der intuitive, instinktive Teil, gemeinsam mit Connie deren Geschichten zu einem Buch zusammenzufassen. Wie Connie dürstete auch ich, ohne mir dessen bewusst zu sein, danach zu lernen, was ich wissen musste.

Als wir dieses Buch gemeinsam schrieben, Rohentwürfe austauschten und Tonbänder mit Senioreninterviews anhörten, nahm mich die geballte Weisheit von Connies Interviewpartnern regelrecht gefangen. Obwohl jeder einzelne Interviewpartner auf das Älterwerden mit einer jeweils eigenen Mischung aus pragmatischen Antworten reagierte, waren sie alle gemeinsam intensiv damit beschäftigt, sich selbst zu verwirklichen. Das Geheimnis eines glücklichen Alters war, so lautete meine Schlussfolgerung, die Entschlossenheit und Motivation tief in sich selbst hineinzuschauen, um zu erfahren, wo wahre Erfüllung und wahres Glück liegen, und sodann die erforderlichen Schritte zu unternehmen, um dorthin zu gelangen. Auf diese Weise an sein Leben heranzugehen, erfordert Mut, Phantasie und eine bejahende Grundhaltung.

Es vergeht kaum ein Tag, an dem ich mich nicht an die Geschichte von wenigstens einem »außergewöhnlichen normalen Menschen« erinnere, der in diesem Buch vorkommt. Dann denke ich vielleicht an Coulter, der im späteren Leben seine wahre Freude fand, als er eine Pension auf dem Land eröffnete, oder an Ken, der sein Akkordeon einfach deshalb spielt, weil er so die Menschen zum Lächeln und zum Vergessen ihrer Probleme bringen kann. Oder ich erinnere mich an die wunderbare lebenslange Romanze von Hume Cronyn und der kürzlich verstorbenen Jessica Tandy, die mit 80 ihren ersten Oscar bekam. Als jemand, für den kreatives Schaffen unverzichtbar ist, tröste ich mich auch mit dem Wissen, dass Leute wie Harriett Doerr, Beatrice Wood, John Huston, May Sarton und Norman Cousins sich noch immer blühender Schaffenskraft erfreuten, als sie dem Kalender nach schon doppelt so alt waren wie ich.

Natürlich muss man nicht »alt« sein, um auf diese Weise zu erblühen. Das ist vielleicht die wichtigste Lektion, die mir dieses Buch beigebracht hat. Denn die Einstellung, die ein Erblühen im Alter ermöglicht – eine Perspektive, die durch Spontaneität, Offenheit und Bewusstheit gekennzeichnet ist –, ist in jedem Lebensalter möglich. Je jünger wir sind, wenn wir diese Einstellung kultivieren, desto länger wird unsere Blüte anhalten.

So habe ich mir also den ausgezeichneten Rat der kürzlich verstorbenen Eve Merriam zu Herzen genommen und den »Baum meines Lebens« ausgedünnt, damit seine neue Gestalt besser zu mir passt. Ich habe einige unproduktive Aktivitäten aufgegeben und mich von Menschen getrennt, wenn die Beziehung zu ihnen viel mehr von mir verlangte, als sie mir geben konnten. Ganz bewusst bringe ich mich jetzt innerlich regelmäßig zur Ruhe, damit ich erfahren kann, »was wirklich abläuft«. Ich verwende weniger Energie auf alles Negative und Destruktive und dafür mehr auf alles Positive und Aufbauende. Ich habe mein Engagement in dieser Welt neu definiert und mich für einen Lebensstil und für Aufgaben entschieden, die der Welt helfen und zu ihrer Heilung beitragen können, anstatt diesen positiven Aspekten im Wege zu stehen und der Welt Schaden zuzufügen.

Ich bin zu dem Schluss gekommen, dass der beste Zeitpunkt und Ort für das Erblühen das Hier und Heute ist. Denn das wahre Leben findet im Hier und Heute statt und das ist alles, was wir haben.

Die vielleicht wichtigste persönliche Lektion, die ich aus der gemeinsamen Arbeit an diesem Buch gelernt habe, lautet, dass die in unserer westlichen Gesellschaft – speziell der amerikanischen Kultur – zum Ausdruck kommenden Kollektiveinstellungen sich in den Einstellungen von Millionen Menschen zum Älterwerden akkurat widerspiegeln. Damit sich die Kollektiveinstellungen weiterentwickeln können, müssen sich also vor allem die Ansichten der jüngeren Menschen ändern (zu denen ich übrigens auch die Nachkriegsgeneration zähle, der ich selbst angehöre).

Im Idealfall müssen wir alle an einen Punkt kommen, an dem die Geschichten der »neuen Alten«, die Sie in diesem Buch kennen gelernt haben, nicht länger als ungewöhnlich gelten. In Zukunft werden solche Geschichten, je öfter wir sie hören, einfach nur inspirierende Erzählungen sein – Geschichten von Leuten, die sich einen angemessenen und sie erfüllenden Lebensstil geschaffen haben und die dabei ihre späteren Jahre lediglich nutzen, um persönlich weiter zu wachsen und überdies das Leben der Gemeinschaft, in der sie gedeihen, zu bereichern. Diese Senioren werden dann Teil einer Welt sein, die mehr persönliche Experimente, mehr Kreativität und Innovation zulässt.

Schlussfolgerungen über die Bedeutung des Erfolgs und darüber, welche Art Leben wirklich lebenswert sei, sind eine sehr subjektive Angelegenheit. Eine einzige Definition kann nicht für alle Menschen gleichermaßen zutreffen. Das wissen die Philosophen und Religionswissenschaftler schon seit Jahrhunderten. Doch wenn wir die Reflexionen unserer aktiven Alten kollektiv betrachten, wie wir es in dieser Geschichtensammlung versucht haben, dann können sie, wie ich glaube, uns alle in eine positive Richtung bewegen.

Es ist fast so, als hätten unsere Senioren, indem sie zeigten, wie viel reicher ihr eigenes Leben geworden war, nachdem sie die für sie passenden Veränderungen vorgenommen hatten, mir die Erlaubnis gegeben, mir ebenfalls einen neuen Lebensstil zu schaffen. »Warum soll ich denn mit dem Erblühen noch weiter warten, wenn ich sofort damit beginnen kann?« – mir diese Frage selbst zu stellen, haben sie mir nahe gelegt. Ich hoffe sehr, dass Sie sich dieselbe Frage inzwischen ebenfalls stellen.

Danksagung

Ohne die vielen »außerordentlichen normalen Menschen« im fortgeschrittenen Alter, die so freundlich und großzügig waren, uns ihre inspirierenden Geschichten über ihr inneres Wachstum und ihre Zufriedenheit im Alter zu erzählen, wäre dieses Buch undenkbar gewesen. Die Beobachtungen der Gerontologen, der anerkannten Experten für das Gebiet des Älterwerdens, waren natürlich ebenfalls hilfreich, aber die Tiefe, der Reichtum und die Gestalt dieses Buches verdanken sich in erster Linie der realen Lebenserfahrung vieler anregender älterer Amerikaner, die zu treffen und zu interviewen uns ein Vergnügen war. Auch wenn wir sie hier nicht alle namentlich erwähnen können, danken wir ihnen allen mit großem Respekt.

Ein besonderer Dank gebührt unserer Lektorin bei Hazelden, Karen Chernyaev, deren Unterstützung und Hilfestellung beim Erscheinen dieser Neuausgabe eine große Hilfe waren. Ebenfalls danken möchten wir den vielen anderen begeisterten Hazelden-Mitarbeitern, die an diesem Projekt beteiligt waren. Auch ihre Hilfestellung und harte Arbeit wissen wir sehr zu schätzen. Unser Dank gilt ferner dem Verlag Stillpoint Publishing für die wertvollen Beiträge zur Entstehung der Erstausgabe von *Secrets of Becoming a Late Bloomer*.

Ganz zum Schluss möchten wir aber nochmals unserer Hoffnung Ausdruck verleihen, dass die auf den Seiten dieses Buches enthüllten »Geheimnisse« unseren Lesern als Inspiration und Wegweiser bei ihrer Suche nach persönlicher Veränderung, größerem Glück und tieferer spiritueller Bedeutung im Leben jenseits der Lebensmitte dienen mögen. Wir wollen Ihnen schon im Voraus dafür danken, dass Sie sich gemeinsam mit uns auf diese Erkundungs- und Lebensreise begeben.